포고플러그로 나만의
스토리지와 클라우드 서비스 만들기

기업과 개인을 위한 NAS와 클라우드 서버 구축 및 활용 가이드

김종은 지음

비팬북스

포고플러그로 나만의 스토리지와 클라우드 서비스 만들기
- 기업과 개인을 위한 NAS와 클라우드 서버 구축 및 활용 가이드

저 자 l 김종은
펴낸이 l 최용호

펴낸곳 l (주)러닝스페이스-비팬북스
디자인 l 최인섭, 박지숙
주 소 l 서울 서대문구 성산로 17길 21, B1-13
전 화 l 02-857-4877
팩 스 l 02-6442-4871

초판발행 l 2014년 10월 31일
등록번호 l 제 12609 호
등록일자 l 2008년 11월 14일
홈페이지 l www.bpanbooks.com
전자우편 l book@bpanbooks.com

이 도서의 저작권은 저자에게 있습니다.
저자와 출판사의 허락 없이 내용의 일부를 인용하거나 발췌하는 것을 금합니다.

값 30,000원
ISBN 978-89-94797-15-1 (93000)
비팬북스는 (주)러닝스페이스의 출판부문 사업부입니다.

「이 도서의 국립중앙도서관 출판예정도서목록(CIP)은 서지정보유통지원시스템 홈페이지(http://seoji.nl.go.kr)와 국가자료공동목록시스템(http://www.nl.go.kr/kolisnet)에서 이용하실 수 있습니다.(CIP제어번호: CIP2014030691)」

포고플러그로 나만의
스토리지와 클라우드 서비스 만들기

기업과 개인을 위한 NAS와 클라우드 서버 구축 및 활용 가이드

김종은 지음

목차

Part 1 포고플러그 소개 및 기본 설정 • 13

1장 포고플러그 소개 • 15
포고플러그의 클라우드 서비스 • 16
포고플러그를 NAS로 활용 • 18
포고플러그 모델과 스펙 • 18
    1. E02 • 19
    2. 시리즈 4(POGO-V4-A3-01) • 20
    3. Mobile(POGO-V4-A1-01) • 22
포고플러그의 장점 • 23
포고플러그 구매 방법 • 24
    1. 해외 직구(아마존, 이베이) • 24
    2. 국내 구매 • 26
    3. 중고 구매 • 26
포고플러그 세팅을 위한 준비물 • 26
내부 네트워크와 공유기 • 29
포고플러그 운영체제 설치 방식 • 31

2장 포고플러그 연결과 접속 • 33
포고플러그 연결과 활성화 • 33
    1. 포고플러그 기기 활성화가 안 되는 경우 • 39

2. 포고플러그 SSH 활성화 버튼이 보이지 않는 경우 • 41
포고플러그 접속 • 42
　　1. 아이피의 이해 • 42
　　2. 포고플러그 할당 아이피 확인 • 43
　　3. 포고플러그 할당 아이피 고정 • 45
　　4. 포고플러그 접속 • 46

3장 포고플러그 기본 설정 • 51

루트파일시스템 설치 • 51
U-boot 교체(E02) • 54
U-boot 교체(시리즈 4, 모바일) • 57
넷콘솔 설정 • 64
추가 설정 • 65
　　1. SSH 비밀번호 변경 • 65
　　2. 시간대 설정 • 66
　　3. 한글 환경 설정 • 68
　　4. 호스트네임 변경 • 70
　　5. 스왑 설정 • 71
시스템 날짜 관리 • 72
리눅스 파일 시스템과 마운트 • 74
리눅스 도움말 이용법 • 79

Part 2 포고플러그 필수 패키지 설치 • 81

4장 파일 관련 패키지 설치 • 83

FTP, SFTP, VSFTPD • 83
　　1. VSFTPD 설치 • 84
　　2. FTP 클라이언트 설치 및 FTP 접속 • 87
파일 권한 관리 • 90
SAMBA • 96

5장 웹 서버 관련 패키지 설치 • 101

아파치 웹 서버 • 102
　　1. 아파치 웹 서버 설치 • 103
　　2. 아파치 웹 서버 상세 설정 • 105

    3. 아파치 웹 서버의 보안 · 110
    4. PHP 연동 확인 · 111
포트포워딩 · 112
무료 도메인과 유료 도메인 · 118
    1. 무료 도메인 · 119
    2. 유료 도메인 · 125
변경되는 공인 아이피에 대처 · 127
가상 호스트 · 134
h5ai · 136
    1. h5ai 가상 호스트 설정 파일 · 137
    2. h5ai 패키지와 환경 설정 · 138
    3. h5ai 환경 설정 문제 해결 · 139
    4. 아파치 웹 서버에 인증 과정 추가 · 142
    5. h5ai 사용 · 145

6장 보안 관련 패키지 설치와 백업 · 149

포고플러그의 보안 관리 · 149
    1. Fail2Ban 설치 · 150
    2. File2Ban 설정 · 151
    3. Fail2Ban 사용 · 156
패키지 설치 완료 후 USB 백업 · 159

Part 3 포고플러그 활용 · 163

7장 멀티미디어 컨텐츠 다운로드 · 165

트랜스미션 설치와 설정 · 165
토렌트 파일 다운로드 · 170
트랜스미션 제어-스마트폰 · 172
    1. 아이폰에서 FTP 클라이언트로 제어 · 173
    2. 탈옥 아이폰에서 트랜스미션 클라이언트 이용 · 179
    3. 안드로이드 스마트폰에서 트랜스미션 클라이언트 이용 · 180
트랜스미션에 Custom Web UI 적용 · 184

8장 멀티미디어 컨텐츠 스트리밍 · 189

스마트 TV로 재생 · 190

WD TV Live로 재생 • 193
    1. DLNA 프로토콜로 연결 • 194
    2. SAMBA 프로토콜로 연결 • 198
IPTV 셋탑박스 활용 • 201
스마트폰으로 재생 • 204
PC로 재생 • 207

9장 사진 자동 전송 시스템 및 웹 갤러리 구축 • 209

사진 자동 전송 시스템 • 209
웹 갤러리 • 215
    1. MiniGal Nano 설치 • 216
    2. 웹 갤러리 인터페이스 변경 • 219
    3. 날짜별 폴더 만들기 및 파일 분류 • 222

10장 인터넷 방송 녹음과 청취 • 227

인터넷 방송 녹음 • 227
    1. 녹음을 위한 사전 작업 • 227
    2. 녹음 스크립트 생성 • 228
    3. 녹음 파일 테스트 • 230
    4. 녹음 스케쥴 설정 • 232
    5. 녹음 파일 이메일로 전송 • 235
    6. 녹음 파일 주기적인 전송 • 236
    7. 녹음 파일을 스마트폰으로 전송 • 239
팟캐스트 • 247
    1. 팟캐스트 듣기를 위한 사전 작업 • 248
    2. 팟캐스트 등록과 다운로드 • 251
    3. 팟캐스트 에피소드 자동 받기 • 258

11장 오디오 시스템 구축 • 261

MPD 설치와 설정 • 263
MPD 클라이언트 • 271
GMPC 클라이언트 • 274
스마트폰에서 재생 • 279
EBS 녹음 파일 재생 • 283
box.com 음원 재생 • 287

12장 파일 공유를 위한 클라우드 서비스 구축 · 289

파일 공유-비트토렌트 싱크 · 289
    1. 비트토렌트 싱크 설치와 설정 · 290
    2. 비트토렌트 싱크 접속 및 환경 설정 · 298
    3. 비트토렌트 싱크 동기화 테스트 · 301
파일 공유-box.com · 307
파일 공유-구글 드라이브 · 312
파일 공유-드롭박스 · 315
파일 공유-포고플러그 · 327
    1. WebDAV 사용을 위한 기본 설정 · 327
    2. WebDAV 서버를 가상 드라이브로 설정 · 330
    3. WebDAV 네트워크 드라이브의 접속 속도와 디렉토리 전환 속도 높이기 · 336
    4. WebDAV로 업로드한 파일의 권한 설정 · 337
파일 백업과 동기화 · 337
    1. 단순 인증 방식으로 백업하기 · 340
    2. SSH 키를 생성하여 백업하기 · 340

13장 네트워크 프린터, 네트워크 스캐너, 메일 서버 · 343

네트워크 프린터 · 343
    1. 포고플러그측 설정 · 344
    2. 클라이언트측 설정 · 351
네트워크 스캐너 · 356
    1. 포고플러그 리눅스 설정 · 356
    2. 윈도우 클라이언트 설정 · 362
메일 서버 운영 · 366
    1. 메일 서버 설치 · 366
    2. 메일 서버 테스트 · 370

14장 블로그 만들기 · 373

블로그 설치 · 373
    1. nibbleblog 설치와 접속 · 377
    2. 댓글 기능 만들기 · 379
    3. 블로그 테마 변경 · 385
    4. 블로그 데이터 백업 · 389

15장 협업 및 기록 시스템 만들기 · 393

도쿠위키 설치 · 393
도쿠위키 설정 · 399
도쿠위키 사용 · 406
도쿠위키 문서 편집 · 409
도쿠위키 PDF 만들기 · 412
도쿠위키 데이터 백업 · 413

찾아보기 · 416

서문

와이프의 임신 소식을 듣고서 한참이나 육아용품을 준비하는 소소한 재미에 빠져 있을 때였습니다. '나중에 아기가 태어나면 사진을 많이 찍어주고 싶은데, 그 사진을 어떻게 보관하면 좋을까? 그리고 멀리 계시는 부모님께도 수시로 아이들 모습을 보여드려야 할 텐데 어떡하지?' 이런 고민을 하던 중 직장에 같이 근무하던 친구를 통해 나스(NAS)라는 것을 처음 접하게 되었습니다.

친구가 가지고 있던 나스는 하드웨어와 소프트웨어를 다 갖춘 나름 고급 기종이었습니다. "나스라는 건 이런 거야~" 친구의 시연을 통해 처음으로 나스의 구동 방식을 보았습니다. 신세계더군요. 몇 년 전 클라우드 서비스를 처음 써보고 받았던 충격만큼이나 꽤 큰 놀라움과 감동이 있었습니다. 친구는 집에 설치된 나스를 통해 차곡차곡 정리한 아기 사진을 불러와 보여 주었습니다. 소장하고 있던 영상이나 음악도 자유자재로 스트리밍하고 있었습니다. 그런데 구매 비용을 알아보니, 제대로 갖추기 위해 드는 비용이 보통이 아니었습니다. 육아용품 준비에 비용이 많이 들던 참이라 와이프가 지출이 많아지는 것을 반길리 없었습니다.

"비용이 부담되면, 포고플러그라는게 있는 것 같던데, 한 번 알아봐. 근데 리눅스도 설치해야 되고 꽤나 머리 아프다고 하던데." 친구의 말을 듣고선 포고플러그를 검색해 보았고, 비용을 적게 들이고 구축할 수 있다면 리눅스라도 배워보자는 단순한 생각으로 포고플러그를 시작하게 되었습니다. 나름 어릴 때부터 컴퓨터라면 자신이 있었기에, '금방 하지 않을까'라는 단순한 생각이었죠.

그러나 처음 만난 리눅스의 세계는 만만치 않았습니다. 정보도 제한적이어서, 여기저기 흩어져 있던 자료와 해외의 많은 사이트를 참고하여 포고플러그 세팅에 힘겹게 성공하였습니다.

그런데 더 많은 기능에 대한 갈증이 있더군요. 그때까진 포고플러그를 NAS로 활용하는 것과 관련하여 개

설된 커뮤니티나 카페가 국내에는 없었습니다. 그래서 나라도 하나 만들어 보자는 생각으로 인터넷 커뮤니티를 개설했습니다. 이름은 "포고플러그"와 "리눅스"를 합쳐 [포고리눅스]라고 지었습니다. 모임을 개설한 뒤 제가 가진 정보를 강좌 형식으로 하나 둘씩 올렸습니다. 시간이 지나면서 저와 비슷한 갈증을 가진 분들이 많았는지, 한 분, 두 분, 가입회원이 늘어났고 다양한 정보가 교환되기 시작하였습니다. 현재 포고리눅스 카페에는 6000여명의 회원들이 있으며, 많은 유저들의 도움으로 포고플러그의 다양한 활용 예와 강좌들이 쏟아지고 있습니다. 포고리눅스 카페에서 작성된 많은 자료들은 유사한 다른 기기의 응용에 다양하게 활용되고 있습니다.

본 책에서는 포고플러그 기기에 커스텀 리눅스를 설치하여 우리가 원하는 다양한 기능을 활용할 수 있도록 내용을 구성해 보았습니다. 파일 서버와 웹 서버의 구축을 통한 웹 서비스 제공 방법은 물론이고 트랜스미션이나 팟캐스트 다운로더, 인터넷 라디오의 녹음 등을 통한 멀티미디어 컨텐츠의 다운로드 방식을 이해할 수 있습니다. 멀티미디어 기기나 스마트폰, 오디오 시스템을 통해 해당 컨텐츠를 스트리밍하는 방법도 소개되어 있습니다. 그 밖에도 스마트폰으로 촬영한 사진의 정리 및 웹 갤러리 생성, 클라우드 시스템도 구축 가능합니다. 본 책을 읽다 보면 포고플러그라는 작고 저렴한 기기가 정말 다양하게 활용된다는 것을 확인할 수 있을 것입니다.

본 책에 실려있는 리눅스 명령어들과 스크립트 중 일부는 오타로 인한 설치, 설정 과정에서의 오류를 방지하기 위하여 포고리눅스 카페(http://cafe.naver.com/pogolinux)와 필자의 블로그(http://blog.frienddy.net)에서 복사가 가능한 형태로 제공하고 있으니 참고하기 바랍니다. 그 외 설치 파일의 링크 등이 변경될 때도 해당 정보를 제공합니다.

이 책을 한참 쓰고 있는 2014년 여름에도 포고플러그 만큼 가격 대비 훌륭한 성능을 가진 기기는 아직 출시되지 않았습니다. 물론 유저들의 눈높이는 2년 새에 많이 높아져 고사양의 기기를 선호하는 유저들도 많아졌지만, 저렴한 가격에 이 정도 성능을 뽑아주는 포고플러그 만큼 처음 시작하기에 알맞은 기기는 없습니다. 게다가 포고플러그를 활용하여 리눅스 기반의 NAS를 활용해 보면 포고플러그의 부족한 점에 대해 좀 더 알게 되고, 고사양의 기기를 선택함에 있어서도 분명한 기준을 가질 수 있습니다. 이 책이 리눅스 기반 나스를 활용함에 있어 진입점이 되었으면 좋겠습니다.

마지막으로 이 책이 나오기까지 도움을 주신 많은 분들께 감사를 드리고 싶습니다. 먼저 좋은 아이디어를 제공해 주시고, 책의 완성도를 높이는데 큰 도움을 주신 비팬북스의 최용호 선생님께 감사드립니다.

이 조그만한 기계를 가지고 함께 씨름하고 고민하고 있는 포고리눅스 회원 분들과 스탭으로 수고하시면서 서버 공간을 제공해 주시는 JellyBeen님께 감사드립니다.

집필 과정에서 많은 격려를 해준 직장 동료들께도 감사드립니다.

무엇보다 육아의 무거운 짐에도 불구하고 책을 쓰는 일에 집중할 수 있도록 배려해준 와이프에게도 감사의 말을 전합니다. 이 책이 한창 자아를 형성하고 있는 어린 두 아들에게도 선물이 되었으면 좋겠습니다.

김 종 은

Part 1

포고플러그 소개 및 기본 설정

1장 포고플러그 소개

1장에서는 포고플러그 기기에 대해 소개합니다. 포고플러그의 장점과 구매법, 그리고 포고플러그가 제공하는 기본 클라우드 기능과 기기의 모델별 특성을 안내합니다. 우리가 원하는 기능을 구축하기 위해 이해해야 할 네트워크 개념에 대해서도 배울 수 있습니다.

2장 포고플러그 연결과 접속

2장에서는 포고플러그를 네트워크에 연결하고 기기를 활성화하는 방법을 소개합니다. 아이피의 개념을 설명하고 포고플러그가 어떤 과정을 통해 아이피를 할당받게 되는지, 그리고 아이피를 이용하여 포고플러그에 접속하는 방법을 배웁니다.

3장 포고플러그 기본 설정

3장에서는 포고플러그의 기본 클라우드 기능을 끄고 새로운 U-Boot를 설치함으로써 기기를 탈바꿈시키는 과정과 우리가 원하는 기능들을 구현할 데비안 리눅스 루트파일시스템의 설치 과정을 소개합니다. 리눅스의 파일시스템이 윈도우와 어떤 차이를 보이는지도 배울 수 있습니다.

1 포고플러그 소개

최근에 컴퓨터에 관심을 조금 가진 분들이라면 나스(NAS)라는 용어를 종종 들어보셨을 겁니다. 다양한 NAS 시스템이 판매되기 시작하면서 아주 소수의 사람들만 제한된 정보를 가지고 운영해 왔던 개인 서버 시스템이 대중화되고 있습니다. NAS란 Network Attached Storage의 약자입니다. 한글로 번역하면 "네트워크로 접근 가능한 저장 공간" 정도 될 것 같습니다.

기존의 저장 공간은 컴퓨터에 붙어있는 하드디스크처럼, 해당 컴퓨터에서만 작동하거나, 외장 하드처럼 가지고 다니다가 꽂는 곳에서만 작동하는 것이 기본이었습니다. 그러나 NAS를 도입하면 네트워크를 통해 어디서든 NAS에 연결된 저상 상치에 접근할 수 있어서, 데스크탑, 노트북, 스마트폰, 태블릿 등으로 필요한 자료를 언제든지 이용할 수 있습니다. 또한 NAS 안에 있는 자료를 네트워크에 연결된 어디로든 전송할 수 있습니다. NAS 저장 공간에 들어있는 영상 파일이나 음악 파일을 원하는 기기에서 재생할 수 있고, 프린터로 보내 출력도 할 수 있습니다. 또한 포트포워딩이나 DMZ 설정 같은 작업을 하면, 같은 네트워크에 있지 않더라도 접근할 수 있어서 그 활용도는 무궁무진합니다. 이제는 필요한 자료들을 가지고 다녀야 하던 시대는 지나가고 있습니다.

NAS에 입문하는 방법은 다양합니다. 첫 번째로, 하드웨어와 소프트웨어가 완제품으로 나온 것을 구매하여 사용하는 방법이 있습니다. 흔히 알려진 제품으로는 시놀로지, 큐냅, 버팔로, 아이피타임 등이 있습니다. 아이피타임은 공유기로 유명한 국내 업체죠. 여기서도 완성형 NAS를 제작 판매합니다. 이런 제품의 장점이라고 한다면, 사용자가 기본적인 사용법만 숙지하면 NAS의 기능을 편하게 사용할 수 있다는 것입니다. 사용에 필요한 소프트웨어나 어플리케이션이 잘 구성되어 있기 때문에 사용의 어려움으로 인해 포기하는 일은 잘 생기지 않죠. 반면 원하는 기능이 충분히 갖춰진 완성형 NAS는 가격이 비싸다는 단점이 있으며, 원하는 기능을 맞춤형으로 다 사용할 수 없다는 것도 단점으로 꼽을 수 있습니다.

두 번째 입문 방법은 맞춤형 NAS를 제작하는 것입니다. 맞춤형 NAS를 갖추는 방식은 매우 다양합니다. 기존에 쓰던 데스크탑이나 구형 노트북을 활용해 NAS로 변신시킬 수도 있고, 맞춤형 NAS를 만들기 위한 개인 서버용 기기를 따로 구매할 수도 있습니다. 기기가 구비되면 리눅스나 윈도우 서버, 시놀로지의 해킹 버전 소프트웨어인 xpenology, 그 외 Freenas나 Openmediavault 등과 같이 기기를 NAS로 활용할 수 있는 다양한 OS 중 원하는 OS를 선택하여 NAS로 만들 수 있습니다. 이런 방식의 장점이라면, 일반적으로 오픈 소프트웨어를 사용하여 NAS를 제작하기 때문에 하드웨어만 구비하면 된다는 점, 그리고 원하는 기능을 골라 나만의 NAS를 구성할 수 있다는 점을 들 수 있습니다. 또한 비용이 절감된다는 장점도 있죠. 반면, 초심자 입장에서는 필요한 기능을 적절하고 최적화된 형태로 세팅하는 일이 만만치 않으므로, 넘어야 할 산이라 할 수 있습니다.

본 책에서 소개할 포고플러그 NAS는 두 번째 입문 방법에 해당합니다. 이 책에서는 포고플러그에 리눅스 OS를 설치하고, 우리가 원하는 기능을 충분히 갖추는 것에 대해 자세히 소개할 예정입니다.

포고플러그의 클라우드 서비스

요즘엔 누구나 클라우드 서비스를 사용하고 있습니다. 네이버 N드라이브, 다음 클라우드, 드롭박스 등이 대표적인 클라우드 서비스입니다. 클라우드 서비스는 쉽게 말하자면, 말 그대로 구름 같은 것이겠지요. 어디를 가듯 내 머리 위에 구름이 떠 있듯이 클라우드 서비스를 활용하면 내가 어떤 장소에서 어떤 기기로 작업하는지와 무관하게 필요한 자료를 이용할 수 있습니다. 클라우드 서비스는 혁신적으로 나타나, 최근에는 폭넓게 대중화되고 있고, 지금 보고 계시는 이 책을 집어든 분이라면 당연히 경험한 서비스일거라 생각합니다.

몇 년 전만 해도 글을 써야 할 일이 있거나, 프레젠테이션 작업을 하는 경우에 직장에서 하던 일을 집에서도 이어서 하기 위해서 꽤나 복잡한 과정을 거쳐야만 했습니다. 먼저, 자신의 메일로 보내는 방법이 있었습니다. 작성하던 파일을 저장한 후 자신의 메일함으로 메일을 전송하고, 집에 가서는 다시 그 메일함을 열어 파일을 다운받았습니다. 몇 가지 수정을 하고 나면 저장한 후 다시 자신의 메일로 보내야만, 다음 날 직장에 출근해서 업무를 이어갈 수 있었지요. USB 메모리를 활용하기도 했습니다. 이 방법 역시나 끊임없이 파일을 옮겨야만 했고, USB 메모리에서 그냥 작업할 때도 메모리 오류로 인한 파일 유실을 항상 걱정해야 했습니다. 노트북을 계속 가지고 다니면서 작업하기도 했습니다. 파일을 계속 옮기다 보니, 어떤 게 가장 최신 버전인지 헷갈리게 되었고, 최신 버전이 아닌 파일에 추가 작업을 하는 일도 비일비재했습니다.

클라우드 서비스가 나오고 나서는 업무 처리 방식이 꽤나 달라졌습니다. 회사 컴퓨터로 작업하던 문서를 저장하고 나면 클라우드에 자동으로 업로드되었고, 집에 가서 컴퓨터를 켜면 업데이트된 따끈한 파일이 자동으로 다운로드되어 있는 세상이 되었습니다. 로컬 컴퓨터에만 있던 자료가, 우리가 쳐다보면 항상 보이는 구름처럼 나를 따라다니게 된 셈이죠. 개인적으로는, 클라우드 서비스를 사용하면서 업무 효율이 최소한 3배는 향상되지 않았나 체감하고 있습니다. 다양한 클라우드 서비스가 있습니다. 그러나 무료로 이용하기엔 용량의 제한이 있고, 큰 용량으로 편하게 사용하기 위해서는 월마다 혹은 해마다 비용이 발생하는 서비스가 많습니다.

포고플러그는 저렴한 가격으로 저소음, 저전력의 개인형 클라우드 서비스를 만들어주는 기기입니다. 포고플러그는 클라우드 서비스의 서버를 자신의 집이나 회사에 두고, 본인이 가진 외장 하드를 연결하여 사용하는 방식을 취하기 때문에 용량의 제한이 사실상 없습니다. 사용하고 싶은 용량 만큼의 외장 하드를 연결하면 되지요. 포고플러그 클라우드 서비스는 용량 제한에서 자유로운 반면 해마다 발생하는 비용이 있습니다. 그러나 다른 서비스에 비해서는 그 비용이 매우 저렴한 편입니다.

그런데 포고플러그 클라우드 서비스에 가장 결정적인 단점이 있습니다. 포고플러그를 우리집 네트워크에 설치한 경우, 집안에서 사용하면 아무런 문제가 없지만 외부에서 접속을 하면 속도가 떨어진다는 점입니다. 나중에 알려진 사실이지만, 외부에서 포고플러그 앱을 통해 우리집에 있는 포고플러그 클라우드에 접속할 때 미국에 있는 포고플러그 회사 네트워크를 통해 접속하기 때문에 더 많이 느려집니다. 한국에서, 우리집에 있는 포고플러그에 접속하고 싶었을 뿐인데, 미국 서버까지 다녀와야 하다니 조금은 안타까운 부분입니다.

포고플러그를 NAS로 활용

포고플러그는 원래 리눅스라는 운영체제 기반의 기기입니다. 클라우드 서비스만 이용할 수 있도록 특화시켜 놓았지요. 그런데 해외의 Doozan 포럼(http://forum.doozan.com)에서는 포고플러그 같은 Kirkwood 기반의 기기를 개조하여 다양하게 활용하는 방식이 연구되고 있습니다.

Doozan 포럼에서는 포고플러그에서 제공되었던 기존의 클라우드 서비스 기능을 끄고, 포고플러그의 부팅 시스템을 바꾸는 방식으로 개조에 성공했습니다. 부팅 방식을 변경함으로써, 우리가 원하는 기능을 갖춘 리눅스 운영체제를 설치한 USB로도 기기의 부팅이 가능하게 하였고, 다양한 형태의 응용이 가능하게 만든 것이죠. 어차피 포고플러그도 일종의 컴퓨터이기 때문에 운영체제의 교체를 통해 사용자가 원하는 기능을 설치해 사용할 수 있도록 한 것입니다.

포고플러그 기기 자체의 CPU나 메모리가 나쁘지 않은 사양을 지니고 있었기에 이런 시도가 가능했던 것 같습니다. 단순히, 포고플러그 회사에서 제공하는 클라우드 서비스 이용을 위해 사용되기엔 그 스펙이 좀 아까웠던 거죠.

본 책에서는 Doozan 포럼에서 제공하는 스크립트를 사용하여 포고플러그의 부팅 방식을 변경하고 리눅스를 새롭게 설치해서 NAS로 활용하는 방법을 다룰 것입니다.

포고플러그 모델과 스펙

포고플러그에는 다양한 종류의 모델이 있습니다. CPU와 메인보드의 특성에 따라 다양한 특성을 가지고 있는데요. 그 중에 국내에서 가장 많이 활용되는 모델은 E02, Series 4, Mobile 모델입니다. 이 세 모델은 모두 같은 계열의 CPU와 메인보드를 가지고 있기 때문에, 사용 방식에 큰 차이가 없습니다. 그러나 세부 스펙에는 차이가 있습니다. 본 책에서는 E02, Series 4, Mobile, 세 종류의 모델을 다룰 예정입니다. 세 모델의 스펙을 아래의 표에 요약해 두었습니다.

모델	Pogoplug E02	Pogoplug Series 4	Pogoplug Mobile
아키텍처	ARMv5te	ARMv5te	ARMv5te
프로세서	Marvell Kirkwood 1.2GHz	Marvell Kirkwood 800MHz	Marvell Kirkwood 800MHz
RAM	256MB	128MB	128MB
NAND	128MB	128MB	128MB
디바이스	USB 2.0 X 4	SD X 1, USB 2.0 X 1, USB 3.0 X 2, SATA	SD X 1, USB 2.0 X 1
이더넷	Gigabit	Gigabit	Gigabit
기타사항	CPU와 RAM이 가장 좋은 모델로, NAS로 가장 많이 활용되고 있습니다. 그러나 Sata 포트가 없어, 저장 공간으로 USB 외장 하드를 필요로 하며, USB가 2.0이라는 것이 약간 아쉬운 점입니다.	CPU와 RAM의 사양이 E02 모델에 비해 약간 떨어지지만, USB 3.0, SD 카드 슬롯을 가지고 있는 장점이 있습니다.	SD 단자 하나와 USB 2.0 단자 하나가 전부입니다. 따라서 NAS로의 확장성에 한계가 있습니다. 그러나 가격이 가장 저렴하며, 몇 가지 제한된 기능만 이용하면 가장 매력적일 수도 있는 기기입니다.

1. E02

E02 모델은 포고플러그 모델 중 가장 대중화되어 있는 모델입니다. 또한 CPU 성능과 RAM 용량이 가장 높습니다. 특히나 시놀로지 DS212J 모델과 비교해서 하드웨어 성능은 동일합니다. 그러나 가격은 거의 10배 가까이 차이나죠. 물론 시놀로지는 지원 소프트웨어가 완벽하게 구비되어 있기 때문에 단순히 하드웨어만 가지고 가격을 비교하는 것에는 무리가 있지만, 그래도 가격 대비 하드웨어 성능은 뛰어납니다.

E02 모델에는 네 개의 USB 2.0 단자가 있습니다. 기가비트를 지원하지만, USB 2.0 단자 밖에 없기 때문에 속도의 병목현상을 보이는 안타까움이 있죠. 동일한 USB 단자가 4개 있다는 것은 기능을 쉽게 확장할 수 있다는 이야기도 되기 때문에 장점이 되기도 합니다. USB 단자만 있기 때문에 NAS로 사용하기 위한 기초 설정도 가장 간단합니다.

포고플러그를 부팅할 때 USB 인식 순서는 다음과 같습니다. 후면의 3개 단자 중 가장 하단이 1번, 중간이 2번, 상단이 3번입니다. 그리고 전면에 위치한 단자가 4번이 됩니다. 그래서 부팅 USB가 후면 하단 단자에 꽂히는 것이 가장 이상적이며, 그 위, 즉 중간인 2번에 마운트할 외장 하드를 꽂아주면 됩니다.

〈 E02 후면 〉

〈 E02 전면 〉

포고플러그 부팅 이후에 USB를 꽂으면 인식 순서는 달라집니다. 먼저 꽂는 장치를 1번으로 인식합니다. 전면에 있는 단자는 원래 4번이지만, 부팅 이후에 USB를 그 자리에 가장 먼저 꽂는다면 1번이 되는 거죠. 헷갈리실 수 있지만, 알고 보면 어렵지 않습니다. 우리는 포고플러그를 필요할 때 재부팅할 수 있기 때문에 재부팅 이후의 순위만 기억하고 거기에 맞추어서 생각하면 되는 거죠.

포고플러그를 구매한 후 박스를 열어보면 포고플러그 본체와 사용설명서, 그리고 랜선과 전원선이 있습니다. 랜선은 Cat 5e 규격으로 기가비트를 지원합니다. 전원선은 110V용이 들어 있습니다.

〈 E02 구성품 〉

2. 시리즈 4(POGO-V4-A3-01)

시리즈 4에는 SD 단자와 SATA 단자, USB 3.0 단자 2개, USB 2.0 단자까지 총 5개의 단자가 있습니다. 그러나 이 모델의 경우, CPU가 800MHZ인 것이 약간의 한계점입니다. 또한 단자 종류가 다양하기 때문에 USB, SD 단자, SATA 단자를 각각 활용하기 위한 사전 작업이 복잡하다는 점이 단점이 되기도 합니다.

왼쪽 그림은 포고플러그 시리즈 4의 전면입니다. 포고플러그 마크가 있고, 마크 바로 아래에 LED 라이트가 있습니다. 그리고 오른쪽 그림은 시리즈 4의 후면입니다. USB 3.0 단자 2개와 LAN 포트가 있고, 전원부가 있습니다.

〈 시리즈 4 전면 〉

〈 시리즈 4 후면 〉

측면에는 SD 카드를 위한 슬롯이 있습니다(왼쪽 그림). 그리고 시리즈 4에는 특이하게도 상단 덮개가 있습니다.

〈 시리즈 4 측면 〉

〈 시리즈 4의 상단 덮개 〉

상단 덮개를 벗겨내면 USB 2.0 단자와 SATA 단자가 있습니다. 상단의 단자를 이용하기 위해 덮개를 벗겨내야 하는 단점이 있어, 기기의 심미적 배치를 중요하게 생각하는 유저들은 상단 USB 단자나 SATA 단자를 잘 활용하지 않기도 합니다.

〈 시리즈 4의 상단 덮개 벗겨내는 중 〉

〈 시리즈 4의 상단 덮개 벗겨낸 후 〉

3. Mobile(POGO-V4-A1-01)

모바일 모델에는 USB 3.0 단자와 SD 카드 슬롯이 있습니다. 따라서 SD 카드 슬롯을 OS 설치 영역으로 활용하지 못한다면 USB에 연결한 외장 하드 하나로 NAS를 구성해야 한다는 단점을 안고 있습니다. 즉, 다양한 기능을 활용하는데 한계가 있는 것이지요.

왼쪽 그림은 포고플러그 모바일 모델의 구성품입니다. 포고플러그 본체와 Cat 5E 규격의 랜선, 그리고 110V 전원 어댑터가 있습니다. 시리즈 4의 구성도 포고플러그 모바일 모델과 같습니다. 포고플러그 E02 모델에서는 8자 전원케이블이 있었던 것에 비해 시리즈 4와 모바일 모델에는 어댑터가 있다는 점에서 차이가 납니다. 오른쪽 그림은 포고플러그 모바일의 전면입니다.

〈 모바일 구성품 〉

〈 모바일 전면 〉

왼쪽 그림은 포고플러그 모바일의 후면입니다. USB 단자 하나와 LAN 포트 및 전원부가 있습니다. 오른쪽 그림은 측면입니다. 측면에는 시리즈 4와 마찬가지로 SD 슬롯이 있습니다. 포고플러그 모바일도 생김새는 시리즈 4와 같으나, 상단 덮개는 따로 열리지 않습니다. 따라서 추가 포트도 없습니다.

〈 모바일 후면 〉

〈 모바일 측면 〉

본 서적에서 제공하는 다양한 기능을 활용하려면 USB 슬롯이 많을수록 유리하므로 유전원 USB 허브를 구매하여 후면 USB에 연결해야 합니다. 그리고 USB 3.0 기능을 유지하려면 허브도 USB 3.0 지원 허브를 사야 합니다. 포고플러그 모바일 모델이 저렴한 가격에 풀리는 것에 비하여 치명적인 단점이라고 할 수 있습니다. 그러나 USB 슬롯의 추가적 활용을 필요로 하지 않는 토렌트나 파일 서버, 웹 서버 등 특정 용도로 제한하여 사용한다면 모바일 만한 것이 없습니다. 가격도 저렴하죠.

포고플러그의 장점

포고플러그의 장점은 크게 두 가지입니다. 첫 번째 장점은 가격입니다. 해외 직구나 중고 물품 구매 등 구매 방식에 따라 금액이 다르지만, E02, V4, Mobile 모델 모두 만원에서 4만원 사이에서 구매가 가능합니다. 두 번째 장점은 전력소비가 적다는 것입니다. 4.8W인 포고플러그를 한 달 동안 하루 종일 켜놓는다고 가정하면, 전기 사용량은 4.8W X 24시간 X 31일 = 3571Wh = 3.57KWh입니다.

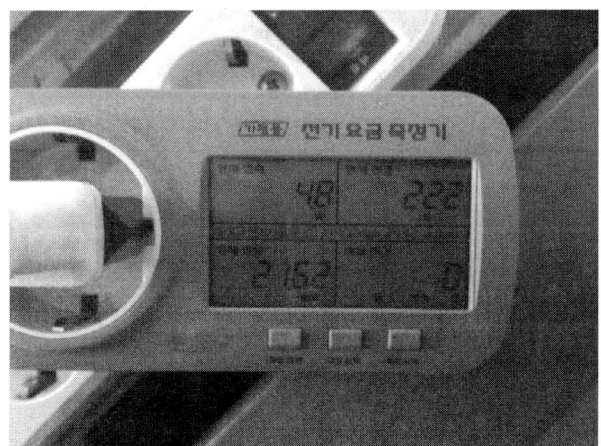

출처: 포고리눅스 카페 자묵님의 글

누진제를 적용하는 우리나라 전기요금 체계에 따라 전기요금을 계산하면, 1단계에서 210원, 2단계에서 435원, 3단계에서 653원, 4단계에서 971원, 5단계에서 1,449원, 6단계에서 2,463원 정도가 나옵니다. 최고 등급인 6단계까지 가는 경우가 많지 않다는 걸 감안한다면 4단계 정도로 계산해도 포고플러그 사용으로 인해 추가되는 전기 요금은 1000원 안쪽임을 알 수 있습니다. 24시간 가동되는 개인용 서버를 구축하고 한 달에 1000원 정도만 부담한다면 굉장히 큰 장점이 아닐 수 없습니다.

이런 장점을 보일 수 있는 것은 포고플러그에 ARM 프로세서의 CPU가 있기 때문입니다. ARM 프로세서에는 어떤 특징이 있는지 잠깐 살펴보겠습니다.

ARM 프로세서는 RISC(Reduced Instruction Set Computer)라고 불립니다. RISC는 명령 구조를 단순화했다는 뜻입니다. 간단한 구조로 만든 컴퓨터라서 저전력, 저소음에 발열도 적다는 특징이 있습니다. 그러니까 ARM 프로세서는 단순 명령 구조를 가지는 저전력 컴퓨터에 선택되는 CPU인 것이죠.

스마트폰에 내장된 CPU는 어떤 종류일까요? 대부분 ARM 프로세서라고 보면 됩니다. 간단한 명령 구조의 저전력이라면 스마트폰에 가장 적절한거죠. 쉽게 말해서 군더더기가 없다고 보면 됩니다. ARM 프로세서가 선택된 기기를 보신다면, '아 간단한 구조로 만든 저전력 컴퓨터구나'라는 것만 떠올라도 90점 이상은 되지 않을까 생각합니다. 일반적인 데스크탑 환경에는 X86이라는 이름이 붙은 프로세스가 있기 때문에 ARM 프로세서를 찾아보기 힘듭니다.

포고플러그처럼 서버로서의 기능을 원하는 기기라면 ARM 프로세서가 제격입니다. 전력소비량이 적기 때문에 서버 본연의 기능을 하기에 무리가 없습니다. 24시간 가동을 해도 전기요금의 지출이 크지 않다는 뜻이죠. 단순 명령 구조를 가졌다고 해서 기능이 제한적이지는 않습니다. ARM 프로세서에 최적화되어 있는 많은 소프트웨어들이 있기 때문입니다.

포고플러그 기기에는 기능상 여러 가지 한계점이 있습니다. 요즘 새롭게 출시되는 기기들에는 더 뛰어난 성능이 있어서 더욱 쾌적한 환경을 조성할 수 있습니다. 그러나 포고플러그 기기를 선택한 까닭은 기기비용과 전기요금이 저렴하다는 장점이 있기 때문입니다. 그리고 소음이 거의 없습니다. 이것도 큰 장점이 될 수 있습니다.

포고플러그 구매 방법

1. 해외 직구(아마존, 이베이)

가격적인 측면에서 본다면 포고플러그를 해외 직구로 구매하는 것이 가장 좋습니다. 지금 글을 쓰는 시점에 이베이에서 검색해 보니, 시리즈 4 모델은 13.99달러에, 모바일 모델은 9.95달러에 구매가 가능합니다. 배송 대행지를 통해 받아야 하기 때문에 해외 직구 경험이 없는 분이라면 조금 부담스러운 과정이지만, 국내에서 직접 구매하는 것보다는 훨씬 더 저렴한 편입니다.

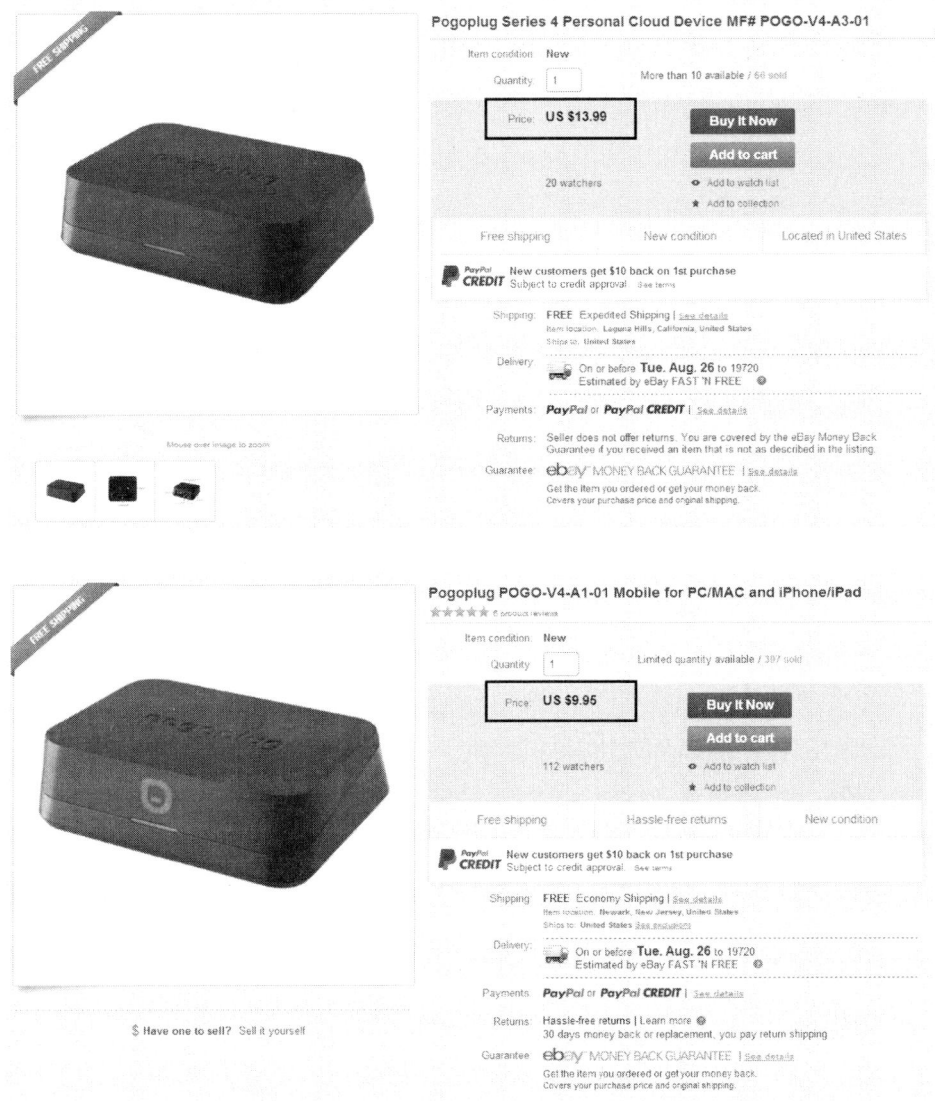

E02 모델의 경우 해외 구매 사이트에서는 보통 포고플러그 P21 모델로 표기되어 있을 때가 많으며, 실제로 제품을 받아보면 내부 제품에는 E02라고 표기되어 있는 경우가 대부분입니다. 그러나 가끔 정말 P21 모델이 오는 경우가 있으므로 운에 맡겨야 합니다. P21이나 B01 모델 등에 부트로더를 설치하고 활용하는 과정은 본 책에 소개한 3가지 모델과 특성이 달라서 소개하지 않습니다. 포고리눅스 카페를 참조하기 바랍니다.

2. 국내 구매

현재 국내 오픈마켓에서도 포고플러그를 구매할 수 있습니다. 그러나 오픈마켓에서 수입 대행하여 판매하는 경우가 대부분입니다. 간편하지만 배송되는 시간이 해외 직구로 구매하는 만큼 걸리기 때문에 장점이 많지는 않은 구매 방식입니다. 가끔 대형마트의 오프라인 매장에서 포고플러그가 저렴한 가격에 나오기도 하고, 대량으로 수입한 물건을 오픈마켓에서 판매하는 경우도 있기 때문에 그때그때 상황이 다릅니다. 그러니 국내 구매를 생각하고 계시다면 잘 검색해 보기 바랍니다.

3. 중고 구매

현실적으로 가장 쉬운 방법입니다. 포고플러그 사용 후에 조금 더 나은 기종으로 업그레이드를 하는 유저들이 있기 때문에 중고장터에 가면 E02 모델, V4 모델, 모바일 모델을 어렵지 않게 구할 수 있습니다.

포고플러그 세팅을 위한 준비물

변환 플러그 어댑터

우선 220V로 사용하기 위한 변환 플러그 어댑터가 필요합니다. 일명 돼지코 플러그라고 합니다. 포고플러그 기본 구성품에는 110V용 전원 케이블 밖에 들어있지 않습니다. 그래도 다행히 기기가 프리볼트라서 변압기를 사용할 필요는 없고, 110V 플러그 앞에 220V로 변환하는 작은 플러그만 꽂아주면 됩니다.

기가비트 지원 공유기

기가비트를 지원하는 공유기를 구비해야 합니다. 100Mbps 지원 공유기와 기가비트 지원 공유기는 체감 속도가 매우 큽니다. 포고플러그가 기가비트 속도를 지원하므로, 기가비트를 지원하는 공유기를 구비해야 빠른 속도의 쾌적한 네트워크 환경을 구성할 수 있습니다.

USB(E02)나 SD 카드(Series 4 / Mobile)

리눅스 OS(루트 파일시스템) 설치를 위한 USB 메모리가 필요합니다. 샌디스크의 z48이나 z80이나 cz80 같은 MLC 타입의 USB를 추천합니다. MLC 타입의 USB 메모리가 TLC에 비하여 수명이나 속도가 우수하기 때문입니다. 포고플러그의 경우 가끔 USB 호환성 문제를 겪는 유저들이 있는데, 샌디스크에서는 특별히 호환성 문제가 발생하지 않았습니다.

속도를 조금 양보할 수 있다면 집에서 굴러다니던 USB를 재활용해서 쓸 수도 있지만, 모델에 따라서 포

고에서 인식을 잘 못하는 종류도 있으니 주의하기 바랍니다. 그리고 USB에 LED가 있는 것이 좋습니다. 포고플러그를 부팅하거나 종료할 때 부팅 및 종료가 완료되었는지 여부를 USB의 LED를 통해서 판단할 수 있기 때문입니다.

용량은 4GB 이상을 추천합니다. 그리고 같은 용량의 비상용 USB를 하나 더 구비해 주세요. 기존의 운영체제에 문제가 생겨 리눅스를 재설치해야 할 때 요긴하게 사용됩니다.

2.5인치 외장 하드

데이터 저장을 위한 외장 하드가 필요합니다. 자체 전원이 필요 없는 2.5인치 외장 하드를 권장합니다. 본 책에서는 리눅스 운영체제의 설치는 USB 메모리에 하고, 데이터의 저장은 외장 하드에 하는 방식으로 가이드할 예정입니다.

멀티탭 플러그

이것은 옵션입니다만, 개별 전원 On/Off 제어가 가능한 멀티탭 준비를 추천합니다. 포고플러그에는 자체 전원 버튼이 없습니다. 그래서 전원을 끄고 켤 때 플러그를 뽑았다 꽂는 방식으로 제어해야 합니다. 그런데 이게 계속하다 보면 꽤나 불편합니다. 그래서 개별 전원을 제어할 수 있는 버튼이 있는 멀티탭에 꽂아 둔다면 멀티탭에 있는 On/Off 버튼으로 제어가 가능하므로 매우 편리합니다.

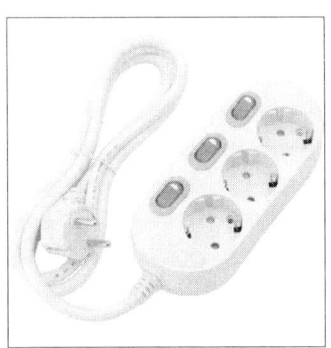

내부 네트워크와 공유기

네트워크 개념을 설명하기 위해 간단히 모식도를 그려 보았습니다.

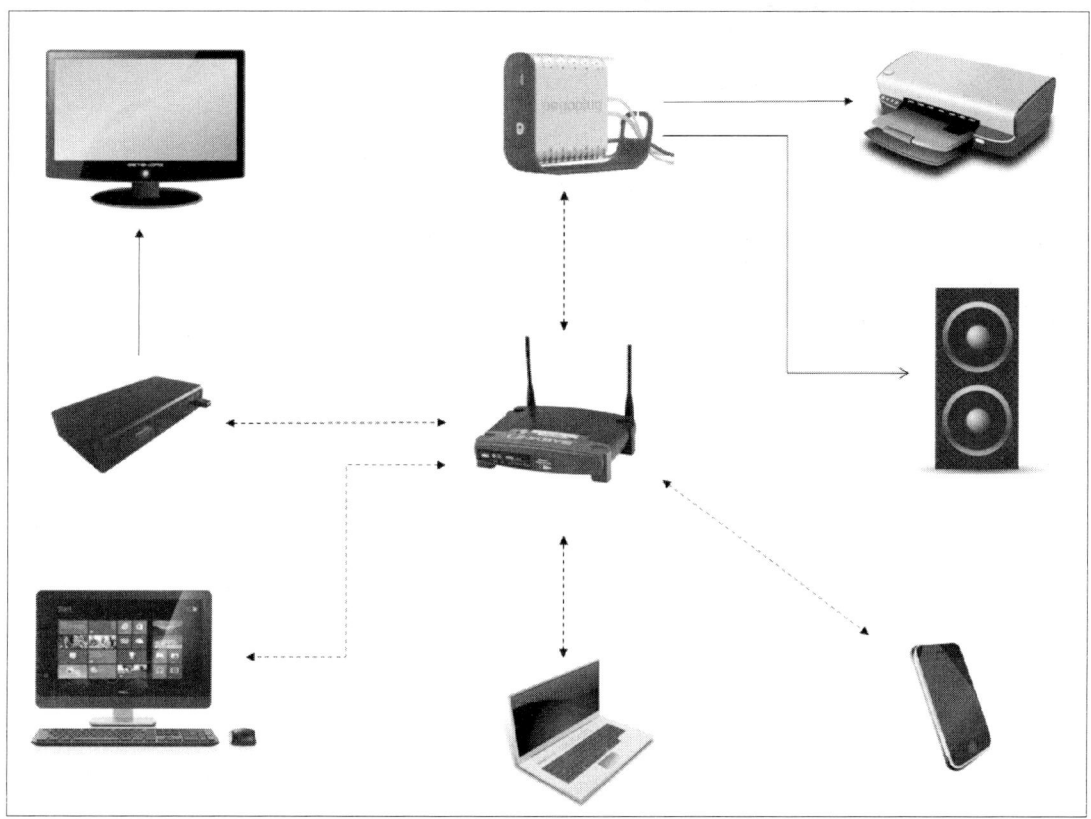

가운데에 공유기가 자리하고 있습니다. 공유기는 네트워크에서 핵심적인 위치에 있습니다. 제가 예전에 공유기에 대해 가지고 있던 개념은 이랬습니다. '공유기가 없으면 인터넷을 할 수 있는 컴퓨터가 1대 밖에 없다. 그렇지만 공유기를 사용하면 다양한 기계에서 인터넷을 사용할 수 있다.' 그런데 공유기의 기능은 그것 외에도 많습니다. 특히 내부 네트워크를 구성하는 데에 가장 중요한 역할을 하며, DHCP 기능이 있어서 공유기에 연결된 기기에 사설 아이피를 자동으로 할당합니다. 이렇게 할당된 사설 아이피를 기반으로 같은 공유기에 연결된 기기들끼리는 내부 통신이 가능하게 됩니다.

> **DHCP**
> Dynamic Host Configuration Protocol의 약자로, 네트워크 관리자(공유기)가 중앙에서 네트워크에 연결된 기기들에 아이피를 할당하고 관리할 수 있도록 하는 프로토콜입니다. 기기마다 고유하게 할당된 맥 주소(Mac Address)와 각 기기에 할당한 아이피를 기억하고 있어, 기기마다 아이피가 겹치지 않도록 관리합니다.

외부에서 들어오는 인터넷 라인은 공유기의 WAN(Line) 포트에 연결됩니다. 그리고 데스크탑이나 TV에 연결되는 셋탑박스, 그리고 NAS 등으로 가는 라인은 LAN(Ethernet) 포트에 연결됩니다.

LAN 포트에 연결된 기기들은 서로 가족이나 다름 없습니다. 공유기가 LAN 포트에 연결된 기기에 고유한 사설 아이피를 제공하기 때문에, 이 아이피를 가지고 공유기에 연결된 기기 사이에서 통신이 가능합니다.

포고플러그는 공유기의 LAN 포트에 연결하면 됩니다.

하나의 공유기에 연결되어 있다면 한 네트워크 상에 있다고 볼 수 있습니다. 공유기에는 DHCP 기능이 있어서 공유기 자체에 연결된 기기들에게 고유한 사설 아이피를 부여합니다. 이 아이피는 공인 아이피가 아니기 때문에 우리집이나 우리 회사 바깥의 다른 기기와는 무관하며, 내부 네트워크에서만 통용되는 약속 같은 것입니다. 쉽게 말하면 우리집에서만 통하는 서랍 열쇠 같은 거라 보면 됩니다. 포고플러그도 공유기에 연결되기 때문에 아이피를 부여받게 되며, 부여받은 아이피를 기반으로 내부 네트워크의 컴퓨터와 통신합니다.

그런데 집안에 공유기가 2대 있다면 어떻게 될까요? 요즘에는 스마트 TV나 통신사에서 제공하는 TV 수신용 셋탑박스 등도 인터넷 랜을 통해 연결되므로, 컴퓨터 등을 연결하고 나면 LAN 포트가 모자라는 경우가 생기곤 합니다. 그럴 때는 공유기가 1대 더 필요합니다. 공유기는 모두 DHCP 기능을 가지고 있어서 사설 아이피를 부여합니다. 2대의 공유기에서 각각 DHCP 기능을 통해 아이피를 부여하면 네트워크의 질서가 굉장히 복잡해집니다. 이럴 때는 1대의 공유기에서만 DHCP 기능이 작동하도록 설정하고, 나머지 공유기의 DHCP 기능을 off시켜서 1대의 공유기는 단순 허브의 기능만 수행하게 만들고, 나머지 1대만 아이피를 나누어 주도록 하면 간단히 해결됩니다. 두 번째 공유기에 물린 기기들도 첫 번째 공유기에서 사설 아이피를 할당받고 통신하는 것이죠.

포고플러그 운영체제 설치 방식

포고플러그를 NAS로 이용하기 위해서 포고플러그를 개조하는 작업을 해야 합니다. 우선 포고플러그 본체의 부팅 시스템을 변경합니다. 이 작업은 새로운 U-boot(Universal Boot Loader)를 설치하고 부팅 환경을 변경해서, 기존의 포고플러그 기기가 자사의 클라우드 서비스를 이용할 수 있도록 본체로만 부팅하게 되어 있는 것을 우리가 원하는 형태의 리눅스를 설치한 USB로도 부팅이 가능하도록 변경하는 작업입니다. 포고플러그 본체에 설치되는 것은 이 U-boot 밖에 없습니다.

두 번째로는 USB에 데비안 리눅스 운영체제를 설치하는 과정이 필요합니다. USB에 설치한 운영체제를 루트파일시스템(Root File System)이라고 부릅니다. 루트파일시스템은 시스템을 초기화하고 리눅스 기기의 주변장치들을 제어 및 관리할 수 있도록 필요한 내용을 담고 있습니다. 시스템 구동의 필수 요소라고 생각하면 되겠습니다. PC에 설치된 윈도우 정도에 비유될 수 있습니다.

> **▶ 데비안 리눅스**
>
> 리눅스는 무료 오픈 운영체제입니다. 리눅스를 포고플러그에 설치하기 위해서 어떠한 비용도 지불할 필요가 없습니다. 그 중 데비안 리눅스는 매우 가볍고 안정적인 리눅스 배포판의 한 종류입니다. 데비안 리눅스는, 배포판 자체가 보수적으로 운영되기 때문에 변화가 적고 새로운 기능의 소개가 느리지만, 초보자가 접하기에 매우 좋은 리눅스 배포판으로 알려져 있습니다. 그리고 패키지의 설치 및 삭제가 매우 쉽고, 업그레이드 역시 간편합니다. 안정성과 보안 역시 장점입니다. 그래서 본 책에서는 포고플러그에 설치할 리눅스로 데비안 리눅스를 선택하였습니다.
>
> 데비안 리눅스는 버전을 업그레이드하면서 배포하는 배포판 마다 이름을 붙입니다. 책을 집필하고 있는 현재 데비안 리눅스의 안정 배포판의 명칭은 데비안 위지(Wheezy)입니다. 그리고 차기 버전은 데비안 제시(Jessie)입니다. 원하는 버전을 받아 사용할 수 있는데요. 차기 버전의 패키지를 다운받아 설치하면 그에 따르는 장점도 분명히 있겠지만, 일단 본 책에서는 현재 데비안에서 안정 버전으로 배포되고 있는 데비안 위지를 이용합니다.

그리고 마지막으로 외장 하드를 데이터 저장 공간으로 활용할 수 있도록 마운트하는 과정을 거칩니다. 결국 우리의 최종 목적은 루트파일시스템이 설치된 USB에 커스텀 데비안 리눅스 운영체제를 구축하고 외장하드를 마운트하여 이용 환경에 따라 다양하게 구성하는 방법을 익히는 것입니다.

앞에서 언급한대로 본 책에서는 운영체제의 설치 및 데이터 저장을 분리하여 운영하는 방식을 채택하였습니다. 리눅스에는 마운트라는 강력한 기능이 있기 때문에 이것은 복잡한 과정이 아닙니다.

포고리눅스 카페에서 설문조사를 시행했었는데요. 포고플러그에 사용하는 리눅스 루트파일시스템을 어디에 설치하는지를 물어보았습니다. 49명의 회원 분이 참여하셨고, 그 중 36명이, USB에 운영체제를 설치하고 외장 하드를 마운트하는 방식으로 포고플러그를 운영하고 있었습니다. 73%의 비율입니다.

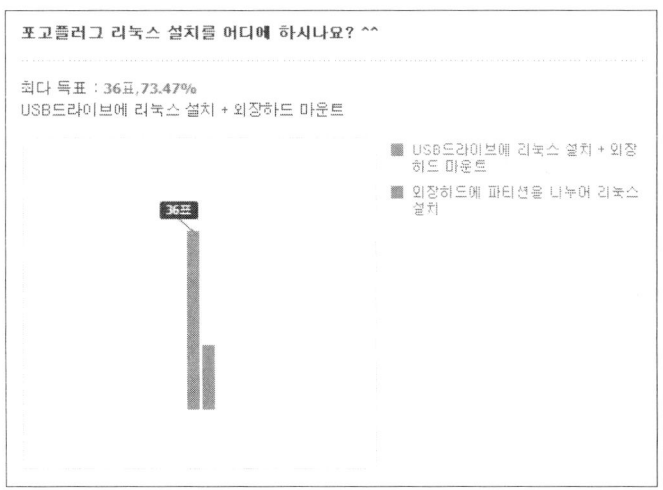

이 방식에는 실수의 정정이 부담스럽지 않다는 장점이 있습니다. 처음에 포고플러그를 다루다 보면 시행착오를 많이 거칩니다. 익숙하지 않은 명령어들을 따라 입력하다 보면 오타가 발생하기도 하고, 중요한 과정을 생략하거나 설치가 완료되기 전에 재부팅을 하는 등의 다양한 실수로 인해 불완전한 설치로 이어지는 경우가 많습니다. 데이터와 운영체제를 따로 운영하면 운영체제 USB만 다시 설치하면 되기 때문에 간편하지요. 초심자에게 더 적절한 방법입니다.

물론 운영체제 설치를 위한 USB를 따로 쓰면 단점도 있습니다. USB 종류에 따라 쓰기 속도가 달라지는 문제가 발생합니다. 그리고 쓰기 횟수의 제한도 있지요. USB 포트를 하나 더 차지하는 단점도 있습니다.

그러나 외장 하드 한곳에 파티션을 나누어 운영체제와 데이터를 모두 보관하는 경우에는, 설치에 문제가 생겼을 때에 파티션을 조정하고 재설치하는 과정이 초심자에게는 쉽지 않기에 앞서 언급한 방식으로 설명하겠습니다.

2

포고플러그 연결과 접속

1장을 통하여 전반적인 이해를 높였으니, 이제 본격적으로 포고플러그 세팅 작업에 들어가겠습니다.

첫 번째로 할 일은 포고플러그를 연결하는 것입니다. 포고플러그 연결 방법은 간단합니다. 먼저, 포고플러그와 공유기를 동봉된 Cat 5e 랜선으로 연결한 다음에, 전원 케이블을 연결하여 전원을 공급하면 됩니다.

일반적으로 우리가 가정에서 사용하는 공유기에는 IPTV의 셋탑박스가 연결되어 있고, 경우에 따라서는 다른 방으로 가는 랜선이 연결되어 있는 경우가 있습니다. 소규모 기업도 이와 비슷할 것입니다. 보통 1-2개의 LAN 단자가 남아있지요. 남은 LAN 단자와 포고플러그를 연결해 주세요. 그리고 전원을 연결합니다.

남은 LAN 단자가 없다면 어떻게 해야 할까요? 사용하지 않는 기기가 있는지 살펴보고 해당 LAN 단자에 연결하면 됩니다. 그렇지만 특별히 사용하지 않는 기기가 없는 상태라면 LAN 허브나 공유기가 한 대 더 필요합니다. 보통 공유기를 한 대 더 구비한 후 DHCP 기능을 꺼주면 허브처럼 작동합니다.

포고플러그 연결과 활성화

포고플러그를 공유기에 연결하고, 전원을 넣어 주면 포고플러그가 부팅됩니다. 부팅 과정을 1-2분 정도 지켜보겠습니다. 초록색 불이 깜박거리다가 완전히 켜지면 부팅이 완료된 것입니다. 부팅이 정상적으로 완료되었다면, 포고플러그 활성화 사이트인 http://pogoplug.com/activate에 접속합니다.

접속한 후 활성화 사이트에서 안내하는 순서대로 진행합니다. 먼저, 아래의 안내 화면이 나옵니다. 공유기에 포고플러그를 연결하였으니 다음으로 넘어갑니다.

포고플러그에 전원을 이미 연결하였으니, 이번에도 [다음] 버튼을 클릭합니다.

전원을 연결하고 나서 전면의 녹색불까지 확인하였으면 다음으로 넘어갑니다.

다음은 기기의 고유 식별 코드를 자동으로 인식하는 과정입니다. 자동으로 인식하면 다음 단계로 넘어가면 됩니다. 그러나 자동으로 인식하지 못하면 기기 하단의 ID 번호를 입력합니다. 기기 하단에는 포고플러그의 26자리 ID가 표기되어 있습니다. 맥 주소는 입력하지 않아도 됩니다.

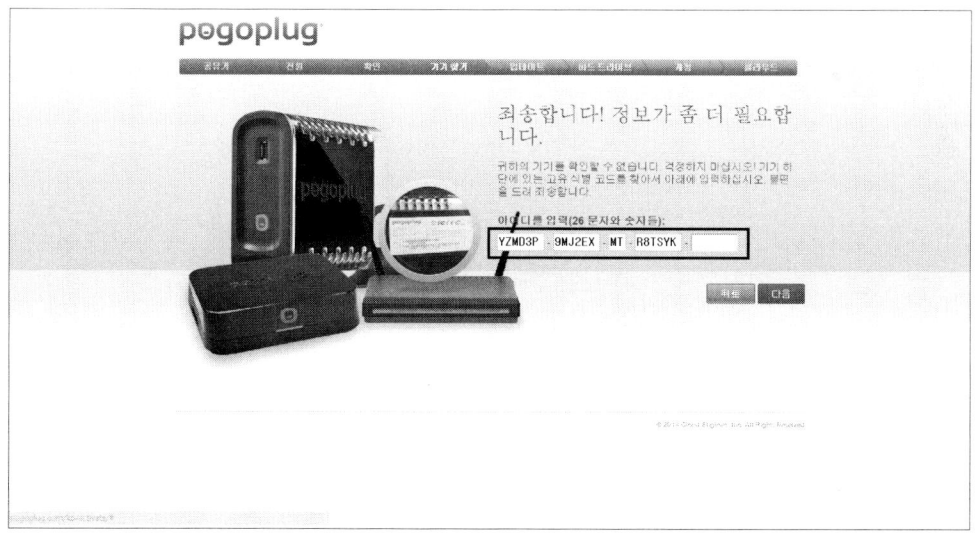

> **Note**
>
> 그런데 10번 중 7~8번 정도는 자동으로 인식하지 못하는 것 같습니다. 필자의 개인적인 통계이기 때문에, 독자분들은 조금 다를 수도 있습니다.

이메일 주소와 비밀번호를 설정하고 가입해 주세요. 여기서 사용되는 이메일과 비밀번호는 포고플러그 웹 사이트에 등록하는 용도로 사용되는 것입니다. 포고플러그 기기 자체를 이용할 때는 사용되지 않으니 참고하기 바랍니다.

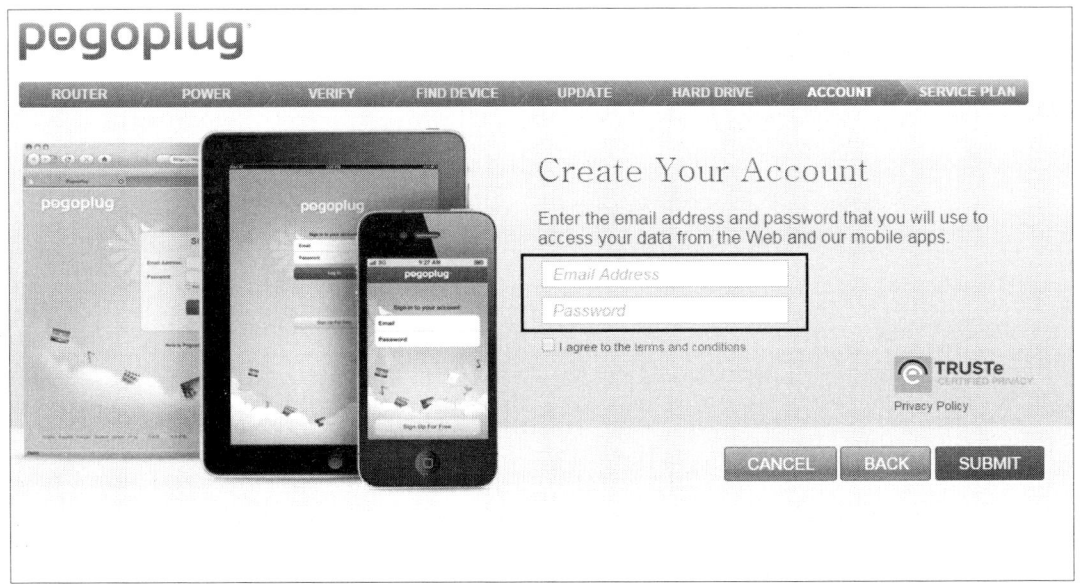

서비스 플랜을 선택하는 화면이 나옵니다. 우리는 기본 서비스를 이용하지 않을 것이므로 5GB 무료 플랜을 선택합니다.

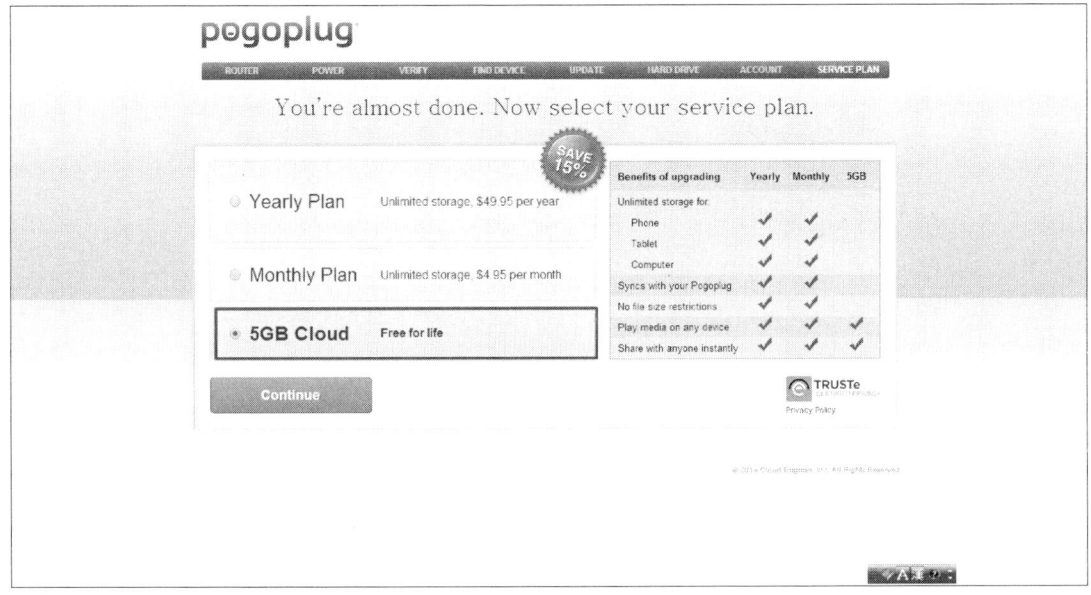

기기 활성화 및 등록이 완료되었네요. 오른쪽 위의 톱니바퀴 모양을 클릭하여 설정으로 들어갑니다.

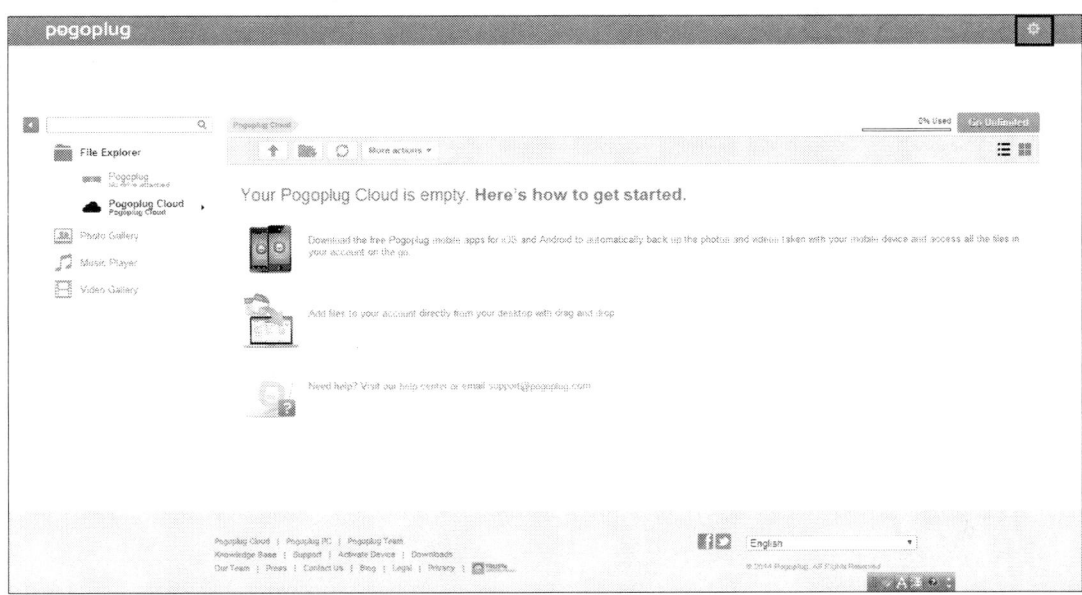

[Security] 탭을 선택하여 들어갑니다.

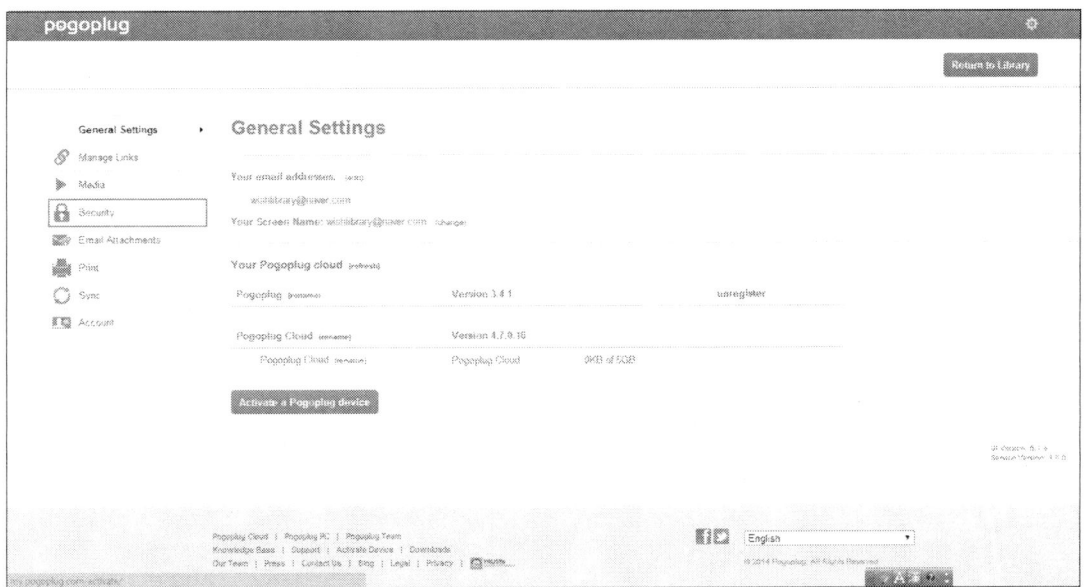

[Enable SSH access for this Pogoplug device] 앞의 체크박스를 체크합니다.

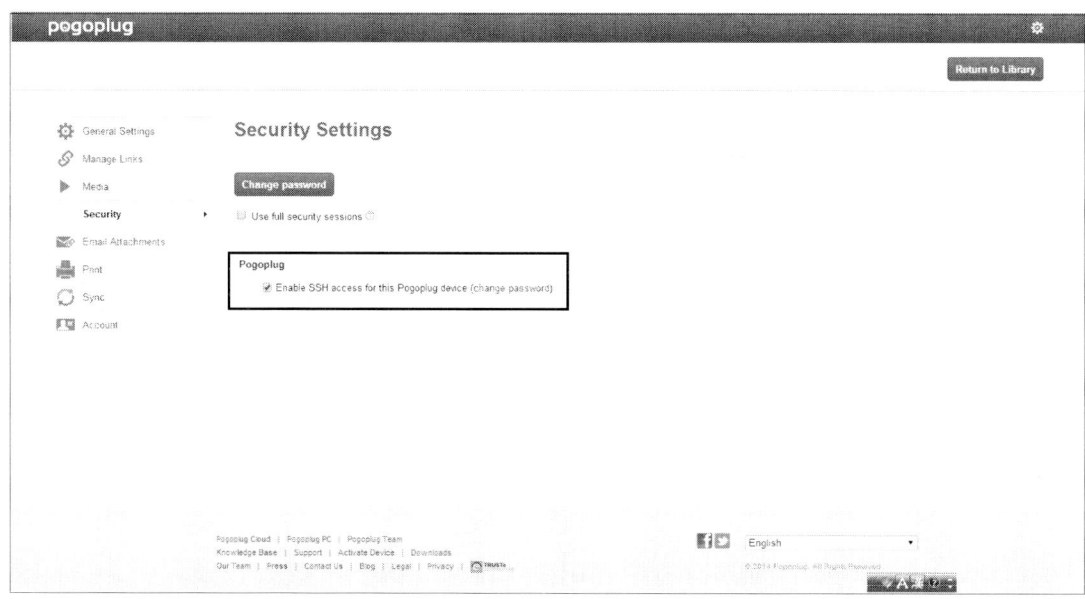

비밀번호 설정 창이 자동으로 뜹니다. SSH 접속 비밀번호를 설정합니다. SSH란, Secure Shell의 약자입니다. 같은 네트워크 상에 있는 다른 기기에 접속하여 원격으로 명령을 실행하고 파일을 복사하는 등과 같은 작업을 안전하게 처리하는 프로토콜입니다. 여기서 설정한 비밀번호를 반드시 잘 기억해 두어야 합니다.

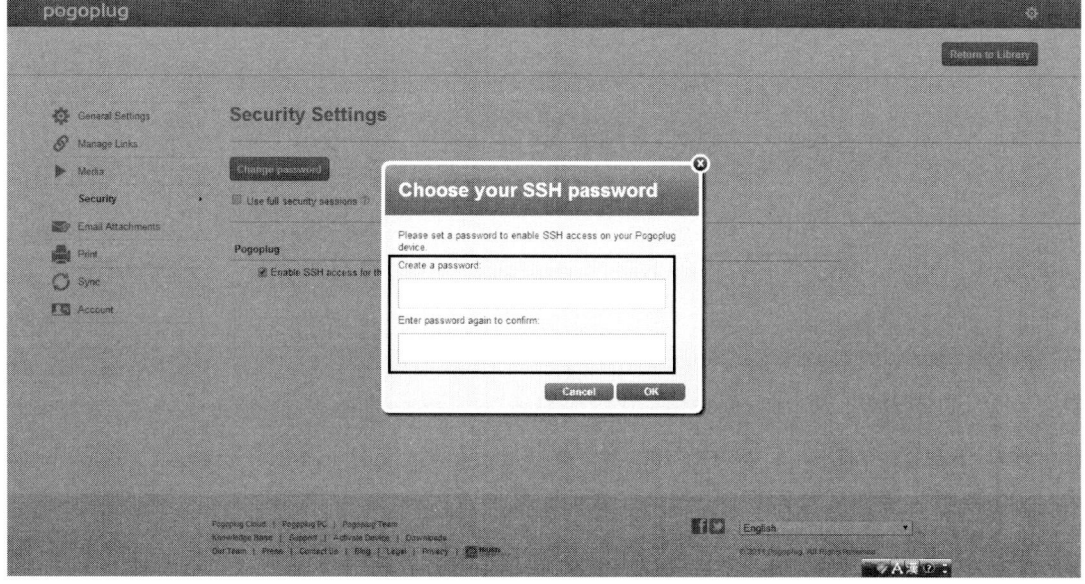

여기까지 정상적으로 완료되었다면 뒤에 나오는 "포고플러그 기기 활성화가 안 되는 경우" 절과 "포고플러그 SSH 활성화 버튼이 보이지 않는 경우" 절을 생략하고 그 다음 절로 넘어가면 됩니다.

1. 포고플러그 기기 활성화가 안 되는 경우

가끔 포고플러그 활성화에 실패할 때가 있습니다. 모든 과정을 정상적으로 거쳤는데도, 이메일과 비밀번호를 공식 홈피에 설정하는 단계에서 마지막에 "There was an error activating your device."라는 메시지를 남기면서 더 이상 진행이 되지 않습니다.

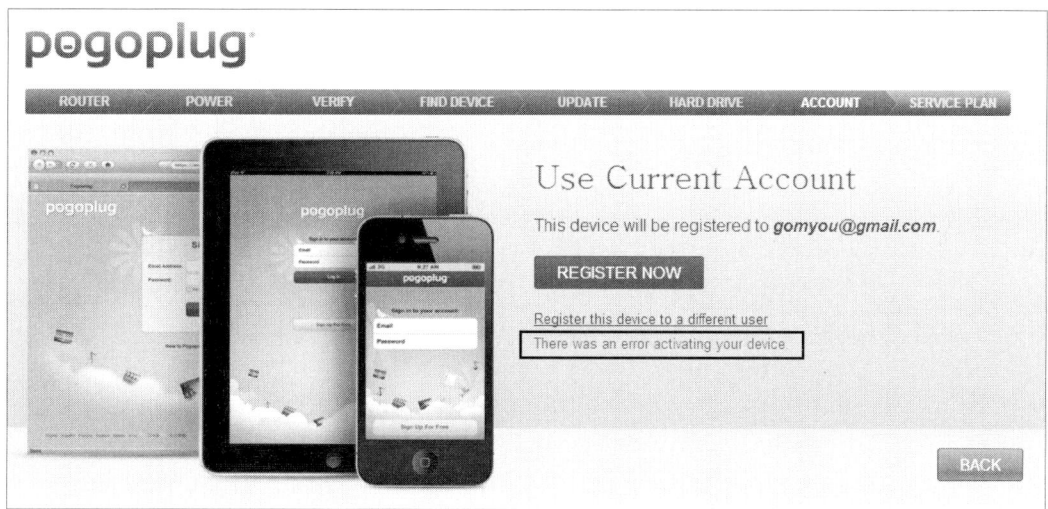

이런 상황은 대부분 중고 구매일 때 일어납니다. 포고플러그의 활성화는 26자리인 ID 번호의 입력을 통해 이루어지는데 해당 ID 번호에 대해 이미 이전 사용자가 활성화 과정을 거친 후 자신의 메일 주소를 등록해 두었기 때문에 이런 현상이 생깁니다. 간혹 해외 사이트에서 저렴한 가격에 판매되는 리퍼 제품(수리를 거친 제품)의 경우에도 이런 현상을 종종 볼 수 있습니다.

이런 경우에는 포고플러그 공식 홈페이지에 접속하여, 고객센터로 해당 사항을 접수하면 빠르게 처리해 줍니다. 보유하고 있는 포고플러그 기기를 기존 이용자가 등록해 둔 것 같으니 해제해 달라고 하면 독자 여러분의 이름으로 다시 등록할 수 있도록 기존 등록 사용자를 삭제하여 초기화하는 작업을 진행해 줍니다.

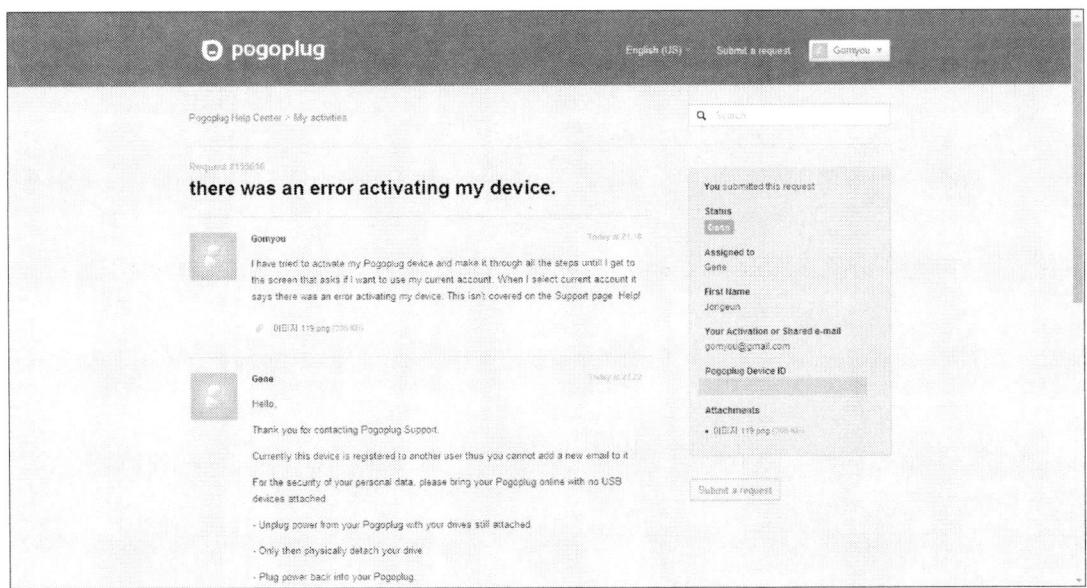

영어로 글을 남기는 것이 부담스러우면, 다음과 같이 입력해서 보내면 됩니다. 예문을 하나 드릴게요. 저도 영어가 부족한 사람이라, 감안하고 보시기 바랍니다.

I have tried to activate my Pogoplug device and made it through all the steps. But there was an error activating my device. I am not in contact with the original owner. Please unregister the previous owner's information.

영어로 작성해야 하는 단점이 있긴 하지만, 포고플러그 고객센터의 대응은 생각보다 훨씬 빠릅니다. 개인적으로 신청해 본 결과 에러 발생을 보고한지 30분이 채 안된 시점에 포고플러그 초기화까지 완료해 줌을 확인할 수 있었습니다. 거의 실시간 대응이라고 봐도 됩니다.

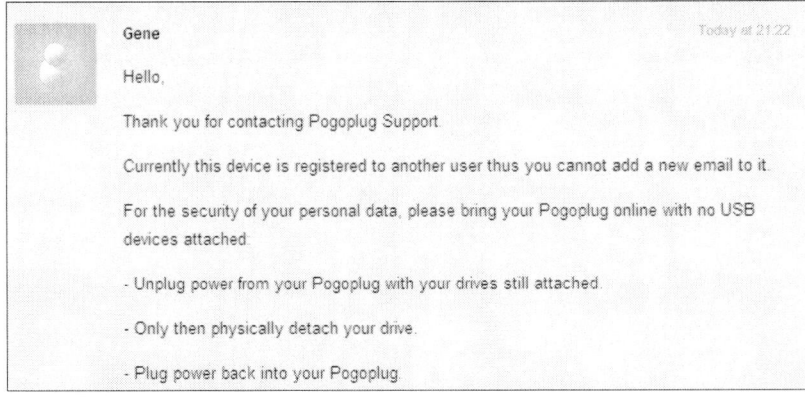

2. 포고플러그 SSH 활성화 버튼이 보이지 않는 경우

이것은 많은 분들이 호소하는 증상 중 하나입니다. 포고플러그의 활성화 과정을 완료하고 마지막으로 SSH 활성화 과정을 거치려는데, [Security] 탭에 들어가도 보여야 할 SSH 활성화 버튼이 보이지 않을 때가 있습니다.

아래 스크린샷에도 보면 암호 변경과 관련된 버튼만 있을 뿐, SSH 활성화 버튼은 아예 보이지 않네요.

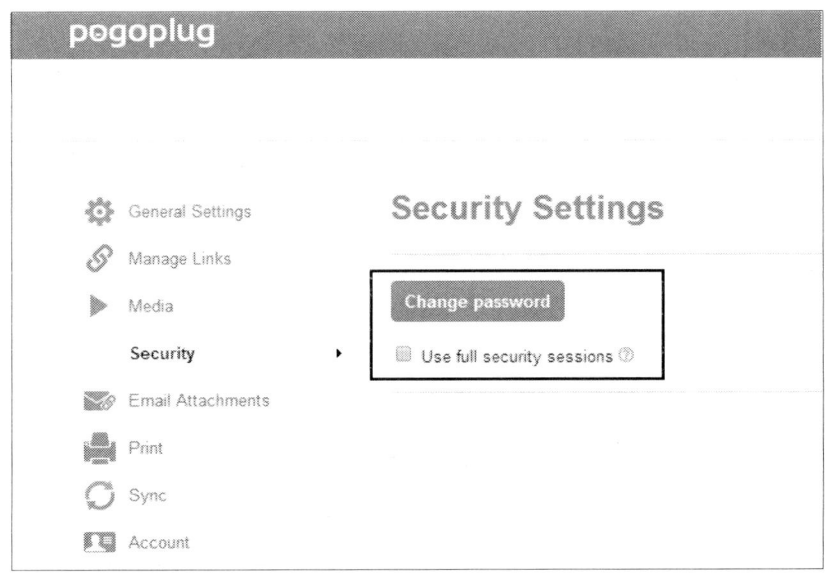

이럴 때의 해결책은 포트포워딩을 통해 SSH 포트인 22번 포트를 외부로 잠깐 열어주는 것입니다. 어떤 원리로 해결되는 것인지 정확하지는 않지만 포고플러그 공식 센터에서 제안한 방법이라고 하니 해결에 큰 무리는 없을 것입니다.

포트포워딩이란 폐쇄된 우리집이나 직장의 내부 네트워크로 외부에서도 접속이 가능하도록 포트를 열어주는 작업입니다. 22번 포트를 열어주면 SSH 활성화 버튼이 나타납니다. 외부 포트 번호는 아무거나 지정해도 괜찮습니다.

제가 가진 공유기의 공유기 설정 아이피는 192.168.219.1입니다. 웹 브라우저를 열고 해당 주소를 입력하면 공유기 설정 메뉴로 들어가게 됩니다. 제가 가진 공유기의 포트포워딩은 [버츄얼 서버 맵핑]이라는 메뉴에서 가능한데요, 공유기마다 차이가 있으니 매뉴얼을 확인하기 바랍니다.

포트포워딩 방법은 다음과 같습니다. 아래 그림에서 오른편의 LAN IP와 LAN 포트는 내부 네트워크에서 포고플러그의 아이피와 SSH 포트인 22번입니다. 그리고 왼쪽에 나오는 WAN IP가 공인 아이피입니다 (여기서는 개인 정보 보호를 위해 아이피 일부를 삭제하였습니다). SSH 활성화를 위하여 잠시만 열어줄 것이므로 WAN 포트 번호는 아무거나 지정합니다. 여기서는 2542번으로 지정하였습니다.

사용함	WAN IP	WAN 포트	프로토콜	LAN IP	LAN 포트	적용
✓	124.54	2542	TCP	192.168.219.5	22	변경 추가

이렇게 포트포워딩을 하고 나서 다시 [Security] 탭에 들어가 보면 아래와 같이 SSH 활성화 메뉴가 뜨는 것을 확인할 수 있습니다.

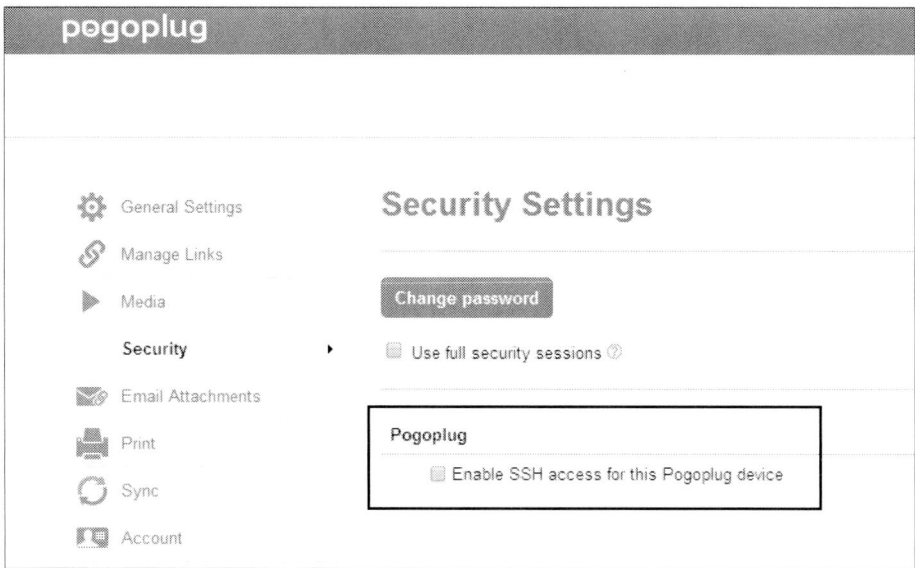

SSH 활성화를 완료하고 나서 SSH 접속이 원활히 이루어지면 해당 포트포워딩을 다시 해제해 주세요.

22번 포트를 외부로 개방하면 보안의 위험이 따르므로 SSH 활성화를 위해 잠깐만 열었다 닫아 주는 것이 좋습니다. 포트포워딩을 통한 포트 개방 방법과 Softperfect Network Scanner를 활용하여 포고플러그의 사설아이피를 찾는 방법은 다음 절에서 자세히 설명하고 있으니 참조하면 좋겠습니다.

포고플러그 접속

SSH 활성화 과정까지 거쳤으니, 이제 SSH 클라이언트를 사용하여 포고플러그에 접속하겠습니다. 지금부터는 포고플러그에 배정된 사설 아이피를 정확하게 알아야 작업의 진행이 가능합니다.

1. 아이피의 이해

포고플러그 등 NAS를 잘 사용하기 위해서는 아이피에 대한 이해가 필수입니다. 처음 듣는 내용이라면 조금 혼란스럽게 들릴 수 있지만 그리 어렵지 않은 내용이니, 꼼꼼하게 확인하고 이해하셔야 합니다.

아이피는 12자리 숫자로 구분되어 있습니다. 그리고 3자리 마다 점을 찍는 구조입니다. 123. 123.123.123, 이런 식입니다. 3자리로 된 각 숫자에는 0부터 255까지의 숫자가 들어갈 수 있습니다. 이런 법칙을 가지고 구성된 아이피를 IPv4(Internet Protocol Version 4)라고 합니다. 각 자리에 0~255가 들어갈 수 있으므로 가능한 조합은 약 40억 개 정도가 되죠.

이제 아이피의 종류에 대해 구분해 보겠습니다. 아이피는 사설 아이피와 공인 아이피로 나뉘어집니다.

사설 아이피란, 내부 네트워크에 있는 컴퓨터끼리의 통신에 사용되는 아이피이며, 일반적으로 공유기를 중심으로 구성됩니다. 공유기는 공유기에 연결된 기기들에 아이피를 자동으로 분배하며, 각 기기는 분배받은 아이피를 가지고 서로 통신합니다. 사설 아이피는 대부분 192.168.***.***의 주소를 가집니다. 아이피의 3번째 세 자리 숫자는 사용하는 공유기에 따라 다르기도 합니다. LG U+ 통신사 제공 공유기는 192.168.219.***을 제공하고, IPTIME 공유기의 경우에는 192.168.0.***을 제공합니다. 내부 네트워크에서만 약속된 아이피 주소이기 때문에, 다른 내부 네트워크에도 동일한 사설 아이피가 존재합니다.

공인 아이피란, 인터넷에서의 통신을 위해 사용되는 아이피로, 멀리 떨어진 컴퓨터끼리 통신할 때 사용됩니다. 우리집이나 회사에 들어오는 공인 아이피는 전 세계적으로 유일한 아이피입니다.

공인 아이피는 고정 아이피와 유동 아이피로 구분되는데요. 고정 아이피는 인터넷 회사에서 가정이나 회사에 배당한 공인 아이피로, 변하지 않는 아이피를 말합니다. 이에 반해서 유동 아이피는 주기적으로 변경되는 공인 아이피입니다. 전자의 경우 NAS 사용에 편리하지만, 후자의 경우에 주기적으로 변경되는 아이피를 계속 알아야 하기 때문에 NAS를 무난히 사용하기 위해서는 DDNS(Dynamic Domain Name System)를 이용하는 것이 좋습니다. DDNS에 대해서도 5장에서 설명할 것입니다.

포고플러그 세팅을 시작하면서 가장 중요한 일은 포고플러그가 공유기로부터 배정받은 사설 아이피를 찾는 것입니다. 공유기의 DHCP 기능은 미리 설정된 임대 시간이 지나면 사설 아이피를 새롭게 배정합니다. 특별한 경우가 아니라면 거의 동일한 아이피가 배정되지만, 가끔씩 다른 아이피가 배정되는 일이 있기 때문에 포고플러그에 접근이 되지 않는다면 가장 먼저 사설 아이피의 변동 여부를 의심해야 합니다.

포고플러그의 재부팅 시에도 배정받은 아이피가 변하지 않도록 아이피를 고정하면 이용이 편리합니다. 해당 내용은 바로 뒤에서 자세히 소개하겠습니다.

2. 포고플러그 할당 아이피 확인

우선 포고플러그가 공유기로부터 어떤 사설 아이피를 배정받았는지를 찾아보겠습니다. SoftPerfect Network Scanner(http://www.softperfect.com)를 다운로드합니다. 우리가 작업하는 컴퓨터와 포고플러그는 같은 네트워크 상에 있어야 합니다. 같은 공유기에 연결되어 있다면 기본적으로 같은 네트워크에 있다고 볼 수 있고, 공유기가 2대 이상 복수로 존재하는 특수한 환경이 아니라면 같은 네트워크에 있을 가능성이 높습니다.

검색할 아이피의 범위를 입력합니다. 제가 사용하는 네트워크에서는 192.168.219.5부터 사설 아이피 할당이 시작되는 환경입니다. 이건 공유기 설정의 DHCP 서버 설정 옵션에서 확인이 가능합니다. 공유기마다 해당 설정의 이름은 다를 수 있습니다.

Network Settings	
DHCP 서버 설정	
DHCP 서버 기능	사용함 (디폴트:사용함)
DHCP IP 풀 주소	시작 IP: 192.168.219.5 마지막 IP: 192.168.219.19
DHCP IP 임대시간	86400 Second(s)

> **Note**
> 공유기 설정 페이지에 접속하려면 인터넷 웹브라우저에서 192.168.***.1을 입력합니다. 공유기 자체의 사설 아이피가 1번이기 때문입니다. 저의 경우에는 192.168.219.1이 공유기 설정 페이지입니다.

포고플러그가 배정받은 아이피를 찾기 위해 **SoftPerfect Network Scanner** 프로그램에서 192.168.219.5부터 192.168.219.30까지 검색하겠습니다.

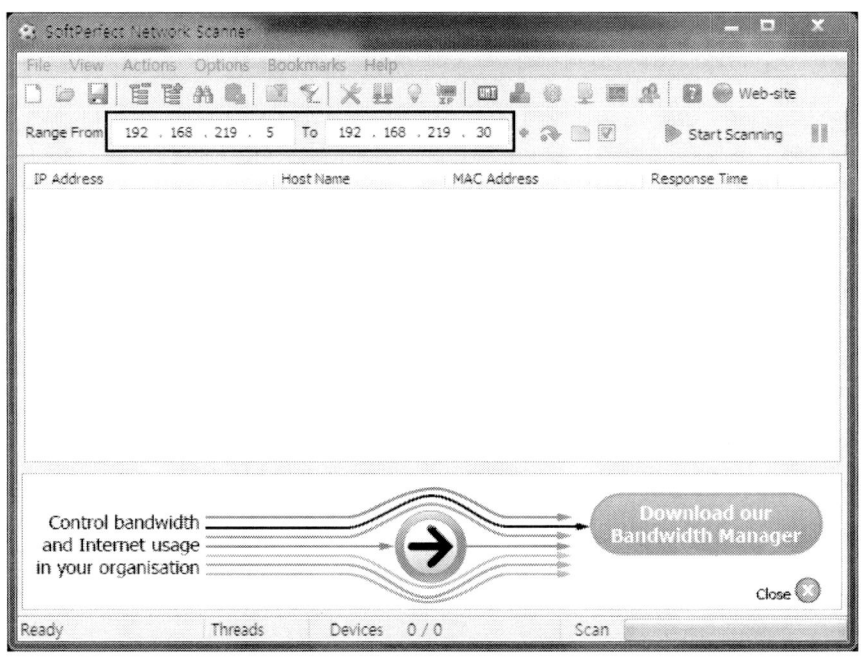

4개의 아이피가 탐지되는군요. 배정 아이피와 기기의 맥 주소가 함께 나오니 비교해 보면 포고플러그의 배정 아이피를 알 수 있습니다. 포고플러그의 맥 주소는 일반적으로 00-25-31로 시작되는 경우가 많습니다. 포고플러그는 192.168.219.5의 아이피로 배정되었네요. 192.168.219.5의 아이피로 접속하면 작업하는 컴퓨터에서 포고플러그로 접속이 가능합니다.

IP Address	Host Name	MAC Address	Response Time
? 192.168.219.7	GGOMIE-PC	00-24-54-90-F7-25	0 ms
192.168.219.8	GomyouGgomie	00-E0-4D-46-53-E0	0 ms
192.168.219.5		00-25-31-	247 ms
192.168.219.21		00-02-14-14-74-AA	0 ms

3. 포고플러그 할당 아이피 고정

포고플러그에 접속하기 전에, 방금 포고플러그에 할당된 사설 아이피를 고정하는 작업을 진행하겠습니다.

사설 아이피의 할당은 공유기가 하는 것으로, DHCP 기능을 이용해서 포고플러그와 데스크탑 등에 아이피를 배정한다고 했습니다. 공유기에 연결된 모든 기기에 아이피를 배정하니까, TV에 연결되어 있는 셋탑박스에도 아이피가 배정됩니다.

그런데 공유기가 할당하는 사설 아이피는 임대 시간이 정해져 있습니다. 그래서 임대 시간 종료 이후에 기기를 재부팅하면 공유기에서 해당 기기에 다른 사설 아이피를 부여하는 상황이 생길 수도 있지요. 셋탑박스 같은 기기는 아이피가 변경되어도 크게 상관이 없겠지만, 포고플러그의 경우에는 데스크탑에서 아이피를 지정하여 접속하기 때문에 재부팅할 때마다 아이피가 변경되면 여간 불편한 일이 아니겠지요. 그래서 포고플러그의 경우에 배정되는 아이피를 고정하면 편리합니다.

포고플러그의 아이피를 고정하는 원리는 간단합니다. 공유기에서 아이피 배정을 하기 때문에 공유기에게 포고플러그에는 '이 아이피만 배정해라'라는 명령을 줄 수 있겠지요. 그러면 임대 시간이 종료된 이후에 포고플러그가 재부팅되어도 같은 아이피를 배정받게 되고 통신에 문제가 없게 되는 것입니다.

아이피 고정 방법도 공유기에 따라 조금씩 차이가 있습니다. 그러나 큰 방향은 같으니, 각자 보유한 공유기 매뉴얼을 참조하기 바랍니다. 제가 가진 공유기를 기준으로 설명하겠습니다.

공유기 설정 페이지에 접속한 후 아이피 주소 고정 메뉴를 찾아갑니다. 그리고 포고플러그가 좀 전에 할당받은 아이피 주소와 포고플러그 기기의 맥 주소, 그리고 간단한 설명을 입력하세요.

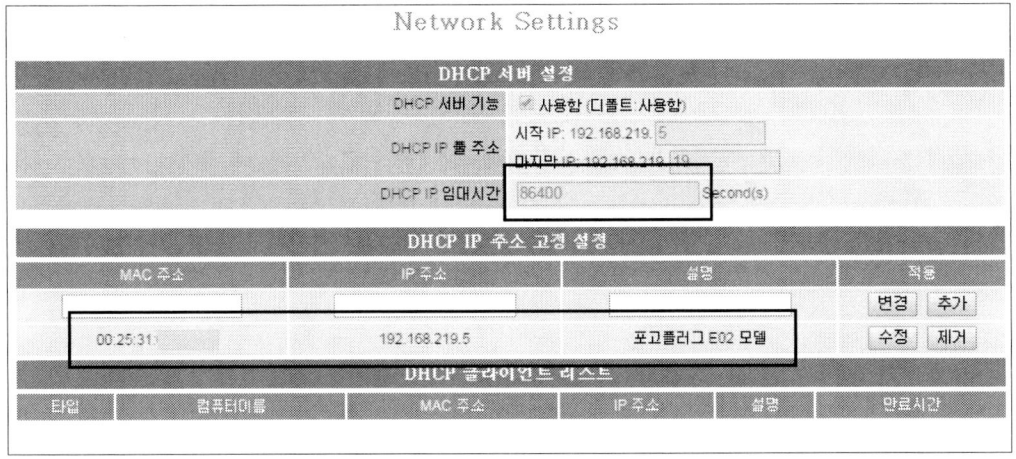

[추가] 버튼을 누르면 다음과 같이 설정이 저장됩니다. 본 공유기에서 설정된 임대 시간인 86400초(24시간)가 종료된 후 포고플러그를 재부팅하더라도 할당 아이피는 변경되지 않습니다.

> **Note**
> 포고플러그에 할당되는 아이피는 아이피 고정 작업을 거치기 전까지는 포고플러그 재부팅 과정 등을 통해 수시로 변동될 수 있습니다. 재부팅 이후에 포고플러그에 접속되지 않을 때는 아이피 고정 작업을 하지 않았을 가능성이 높으므로, Softperfect Network Scanner를 통해 할당 아이피가 변하지 않았는지 꼭 확인하기 바랍니다.

4. 포고플러그 접속

SSH 클라이언트를 설치하여 접속하겠습니다. PuTTy라는 프로그램(http://www.chiark.greenend.org.uk/~sgtatham/putty/download.html)을 다운로드합니다. PuTTy는 터미널 프로그램으로, 포고플러그 같은 기기에 접속하여 제어하는 작업을 할 수 있습니다.

```
For Windows on Intel x86
PuTTY:          putty.exe           (or by FTP)    (RSA sig)    (DSA sig)
PuTTYtel:       puttytel.exe        (or by FTP)    (RSA sig)    (DSA sig)
PSCP:           pscp.exe            (or by FTP)    (RSA sig)    (DSA sig)
PSFTP:          psftp.exe           (or by FTP)    (RSA sig)    (DSA sig)
Plink:          plink.exe           (or by FTP)    (RSA sig)    (DSA sig)
Pageant:        pageant.exe         (or by FTP)    (RSA sig)    (DSA sig)
PuTTYgen:       puttygen.exe        (or by FTP)    (RSA sig)    (DSA sig)
A .ZIP file containing all the binaries (except PuTTYtel), and also the help files
Zip file:       putty.zip           (or by FTP)    (RSA sig)    (DSA sig)
A Windows installer for everything except PuTTYtel
Installer:      putty-0.63-installer.exe  (or by FTP)  (RSA sig)  (DSA sig)
Checksums for all the above files
MD5:            md5sums             (or by FTP)    (RSA sig)    (DSA sig)
SHA-1:          sha1sums            (or by FTP)    (RSA sig)    (DSA sig)
SHA-256:        sha256sums          (or by FTP)    (RSA sig)    (DSA sig)
SHA-512:        sha512sums          (or by FTP)    (RSA sig)    (DSA sig)
```

PuTTy를 실행한 후, Softperfect Network Scanner를 이용하여 각자의 환경에 맞게 찾아낸 포고플러그의 아이피를 입력하고 포트는 22번으로 입력합니다. 22번 포트가 가장 중요한 포트 번호 중 하나이니 꼭 기억하기 바랍니다.

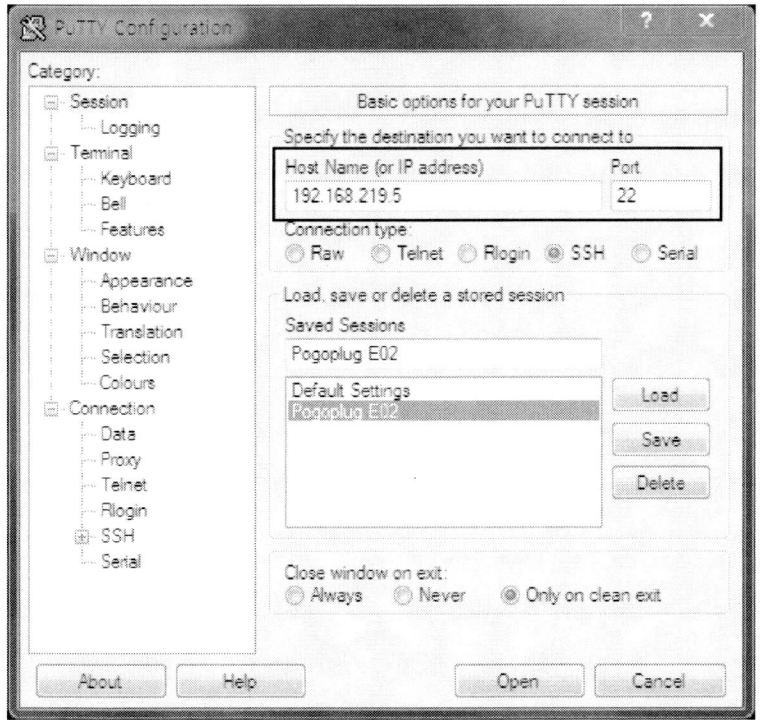

[Window] -> [Translation] 항목으로 가서 출력 형태를 UTF-8로 지정하고 [Open] 버튼을 누릅니다.

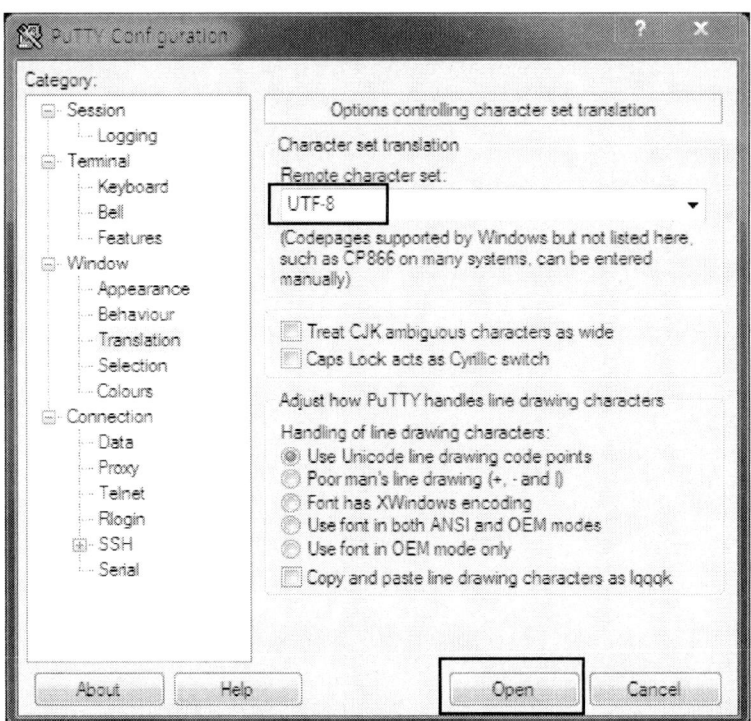

[Open]을 누르면 다음과 같은 화면이 뜨는데, 포고플러그의 호스트 키가 PuTTy 프로그램에 저장된 기존의 캐시와 달라 뜨는 화면으로, 처음에 접속할 때만 나오므로 [예]를 선택하면 됩니다.

SSH에 로그인하겠습니다. 아이디와 비밀번호를 입력하게 되는데요. 아이디는 root이고, 비밀번호는 아

까 SSH 활성화 시에 입력했던 비밀번호를 입력하면 됩니다. 중고로 구매하였고 전 사용자가 포고플러그 초기화 작업을 하지 않았다면, 전 사용자가 설정해 둔 SSH 비밀번호를 물어보고 접속하기 바랍니다.

접속에 성공하면 Pogoplug:~$나 Pogoplug:~# 같은 문구를 볼 수 있는데 이를 프롬프트라고 합니다. 프롬프트에는 현재 디렉토리의 위치 및 접속 아이디의 권한 등이 간략히 표시됩니다.

< E02 모델의 초기화면 >

< 시리즈 4와 모바일 모델의 초기화면 >

3

포고플러그 기본 설정

이제 본격적인 포고플러그의 개조 작업에 돌입하겠습니다. 3장에서 소개하는 루트파일시스템의 설치와 U-Boot 교체 작업은 본 책에서 실행하는 과정 중에 가장 핵심적인 내용입니다.

루트파일시스템은 한마디로 말해서 운영체제입니다. 컴퓨터의 조립이 완료되었다고 해서 바로 부팅되지 않는 것처럼 이 루트파일시스템이 없으면 포고플러그를 운용할 수 없습니다.

U-Boot는 컴퓨터의 CMOS와 유사한 개념입니다. 부팅 과정에 들어가기 전에 어떤 절차를 통해 부팅하게 될 것인지, 그리고 부팅 환경을 어떻게 설정할 것인지를 CMOS 접속을 통해 결정하게 되는 것과 같은 원리로 보면 됩니다.

루트파일시스템 설치

가장 먼저 루트파일시스템을 설치하겠습니다. E02 모델이면 USB 메모리를 준비하고, 시리즈 4나 모바일 모델이면 SD 카드를 준비해 주세요. 용량은 4G나 8G 중에 하나를 준비하면 됩니다. 루트파일시스템의 설치를 위해 우선 아래 링크의 이미지 파일을 다운로드합니다.

- 4G : https://drive.google.com/file/d/0B9EtHp67aqkgblY4dll3WmIwakE/edit?usp=sharing
- 8G : https://drive.google.com/file/d/0B9EtHp67aqkgcW03MmNiYkpld3M/edit?usp=sharing

파일을 다운로드한 후에 압축을 풉니다. 압축 파일의 확장자는 .7z이며, 7zip이나 반디집 같은 압축 프로그램으로 압축을 풀 수 있습니다. 압축을 풀고 나면, 4G 혹은 8G 용량의 .img 파일을 확인할 수 있습니다.

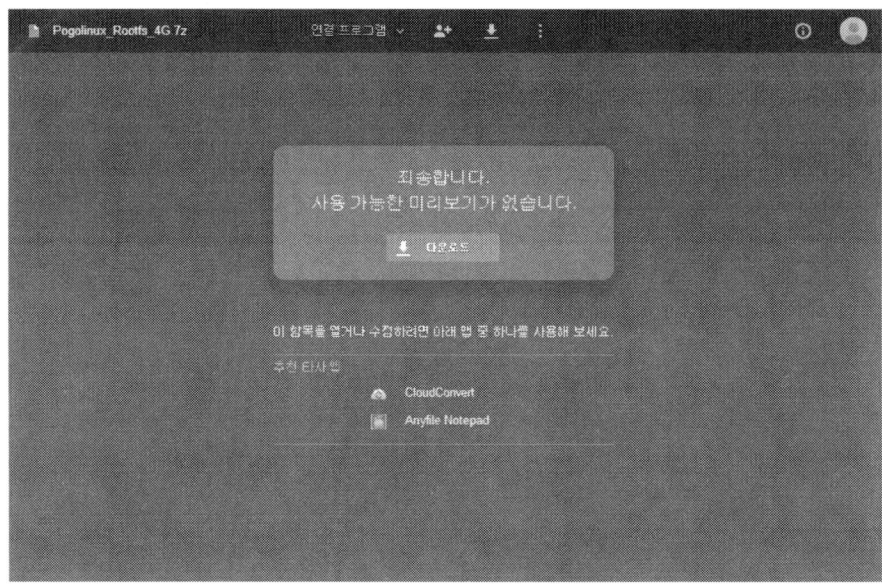

USB Image Tools를 실행합니다. USB Image Tools의 경우 윈도우7 이상에서는 관리자 권한으로 실행해 주는 것을 꼭 기억하기 바랍니다. USB Image Tools는 http://www.alexpage.de/usb-image-tool/에 서 다운로드할 수 있습니다.

USB Image Tools의 실행 화면입니다. 왼쪽 상단에 Device Mode 설정 여부를 확인하고 그 아래에 우리 가 삽입한 장치명이 뜨는지 확인합니다. [Options] 탭을 선택하여 상단 2개 옵션의 체크박스를 선택합니 다. 그리고 하단의 [Restore] 버튼을 클릭해 주세요.

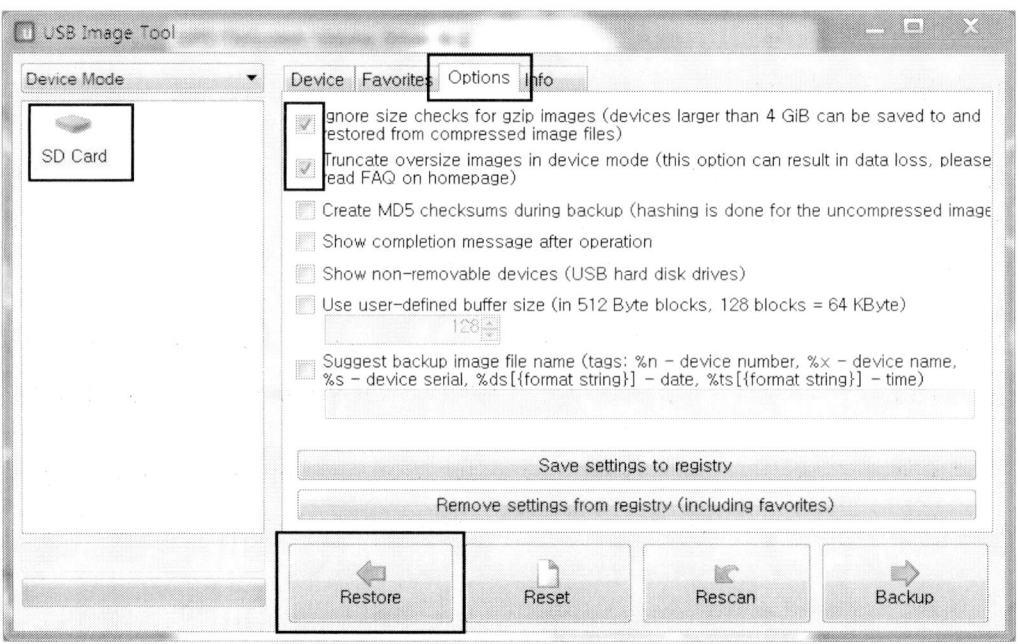

루트파일시스템 설치   53

선택한 장치에 구워줄 이미지 파일을 선택합니다. 여기서는 4G 용량의 루트파일시스템 이미지 파일을 선택합니다.

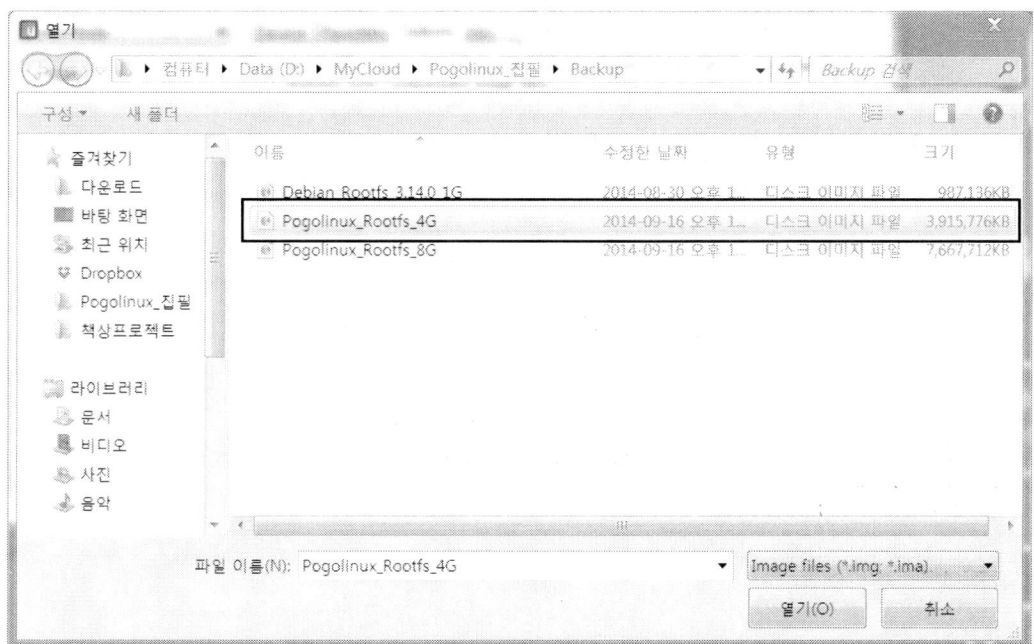

해당 이미지 파일을 우리가 선택한 메모리에 저장할 것인지 물어봅니다. [예]를 선택해 주세요.

왼쪽 하단에 이미지 파일이 복구 모드를 통해 메모리에 저장되는 것을 확인할 수 있습니다.

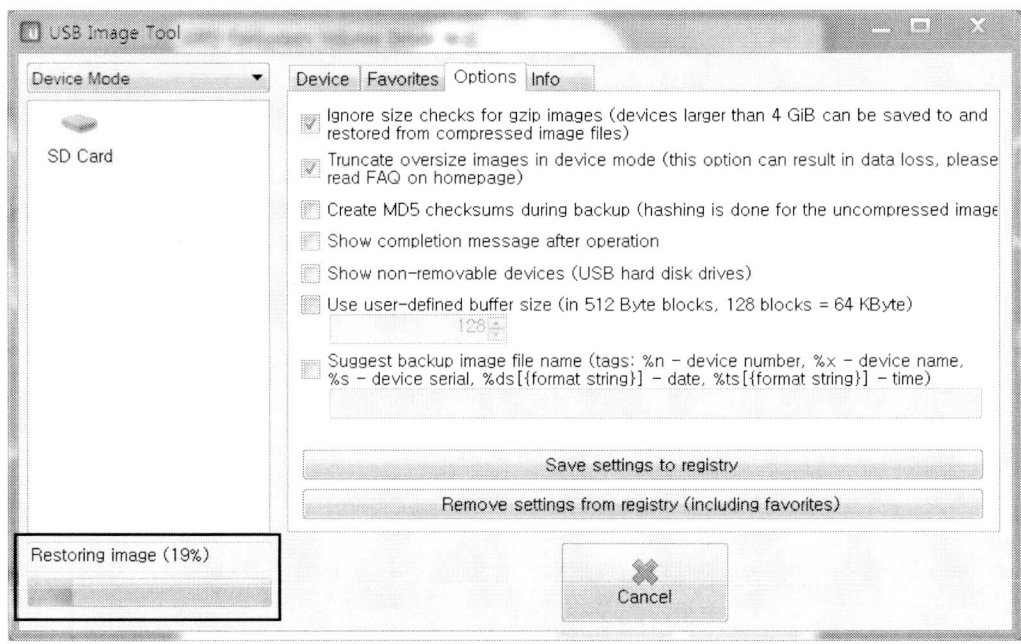

여기서 제작된 루트파일시스템 USB 메모리나 SD 카드는 포고플러그의 기초 공사가 끝난 후에 사용될 것입니다.

U-boot 교체(E02)

이제 본격적인 개조 작업의 시작입니다. SSH 접속 상태에서 프롬프트가 'Pogoplug:~$'인지 확인하고 진행해 주세요.

아래에 소개할 명령어들을 하나하나 다 입력하면 오타로 인해 실행 오류가 생길 때가 많습니다. 각 장별 스크립트 명령어를 포고리눅스 카페(http://cafe.naver.com/pogolinux)와 필자의 블로그(http://blog.frienddy.net)에서 제공하고 있으니 참고하기 바랍니다. PuTTy에서의 붙여넣기는 마우스 오른쪽 버튼입니다.

지금부터는 신중한 입력이 중요합니다. 한 줄 한 줄 틀리지 않게 입력해 주세요. # 마크는 root 권한으로 로그인할 때 보이는 마크로, 명령어 입력시에는 #을 제외하고 나머지를 입력하면 됩니다.

우선 포고플러그의 기본 클라우드 서비스를 중지하겠습니다. 본 책에서는 기존 클라우드 서비스를 이용하지 않을 계획이므로 실행을 중지하겠습니다.

```
# killall hbwd
```

그리고 다음 명령어를 수행합니다. 이것은 리눅스의 /sbin 디렉토리와 /usr/sbin 디렉토리에 있는 명령어들(reboot, fdisk 등)을 해당 디렉토리에 들어가지 않아도 실행할 수 있도록 설정하는 명령어입니다.

```
# export PATH=$PATH:/usr/sbin:/sbin
```

클라우드 기능이 중지되었다면 이제 새로운 부트로더를 설치할 것입니다.

> **부트로더**
> 부트로더(boot loader)란 운영체제가 시동되기 전에 미리 실행되면서 커널이 올바르게 시동되기 위해 필요한 모든 관련 작업을 마무리하고 최종적으로 운영체제를 시동하기 위한 목적을 가진 프로그램을 말한다. (출처: 위키피디아 한국어판)

원래의 포고플러그는 자체 클라우드 시스템을 운영하기 위한 기기이기 때문에 USB에 설치한 운영체제로 부팅하는 기능을 제공하지 않습니다. 그러나 지금 설치할 부트로더를 이용한다면 USB를 이용한 부팅이 가능하기에 다양한 기능을 탑재한 NAS로 이용할 수 있게 되는 것입니다.

임시 저장 디렉토리로 이동합니다.

```
# cd /tmp
```

부트로더 설치 파일을 다운로드합니다. wget은 리눅스에서 사용되는 다운로드 명령어로 웹에 있는 파일을 다운로드할 수 있습니다.

```
# wget http://projects.doozan.com/uboot/install_uboot_mtd0.sh
```

다운로드받은 파일에 실행 권한을 부여합니다. chmod는 파일이나 디렉토리의 권한을 수정하는 명령어입니다.

```
# chmod +x install_uboot_mtd0.sh
```

해당 파일을 실행합니다.

```
# ./install_uboot_mtd0.sh
```

실행에 동의하면 'ok'를 입력하면 됩니다.

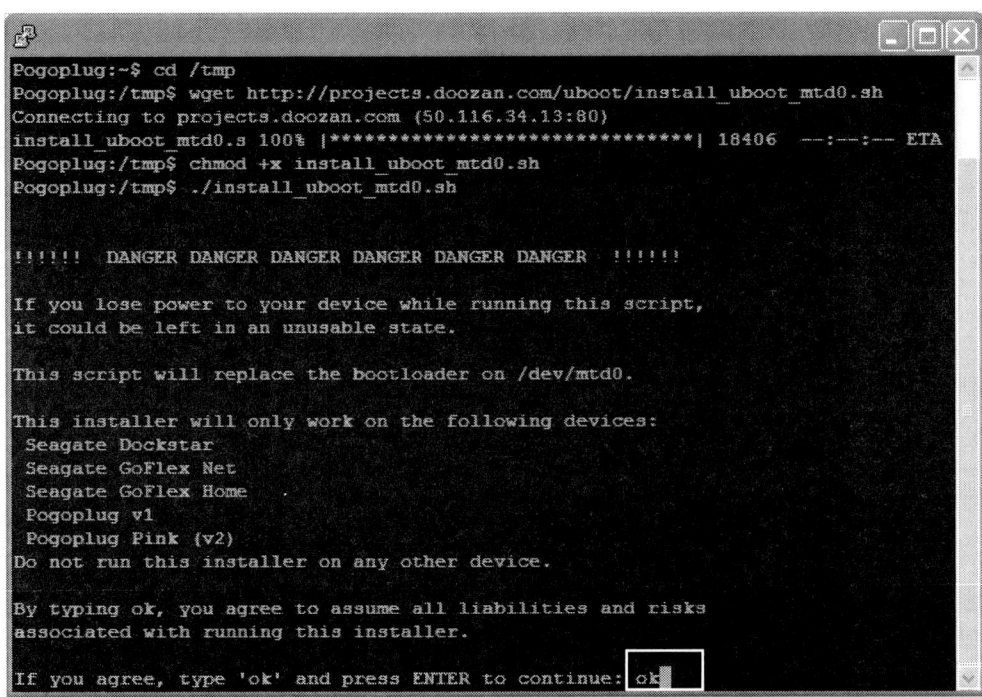

이 과정은 포고플러그에 새로운 리눅스 부팅 시스템을 설치하는 것입니다. 이 과정을 통해 USB로도 부팅이 가능하게 됩니다.

설치가 완료되었다면 앞에서 설치한 루트파일시스템 설치 USB를 후면 하단 USB 슬롯에 삽입한 후 재부팅을 실행합니다.

```
# reboot
```

재부팅하면 부팅 시스템 전환이 완료됩니다. 재부팅 명령어를 입력하면 PuTTy 상단 실행 창에 'inactive'라는 문구가 생깁니다.

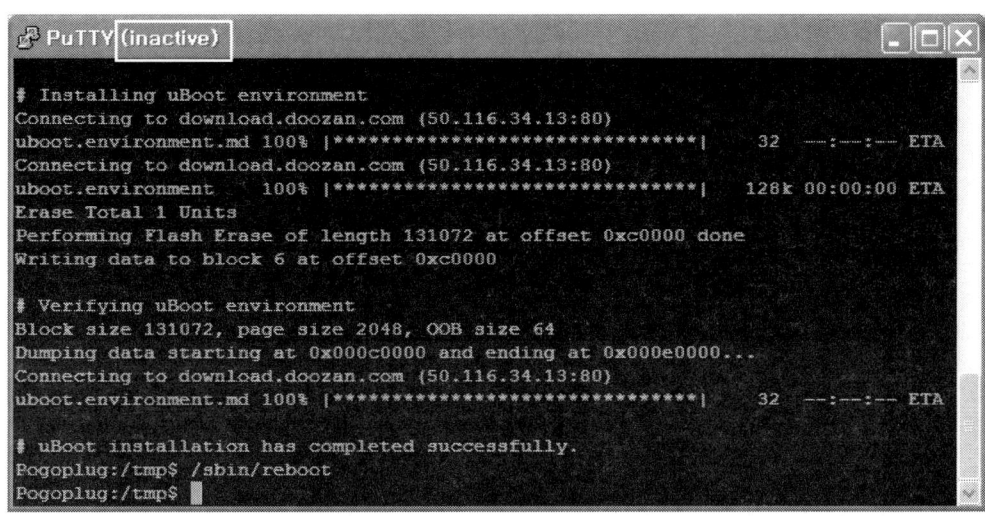

그리고 네트워크 접속이 끊어졌다는 팝업 창이 뜹니다.

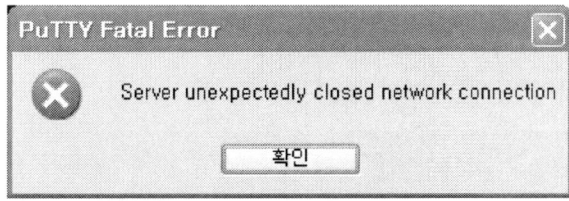

해당 PuTTy 실행 창은 비활성화 상태로 바뀌므로, 재부팅 이후의 과정을 진행하려면 재부팅이 완료된 후에 PuTTy를 다시 실행시켜 접속해야 합니다.

이렇게 해서 U-boot의 설치 및 루트파일시스템의 적용이 완료되었습니다. 여기까지 진행하셨다면 포고플러그 E02 모델의 경우, 다음 두 가지 방식의 부팅이 가능합니다.

- 루트파일시스템이 설치된 USB가 꽂혀 있는 경우 – USB에 설치된 OS로 부팅됩니다(오렌지색 LED).
- 아무 것도 꽂지 않은 경우 – 포고플러그 E02 자체의 낸드 메모리로 부팅됩니다(녹색 LED).

U-boot 교체(시리즈 4, 모바일)

SD 카드 단자는 포고플러그 시리즈 4(V4-A3-01)와 포고플러그 모바일(V4-A1-01) 모델에만 있습니다. 그래서 이번 절의 내용은 포고플러그 시리즈 4와 모바일에만 해당됩니다.

실습 환경은 포고플러그를 처음 구매한 후 SSH 접근 설정을 완료한 포고플러그라는 가정하에 진행하는 것입니다. 중고 제품을 구매하여 이미 특정 U-boot가 설치되어 있다면 해당 U-boot를 이용하여 아치 리눅스나 데비안으로 부팅한 뒤 이번 절의 내용을 따라하면 됩니다.

이번 실습은 실수할 때 벽돌의 위험성이 있으므로 주의하기 바랍니다. 진행 중 에러 메시지가 발생하면 포고를 재부팅하지 말고, 에러 메시지를 포고리눅스 카페나 필자의 블로그에 남겨주시면 도움을 드리겠습니다.

다음 실습을 따라하면 처음에 USB, 두 번째로 SD 단자, 세 번째로 SATA 단자를 인식하여 부팅합니다.

포고플러그의 기본 서비스를 먼저 종료하겠습니다.

```
# killall hbwd
```

그리고 다음 명령어를 수행합니다. 이것은 리눅스의 /sbin 디렉토리와 /usr/sbin 디렉토리에 있는 명령어들(reboot, fdisk 등)을 해당 디렉토리로 들어가지 않아도 실행할 수 있도록 설정하는 내용입니다.

```
# export PATH=$PATH:/usr/sbin:/sbin
```

낸드 메모리에 U-boot를 설치하는 작업을 돕는 필수 유틸들을 먼저 다운로드하겠습니다.

```
# cd /tmp
# wget http://download.doozan.com/uboot/nanddump
# wget http://download.doozan.com/uboot/nandwrite
# wget http://download.doozan.com/uboot/flash_erase
# wget http://download.doozan.com/uboot/fw_printenv
```

다운받은 유틸에 실행 권한을 부여합니다.

```
# chmod +x flash_erase fw_printenv nanddump nandwrite
```

printenv 파일은 setenv의 기능까지 사용할 수 있도록 빌드되어 있습니다. 복사를 통해 fw_setenv 파일을 생성합니다. printenv는 부팅에 필요한 환경 변수를 확인하는 유틸이고, setenv는 환경 변수를 설정하는 유틸입니다.

```
# cp fw_printenv fw_setenv
```

이들 명령어의 실행 화면은 다음 그림과 같습니다.

```
login as: root
root@192.168.219.9's password:
~ # killall hbwd
~ # cd /tmp
/tmp # wget http://download.doozan.com/uboot/nanddump
Connecting to download.doozan.com (50.116.34.13:80)
/tmp # wget http://download.doozan.com/uboot/nandwrite
Connecting to download.doozan.com (50.116.34.13:80)
/tmp # wget http://download.doozan.com/uboot/flash_erase
Connecting to download.doozan.com (50.116.34.13:80)
/tmp # wget http://download.doozan.com/uboot/fw_printenv
Connecting to download.doozan.com (50.116.34.13:80)
/tmp # chmod +x flash_erase fw_printenv nanddump nandwrite
/tmp # cp fw_printenv fw_setenv
/tmp #
```

U-boot 설치를 위해 포고플러그 OS에 fw_env.config 파일을 생성해야 하는데, 포고플러그 낸드에 설치된 OS는 읽기 전용으로 되어 있습니다. 그래서 일시적으로 포고플러그 OS에 쓰기가 가능하도록 수정합니다.

```
# mount -o remount,rw /
```

fw_env.config 파일을 생성하고 필요한 정보를 입력합니다.

```
# echo "/dev/mtd0 0xc0000 0x20000 0x20000">/etc/fw_env.config
```

제대로 입력되었는지 확인합니다.

```
# cat /etc/fw_env.config
```

포고플러그 OS를 다시 읽기 전용으로 수정합니다.

```
# mount -o remount,ro /
```

U-boot 설치 파일을 다운로드합니다. 체크섬 값을 확인할 수 있도록 md5 파일도 다운로드합니다.

```
# wget http://download.qnology.com/pogoplug/v4/uboot.2014.07-tld-1.pogo_v4.
  bodhi.tar
# wget http://download.qnology.com/pogoplug/v4/uboot.2014.07-tld-1.pogo_v4.
  bodhi.md5
```

체크섬 값을 비교하여 파일의 손상 여부를 확인합니다.

```
# md5sum uboot.2014.07-tld-1.pogo_v4.bodhi.tar
# cat uboot.2014.07-tld-1.pogo_v4.bodhi.md5
```

이들 명령어의 실행 화면은 다음과 같습니다.

```
/tmp # mount -o remount,rw /
/tmp # echo "/dev/mtd0 0xc0000 0x20000 0x20000">/etc/fw_env.config
/tmp # cat /etc/fw_env.config
/dev/mtd0 0xc0000 0x20000 0x20000
/tmp # mount -o remount,ro /
/tmp # wget http://download.qnology.com/pogoplug/v4/uboot.2014.07-tld-1.pogo_v4.bodhi.tar
Connecting to download.qnology.com (162.252.240.221:80)
/tmp # wget http://download.qnology.com/pogoplug/v4/uboot.2014.07-tld-1.pogo_v4.bodhi.md5
Connecting to download.qnology.com (162.252.240.221:80)
/tmp # md5sum uboot.2014.07-tld-1.pogo_v4.bodhi.tar
d4b497dc5239844fd2d45f4ca83132e0  uboot.2014.07-tld-1.pogo_v4.bodhi.tar
/tmp # cat uboot.2014.07-tld-1.pogo_v4.bodhi.md5
d4b497dc5239844fd2d45f4ca83132e0

/tmp #
```

> **md5sum과 체크섬**
>
> md5sum은 체크섬을 생성하는 유틸리티입니다. 체크섬이란 특정 파일에 대해 산술적으로 연산을 하여, 특정 값을 뽑아내는 것입니다. 기존의 체크섬 값과 다운로드받은 파일의 체크섬 값을 비교하여 일치 여부를 확인합니다. 그래서 파일의 무결성을 확인하는 것입니다. 낸드에 기록되는 중요한 파일의 경우 다운로드 과정에서 손상이 있으면 포고플러그가 벽돌이 되는 치명적인 결과로 이어질 수 있기 때문에 체크섬을 확인하는 과정을 거칩니다.

다운로드한 U-boot 설치 파일의 압축을 해제합니다.

```
# tar -xf uboot.2014.07-tld-1.pogo_v4.bodhi.tar
```

지금부터가 가장 중요한 작업입니다. 새로운 U-boot 파일을 낸드 메모리에 덮어 씌우는 작업입니다. 벽돌 위험성이 가장 큰 부분이니 주의해 주세요.

기존 U-boot를 삭제하고, 새로운 U-boot 파일로 덮어 줍니다.

```
# /tmp/flash_erase /dev/mtd0 0 4
# /tmp/nandwrite /dev/mtd0 /tmp/uboot.2014.07-tld-1.pogo_v4.mtd0.kwb
```

이제 U-boot의 부팅 환경 설정 파일을 다운로드하고 체크섬 md5 파일도 다운로드합니다.

```
# wget http://download.qnology.com/pogoplug/v4/uboot.2014.07-tld-1.environment.
  img.bodhi.tar
# wget http://download.qnology.com/pogoplug/v4/uboot.2014.07-tld-1.environment.
  img.bodhi.md5
```

다운로드한 파일의 체크섬 값을 추출하여 정상 md5 파일 값과 비교합니다.

```
# md5sum uboot.2014.07-tld-1.environment.img.bodhi.tar
# cat uboot.2014.07-tld-1.environment.img.bodhi.md5
```

이들 명령어의 실행 화면은 다음과 같습니다.

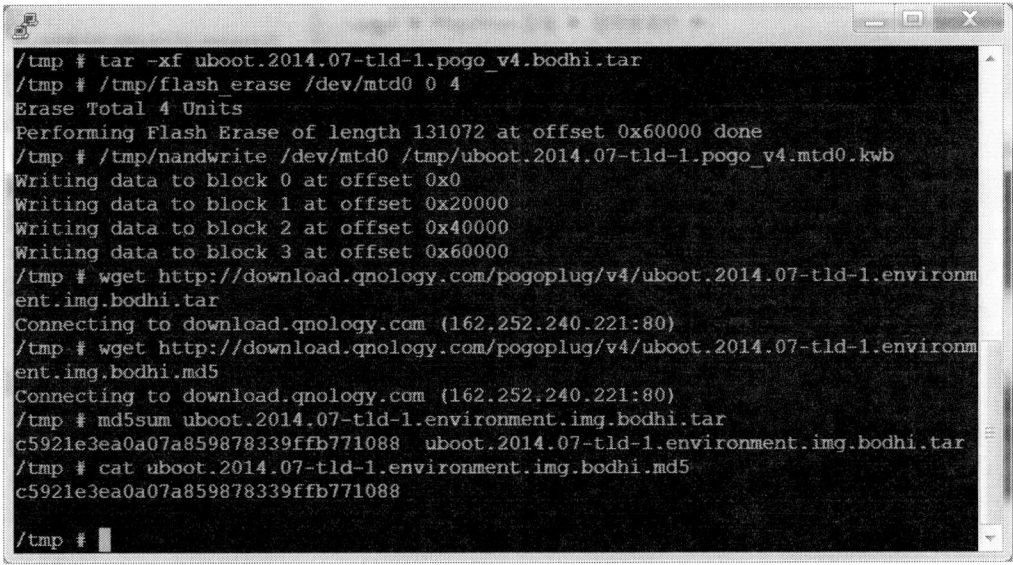

환경 설정 파일의 압축을 해제합니다.

```
# tar -xf uboot.2014.07-tld-1.environment.img.bodhi.tar
```

환경 설정 파일을 역시 낸드에 씌워주는 작업입니다. 기존 환경을 삭제하고, 낸드에 씌웁니다.

```
# /tmp/flash_erase /dev/mtd0 0xc0000 1
# /tmp/nandwrite -s 786432 /dev/mtd0 uboot.2014.07-tld-1.environment.img
```

맥 주소를 입력합니다. 포고플러그 기기 하단에 보면 12자리의 맥 주소가 있습니다. 그것과 일치하도록 입력합니다.

```
# /tmp/fw_setenv ethaddr 00:25:31:XX:XX:XX
```

입력한 맥 주소 값을 다시 출력하여 기기 하단의 값과 일치하는지 한 번 더 확인합니다.

```
# /tmp/fw_printenv ethaddr
```

arcnumber와 machid 값을 입력합니다. 포고플러그 시리즈 4나 모바일의 경우 arcnumber는 3960, machid는 F78 값을 가져야 전방 LED가 정상 작동합니다.

```
/tmp/fw_setenv arcNumber 3960
/tmp/fw_setenv machid F78
```

USB로 부팅할 때와 그 외 장치로 부팅할 때의 루트파일시스템을 정합니다. 우리는 ext2로 할 것입니다.

```
/tmp/fw_setenv usb_rootfstype ext2
/tmp/fw_setenv rootfstype ext2
```

아래 명령어는 포고플러그 시리즈 4나 모바일에 있는 128M의 낸드 메모리를 적정 용량으로 분할하는 작업입니다. 우리가 새롭게 설치하는 U-boot는 2M 용량의 파티션에 포함되어 있습니다. 112M 용량의 파티션에는 포고플러그 자체의 OS가 설치된 곳입니다. 기존의 클라우드 기능이 설치되어 있는 파티션이라 생각하면 됩니다.

```
# /tmp/fw_setenv mtdparts 'mtdparts=orion_nand:2M(u-boot),3M(uImage), 3M(uIm
  age2),8M(failsafe),112M(root)'
```

이들 명령어의 실행 화면은 다음과 같습니다.

```
/tmp # tar -xf uboot.2014.07-tld-1.environment.img.bodhi.tar
/tmp # /tmp/flash_erase /dev/mtd0 0xc0000 1
Erase Total 1 Units
Performing Flash Erase of length 131072 at offset 0xc0000 done
/tmp # /tmp/nandwrite -s 786432 /dev/mtd0 uboot.2014.07-tld-1.environment.img
Writing data to block 6 at offset 0xc0000
/tmp # /tmp/fw_setenv ethaddr 00:25:31:05:65:cd
/tmp # /tmp/fw_printenv ethaddr
ethaddr=00:25:31:
/tmp # /tmp/fw_setenv arcNumber 3960
/tmp # /tmp/fw_setenv machid F78
/tmp # /tmp/fw_setenv usb_rootfstype ext2
/tmp # /tmp/fw_setenv rootfstype ext2
/tmp # /tmp/fw_setenv mtdparts 'mtdparts=orion_nand:2M(u-boot),3M(uImage),3M(uIm
age2),8M(failsafe),112M(root)'
/tmp #
```

이제 전체 설정을 출력하여 한 번 더 확인합니다.

```
# /tmp/fw_printenv
```

ipaddr=192.168.0.231
serverip=192.168.0.220
baudrate=115200
bootcmd=run bootcmd_usb; run bootcmd_mmc; run bootcmd_sata; reset
bootcmd_mmc=run mmc_init; run set_bootargs_mmc; run mmc_boot
bootcmd_sata=run sata_init; run set_bootargs_sata; run sata_boot;
bootcmd_usb=run usb_init; run set_bootargs_usb; run usb_boot;
bootdelay=10
console=ttyS0,115200
device=0:1
ethact=egiga0
if_netconsole=ping $serverip
led_error=orange blinking
led_exit=green off
led_init=green blinking
mainlineLinux=yes
mmc_boot=mw 0x800000 0 1; run mmc_load_uimage; if run mmc_load_uinitrd; then bootm 0x800000 0x1100000; else bootm 0x800000; fi
mmc_init=mmc rescan
mmc_load_uimage=ext2load mmc $device 0x800000 /boot/uImage
mmc_load_uinitrd=ext2load mmc $device 0x1100000 /boot/uInitrd
mmc_root=/dev/mmcblk0p1
mtdids=nand0=orion_nand
partition=nand0,2
preboot_nc=run if_netconsole start_netconsole
rootdelay=10
sata_boot=mw 0x800000 0 1; run sata_load_uimage; if run sata_load_uinitrd; then bootm 0x800000 0x1100000; else bootm 0x800000; fi
sata_init=ide reset
sata_load_uimage=ext2load ide $device 0x800000 /boot/uImage
sata_load_uinitrd=ext2load ide $device 0x1100000 /boot/uInitrd
sata_root=/dev/sda1
set_bootargs_mmc=setenv bootargs console=$console root=$mmc_root rootdelay=$rootdelay rootfstype=$rootfstype $mtdparts
set_bootargs_sata=setenv bootargs console=$console root=$sata_root rootdelay=$rootdelay rootfstype=$rootfstype $mtdparts
set_bootargs_usb=setenv bootargs console=$console root=$usb_root rootdelay=$rootdelay rootfstype=$rootfstype $mtdparts
start_netconsole=setenv ncip $serverip; setenv bootdelay 10; setenv stdin nc; setenv
stdout nc; setenv stderr nc; version;
stderr=serial
stdin=serial
stdout=serial

```
usb_boot=mw 0x800000 0 1; run usb_load_uimage;
if run usb_load_uinitrd; then bootm
0x800000 0x1100000; else bootm 0x800000; fi
usb_init=usb start
usb_load_uimage=ext2load usb $device 0x800000 /boot/uImage
usb_load_uinitrd=ext2load usb $device 0x1100000 /boot/uInitrd
usb_root=/dev/sda1
ethaddr=00:25:31:05:65:cd
arcNumber=3960
machid=F78
usb_rootfstype=ext2
rootfstype=ext2
mtdparts=mtdparts=orion_nand:2M(u-boot),3M(uImage),3M(uImage2),8M(failsafe),112M(root)
```

이상으로, U-boot의 설치가 마무리되었습니다. 이제 전 단계에서 제작한 루트파일시스템 SD 카드를 슬롯에 삽입한 후 포고플러그를 재부팅합니다.

```
# reboot
```

넷콘솔 설정

넷콘솔을 설정하겠습니다. 넷콘솔 설정이 필수는 아니지만, 포고플러그 같은 기기에서는 매우 권장되는 작업입니다.

> **넷콘솔**
> 넷콘솔은 부팅시에 커널의 로그 메시지를 네트워크를 통하여 다른 기기로 전송하는 것을 말합니다. 포고플러그 같은 headless 기기는 시리얼을 연결하지 않으면 부팅 과정을 보거나, 부팅 과정에 관여할 수 없다는 단점을 지니고 있습니다. 그래서 넷콘솔을 설정해 두면 부팅 시 커널에 문제가 생길 때 매우 유용하게 사용될 수 있습니다.

넷콘솔을 설정하기 위해서는 포고플러그의 부팅 과정을 관찰할 컴퓨터를 결정해야 합니다. Softperfect Network Scanner 같은 프로그램을 이용하여 집에서 주로 사용하는 컴퓨터의 아이피를 찾아서 입력합니다. 개개인의 환경에 따라 알맞은 아이피를 입력해 주세요. 여기서는 예시로 192.168.219.9를 사용합니다.

```
# /tmp/fw_setenv serverip 192.168.219.9
```

포고플러그의 아이피를 입력합니다. 역시 개개인의 환경에 따라 알맞은 아이피를 입력해 주세요. 여기서는 예시로 192.168.219.6를 사용합니다.

```
# /tmp/fw_setenv ipaddr 192.168.219.9
```

넷콘솔의 세부 설정을 입력합니다.

```
# /tmp/fw_setenv if_netconsole 'ping $serverip'
# /tmp/fw_setenv start_netconsole 'setenv ncip $serverip; setenv bootdelay
  10; setenv stdin nc; setenv stdout nc; setenv stderr nc; version;'
# /tmp/fw_setenv preboot 'run if_netconsole start_netconsole'
```

이들 명령어의 실행 화면은 다음과 같습니다.

```
/tmp # /tmp/fw_setenv serverip 192.168.219.9
/tmp # /tmp/fw_setenv ipaddr 192.168.219.6
/tmp # /tmp/fw_setenv if_netconsole 'ping $serverip'
/tmp # /tmp/fw_setenv start_netconsole 'setenv ncip $serverip; setenv bootdelay
10; setenv stdin nc; setenv stdout nc; setenv stderr nc; version;'
/tmp # /tmp/fw_setenv preboot 'run if_netconsole start_netconsole'
/tmp #
```

추가 설정

1. SSH 비밀번호 변경

루트파일시스템을 설치한 후에 재부팅을 했었습니다. 잠시 기다린 후 SSH로 다시 접속합니다. 아이디와 비밀번호는 모두 root로 설정되어 있습니다. 새로 설치한 데비안 리눅스로 부팅되었는지 먼저 확인하는데요. USB에 설치된 데비안으로 부팅되면 아래와 같은 형태의 쉘 프롬프트 모양이 나옵니다.

```
root@debian:/#
```

쉘 프롬프트 마지막의 '#'은 지금 현재 root 권한으로 접속했음을 알려주는 기호입니다. 그리고 그 앞의 '/' 기호는 지금 현재의 위치를 뜻합니다. 임시 저장 디렉토리로 이동해 볼까요?

```
# cd /tmp
```

쉘 프롬프트의 모양이 아래와 같이 바뀐 것을 확인할 수 있습니다. 이제 이해가 가시죠.

```
root@debian:/tmp#
```

가장 먼저 할 작업은 소스 리스트의 업데이트입니다.

```
# apt-get update
```

그리고 설치된 패키지의 업그레이드를 시행하겠습니다.

```
# apt-get upgrade
```

먼저 root의 비밀번호를 바꾸어 주는 게 좋겠습니다. 비밀번호도 root라니 너무 쉽죠. 비밀번호를 변경하는 명령어는 passwd입니다.

```
# passwd
```

원래 passwd 띄우고 계정명을 써 주어야 하는데, 계정을 생략하면 자동으로 root의 비밀번호를 변경하는 것으로 약속되어 있습니다. 접속할 때와 마찬가지로 비밀번호를 입력할 때는 화면에 아무런 변화가 보이지 않습니다. 친절하게 '*' 기호라도 보여주면 편할 텐데 말이죠. 잘 입력되고 있다는 믿음을 가지고 입력하는 수 밖에는 없는 것 같습니다.

```
root@Pogolinux:~# passwd
새 UNIX 암호 입력:
새 UNIX 암호 재입력:
passwd: 암호를 성공적으로 업데이트했습니다
root@Pogolinux:~#
```

2. 시간대 설정

시간대를 수정하는 명령어입니다.

```
# dpkg-reconfigure tzdata
```

아래와 같은 화면이 뜹니다. 'ok'를 누릅니다.

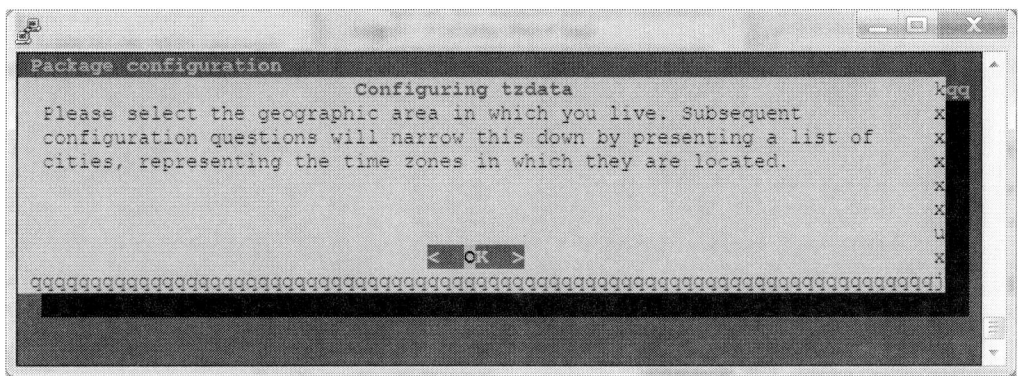

아시아와 서울을 선택하면 됩니다.

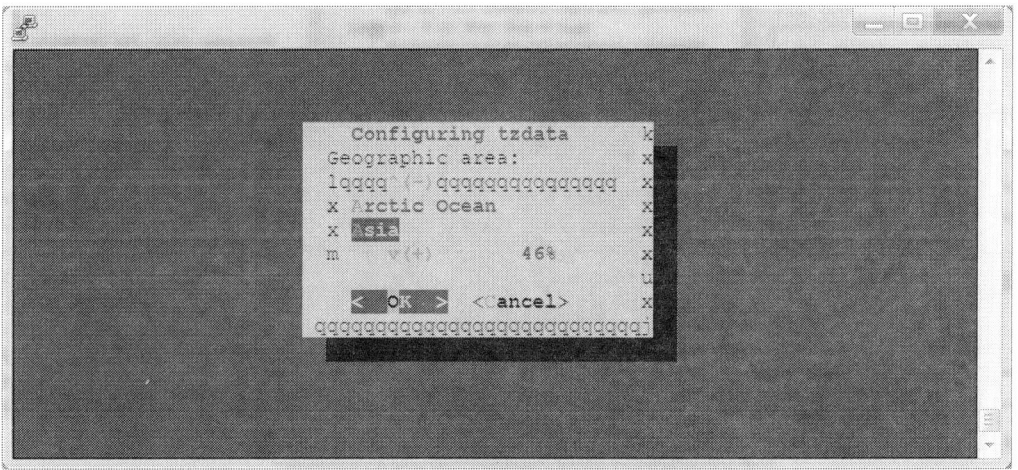

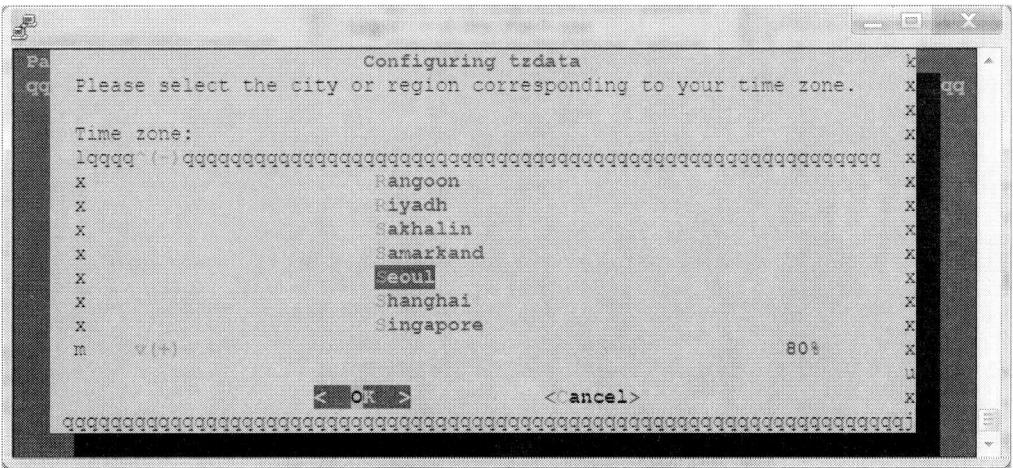

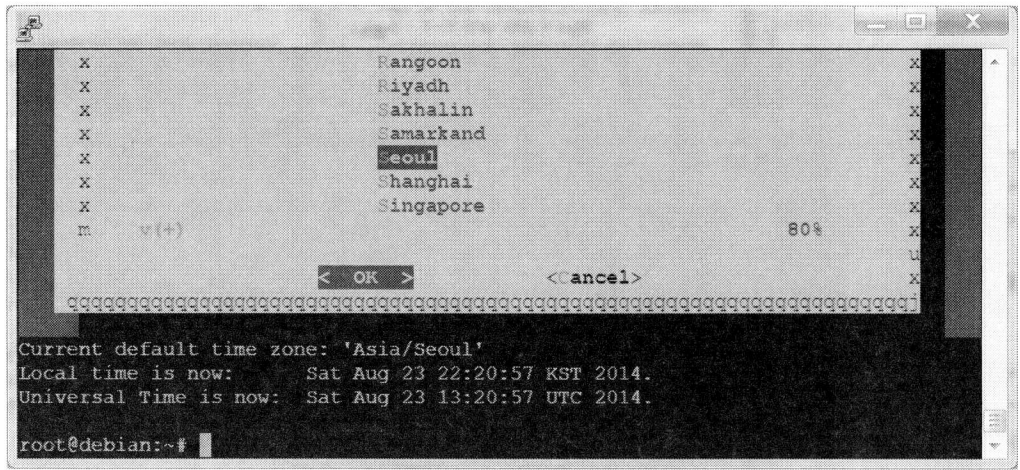

3. 한글 환경 설정

데비안 리눅스에 한글 환경을 설정하겠습니다. 먼저 locales 패키지를 설치합니다.

```
# apt-get install locales
```

설치가 완료되면 로케일을 설정합니다.

```
# dpkg-reconfigure locales
```

생성하려는 로케일을 먼저 선택합니다. 우리는 영어(en_US.UTF-8 UTF-8)와 한국어(ko_KR.UTF-8 UTF-8) 환경의 로케일을 생성할 것이므로, 이 두 로케일을 선택합니다.

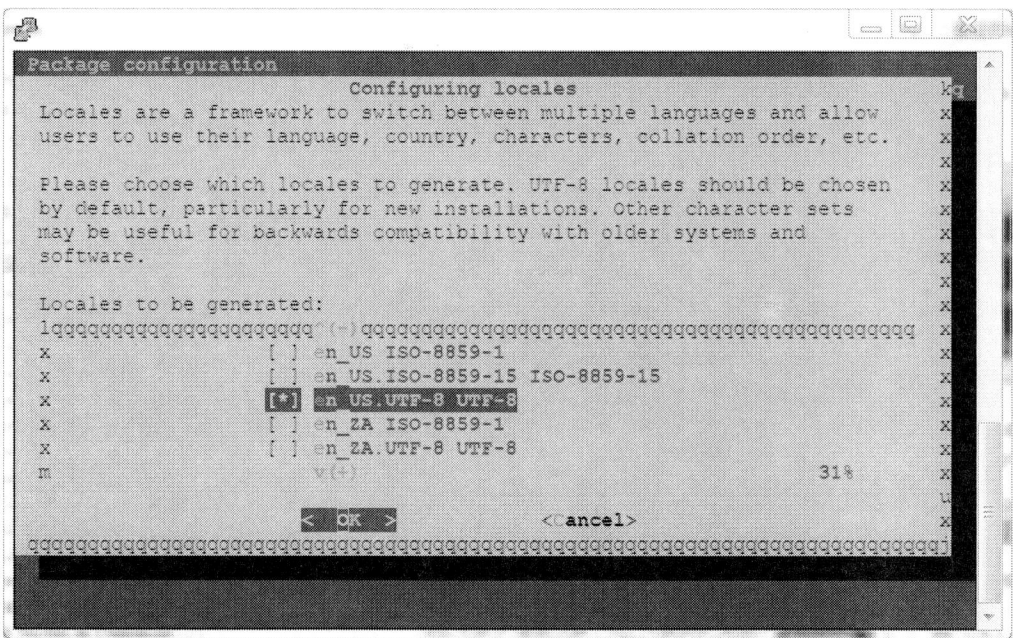

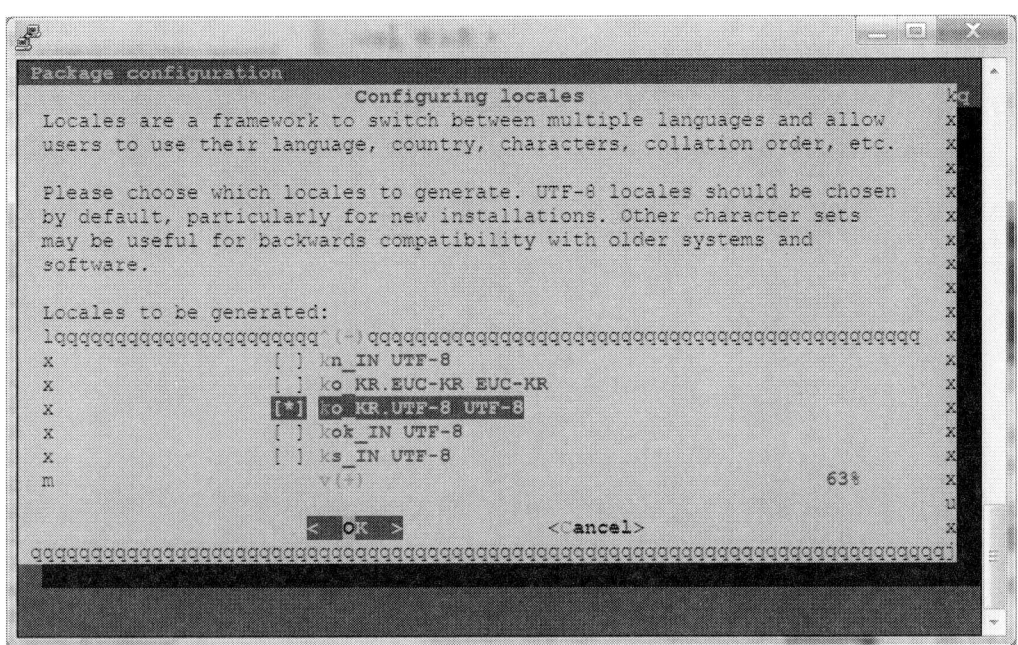

그리고 그 다음 화면에서는 선택한 로케일 중 기본 언어로 사용할 언어를 선택합니다. 여기서는 ko_KR.UTF-8 UTF-8을 선택합니다. 한글 로케일은 재부팅 이후에 적용됩니다.

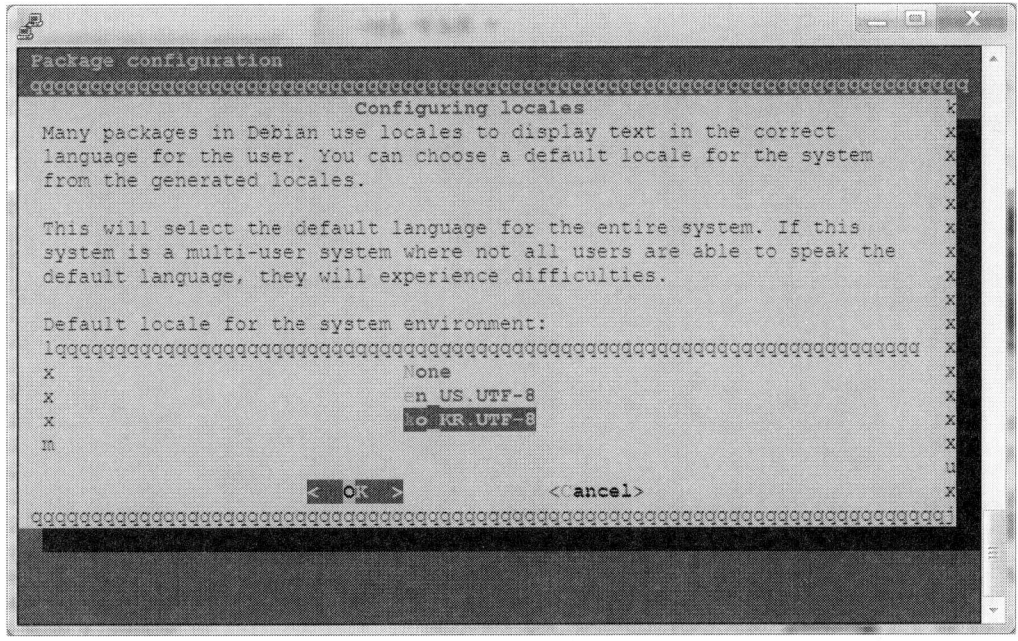

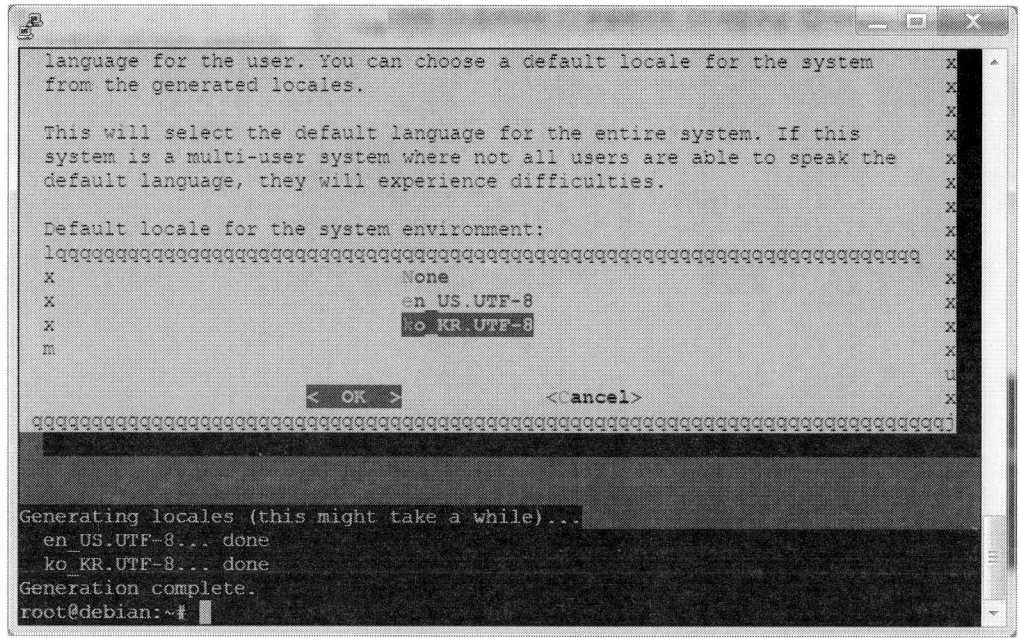

> **apt-get**
>
> apt는 어드밴스트 패키징 툴(Advanced Packaging Tool)의 약자입니다. apt-get은 데비안 리눅스에서 소프트웨어를 관리합니다. 리눅스에서 소프트웨어를 설치하고 제거하는 방법은 복잡하지만, 이런 자동화된 패키지 관리 시스템을 통해 초심자도 쉽게 필요한 소프트웨어를 설치 및 삭제할 수 있습니다.

> **dpkg-reconfigure**
>
> dpkg-reconfigure는 이미 설치된 소프트웨어를 재구성할 때 사용되는 명령어입니다. dpkg-reconfigure 뒤에 설정하고자 하는 패키지 이름을 넣어주면 됩니다.

4. 호스트네임 변경

호스트네임도 변경하겠습니다. 호스트네임은 PuTTy 터미널 창에 접속했을 때 뜨는 프롬프트에서 가장 뒷부분에 위치한 이름입니다. 우리가 설치한 루트파일시스템에서는 root@debian 이런 식으로 나오기 때문에 debian이 호스트네임입니다.

다음 명령어로 호스트네임을 수정하겠습니다.

```
# nano /etc/hostname
```

나노 편집기를 열면 debian이라는 문구만 간단히 보입니다. 이것을 삭제하고 Pogolinux 문자로 치환합니다.

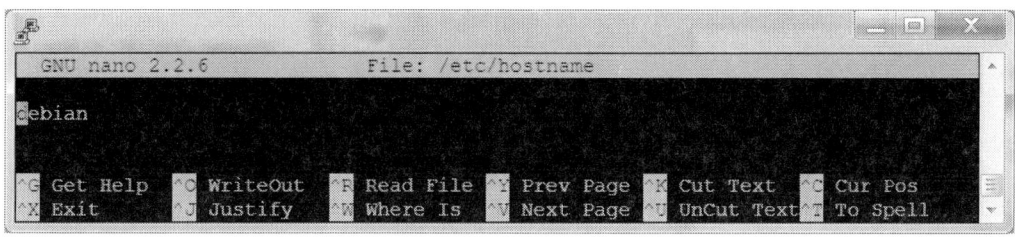

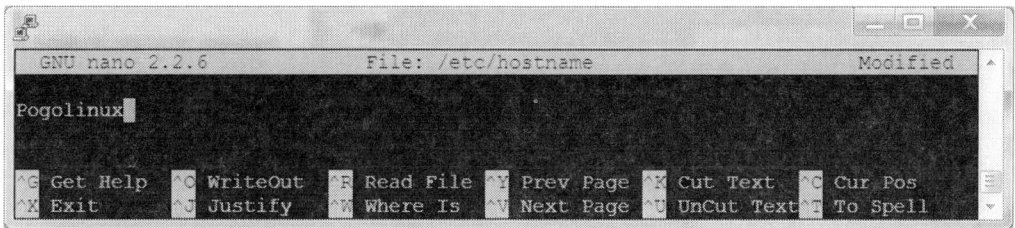

저장한 직후에 바로 변경사항이 적용되지는 않습니다. 포고플러그를 재부팅하면 해당 내용이 적용되어 프롬프트가 root@debian에서 root@Pogolinux로 변경되었음을 확인할 수 있습니다.

> **nano 명령어**
>
> nano 명령어는 나노 편집기를 구동하는 명령어입니다. nano 뒤에 수정할 파일명을 입력하면 간단히 구동됩니다.
>
> # nano 수정파일명
>
> 나노 편집기에서 사용되는 몇 가지 단축키를 정리하겠습니다.
>
> 1. 복사 – 드래그(원하는 구문을 드래그하여 블록을 지정하면 자동으로 복사됩니다.)
> 2. 붙여넣기 – 마우스 우측 버튼(원하는 위치에 가서, 마우스 우측 버튼을 누르면 붙여넣기가 됩니다.)
> 3. 한 줄 삭제 – Control + k
> 4. 전체 삭제 – Alt + t(커서가 위치한 곳의 뒷부분 전체가 삭제됩니다. 화면 전체의 삭제를 원한다면 커서를 가장 좌측 상단으로 올려두어야 됩니다.)
> 5. 파일 저장 – Control + o –> 엔터키(Control + o를 누르면 저장할 파일명이 아래에 뜹니다. 엔터키를 한 번 더 누르면 저장됩니다.)
> 6. 편집기 종료 – Control + x
> 7. 문서에서 몇 번째 라인인지 확인 – Control + c
>
> 파일 수정 후 저장하고 나노 편집기를 종료하려면, Control + o –> 엔터키 –> Control + x를 순서대로 입력하면 됩니다.

5. 스왑 설정

재부팅 전에 마지막으로 스왑 설정을 진행합니다. 부팅 USB의 파티션을 나누고 포맷하는 과정에서 2번 파티션을 스왑 파티션으로 만든 바 있습니다. 그러나 이 파티션이 자동으로 활성화되는 것은 아니므로 부팅 시 자동으로 활성화되도록 설정해야 합니다.

나노 편집기로 /etc/fstab 파일을 편집하겠습니다. 이 파일은 부팅할 때 자동 마운트와 관련된 파일입니다.

```
# nano /etc/fstab
```

6개의 입력 사항으로 나누어집니다. 디바이스명, 마운트 포인트, 파티션 타입, 특성 등을 기록하는 것인데 우리는 가장 아랫줄에 내려가 다음과 같이 입력합니다. 이들 명령은 스왑 파티션인 두 번째 파티션을 활성화시키는 구문입니다. 앞에서 제공한 루트파일시스템에는 이미 두 번째 파티션이 스왑 파티션으로 생성되어 있습니다.

```
/dev/sda2 none swap sw 0 0
/dev/mmcblk0p2 none swap sw 0 0
```

윗줄은 E02 모델이나 USB에 루트파일시스템을 설치한 시리즈 4 모델에 해당하는 경우이고, 아랫줄은 SD 카드에 루트파일시스템을 설치한 시리즈 4나 모바일 모델의 경우입니다.

저장 후 재부팅한 화면입니다. date 명령어로 날짜를 확인해 보니, 한글이 잘 출력되고 있네요. 그리고 free 명령어를 통해 보면, 스왑 파티션도 활성화되는 것을 확인할 수 있습니다. 호스트네임도 debian에서 Pogolinux로 변경되었습니다.

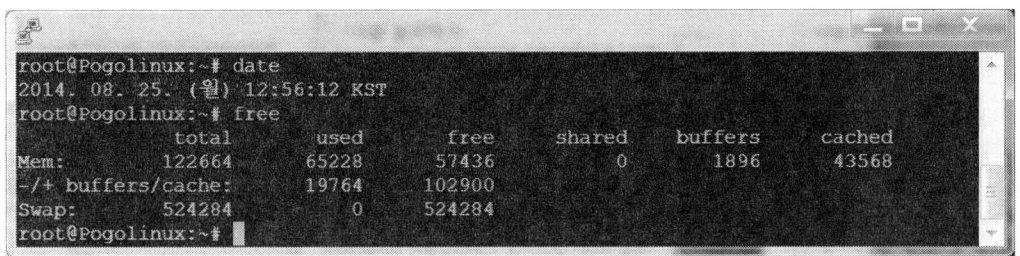

시스템 날짜 관리

시스템의 날짜와 시각을 확인하겠습니다. 다음 명령어를 입력합니다.

```
# date
```

스마트폰 시간과 비교하니 특별히 시간 설정에는 문제가 없는 듯 합니다. 설치하는 과정에서 지역과 시간대를 설정했기 때문에 지금 사용하고 있는 시간과 일치하는 것입니다. 그렇지만 한가지를 더 생각해야 합니다. 포고플러그를 사용하다 보면 잘 맞던 시계가 잘 맞지 않는 경우를 발견하게 됩니다. 기준 서버 시각과 비교했을 때 약간씩 생기는 오차들이 몇개월이 지나면 몇 분의 차이를 만들어내는 것이죠. 기준 서버 시각과 동기화하는 과정이 필요합니다. 시간이 맞지 않는 현상이 일반적인 사용에는 큰 불편을 주지 않지만, 뒤에 소개할 EBS 라디오 녹음 기능에서는 달라진 시간으로 인해 원하는 부분이 녹음되지 않을 수 있기에 치명적일 수 있습니다. 이 증상을 방치하면 더 심해집니다. 리눅스 서버 시간대가 조금씩 느려지는 증상 때문입니다.

해결 방법에는 여러 가지가 있습니다. 첫 번째로는 기준 서버의 시각을 확인하여 포고플러그 리눅스 시각을 맞추는 겁니다. 한방에 확 맞아 버리죠. "시각을 맞추어줘!!"라고 서버에 명령하고 엔터키를 치는 순간 시각이 제대로 돌아와 있는 것을 발견할 수 있습니다. 시간이 안 맞으면 또 명령해서 맞추어 주고요. 이런 작업을 자동으로 처리하게 미리 명령해 둔다면 조금씩 시간이 어긋나다가 명령을 받아서 다시 돌아오기를 반복할 겁니다.

우선 rdate를 설치하겠습니다.

```
# apt-get install rdate
```

```
root@Pogolinux:~# apt-get install rdate
Reading package lists... Done
Building dependency tree
Reading state information... Done
The following NEW packages will be installed:
  rdate
0 upgraded, 1 newly installed, 0 to remove and 0 not upgraded.
Need to get 19.4 kB of archives.
After this operation, 69.6 kB of additional disk space will be used.
Get:1 http://ftp.us.debian.org/debian/ wheezy/main rdate armel 1:1.2-5 [19.4 kB]
Fetched 19.4 kB in 0s (26.1 kB/s)
Selecting previously unselected package rdate.
(Reading database ... 11630 files and directories currently installed.)
Unpacking rdate (from .../rdate_1%3a1.2-5_armel.deb) ...
Processing triggers for man-db ...
Setting up rdate (1:1.2-5) ...
root@Pogolinux:~#
```

그리고 보라넷 타임 서버와 시간을 동기화합니다.

```
# rdate -s time.bora.net
```

두 번째로는 기준 서버의 시각을 수시로 확인해서 시각에 문제가 없도록 늘 맞추는 작업을 하는 패키지를 설치하는 것입니다. ntp라는 패키지는 시간을 한꺼번에 돌려놓지 않고 조금씩 조금씩 기준 서버 시간에 근접해 오차를 줄여나가면서 맞추는 방식으로 시간을 동기화합니다.

다행히도 우리가 설치한 루트파일시스템에는 ntp가 이미 설치되어 있습니다. 시간의 동기화 문제를 걱정하지 않아도 될 것 같네요.

ntp 데몬을 시작할 수 있도록 시작 명령만 내려줍니다.

```
# service ntp start
```

```
root@Pogolinux:~# rdate -s time.bora.net
root@Pogolinux:~# service ntp start
[ ok ] Starting NTP server: ntpd.
root@Pogolinux:~#
```

리눅스 파일 시스템과 마운트

리눅스 파일 시스템은 윈도우의 파일 시스템과 개념 자체가 다릅니다. 윈도우에서 가장 익숙한 건 C 드라이브, D 드라이브죠. 데이터 저장 장소를 따로 D 드라이브로 잡아서 사용하고 운영체제를 C 드라이브에 설치하여 사용하는 분들이 많습니다. USB 드라이브를 단자에 꽂으면 어떤 일이 일어나죠? E 드라이브(물론 E 드라이브가 CD-ROM이면 F 드라이브)가 자동으로 생깁니다. 우리는 C, D, E 드라이브가 분리된 별도의 공간임을 인식하고 있죠. 윈도우의 이러한 파일 시스템을 각각 한 그루의 나무로 기억하면 편합니다. C 드라이브도 한 그루의 나무, D 드라이브와 E 드라이브도 각각 한 그루의 나무입니다. 우리가 윈도우 파일 시스템에 익숙해져 있지만, 이 시스템의 가장 큰 단점은 분리형 구조이기 때문에 우리가 찾는 파일이 어떤 드라이브에 있는지 기억하지 못하면 찾는데 꽤나 고생을 한다는 점입니다.

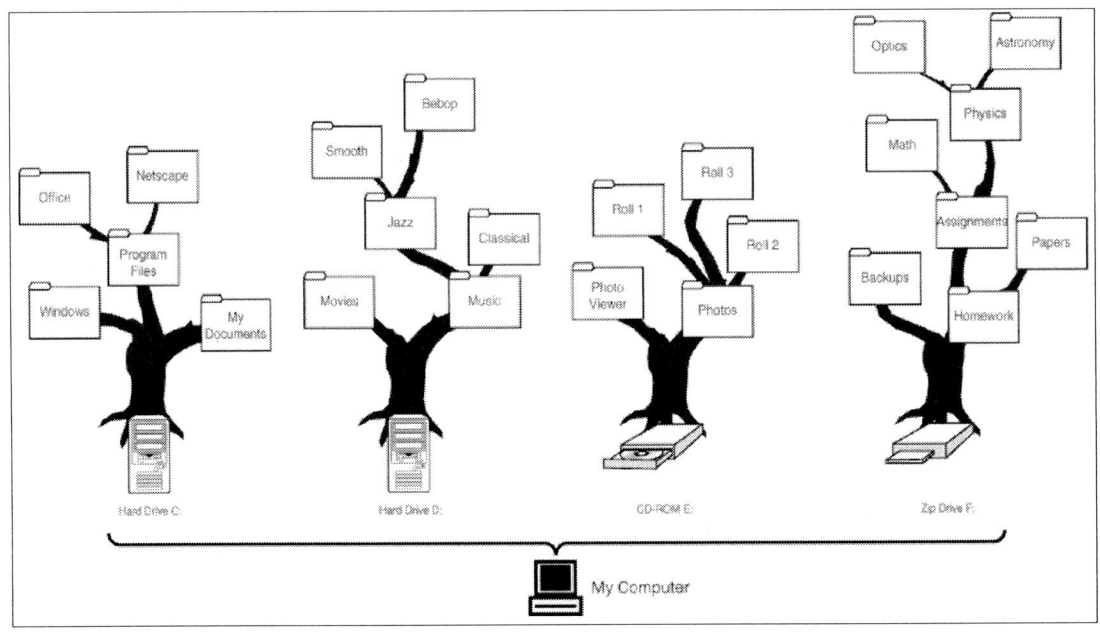

리눅스에서는 개념이 완전히 다릅니다. 리눅스의 파일 시스템은 커다란 한 그루의 나무만 가집니다. USB 단자를 꽂더라도 새로운 나무가 생기는 것이 아니라, 나무에 추가되는 하나의 가지 정도만 생긴다고 봐야 합니다. 그마저도 자동으로 인식하는 것이 아니라, 마운트라는 과정을 거쳐야만 파일 시스템에 편입될 수 있죠. 윈도우의 플러그 앤 플레이 개념이 리눅스에는 해당되지 않습니다(물론, 그것을 가능하게 하는 리눅스 패키지도 있긴 합니다). 디렉토리를 생성하고 그 디렉토리에 USB 공간을 매칭시키는 마운트 과정을 거치면 해당 디렉토리의 공간이 USB 저장 장치에 매칭되어 사용될 수 있습니다. USB 장치를 2개 이상의 파티션으로 나누어 주었다면 각 파티션을 따로 마운트할 수 있겠죠. 리눅스 파일 시스템의 가장 큰 장점은 마운트 기능으로 무한대의 저장 공간을 통합할 수 있다는 겁니다. 그래서 흔히 통합형 파일 시스템이라고 불리워집니다.

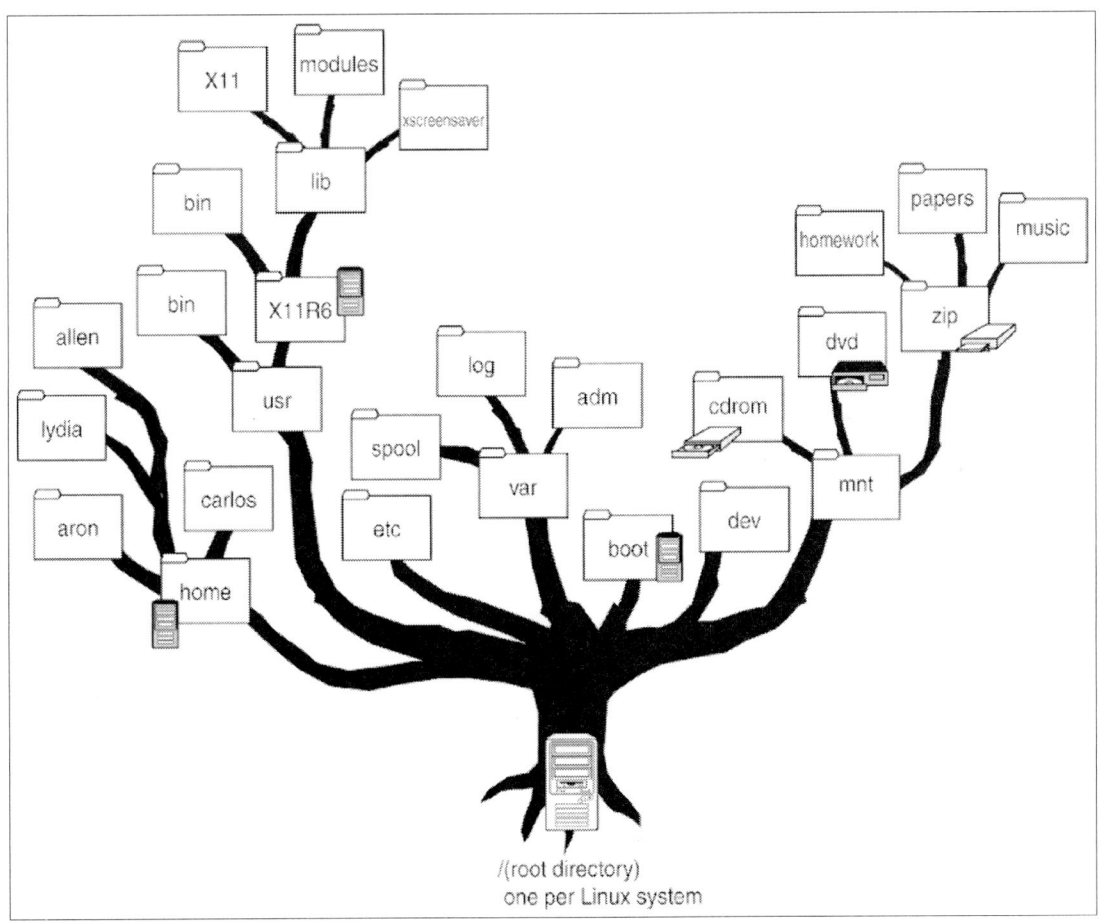

마운트 과정을 보겠습니다. 외장 하드를 후면 USB 단자에 꽂아보세요. 무슨 변화가 일어나나요? 특별한 변화는 없을 것입니다. 앞서 언급한 것처럼 리눅스에서는 플러그 앤 플레이를 기본으로 지원하지 않습니다.

다음 명령어로 저장 장치의 라벨명을 먼저 확인하겠습니다.

```
# fdisk -l
```

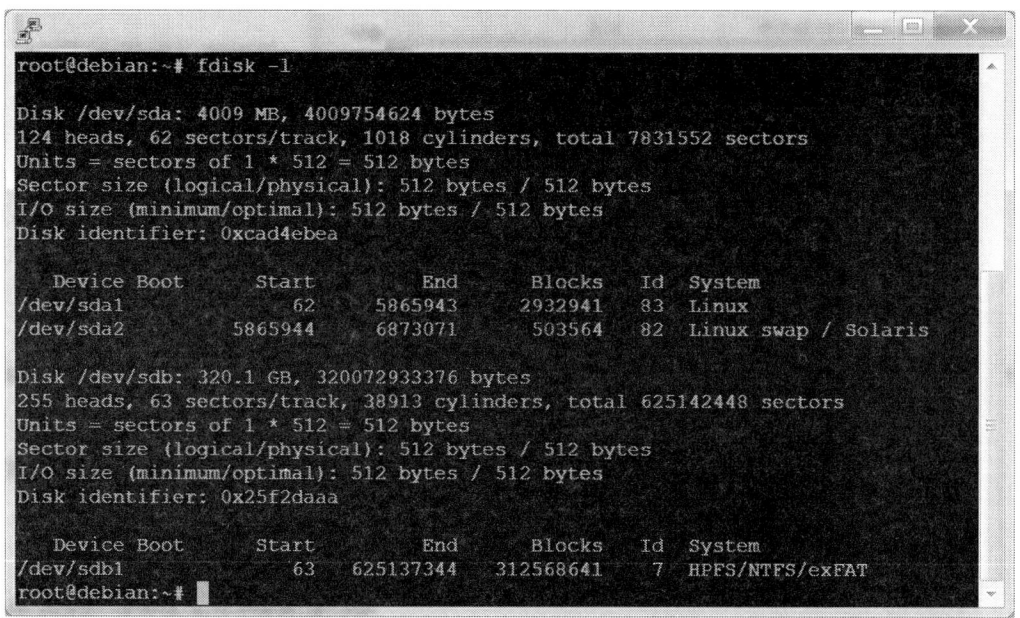

외장 하드는 /dev/sdb1 파티션으로 배정되었네요. 운영체제가 설치된 USB가 /dev/sda1 파티션이고 그 다음에 꽂은 장치니 sdb1을 배정받았습니다. SD 카드로 부팅한 시리즈 4와 모바일 모델의 경우 USB 외장 하드가 처음 연결한 USB 장치이므로 sda1로 인식될 것입니다. 외장 하드의 파티션이 여러 개로 나누어져 있다면 자동으로 /dev/sdb2, /dev/sdb3으로 설정될 것입니다. 필자가 연결한 외장 하드는 이전에 윈도우에서 사용하던 외장 하드이므로, NTFS 포맷으로 구성되어 있음도 확인할 수 있습니다.

우선 파티션을 삭제하고 새로 만들어 보겠습니다. 기존 파티션을 삭제하고 새롭게 만들어 줍니다. 외장 하드는 특별히 파티션을 나누지 않고 전체를 하나의 파티션으로 이용하려 하므로, 첫 번째 섹터와 마지막 섹터를 선택하는 옵션에서는 엔터키를 눌러 전 범위를 선택하겠습니다.

```
# fdisk /dev/sdb (혹은 /dev/sda)
```

다음 그림처럼 p, d, n, p, 2, 엔터키, 엔터키, w를 차례로 입력합니다.

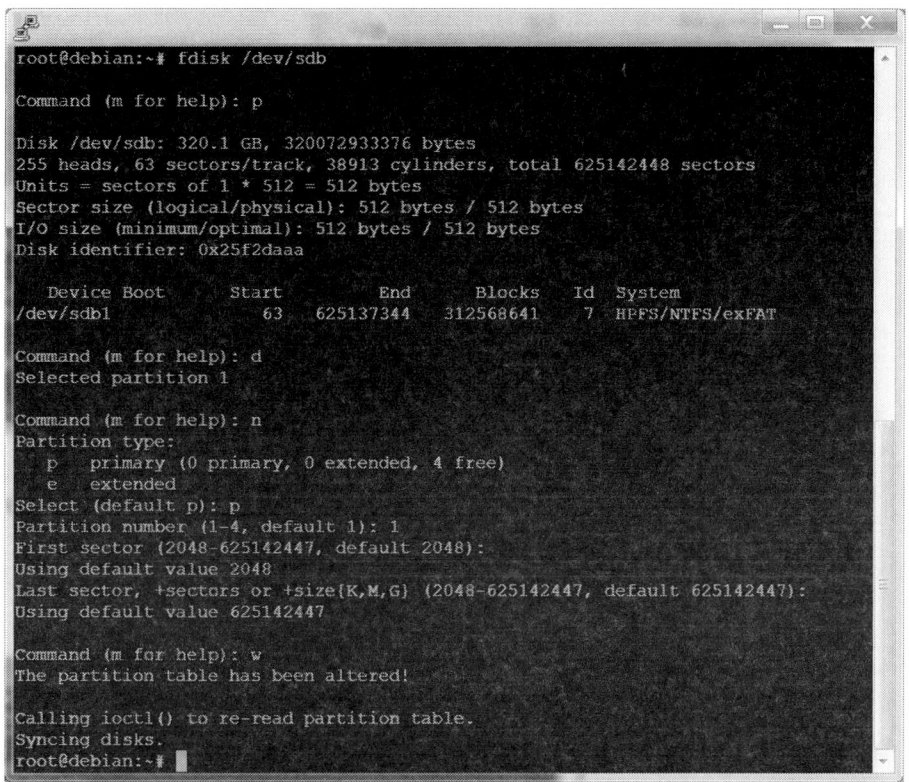

다시 한번 파티션 구성을 확인합니다. 리눅스 형식으로 바뀌었음을 확인할 수 있습니다.

```
# fdisk -l
```

다음 명령어로 파티션을 나누어 둔 외장 하드를 ext3 파일 시스템으로 포맷합니다

```
# mkfs.ext3 /dev/sdb1 (혹은 /dev/sda1)
```

```
root@debian:~# mkfs.ext3 /dev/sdb1
mke2fs 1.42.5 (29-Jul-2012)
Filesystem label=
OS type: Linux
Block size=4096 (log=2)
Fragment size=4096 (log=2)
Stride=0 blocks, Stripe width=0 blocks
19537920 inodes, 78142550 blocks
3907127 blocks (5.00%) reserved for the super user
First data block=0
Maximum filesystem blocks=0
2385 block groups
32768 blocks per group, 32768 fragments per group
8192 inodes per group
Superblock backups stored on blocks:
        32768, 98304, 163840, 229376, 294912, 819200, 884736, 1605632, 2654208,
        4096000, 7962624, 11239424, 20480000, 23887872, 71663616

Allocating group tables: done
Writing inode tables: done
Creating journal (32768 blocks): done
Writing superblocks and filesystem accounting information: done

root@debian:~#
```

이제 데이터를 저장할 디렉토리를 생성한 후 마운트 과정을 진행하겠습니다. 우선 pogodata라는 디렉토리를 먼저 생성합니다.

```
# mkdir /pogodata
```

ext3 타입의 파티션을 가지는 /dev/sdb1 장치를 /pogodata 디렉토리에 마운트하겠습니다.

```
# mount -t ext3 /dev/sdb1 /pogodata
```

다음 명령어로 마운트가 잘 되었는지, 파일 시스템은 ext3가 맞는지 확인할 수 있습니다.

```
# df -Th
```

이들 명령어의 실행 화면은 다음과 같습니다. 그리고 화면을 보면, /dev/sdb1 장치가 /pogodata에 마운트되었음을 확인할 수 있습니다.

```
root@debian:/# mkdir /pogodata
root@debian:/# mount -t ext3 /dev/sdb1 /pogodata
root@debian:/# df -Th
Filesystem     Type      Size  Used Avail Use% Mounted on
rootfs         rootfs    2.8G  361M  2.3G  14% /
udev           devtmpfs   10M     0   10M   0% /dev
tmpfs          tmpfs      25M   92K   25M   1% /run
/dev/sda1      ext2      2.8G  361M  2.3G  14% /
tmpfs          tmpfs     5.0M     0  5.0M   0% /run/lock
tmpfs          tmpfs      50M     0   50M   0% /run/shm
tmpfs          tmpfs     124M     0  124M   0% /tmp
/dev/sdb1      ext3      294G   63M  279G   1% /pogodata
root@debian:/#
```

리눅스 도움말 이용법

리눅스에 조금 익숙해 지시나요? 아직도 뭔지 몰라 멍하니 계신 분도 있으리라 생각합니다. 리눅스에서 모르는 것이 생겼을 때 조금이나마 도움을 얻을 수 있는 방법은 뭘까요? 구글 같은 검색 서비스에서 검색하는게 빠를 수도 있지요. 사실 이게 현실적인 방법일지도 모릅니다. 그렇지만, 리눅스의 바다에 뛰어 들었으니, "리눅서"답게 해결하는 방법을 한번 찾아보겠습니다.

가장 간단한 도움말 이용법은 궁금한 명령어의 뒤에 "--help"나 "-h"를 붙여주는 것입니다. 지금까지 가장 많이 쓴 명령어는 무엇인가요? 프로그램 설치를 많이 했으니, apt-get 패키지 관리자 명령어를 가장 많이 보시지 않았을까요. apt-get이 무엇인지 한번 보겠습니다. 다음과 같이 하면 됩니다.

```
# apt-get --help
```

이렇게 apt-get 명령어 뒤에 한 칸 띄우고, "--help"를 붙여서 커맨드 창에 입력하세요. 다음과 같은 결과물을 볼 수 있습니다. 그런데 설명이 조금 간략하다는 느낌이 있습니다.

```
root@debian:~# apt-get --help
apt 0.9.7.9(armel), 컴파일 시각 Jun 12 2014 16:26:10
Usage: apt-get [options] command
       apt-get [options] install|remove pkg1 [pkg2 ...]
       apt-get [options] source pkg1 [pkg2 ...]

apt-get is a simple command line interface for downloading and
installing packages. The most frequently used commands are update
and install.

Commands:
   update - Retrieve new lists of packages
   upgrade - Perform an upgrade
   install - Install new packages (pkg is libc6 not libc6.deb)
   remove - Remove packages
   autoremove - Remove automatically all unused packages
   purge - Remove packages and config files
   source - Download source archives
   build-dep - Configure build-dependencies for source packages
   dist-upgrade - Distribution upgrade, see apt-get(8)
```

조금 더 자세히 알고 싶을 때는 매뉴얼 데이터베이스를 이용할 수 있습니다. man 명령어로 필요한 내용을 검색할 수 있습니다. 아까와 마찬가지로 **apt-get** 명령어를 검색해 보겠습니다. 사용 방식은 man 명령어를 입력한 후 한 칸 띄운 다음에 알고 싶은 명령어를 입력하는 것입니다.

```
# man apt-get
```

위와 같이 하면 **apt-get** 명령어에 대한 상세 매뉴얼이 출력됩니다. 페이지가 워낙 길어 화면을 멈추어 주네요. 스페이스바는 다음 페이지를 보여주고, 엔터키를 치면 한 줄씩 넘기면서 설명을 볼 수 있습니다.

```
APT-GET(8)                          APT                          APT-GET(8)

NAME
       apt-get - APT package handling utility -- command-line interface

SYNOPSIS
       apt-get [-asqdyfmubV] [-o=config string] [-c=config file]
               [-t=target release] [-a=architecture] {update | upgrade |
               dselect-upgrade | dist-upgrade |
               install pkg [{=pkg version number | /target release}]... |
               remove pkg...  | purge pkg... |
               source pkg [{=pkg version number | /target release}]... |
               build-dep pkg [{=pkg version number | /target release}]... |
               download pkg [{=pkg version number | /target release}]... |
               check | clean | autoclean | autoremove | {-v | --version} |
               {-h | --help}}

DESCRIPTION
       apt-get is the command-line tool for handling packages, and may be
--More--
```

Part 2

포고플러그 필수 패키지 설치

4장 파일 관련 패키지 설치

4장에서는 파일 서버의 구성 방법을 소개합니다. 안정성이 높은 VSFTPD의 설치와 설정 방법을 배우고, FTP와 SFTP의 차이점에 대해서 설명합니다. SAMBA의 설치법을 통해 포고플러그의 리눅스 시스템을 윈도우에서 어떻게 접근하고 관리할 수 있는지를 배웁니다.

5장 웹 서버 관련 패키지 설치

5장에서는 아파치 웹 서버를 구축하고 가상 호스트 설정을 통해 웹 서비스를 제공하는 방법을 소개합니다. 공인 아이피와 도메인의 개념을 이해하고, 연결하는 방법을 배울 수 있습니다.

6장 보안 관련 패키지 설치와 백업

6장에서는 Fail2Ban 패키지의 설치와 설정에 대해 소개합니다. 포고플러그를 외부의 무분별한 불법 접속과 해킹으로부터 어떻게 보호할 것인지도 설명합니다.

4

파일 관련 패키지 설치

지금까지 잘 진행했다면 가장 큰 산을 넘었습니다. 뒤에 남은 내용들은 그리 어렵지 않게 진행할 수 있습니다. 이번 장에서는 포고플러그를 어떤 용도로 사용할지 여부와 무관하게, 필수적으로 설치해야 할 패키지들을 설명하겠습니다. 그리고 포고플러그의 활용을 위해 꼭 이해해야 하는 개념들도 설명하겠습니다.

FTP, SFTP, VSFTPD

FTP는 File Transfer Protocol의 약자로, 파일을 송수신하기 위해 최적화된 프로토콜입니다. 포고플러그처럼 NAS를 이용하는 경우에 파일 전송 기능은 가장 기초적이면서도 필수적인 기능입니다. 포고플러그에 FTP 데몬을 설치하면 FTP 서버의 기능을 수행합니다. 우리는 데스크탑이나 노트북 등에 설치된 FTP 클라이언트를 이용하여 FTP 서버에 접속하고, 파일을 업로드 혹은 다운로드할 수 있게 됩니다.

FTP의 포트를 포트포워딩하면 외부 네트워크에서도 파일을 관리할 수 있습니다. 대표적인 FTP 클라이언트로는 파일질라(Filezilla)가 있습니다. 뒤에서 이를 설명하고 설치할 것입니다.

SFTP는 Secure File Transfer Protocol의 약자로, Secure라는 단어가 앞에 붙은 것처럼 보안이 강화된 프로토콜입니다. 보안을 위해 SSH 프로토콜을 이용해 FTP를 구현했습니다. FTP를 사용하면 스니핑의 위험이 있지만 SFTP는 데이터를 암호화해서 송수신하기 때문에 암호화를 적용하지 않은 FTP보다는 위험이 덜합니다.

사용 방법은 FTP와 거의 동일합니다. 대신 SFTP는 전송 속도가 FTP보다 느립니다. SFTP는 VSFTPD 같은 FTP 데몬을 설치하지 않고 SSH만 설치되어 있어도 사용이 가능합니다.

VSFTPD의 앞 두 글자인 VS는 Very Secure의 약자로 보안이 매우 강화되었다는 의미를 지니고 있습니다. 즉, '보안이 매우 강화된 FTP 데몬', 이 정도로 설명할 수 있겠네요. 본 책에서는 다양한 FTP 관련 패키지 중 VSFTPD를 설치할 것입니다.

1. VSFTPD 설치

데비안 위지에서 설치되는 VSFTPD의 버전은 2.3.5입니다.

이번에도 apt-get 패키지 관리자를 이용해서 VSFTPD를 설치하겠습니다. 설치가 완료되면 몇 가지 간단한 설정만을 거친 후에 FTP 프로토콜을 쉽게 이용할 수 있습니다. 다음의 명령어를 실행합니다.

```
# apt-get install vsftpd
```

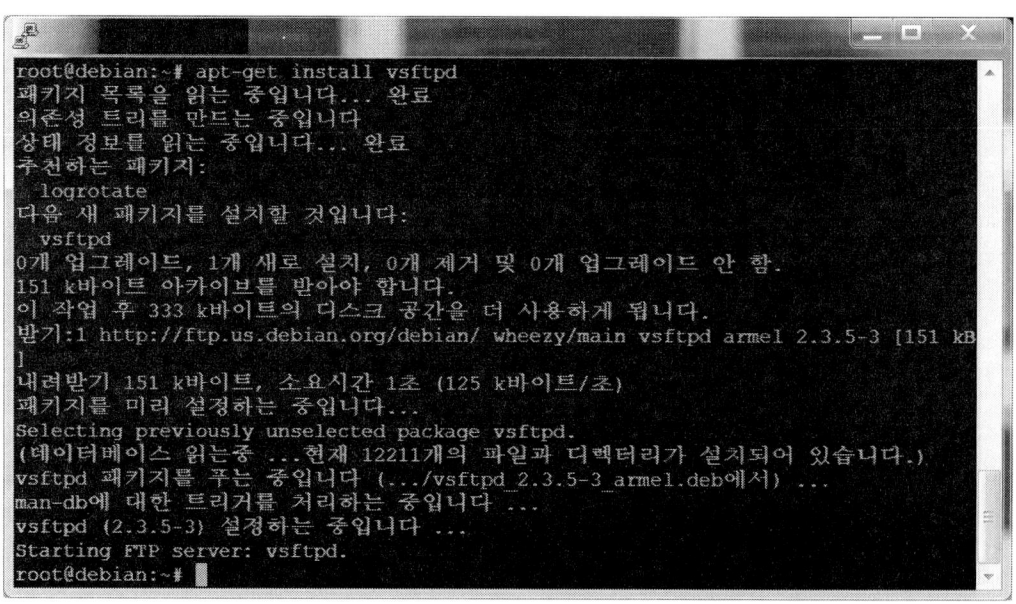

설치가 간단히 완료됩니다. 설치가 완료되면 설정 파일을 수정해야 합니다. VSFTPD 자체에서 다양한 옵션을 제공하지만, 우리에게 필요한 몇 가지만 적용하기 위해서, 기존의 설정 파일을 복사하거나 이름을 변경하여 백업합니다. mv 명령어로 이름을 변경하겠습니다.

```
# mv /etc/vsftpd.conf /etc/vsftpd_backup.conf
```

> **mv 명령어**
>
> mv 명령어는 파일의 위치를 이동시키는 명령어입니다. 특정 파일을 원하는 디렉토리로 옮길 때 사용할 수 있습니다. 그런데 mv 명령어는 전후의 디렉토리 및 파일 이름을 지정하는 형식으로 사용되므로, 파일의 이름을 변경할 때도 사용될 수 있습니다.
>
> 참고로, cp 명령어는 파일 복사 기능을 가지고 있습니다. 다음과 같이 사용하면 기존의 vsftpd.conf 파일은 그대로 남아있고, 백업 파일을 새롭게 생성할 수 있습니다.
>
> # cp /etc/vsftpd.conf /etc/vsftpd_backup.conf

vsftpd.conf 파일을 나노 편집기로 엽니다. mv 명령어로 파일 이름을 변경하였기 때문에 vsftpd.conf 파일은 없어졌습니다. 그래서 편집기로 열어보면 빈 화면이 열리는 것을 확인할 수 있습니다.

```
# nano /etc/vsftpd.conf
```

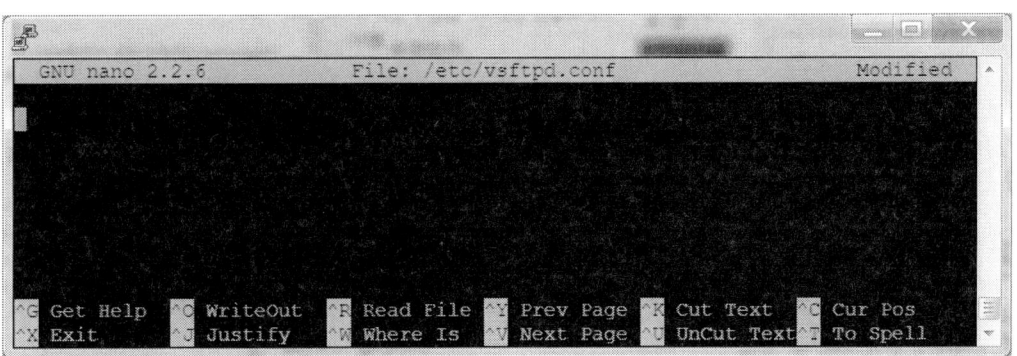

아래 화면에 있는 내용을 그대로 입력합니다.

파일을 저장하기 위해 Ctrl + O 단축키 및 엔터키로 저장하고, Ctrl + X로 빠져 나옵니다.

FTP 데몬을 재시작합니다.

```
# service vsftpd restart
```

```
root@debian:~# nano /etc/vsftpd.conf
root@debian:~# service vsftpd restart
Stopping FTP server: vsftpd.
Starting FTP server: vsftpd.
root@debian:~#
```

사용자의 관리를 위해서 그룹을 하나 생성하겠습니다. pogogroup이라는 이름의 그룹입니다. groupadd 명령어를 사용합니다.

```
# groupadd pogogroup
```

이제 사용자를 생성하겠습니다.

```
# useradd pogolinux -d /pogodata -G pogogroup
```

위의 명령어는 pogolinux라는 사용자를 생성한 후 /pogodata 디렉토리를 홈 디렉토리로 설정하고, pogogroup에 속하게 하는 내용입니다. 홈 디렉토리란 FTP 클라이언트를 통해 FTP 로그인을 할 때 접속되는 디렉토리 위치입니다. 그리고 상위 디렉토리로 접근하지 못하도록 설정해 두었으므로, 접근할 수 있는 최상위 디렉토리가 되기도 합니다.

그리고 나서 pogolinux 사용자가 어떤 그룹에 속해 있는지 확인하겠습니다.

```
# groups pogolinux
```

우리가 설정한 대로 pogogroup에 속해 있는 것을 확인할 수 있고, pogolinux라는 그룹에도 역시 소속되어 있다는 것을 확인할 수 있습니다. useradd 명령어를 사용하면 생성하는 사용자의 이름과 동일한 사용자 그룹을 자동으로 생성하기 때문에 그렇습니다.

이들 명령어의 실행 화면은 다음과 같습니다.

```
root@Pogolinux:~# groupadd pogogroup
root@Pogolinux:~# useradd pogolinux -d /pogodata -G pogogroup
root@Pogolinux:~# groups pogolinux
pogolinux : pogolinux pogogroup
root@Pogolinux:~#
```

> **groupadd 명령어**
>
> 새로운 사용자 그룹을 생성할 때 쓰는 명령어입니다. 리눅스에서는 사용자와 사용자 그룹별로 권한을 부여할 수 있게 되어 있으므로 그룹을 만들고, 사용자들을 해당 그룹으로 배정하는 작업들이 매우 중요합니다.
>
> **useradd 명령어**
>
> 사용자를 생성하는 명령어입니다. useradd pogolinux와 같이 특별한 옵션 없이 생성하기 원하는 사용자 이름만 입력하는 경우, 사용자 이름과 동일한 그룹을 생성하며, 생성된 사용자는 같은 이름의 그룹에 자동으로 배정되고, 홈 디렉토리도 자동으로 지정됩니다. 옵션을 지정하여, 배정하기 원하는 그룹명이나 홈 디렉토리 등을 지정할 수 있습니다.

2. FTP 클라이언트 설치 및 FTP 접속

이제 FTP 클라이언트를 설치하고, FTP 접속 단계를 진행하겠습니다. 본 절에서는 FTP 클라이언트로 "파일질라"를 사용할 것입니다. 파일질라는 무료 FTP 클라이언트로 강력한 기능을 제공하는 소프트웨어입니다. 설치 파일은 https://www.filezilla-project.org/에서 다운로드할 수 있습니다.

파일질라 클라이언트 버전을 다운로드하여 설치합니다. 설치가 완료되면 프로그램을 실행한 후 사이트 관리자로 접속합니다.

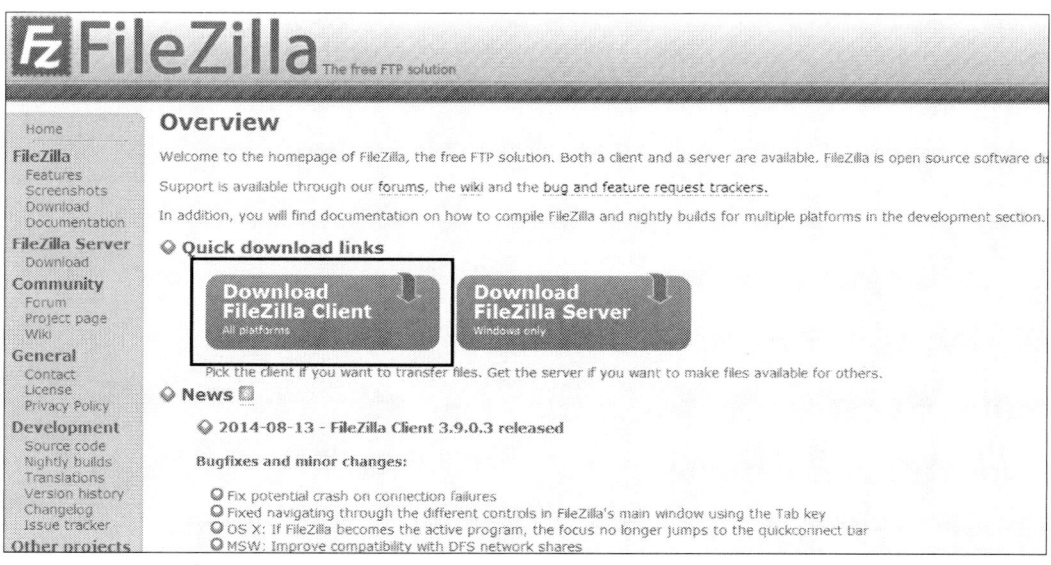

파일질라에서 포고플러그 아이피 및 포트 번호 21번을 세팅하고 아이디와 비밀번호를 맞게 입력하면 우리가 설정한 홈 디렉토리로 접속됩니다.

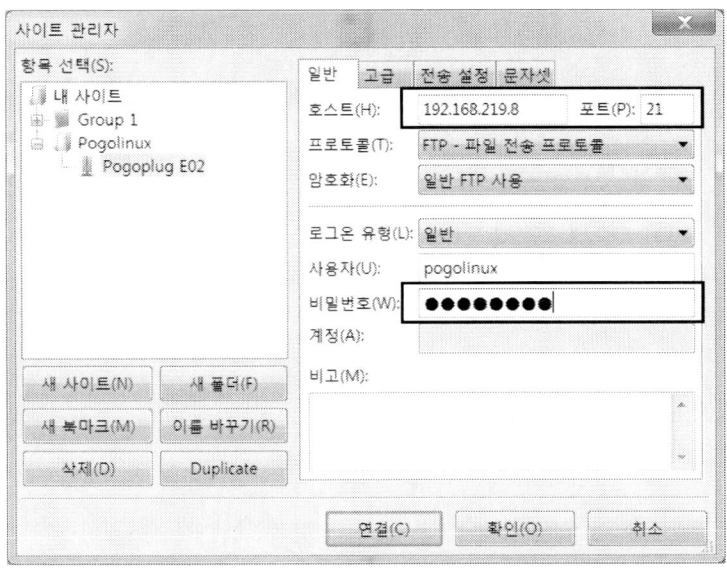

로그인이 완료되면 다음과 같은 디렉토리 구조 화면을 볼 수 있습니다. pogolinux 유저에게는 /pogodata 디렉토리가 홈 디렉토리이자 최상위 디렉토리이므로 다른 디렉토리 구조는 보이지 않습니다. 단 "lost+found"라는 디렉토리는 아래와 같이 자동 생성되어 있을 수 있습니다.

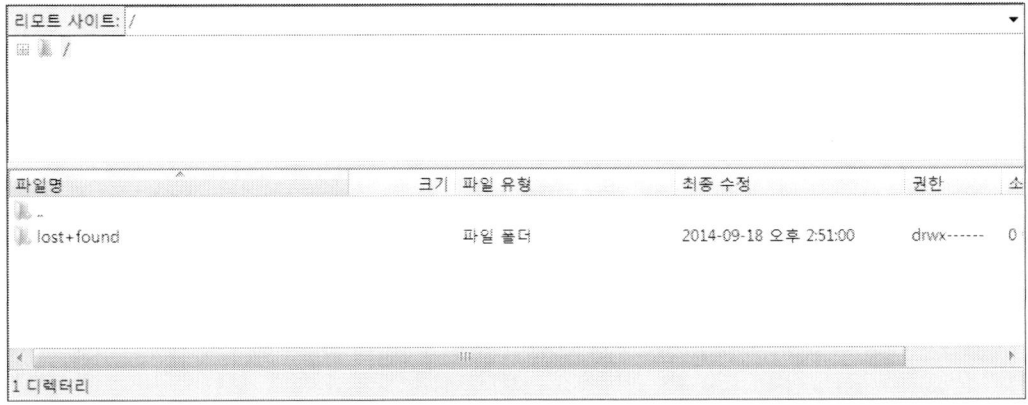

단, FTP 로그인 시에 가끔 다음과 같은 에러를 보일 때가 있습니다. 우리가 설치한 VSFTPD 2.3.5 버전에서 종종 일어나는 문제입니다.

```
500 OOPS: vsftpd: refusing to run with writable root inside chroot()
```

```
상태:     연결 수립, 환영 메시지를 기다림...
응답:     220 (vsFTPd 2.3.5)
명령:     USER pogolinux
응답:     331 Please specify the password.
명령:     PASS ********
응답:     500 OOPS: vsftpd: refusing to run with writable root inside chroot()
오류:     Critical error: 서버에 연결하지 못함
```

이럴 때는 FTP의 홈 디렉토리 소유자와 소유 권한을 확인해야 합니다. 다음 명령어로 /pogodata 디렉토리의 소유 관계를 확인하겠습니다. 이 명령어는 루트 이하에 존재하는 디렉토리를 리스팅하는 명령어입니다.

```
# ls -alh /
```

/pogodata 디렉토리의 소유자는 pogolinux이고, 소유 그룹은 pogogroup이라고 나와 있군요.

```
drwx------   2 root     root     16K  2월 24  2012 lost+found
drwxr-xr-x   2 root     root     4.0K 2월 24  2012 media
drwxr-xr-x   2 root     root     4.0K 1월 23  2012 mnt
drwxr-xr-x   2 root     root     4.0K 2월 24  2012 opt
drwxr-xr-x   2 pogolinux pogogroup 4.0K 8월 25 13:00 pogodata
dr-xr-xr-x  63 root     root        0 1월  1  1970 proc
drwx------   4 root     root     4.0K 8월 20 23:47 root
drwxr-xr-x  14 root     root      520 8월 25 12:56 run
drwxr-xr-x   2 root     root     4.0K 8월 25 12:05 sbin
drwxr-xr-x   2 root     root     4.0K 7월 21  2010 selinux
drwxr-xr-x   3 root     root     4.0K 8월 25 12:56 srv
dr-xr-xr-x  11 root     root        0 1월  1  1970 sys
drwxrwxrwt   2 root     root       40 8월 25 12:55 tmp
drwxr-xr-x  10 root     root     4.0K 2월 24  2012 usr
drwxr-xr-x   4 root     root     4.0K 1월  1  1970 var
lrwxrwxrwx   1 root     root       34 4월  7 06:09 vmlinuz -> boot/vmlinuz-3.1
4.0-kirkwood-tld-1
root@Pogolinux:/#
```

해결 방법은 FTP 홈 디렉토리의 소유자와 소유 권한을 모두 root로 만드는 겁니다. 다음의 명령어를 사용합니다.

```
# chown root:root /pogodata
```

다시 리스팅하니, 소유자와 소유그룹이 모두 root로 변경되었네요. FTP 클라이언트로 다시 접속하면 정상적으로 접속될 것입니다. 본 도서의 실습 과정을 그대로 따라하셨다면 /pogodata 디렉토리의 소유권과 소유 그룹을 root에서 다른 것으로 변경한 적이 없으므로 정상적인 접속이 가능할 것입니다.

```
drwxr-xr-x   2 root root  4.0K  1월 23  2012 mnt
drwxr-xr-x   2 root root  4.0K  8월 24 06:08 opt
drwxr-xr-x   2 root root  4.0K  8월 25 09:42 pogodata
dr-xr-xr-x  69 root root     0  1월  1  1970 proc
drwx------   4 root root  4.0K  1월  1  2000 root
drwxr-xr-x  16 root root   580  1월  1  1970 run
drwxr-xr-x   2 root root  4.0K  1월  1  2000 sbin
drwxr-xr-x   2 root root  4.0K  7월 21  2010 selinux
drwxr-xr-x   3 root root  4.0K  8월 24 06:28 srv
dr-xr-xr-x  11 root root     0  8월 25 15:36 sys
drwxrwxrwt   2 root root    40  1월  1  1970 tmp
drwxr-xr-x  10 root root  4.0K  1월  1  2000 usr
drwxr-xr-x  12 root root  4.0K  8월 25 12:05 var
lrwxrwxrwx   1 root root    34  1월  1  2000 vmlinuz -> boot/vmlinuz-3.14.0-kirkwo
od-tld-1
root@Pogolinux:~#
```

파일 권한 관리

리눅스를 처음 배우면서 가장 헷갈리는 부분이 파일의 권한에 대한 내용입니다. 리눅스의 파일과 디렉토리의 권한은 보안에 있어서 매우 중요할 뿐 아니라 서버의 기본적인 운용에도 큰 영향을 미칩니다. 권한이 잘못 설정되면, 다양한 에러를 유발할 수 있습니다. 그래서 포고플러그를 운용하는 데에도 리눅스의 권한에 대한 기본적 개념을 이해하는 것은 매우 중요합니다.

이번 절에서는 리눅스로 서버를 운영함에 있어 필수적으로 이해해야 하는 권한에 대해 이야기해 보려 합니다.

파일의 권한은 3종류로 나누어집니다.

- 읽을 수 있는 권한(r)
- 쓰거나 지울 수 있는 권한(w)
- 접근하거나 실행할 수 있는 권한(x)

3장에서 U-boot를 설치하는 과정에서 chmod +x install_uboot_mtd0.sh 명령어를 입력한 적이 있습니다. 이 명령어의 의미는 install_uboot_mtd0.sh 파일에 실행 권한을 부여하는 것입니다. 위에서 언급한 것처럼 'x' 속성은 실행 권한을 나타냅니다.

그리고 파일의 권한 설정의 대상은 다음과 같이 나누어집니다.

- 소유자(u)
- 소유 그룹(g)
- 그 외 사용자(o)

파일질라 같은 FTP 클라이언트 프로그램을 실행하면 9칸의 권한 설정 체크박스가 나옵니다. 아래의 그림에서 [숫자값] 항목에 777이라고 표기되어 있는데요. 이는 권한을 표기하기에 매우 간편한 방식입니다. 777은 모든 사용자에게 읽기, 쓰기, 실행의 모든 권한을 제한 없이 열어준다는 뜻입니다. 그러나 이렇게 하면 아무래도 보안에는 취약해질 수 있겠지요. 777 권한은 7(소유자), 7(소유그룹), 7(그 외 사용자)이라는 뜻입니다. 그런데 왜 숫자가 7일까요? 그것은 읽기에 4점, 쓰기에 2점, 실행에 1점을 부여하기 때문입니다. 그래서 모든 권한을 열어주면 777이 되는 거죠.

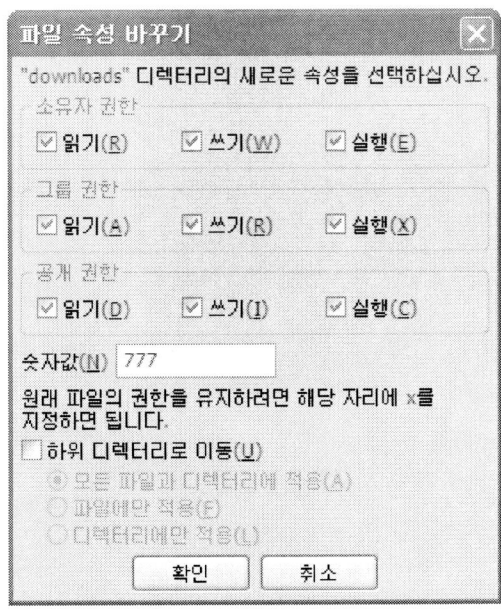

리눅스에서 사용되는 모든 파일과 디렉토리에는 해당 파일 및 디렉토리의 소유자와 소유 그룹이 설정되어 있습니다. 그런데 특정 파일 및 디렉토리의 소유자에게만 읽고, 쓰고, 실행할 수 있는 권한을 부여했다면, 소유 그룹에 속한 사용자라 할지라도 해당 파일 및 디렉토리에 대한 권한이 없는 것입니다. 말로만 하면 너무 어려우니, 예를 들어 실행해 보겠습니다.

우선 테스트할 디렉토리를 생성하겠습니다. 다음의 명령어를 입력하여 가장 상위 디렉토리로 이동합니다.

```
# cd /
```

그 다음에 permission_test 디렉토리를 생성합니다.

```
# mkdir /pogodata/permission_test
```

다음 명령어로 최상위 디렉토리를 리스팅합니다.

```
# ls -lh
```

```
lrwxrwxrwx   1 root root   33 1월  1  2000 initrd.img.old -> boot/initrd.img-2.6
.32-5-kirkwood
drwxr-xr-x  11 root root  8.0K 5월  8 15:27 lib
drwx------   2 root root   16K 1월  1  2000 lost+found
drwxr-xr-x   2 root root  4.0K 1월  1  2000 media
drwxr-xr-x   2 root root  4.0K 2월 11 12:39 mnt
drwxr-xr-x   2 root root  4.0K 1월  1  2000 opt
drwxr-xr-x   2 root root  4.0K 5월 13 15:39 permission_test
dr-xr-xr-x  19 root root  4.0K 1월  1  2000 pogodata
dr-xr-xr-x  60 root root     0 1월  1  1970 proc
drwx------   2 root root  4.0K 5월  8 14:11 root
drwxr-xr-x  12 root root   320 5월  8 15:38 run
drwxr-xr-x   2 root root  4.0K 5월  8 13:12 sbin
drwxr-xr-x   2 root root  4.0K 7월 21  2010 selinux
drwxr-xr-x   3 root root  4.0K 5월  8 15:29 srv
drwxr-xr-x  12 root root     0 1월  1  1970 sys
drwxrwxrwt   2 root root    80 5월  8 15:38 tmp
drwxr-xr-x  10 root root  4.0K 1월  1  2000 usr
drwxr-xr-x  11 root root  4.0K 1월  1  1970 var
lrwxrwxrwx   1 root root    29 5월  8 13:11 vmlinuz -> boot/vmlinuz-3.2.0-4-kirkw
ood
lrwxrwxrwx   1 root root    30 1월  1  2000 vmlinuz.old -> boot/vmlinuz-2.6.32-5-
kirkwood
root@Pogolinux:/#
```

생성된 permission_test 디렉토리가 다음과 같이 보입니다.

```
drwxr-xr-x  2 root     root     4.0K  9월 19 00:14 permission_test
```

하나하나 뜯어 볼까요? 가장 앞의 d라는 문자는 디렉토리를 의미합니다. 그 다음 9자리를 3자리씩 끊어 보겠습니다. rwx, r-x, r-x, 이렇게 나누어지네요. 제일 앞 3자리는 소유자가 가지는 권한, 중간 3자리는 소유 그룹이 가지는 권한, 마지막 3자리는 그 외 사용자가 가지는 권한입니다. 소유자는 읽기, 쓰기, 실행 권한을 모두 가지지만, 소유 그룹과 그 외 사용자는 읽기와 실행 권한만 가지고 있을 뿐 쓰거나 삭제하는 권한이 없음을 확인할 수 있네요.

이런 권한 상태를 숫자로 표시하면 어떻게 될까요? 소유자는 3가지 권한을 다 가졌으니, 4+2+1=7점입니다. 소유 그룹과 그 외 사용자의 경우 가운데 쓰기 권한이 없으므로, 4+0+1=5점입니다. 그래서 권한을 755라고 할 수 있겠네요. 파일질라 클라이언트에서 확인해 보겠습니다. 755가 맞네요.

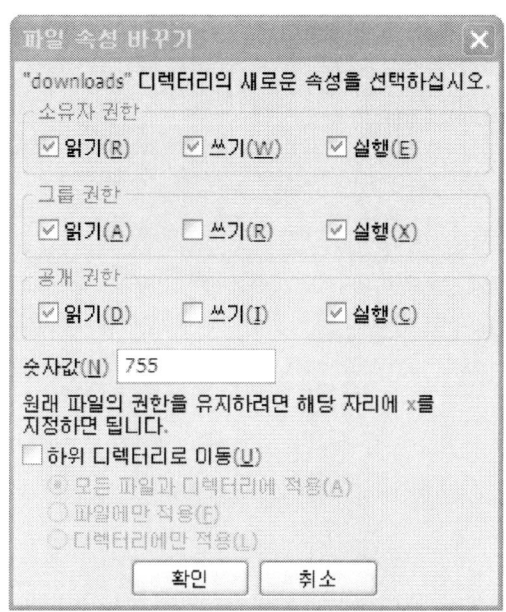

그 다음에 root root라고 나오는 부분은 소유자와 소유 그룹입니다. 소유자와 소유 그룹 모두 root이기 때문에 일반 사용자는 공개 권한으로 열려있는 만큼만 접근할 수 있습니다. 위와 같은 경우에는 공개 권한으로 읽기와 실행 권한이 부여되어 있으므로, root가 아닌 사용자는 읽기와 실행은 가능하고, 쓰기는 불가능합니다.

그리고 용량, 날짜, 디렉토리 순으로 나옵니다. ls -lh 명령어로 리스팅했을 때의 구성을 모두 다 살펴보았습니다.

이제, 권한 변경을 한 번 연습해 보겠습니다. 권한 테스트를 위해 앞에서 만든 permission_test 디렉토리로 이동합니다. 다음과 같이 명령하면 됩니다.

```
# cd /pogodata/permission_test
```

touch 명령어로 test1 파일과 test2 파일을 생성합니다. 내용을 넣지는 않습니다. 권한 설정 연습을 위한 빈 파일입니다.

```
# touch test1.sh test2.sh
```

파일 목록을 확인합니다.

```
# ls -lh
```

다음과 같은 결과가 나옵니다.

```
-rw-r--r-- 1 root root      0  9월 19 08:47 test1.sh
-rw-r--r-- 1 root root      0  9월 19 08:47 test2.sh
```

제일 앞에 d 문자가 없고 '–' 문자로 대체된 것으로 봐서 디렉토리가 아닌 파일임을 확인할 수 있습니다. 나머지 9글자를 3개씩 끊어보면 rw-, r--, r--이네요. 소유자는 읽기와 쓰기 권한(4+2+0=6)만 가지고 있습니다. 소유 그룹과 그 외 사용자에게는 읽기 권한(4+0+0=4)만 있네요. 두 파일 모두 권한을 숫자로 표시하면 644입니다.

파일질라에서 확인하겠습니다. PuTTy에서 확인한 것처럼 소유자만 읽기 권한과 쓰기 권한을 가지고 있고, 그룹과 그 외 사용자는 읽기 권한만 가지고 있는 것을 확인할 수 있네요. 퍼미션을 숫자로 표시하면 644라고 나옵니다.

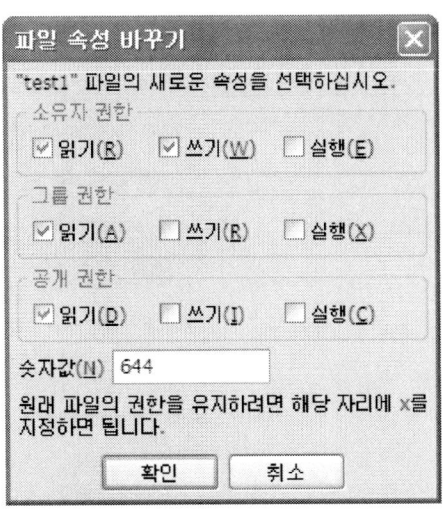

이제 이 파일의 권한을 변경하겠습니다. 우선 test1.sh 파일에 실행 권한을 더하는 연습을 하겠습니다. 다음과 같이 명령어를 입력합니다.

```
# chmod +x test1.sh
```

+x 옵션을 주었으므로 실행 권한(eXecute)을 더하겠다는 의미입니다. 기존 권한에 실행 권한을 추가한다는 의미입니다. 원래 있던 권한은 유지됩니다. 파일질라로 속성을 확인하면 실행 권한이 모두 추가되었음을 알 수 있습니다. 실행 권한을 누구에게 줄 것인지 따로 정하지 않았으므로 모두에게 부여되었음을 확인할 수 있습니다.

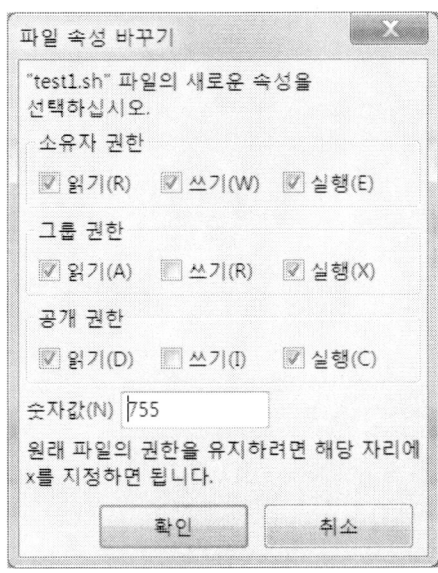

그 다음으로, 그 외 사용자(o)의 읽기 권한(r)과 실행 권한(x)을 삭제하겠습니다. 다음의 명령어를 실행합니다.

```
# chmod o-rx test1.sh
```

공개 권한으로 가능했던 읽기와 실행 권한이 삭제되었음을 확인할 수 있습니다. 퍼미션은 750으로 변경되었네요.

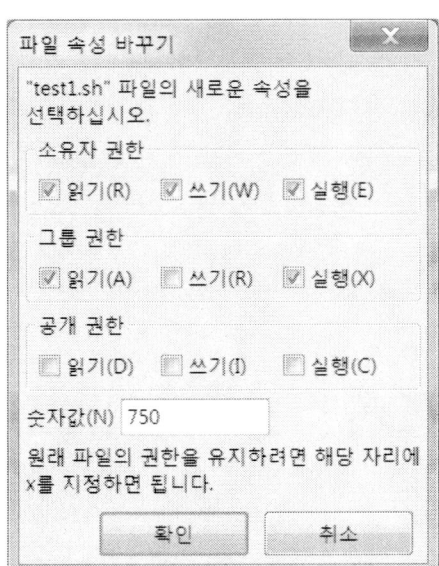

test2 파일에 750 권한을 한꺼번에 주어 같은 결과를 보이는지 확인해 보겠습니다. 다음의 명령어를 이용하십시오.

```
# chmod 750 test2.sh
# ls- lh
```

결과 화면을 보면 test1.sh와 test2.sh의 퍼미션이 같다는 것을 확인할 수 있습니다.

SAMBA

SAMBA는 리눅스와 윈도우 사이에서 파일 공유를 가능케 하는 프로토콜입니다. 우리가 포고플러그에 리눅스를 설치하여 리눅스 서버를 사용하고 있지만, 그 밖의 데스크탑 컴퓨터나 노트북의 운영체제는 대부분 윈도우입니다. 포고플러그의 제어를 대부분 윈도우가 설치된 컴퓨터에서 하다 보니, SAMBA 같은 프로토콜의 설치는 필수적입니다. SAMBA가 있으면 윈도우에서 통합 관리가 가능하게 되는거죠.

SAMBA 프로토콜도 다른 프로토콜처럼 포트포워딩을 통하여 외부 컴퓨터에서 접속을 가능케 하는 방법이 있다고 알려져 있지만, 기본적으로는 네트워크 내부에서 사용하기에 최적화되어 있습니다. 외부에서 접속할 때에는 WebDAV라는 아주 좋은 프로토콜이 있기 때문에 그것을 이용할 수 있습니다. WebDAV에 대해서는 12장에서 자세히 설명하고 있습니다.

SAMBA 프로토콜은 동일한 내부 네트워크에 있는 영상 플레이어나 프린터 세팅에도 활용될 수 있는 프로토콜이므로 매우 중요한 필수 패키지입니다.

SAMBA 설정은 매우 간단합니다. apt-get 패키지 관리자로 SAMBA 관련 패키지들을 설치합니다.

```
# apt-get install samba samba-common-bin smbclient
```

smbpasswd 명령어를 통해 SAMBA 사용자에 pogolinux를 추가하고, 패스워드도 설정합니다. '-a' 옵션이 사용자를 추가하는 옵션입니다. 이 때 추가되는 사용자는 useradd 명령어를 통해 미리 생성된 사용자여야 합니다.

```
# smbpasswd -a pogolinux
```

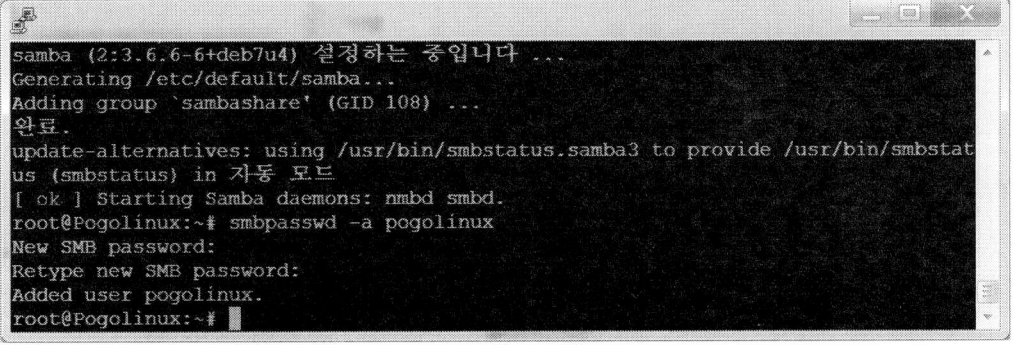

이제 SAMBA 설정 파일을 수정하겠습니다. 나노 편집기로 설정 파일을 엽니다.

```
# nano /etc/samba/smb.conf
```

SAMBA 설정 파일을 수정할 때 사용되는 옵션은 매우 방대합니다. 그렇지만 이 옵션들을 처음부터 모두 공부해서 다 적용할 필요는 없을 것 같고, 필요한 부분만 적용해서 사용하겠습니다.

아래 그림의 중간쯤에 workgroup = WORKGROUP이라는 항목이 있습니다. 윈도우에서 사용하는 작업 그룹과 일치하는지 확인해 주세요. 윈도우 작업그룹이 WORKGROUP이면 그대로 두면 됩니다. 윈도우에서 제어판의 시스템 항목에 들어가면 확인할 수 있습니다.

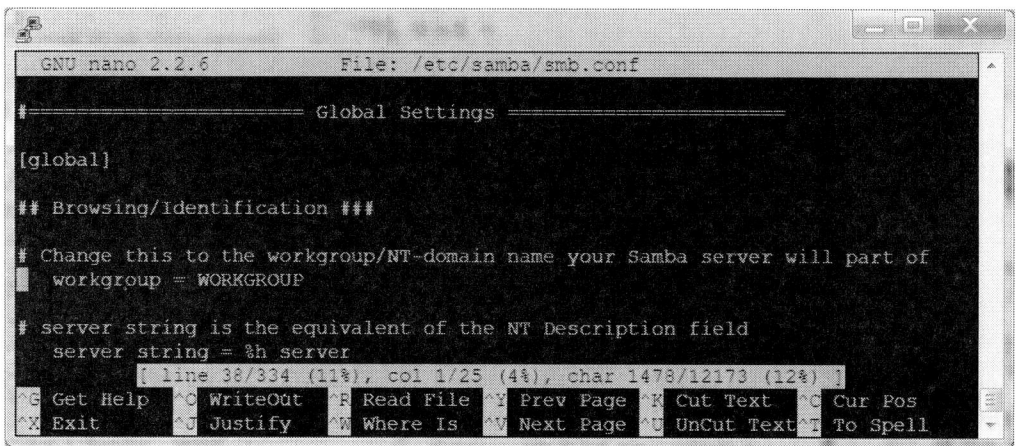

Note

38번째 라인에 있는 항목입니다. Control + C 단축키로 몇 번째 라인인지 확인할 수 있습니다. 나노 편집기 하단에 보면 전체 334 라인 중에 38번째 라인임을 확인할 수 있네요.

PageDown키로 설정 파일의 가장 하단으로 내려가 다음 화면대로 구문을 입력합니다.

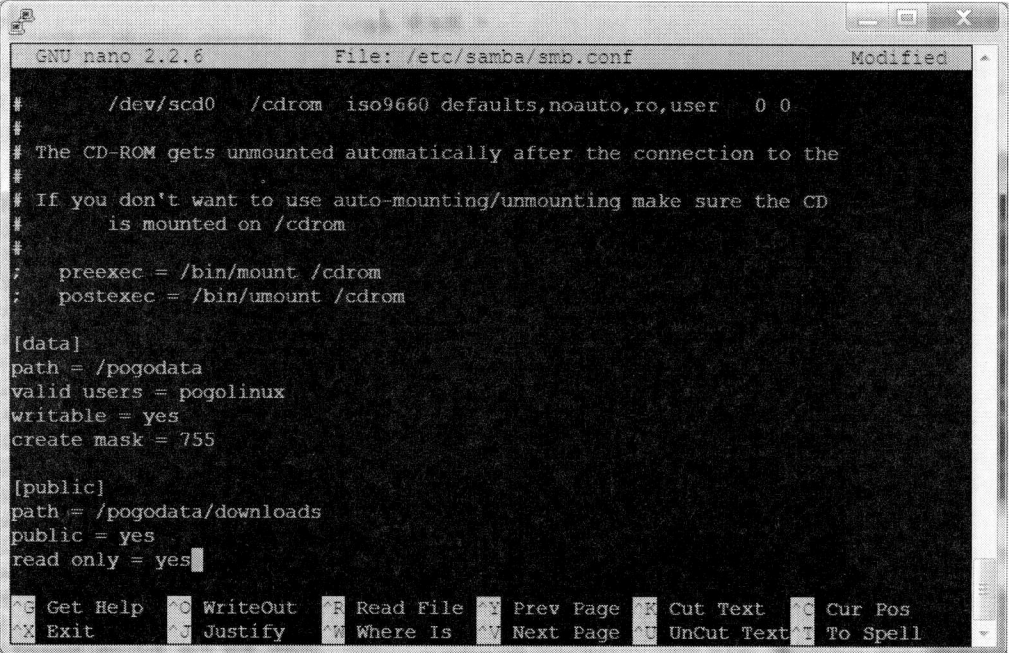

[data]의 항목들은 /pogodata 디렉토리를 홈 디렉토리로 설정하였고, pogolinux 아이디의 사용자가 접근 가능한 디렉토리입니다. 쓰기가 가능하도록 설정하였고, SAMBA를 통해 업로드되는 파일은 755의 퍼미션을 가지도록 설정한다는 내용입니다.

[public]의 항목들은 /pogodata 하부의 downloads 디렉토리를 홈 디렉토리로 하고, 이 디렉토리를 읽기 전용으로, public 옵션을 활성화하여 로그인 없이도 다양한 재생기기들에서 불러올 수 있도록 한다는 내용으로 설정되어 있습니다. 나중에 토렌트로 파일을 다운받는 패키지인 트랜스미션을 설치할 때 /pogodata/downloads 디렉토리를 다운로드받는 디렉토리로 설정할 예정입니다.

Ctrl + O -> 엔터키 -> Ctrl + X 순으로 눌러서 저장한 후, 나노 편집기를 종료합니다.

설정이 적용될 수 있도록 SAMBA 서비스를 재시작합니다.

```
# service samba restart
```

5

웹 서버 관련 패키지 설치

앞 장에서 VSFTPD와 SAMBA 등 파일 관리 서버의 설치를 마무리했습니다. 이번 장에서는 웹 서버에 대해 알아보겠습니다. 웹 서버의 개념부터 알아보는게 좋겠네요. 웹 서버의 정의는 다음과 같습니다.

> ▶ **웹 서버**
> 웹 브라우저와 같은 클라이언트로부터 HTTP 요청을 받아들이고, HTML 문서와 같은 웹 페이지를 반환하는 컴퓨터 프로그램이다. (출처: 위키피디아)

웹 서버가 설치된 컴퓨터를 호스트라고 하고, 웹 서버는 그 안에 속한 프로그램의 개념입니다. 우리가 흔히 사용하는 크롬이나 인터넷 익스플로러 같은 웹 브라우저를 통해 웹 서버에 요청을 하면, 웹 서버가 그 요청을 받아 내부 디렉토리로 들어가 해당 경로에 있는 HTML 같은 웹 페이지를 웹 브라우저에 보여준다는 것이죠. 우리가 매일 접속해서 이메일을 확인하고, 쪽지를 보내고, 최신 뉴스를 검색하는 웹 사이트들은 다 웹 서버 기반 위에 있는 것들입니다.

요청을 받아 자료를 뿌려주기도 하지만, 자료를 받아주는 것도 웹 서버가 하는 일입니다. 우리가 웹 브라우저를 통해 파일을 다운로드하고 업로드할 수 있는 것은 웹 서버가 그에 알맞는 역할을 하기 때문입니다.

이런 웹 서버는 리눅스나 윈도우 계열의 소프트웨어를 사용할 수 있습니다. 그런데 서버용 윈도우 소프트웨어의 경우 설치를 위해 요구되는 사양이 높고, 프로그램이 유료인 것이 단점입니다. 반면에 리눅스 서버 프로그램은 무료인데다가, 낮은 사양에서도 원활하게 돌아간다는 장점을 가지고 있지요. 실제로 웹 서버에 관련된 대부분의 문서가 리눅스 서버 프로그램 관련 문서입니다.

웹 서버 소프트웨어에는 아파치(Apache), 엔진엑스(Nginx), IIS, Lighttpd 등이 있습니다. 그 중 50% 이상의 비율로 아파치 웹 서버가 사용되고 있습니다.

웹 서버를 논할 때 PHP라는 것도 빠져서는 안됩니다. PHP는 Personal Hypertext Preprocessor의 약자로, 웹 페이지를 동적으로 만드는 역할을 합니다. 웹 서버를 설치한 후 단순한 HTML만으로 웹 페이지를 구성한다면, 웹 페이지는 기록하고 디자인한 것만 보여줍니다. 그러나 PHP 같은 동적 요소들을 활용하면 날씨의 변화나 시간 같은, 그때그때 달라질 수 있는 정보들이 반영된 웹 페이지도 디자인할 수 있게 되는 것입니다. 그 외에도 서버 내에 있는 자료들을 가공해서 보여주는 역할도 수행합니다.

MySQL은 데이터베이스의 한 종류입니다. 서버에서 사용되는 엑셀이라고 생각하면 비슷할 것 같습니다. 웹 페이지에서 회원 가입란을 통해 입력받는 다양한 정보들도 데이터베이스에 차곡차곡 저장됩니다. 저장해 두었다가 필요한 자리에 불러내어서 사용할 수 있게 되는 것입니다.

우리가 이후 작업할 웹 서버 설정은 포고플러그라는 호스트 컴퓨터에, 아파치2 웹 서버 프로그램을 설치하는 방식으로 이루어집니다. 그리고 이해를 돕기 위해 몇 가지 실습 상황을 가정하려고 합니다. 네트워크의 공인 아이피는 123.234.345.456이고, 해당 아이피를 pogoguide.tk라는 도메인에 연결하여 사용할 것입니다. 본인의 실제 환경과 잘 비교하여 독자 여러분의 환경에 맞게 적용하면 되겠습니다. 개인 도메인을 보유하고 있지 않은 분들은 118페이지의 "무료 도메인과 유료 도메인" 절을 먼저 확인하고 도메인을 구비하는 것이 웹 서버 설치 과정의 실습에 더 용이합니다.

> **도메인**
> 2장에서 아이피에 대해 설명한 바 있습니다. 인터넷 상에서 이루어지는 모든 통신은 공인 아이피를 기반으로 이루어집니다. 개인의 컴퓨터 뿐 아니라 모든 서버도 고유의 공인 아이피를 가지고 있습니다. 그런데 우리가 모든 공인 아이피를 기억할 수 없습니다. 당장 이메일을 확인하기 위해 구글 메일에 접근하려 해도, 구글 메일 서버의 아이피를 직접 입력하지는 않지요. http://mail.google.com이나 http://gmail.com을 입력합니다. 도메인은 이처럼 아이피에 이름을 지어주는 작업을 통해서, 특정 서비스에 접근하려고 할 때 아이피를 대신해 사용될 수 있는 정보입니다. 도메인은 단순히 의미 없는 문자의 나열이 아니라, 의미를 가지고 있는 경우가 많아서 기억하기도 더욱 용이합니다.
>
> 우리가 설치할 예정인 포고플러그의 웹 서비스에도 도메인을 연결할 수 있습니다. 연결 작업을 하기 전에는 아이피로만 통신이 가능하지만, 우리가 보유한 포고플러그의 공인 아이피에 우리가 원하는 도메인을 연결하는 작업을 완료하고 나면 아이피를 잊어버려도 도메인을 가지고 우리가 운영하고 있는 다양한 서비스에 접속할 수 있습니다.

아파치 웹 서버

우리가 하려는 작업은 쉽게 말해서 포고플러그 저장 공간에 인터넷 웹 페이지를 만들 수 있도록 도움을 주는 작업입니다. 포고플러그에 웹 서버를 설치하면 매우 폭넓은 활용이 가능합니다. 본 책에서 사용할 웹 서버 시스템은 아파치입니다. 아파치는 전 세계 웹 서버의 절반 가까이를 차지하는 오픈 소프트웨어입니다.

앞에서도 조금 이야기했지만, 일반적으로 아파치 시스템과 함께 세트로 따라 다니는 게 있는데요. PHP와 MySQL입니다. PHP는 웹 서버에서 HTML과 함께 사용되면서 웹 페이지를 더욱 동적으로 만들어주는 역할을 합니다. MySQL은 웹 서버에 저장되는 데이터들을 엑셀처럼 체계적으로 정리해서 필요할 때 쉽게 이용할 수 있도록 도와줍니다.

그러나 MySQL은 리소스를 많이 잡아먹는 단점이 있기 때문에, 포고플러그 같은 기기에서 구동하기에는 쾌적하지 않은 단점이 있습니다. 그래서 우리는 웹 서버와 PHP까지만 설치하고, MySQL은 설치하지 않을 예정입니다. 이후에 설치되는 모든 응용프로그램들도 MySQL을 사용하지 않고, 웹 서버와 PHP만 사용하여 구동되는 프로그램으로 설치할 것입니다.

1. 아파치 웹 서버 설치

우선 아파치2를 설치하겠습니다. 아파치 웹 서버 설치와 동시에 PHP도 연동하기 위해 몇 가지 패키지를 더 설치합니다.

```
# apt-get install apache2 php5 php5-cli php5-gd php5-mcrypt
```

아파치 설치가 끝날 때 쯤 에러 메시지가 보일 것입니다. 웹 서버의 서버 이름이나 도메인 주소를 기록해 달라고 하는 내용입니다.

이 에러 문제를 해결하려면 apache2.conf 파일을 수정해야 합니다. 다음의 명령어를 입력합니다.

```
# nano /etc/apache2/apache2.conf
```

가장 하단으로 내려가 다음 구문을 입력합니다. 이 구문은 **servername**이 기재되지 않아 발생하는 에러를 수정하고, php 연동까지 한다는 내용입니다.

```
Servername localhost
AddType application/x-httpd-php .html
```

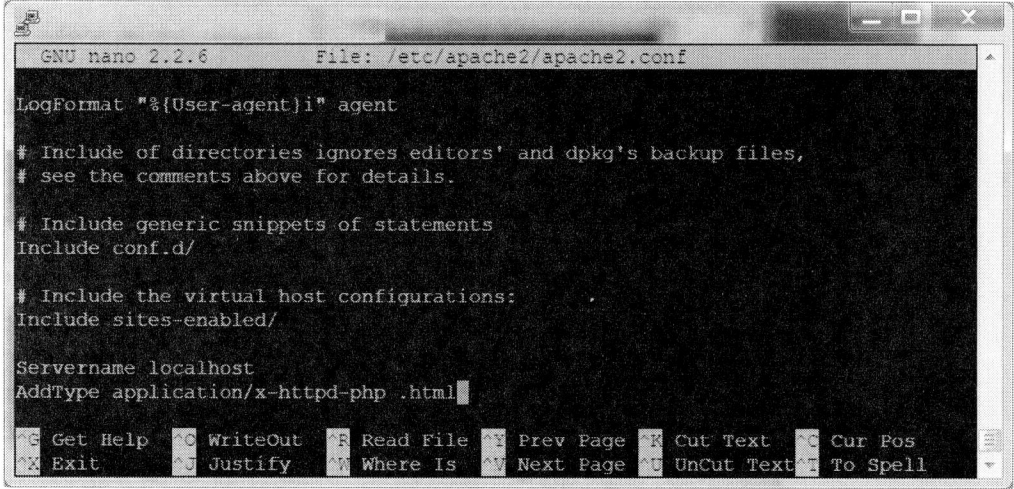

파일 수정 내용을 적용하기 위해서 아파치2 서비스를 재시작합니다.

```
# service apache2 restart
```

2. 아파치 웹 서버 상세 설정

아파치 웹 서버의 상세 설정을 설명합니다. 우선 아파치 웹 서버의 상세 설정을 위해서는 **sites-available**과 **sites-enabled**의 개념을 이해해야 합니다. 한글로 번역하면, **sites-available**은 '사용 가능한 사이트'가 되겠고, **sites-enabled**는 '사용 허가된 사이트' 정도로 보면 될 것 같습니다. 전자의 경우, 웹 서버에 접속될 때 적용되는 옵션들을 기록하는 곳이고, 그 중에서 일부가 후자를 통해 실제로 사용되는 것입니다. 전자의 디렉토리에 10개의 옵션 파일이 있더라도 그 중에 사용이 허가된 것은 1개일 수도 있고, 2개일 수도 있습니다. 다음 명령어를 하나씩 입력해 보겠습니다.

```
# ls /etc/apache2/sites-available
# ls /etc/apache2/sites-enabled
```

```
root@Pogolinux:~# ls /etc/apache2/sites-available
default   default-ssl
root@Pogolinux:~# ls /etc/apache2/sites-enabled
000-default
root@Pogolinux:~#
```

sites-available 디렉토리에 있는 default와 default-ssl, 두 개의 가상 호스트 설정 파일 중 default 파일은 sites-enabled 디렉토리에 000-default라는 이름으로 링크되어 있습니다. 실제로는 같은 파일인 거죠. 아파치를 설치하면 기본적으로 설정되어 있는 내용입니다.

site-enabled 디렉토리의 000-default 파일을 수정하여 가상 호스트 설정을 하겠습니다.

```
# nano /etc/apache2/sites-enabled/000-default
```

다음과 같이 000-default 설정 파일의 내용이 출력됩니다.

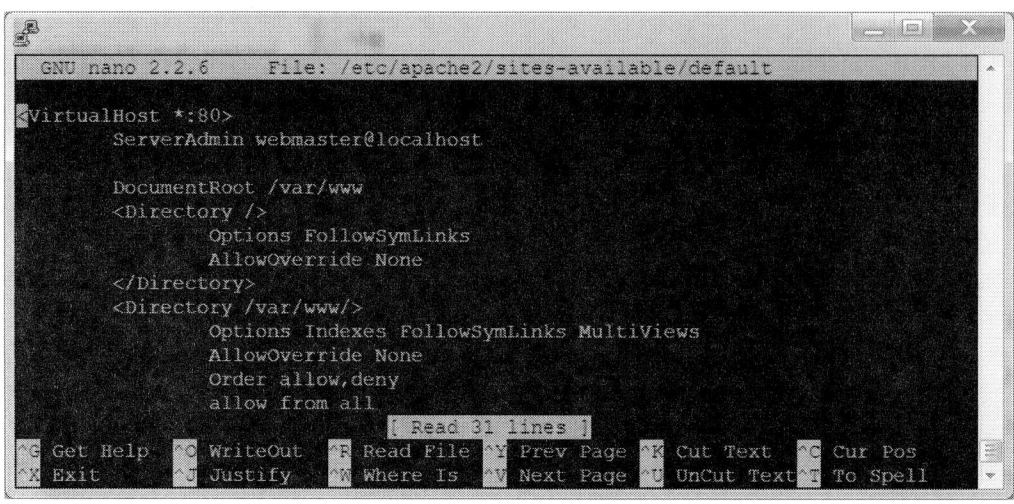

기존 내용을 Alt + T로 삭제하고, 아래의 내용을 넣습니다. 웹 서버의 루트 디렉토리 경로는 /pogodata/work/webserver로 수정하였고, 필자가 신청한 무료 도메인(5장의 "무료 도메인과 유료 도메인" 절 참고)을 연결한 것입니다. 이메일 주소와 도메인 이름 같은 경우에 각자 소유한 이메일과 도메인 이름을 기입하면 됩니다.

```
<VirtualHost *:80>
    ServerAdmin email@address.net        # 에러발생 시 그 내역을 전송받을 관리자 이메일
    ServerName www.pogoguide.tk          # 연결할 도메인 이름
    ServerAlias pogoguide.tk             # 같은 디렉토리로 접속 가능한 추가 주소
DocumentRoot /pogodata/work/webserver    # 루트 디렉토리 경로
DirectoryIndex index.html  index.php     # 읽어들일 파일 이름
</VirtualHost>
```

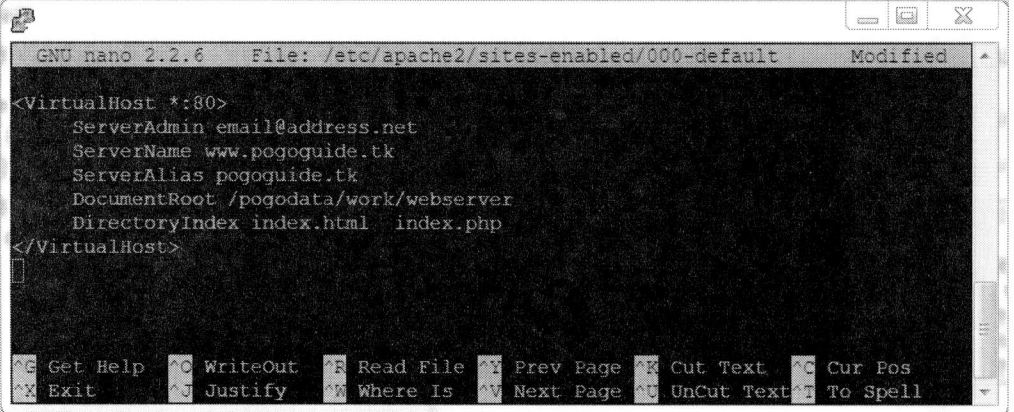

수정 사항을 적용하기 위해서 아파치를 재실행합니다.

```
# service apache2 restart
```

앞서 DocumentRoot 항목에서 웹 서버의 홈 디렉토리로 설정하였던 디렉토리가 아직 생성되어 있지 않으므로 이를 생성합니다.

```
# mkdir -p /pogodata/work/webserver
```

그리고 /var/www 하방에 있는 index.html 파일을 홈 디렉토리인 /pogodata/work/webserver로 복사해 오겠습니다. index.html 파일은 웹 서버 접속시에 존재 여부를 가장 먼저 확인하는 파일이며, index.html 파일이 있으면 이 파일을 가장 먼저 실행합니다.

```
# cp /var/www/index.html /pogodata/work/webserver/index.html
```

cat 명령어를 이용하여, 이동시킨 파일의 내용을 확인하겠습니다. 웹 서버의 작동을 확인하고. 이 페이지가 웹 서버의 기본 페이지임을 알려주는 내용입니다.

```
# cat /pogodata/work/webserver/index.html
```

위에서 언급한 명령어들의 실행 화면은 다음과 같습니다.

```
root@Pogolinux:~# mkdir -p /pogodata/work/webserver
root@Pogolinux:~# cp /var/www/index.html /pogodata/work/webserver/index.html
root@Pogolinux:~# cat /pogodata/work/webserver/index.html
<html><body><h1>It works!</h1>
<p>This is the default web page for this server.</p>
<p>The web server software is running but no content has been added, yet.</p>
</body></html>
root@Pogolinux:~#
```

웹 브라우저 주소 창에 www.pogoguide.tk 혹은 pogoguide.tk 주소를 입력합니다. 각자 만든 무료 도메인을 입력하세요. 도메인이 없다면 공인 아이피를 입력하면 됩니다. 도메인과 연결된 공인 아이피로 접속이 이루어지면서 웹 서버에 도달하게 되고, 아까 설정했던 /pogodata/work/webserver 디렉토리로 접근합니다. 이 디렉토리에 복사했던 index.html 파일이 로딩됩니다. 위에서 확인했던 메시지가 뜨는 것을 볼 수 있습니다.

/pogodata/work/webserver 디렉토리에 파일 3개를 업로드하겠습니다.

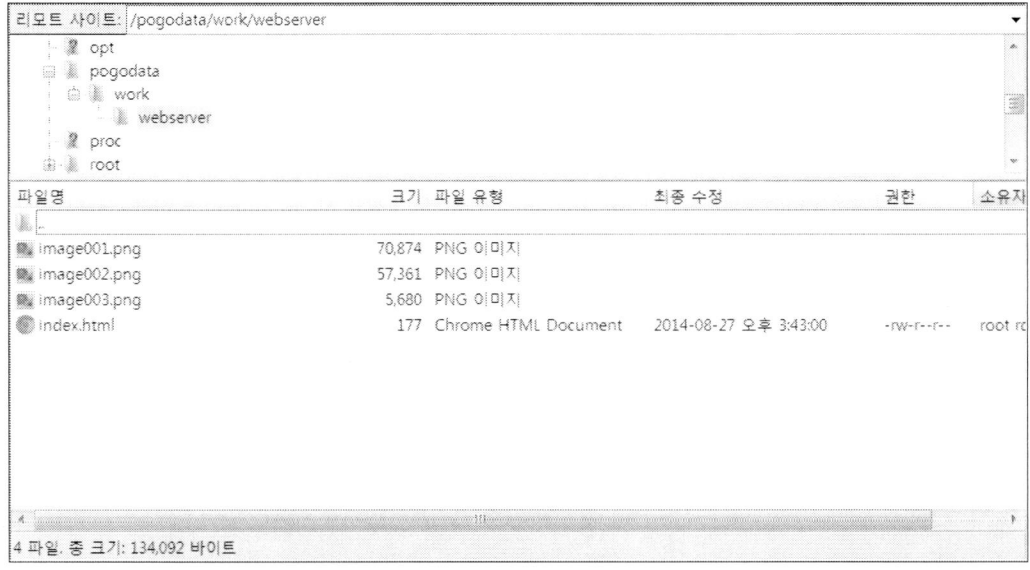

www.pogoguide.tk 주소를 웹 브라우저에서 띄워보겠습니다. 홈 디렉토리인 /pogodata/work/webserver에 index.html 파일이 그대로 있기 때문에, 3개의 파일을 업로드했더라도 index.html 파일이 실행됩니다. 업로드된 3개의 이미지 파일은 보이지 않습니다. 성공 메시지가 그대로 떠 있죠. 변화가 관찰되지 않습니다.

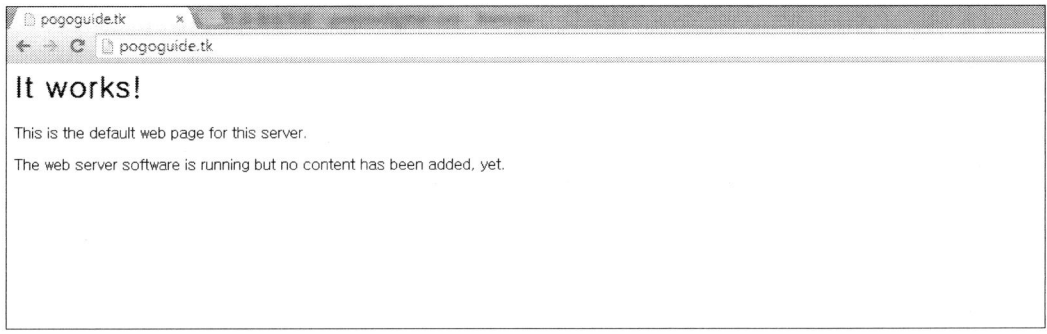

index 파일을 다른 파일명으로 변경하기 위해 다음 명령어를 실행합니다. 화면을 보면 파일명이 바뀌었음을 알 수 있습니다.

```
# mv /pogodata/work/webserver/index.html /pogodata/work/webserver/index_backup.html
```

Index.html의 이름이 바뀌면서 실행할 파일이 없어졌기 때문에 웹 서버는 아까 보여주었던 성공 메시지 대신, 파일 목록을 띄워줍니다. index 파일이 있으면 그 파일을 실행하지만, index 파일이 없으면 홈 디렉토리에 있는 모든 파일을 보여주도록 약속되어 있기 때문이죠.

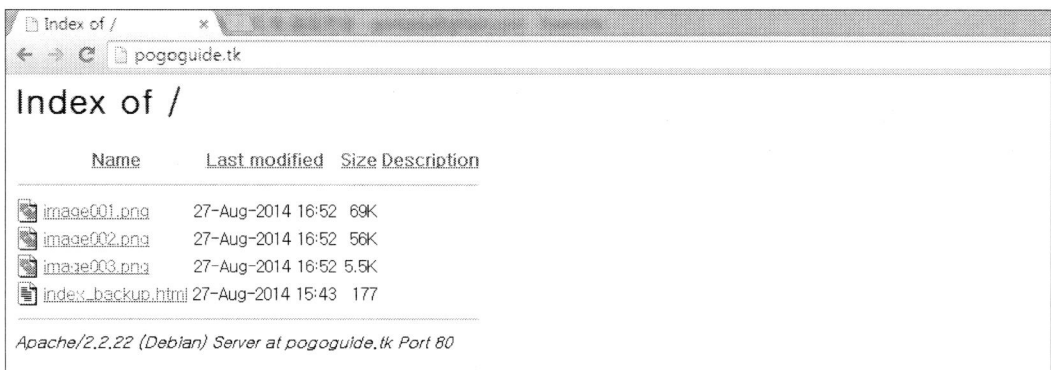

3. 아파치 웹 서버의 보안

앞서 나온 그림에서 파일 목록 가장 하단에 보면, 아파치 웹 서버의 버전과 접속 주소가 나오는 것을 알 수 있습니다. 아파치 버전 같은 정보가 노출되면 해당 버전의 취약점을 이용한 해킹에 노출될 수 있으므로 피하는 게 좋습니다. 해당 부분을 삭제하겠습니다.

다음 명령어를 실행합니다.

```
# nano /etc/apache2/conf.d/security
```

설정 파일에서 아래로 내려오면 [ServerTokens] 항목이 보입니다. 이 옵션은 서버의 정보를 얼마나 보여줄 것인가를 결정하는 옵션입니다. 현재 'OS'로 되어 있을 것입니다. 이것을 'Prod'로 바꾸겠습니다. Prod 옵션은 최소한의 정보만 노출하겠다는 뜻입니다.

그리고 더 내려오면 [ServerSignature] 항목이 보입니다. 'On'을 'Off'로 바꾸겠습니다. 이렇게 하면 웹 서버의 종류 및 웹 서버의 도메인 혹은 아이피 정보도 삭제됩니다.

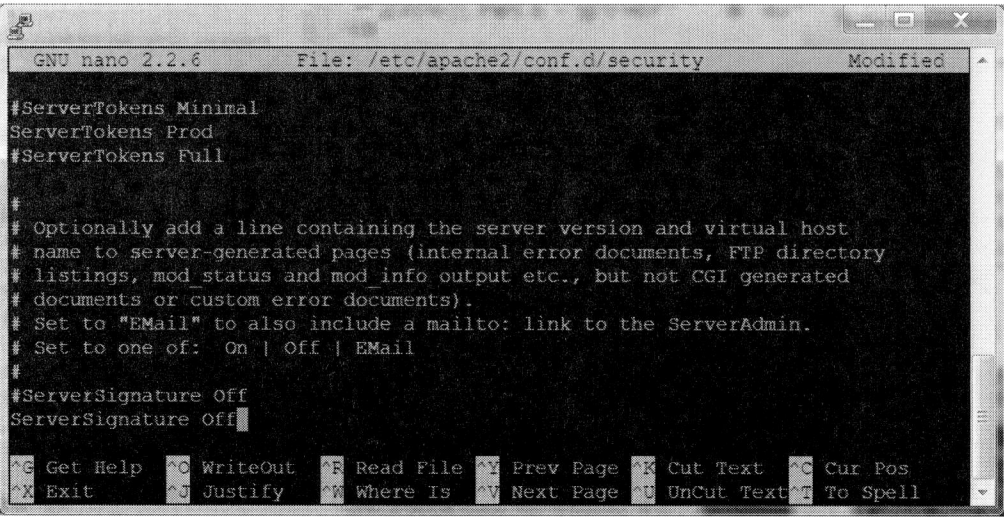

> **ServerTokens 옵션 내용**
> 1. Prod : 웹 서버의 이름만 알려줍니다.
> 2. Major : 웹 서버의 이름과 Major 버전 번호만 알려줍니다.
> 3. Minor : 웹 서버의 이름과 Minor 버전까지 알려줍니다.
> 4. Min : 웹 서버의 이름과 Minimum 버전까지 알려줍니다.
> 5. OS : 웹 서버의 이름, 버전, 운영체제까지 알려줍니다(기본 값).
> 6. Full : 최대한의 정보를 모두 알려줍니다(웹 서버, 운영체제 등).

아파치를 재실행합니다.

```
# service apache2 restart
```

웹 서버의 종류 및 웹 서버 접속 아이피 정보도 다 사라졌음을 확인할 수 있습니다.

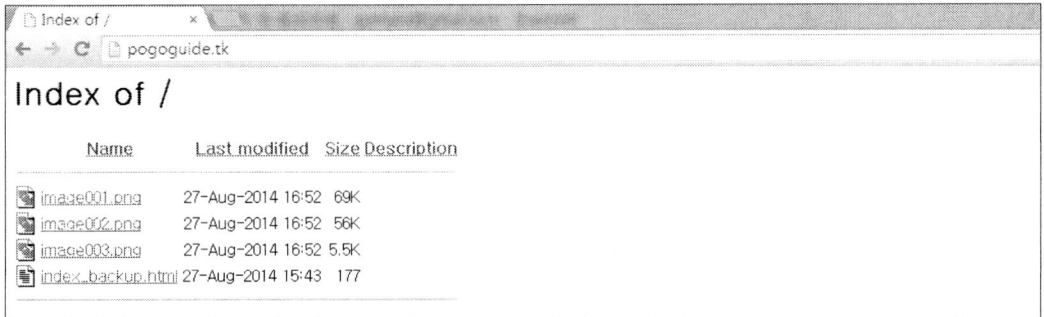

4. PHP 연동 확인

마지막으로, PHP 연동이 성공적으로 되었는지 확인하겠습니다. 홈 디렉토리인 /pogodata/work/webserver로 이동합니다.

```
# cd /pogodata/work/webserver
```

PHP 연동 확인에 필요한 파일을 생성합니다.

```
# nano phpinfo.php
```

나노 편집기가 열리면 다음과 같이 입력하고, 저장 후 빠져 나옵니다.

```
<? phpinfo(); ?>
```

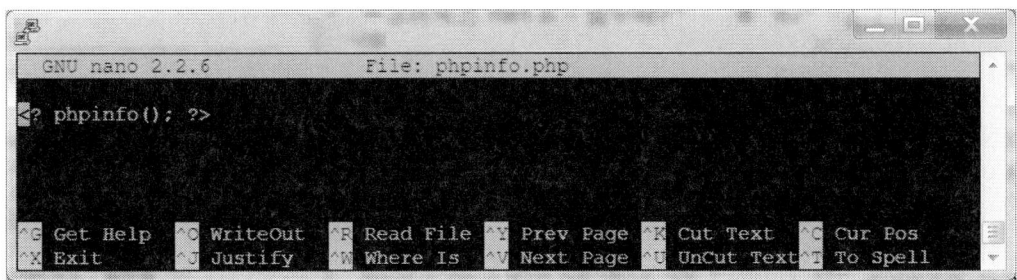

크롬이나 인터넷 익스플로러 같은 웹 브라우저에서 http://pogoguide.tk/phpinfo.php(혹은 http://공인 아이피/phpinfo.php)라고 입력하여 PHP가 잘 연동되었는지 확인하겠습니다. 다음과 같은 화면이 뜬다면 성공적으로 연동된 것입니다.

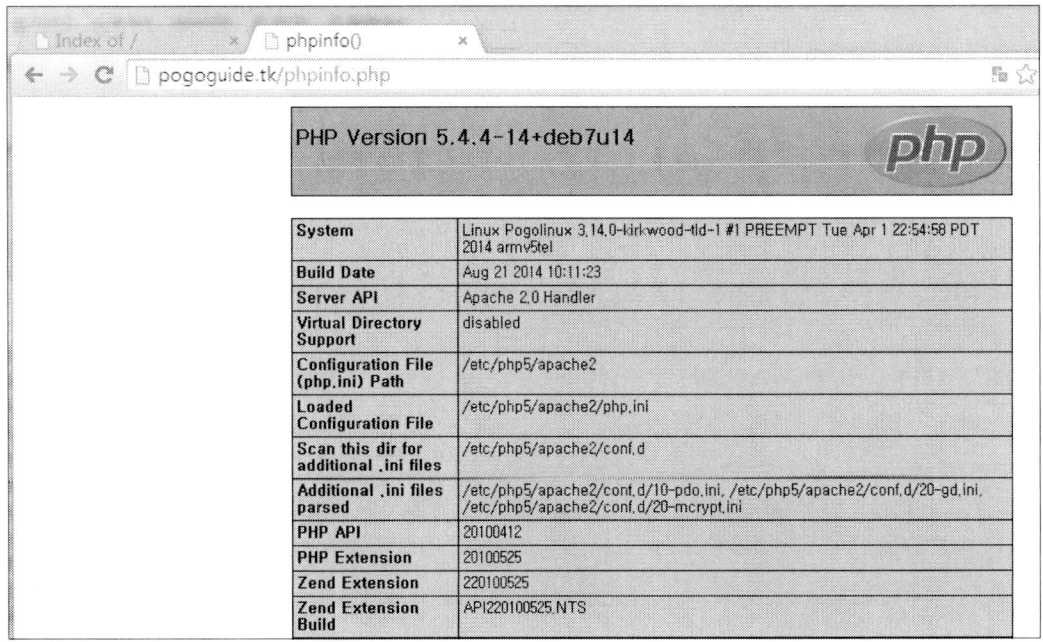

포트포워딩

앞에서 포트포워딩이라는 용어가 많이 나왔습니다. 포트포워딩은 내부 네트워크 서비스의 포트를 외부로 개방해 주는 것입니다. 공유기의 핵심 기능 중 하나이지요. 이에 대한 개념이 잡히지 않으면 사실상 포고플러그 활용이 어려워질 수 있습니다. NAS는 필요할 때 외부에서도 언제든 접속할 수 있어야 진정한 활용이 가능하기 때문입니다.

현재 시점에서 포고플러그를 공유기에 물리고, 리눅스 설치 및 세팅을 마친 후에 내부 네트워크에서 FTP

나 트랜스미션 등을 사용할 수 있더라도 외부에서는 포고플러그에 접속할 수 없습니다. 우리집 대문을 닫아 둔 것처럼 외부에서의 접속을 차단해 두었기 때문이죠.

포트포워딩은 닫힌 대문을 열어주는 역할을 합니다. 집안에 설치된 포고플러그를 외출한 후 바깥에서도 활용할 수 있는 것이죠. 비유로 설명하자면, 포트포워딩은 우리집 대문을 열어주고, 들어갈 방을 지정해 준 후에, 자료가 들어있는 서랍 중에 필요한 서랍만 지정해서 열어주는 것입니다. "우리집에 들어가 안방의 세 번째 서랍만 열어라", "작은방의 두 번째 서랍만 열어라" 이런 거죠. 다른 곳에는 접근할 수 없습니다.

조금 더 자세히 설명해 보겠습니다. 일단 우리집 네트워크의 공인 아이피를 알아볼게요.

http://findip.kr 사이트에 접속하면 접속한 기기의 공인 아이피를 알려줍니다. 화면에 뜨는 주소가 외부에서 우리집 네트워크로 들어올 때 필요한 주소입니다.

공유기의 설정 페이지에서도 확인이 가능한데요. IPTIME 공유기의 경우에는 공유기 설정 웹 페이지에서 [관리도구] -> [시스템 요약정보]에 들어가면 확인이 가능합니다.

독자 여러분의 집에 통신 사업자를 통해 부여된 공인 아이피는 하나입니다. 공인 아이피는 하나지만, 이 아이피를 이용해서 포고플러그에서 FTP 서버도 이용하고, 트랜스미션 서비스도 이용할 수 있습니다. 웹 서비스도 가능하구요. 공인 아이피 하나 가지고 어떻게 웹 서비스가 가능한 걸까요? 이제 그것을 가능하게 하는 이유 중 하나인 포트포워딩에 대해 자세히 설명하겠습니다.

아래의 그림처럼 우리집 네트워크의 공인 아이피를 123.234.345.456이라고 가정하고, 공유기에 포고플러그가 3대 물려있다고 가정하겠습니다. 1번 포고플러그에서는 아파치 웹 서버를 통해 블로그 웹 서비스(포트 80번)를 제공하고 있습니다. 2번 포고플러그에서는 트랜스미션 서버(포트 9091번)를 운용하고 있구요. 마지막으로, 3번 포고플러그에서는 FTP를 통한 파일 서버(포트 21번) 및 갤러리 웹 서비스(포트 80번)을 운용하고 있다고 가정하겠습니다. 세 포고플러그에서 이용 중인 서비스는 총 4가지네요.

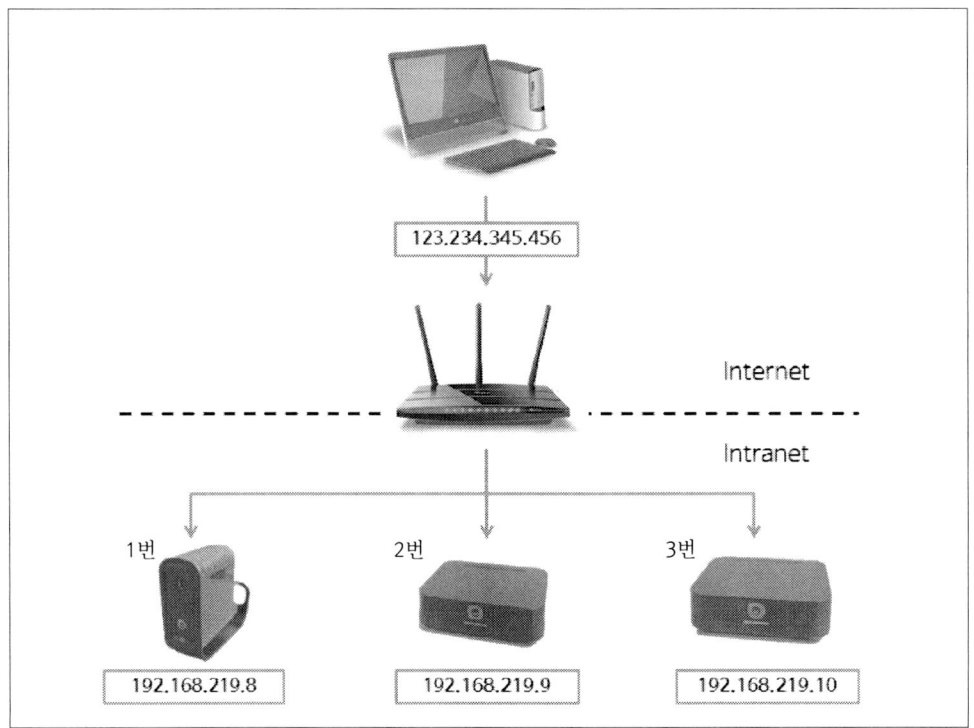

> **포트**
> 포트(port)란, 같은 기기 내에서 운용하는 서비스들을 구분하기 위한 번호입니다. 일반적으로 서비스마다 지정된 번호가 있습니다. FTP는 21번, SSH는 22번, 웹 서버는 80번, 트랜스미션은 9091번입니다.

각 서비스에 대한 내부 네트워크 주소를 알아보겠습니다.

- 1번 포고플러그의 블로그 웹 서비스 – 192.168.219.8:80

  1번 포고플러그가 공유기를 통해 192.168.219.8의 주소를 배당받았습니다. 그리고 웹 서버의 포트 번호는 80번입니다. 포트 번호는 콜론(:)으로 연결되기 때문에 내부 네트워크에서는 192.168.219.8:80 주소만 입력하면 1번 포고플러그의 블로그 웹 서비스로 이동할 수 있습니다.

- 2번 포고플러그의 트랜스미션 서비스 – 192.168.219.9:9091

  2번 기기는 192.168.219.9의 사설 아이피를 받았네요. 뒤에는 트랜스미션 서비스 포트인 9091번이 붙었습니다.

- 3번 포고플러그의 FTP 서비스 – 192.168.219.10:21

  3번 기기가 받은 192.168.219.10의 사설 아이피에, FTP 포트인 21번이 붙었습니다.

- 3번 포고플러그의 갤러리 웹 서비스 – 192.168.219.10:80

  같은 3번 기기이기 때문에 위 FTP 서비스의 주소에서 포트 번호만 달라집니다.

자, 이제 외부에서 123.234.345.456을 통하여 우리집 네트워크로 접속했을 때 신호는 3대의 포고플러그 중에 어디로 가야 할까요? 그 중에서도 우리가 원하는 서비스에 도달하게 하려면 어떤 과정이 필요할까요? 공유기가 없다면 기계가 하나만 물려있을 것이니 자동으로 한 대 있는 기계로 가겠지만, 공유기가 물려있고 포고플러그가 3대나 연결되어 있으니 어디로 가야 할 지가 묘연해진 거죠.

3대의 포고플러그 중 어디로 갈지를 결정하기 위하여 공인 아이피 뒤에 붙는 포트 번호가 필요하게 됩니다. 이 포트 번호는 엄밀히 말하면 사설 아이피에 붙는 포트 번호(FTP:21, SFTP:22, 웹 서버:80 등)와는 조금 다른 개념입니다. 공인 아이피 뒤에 붙는 포트 번호는 어디로 갈 지의 정보를 담은 번호이고, 우리가 임의로 정할 수 있습니다. (물론 설정 파일을 수정하여 내부 아이피 뒤에 붙는 포트 번호도 바꿀 수 있기는 합니다.)

공인 아이피 뒤의 포트 번호에는 보내고 싶은 포고플러그의 아이피 주소 및 포트 번호의 정보가 모두 담겨 있습니다. 단순히 포트끼리 매칭시키는 개념이 아닙니다.

그래서 포트포워딩의 예는 다음과 같습니다.

123.234.345.456 : 5000 -> 192.168.219.8 : 80
123.234.345.456 : 5021 -> 192.168.219.9 : 9091
123.234.345.456 : 4048 -> 192.168.219.10 : 21
123.234.345.456 : 2580 -> 192.168.219.10 : 80

공인 아이피 뒤에 임의로 5000번 포트를 붙여주면 1번 포고플러그의 블로그 웹 서비스로 가는 것입니다. 2580번 포트를 붙여서 접근하면 3번 포고플러그의 갤러리 웹서비스로 갈 수 있겠지요. 공인 아이피는 그대로인 채 뒤에 붙는 포트 번호만 바뀌었지만, 포트 번호에 접속하고자 하는 포고플러그 기기의 종류와 서비스 종류까지 모두 함축되어 있음을 알 수 있습니다.

공인 아이피 뒤에 붙는 포트 번호는 평소에 잘 쓰지 않은 숫자를 사용하여 포트포워딩하는 것이 좋습니다. 내부 포트 번호와 동일한 번호로 포트포워딩을 할 수도 있지만, 그렇게 하면 해킹에 쉽게 노출될 수 있습니다. 단, 예외적으로 80번 포트는 똑같이 80번 포트로 포트포워딩하는게 편리합니다. 80번 포트는 생략이 가능하기 때문인데요. 123.234.345.456:80과 123.234.345.456은 같은 주소입니다. 웹 브라우저에 입력하는 웹 서비스 주소에 포트 번호가 붙지 않는 것이 편리하겠지요.

FTP 서버 서비스를 네트워크 외부에서 사용할 수 있도록 포트포워딩을 설정하겠습니다. 내부 네트워크 상의 포고플러그 사설 아이피(여기서는 192.168.219.8)와 FTP 포트 번호인 21번을 LAN IP와 LAN 포트에 기입하고, WAN 포트 번호를 결정합니다. 여기서는 4048번으로 포트포워딩하겠습니다. 공인 아이피인 WAN IP는 이미 결정되어 있기 때문에 따로 기록하지 않습니다.

아래와 같이 입력하고 설정을 추가합니다.

설정이 저장되었고, 포트포워딩이 완료되었음을 알 수 있습니다.

파일질라 설정에도 다음과 같이 적용할 수 있습니다. 포트포워딩이 완료되면 공인 아이피와 포트포워딩한 포트 번호를 이용해서 네트워크의 내부, 외부 모두에서 FTP 서비스의 접속이 가능합니다.

포트포워딩

이후 설치할 웹 서버의 포트도 미리 포트포워딩하겠습니다. 웹 서버의 포트 번호는 80번입니다. 웹 서버의 경우에는 외부 포트 번호도 80번으로 똑같이 해서 포트 번호를 생략할 수 있도록 하는 것이 사용에 편리합니다. 설정을 저장하면 다음 그림과 같이 됩니다. 웹 서버를 설치한 후 웹 브라우저에 공인 아이피를 입력하면 포고플러그의 웹 서버 서비스에 접속할 수 있습니다.

사용함	WAN IP	WAN 포트	프로토콜	LAN IP	LAN 포트	적용	
✓	124.54	80	TCP	192.168.219.8	80	변경	추가
사용함	124.54	4048	TCP	192.168.219.8	21	수정	제거

아래 그림을 보면, FTP 서버와 웹 서버의 포트포워딩이 둘 다 제대로 되었음을 알 수 있습니다.

사용함	WAN IP	WAN 포트	프로토콜	LAN IP	LAN 포트	적용	
	124.54		TCP			변경	추가
사용함	124.54	4048	TCP	192.168.219.8	21	수정	제거
사용함	124.54	80	TCP	192.168.219.8	80	수정	제거

다음 그림과 같이 공유기가 두 대일 때는 포트포워딩을 어떻게 해야 하나요?

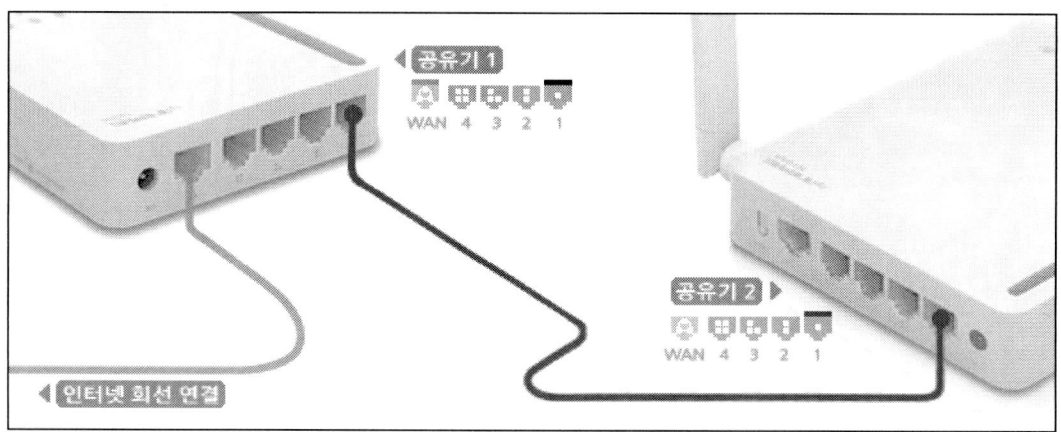

출처: IPTIME 자료실

공유기가 두 대일 때는 공유기 두 대가 모두 사설 아이피를 배당하는 DHCP 기능을 수행하기 때문에 사설 아이피가 꼬이는 것과 같은 문제가 발생할 수 있습니다. 공유기가 두 대일 때는 다음 세 가지만 염두에 두면 문제 없이 원활하게 사용할 수 있습니다.

첫째, 메인 공유기(1번 공유기) 하나만 사설 아이피를 나누어 주는 역할을 하게 하고, 나머지 공유기(2번 공유기)는 허브의 역할만 하도록 설정해야 합니다. 2번 공유기 설정 페이지에 접속합니다. 각 공유기마다 DHCP 기능을 사용할지 안 할지 선택할 수 있는 메뉴가 있는데요, 2번 공유기의 DHCP 서버 기능을 해제하면 허브 모드로 변경됩니다.

둘째, 2번 공유기 설정 페이지에서 공유기 자체의 아이피를 설정해야 합니다. 사설 아이피 배당 기능이 사라졌으므로 2번 공유기 자신도 1번 공유기로부터 아이피를 배당받아야 합니다. 1번 공유기의 사설 아이피 범위에서 아이피를 하나 골라 2번 공유기 자체 아이피로 설정합니다. 저는 192.168.219.xxx라는 아이피 대역을 1번 공유기에서 배당하므로, 2번 공유기 자체 아이피를 192.168.219.100으로 선언했습니다.

셋째, 1번 공유기와 2번 공유기를 LAN 포트로 연결합니다. 2번 공유기가 허브 모드로 변경되었으므로 WAN 포트는 사용하지 않습니다.

무료 도메인과 유료 도메인

이번 절에서는 무료 도메인과 유료 도메인의 사용 방법을 설명합니다.

1. 무료 도메인

먼저, 무료 도메인을 하나 구하고, 그 도메인에 공인 아이피를 매칭시키는 작업을 설명합니다.

우선 http://www.dot.tk/로 접속합니다.

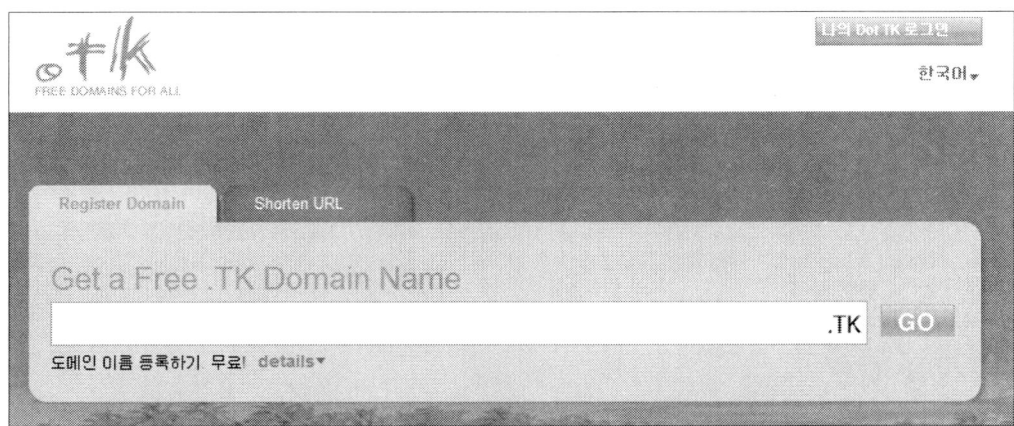

.tk는 토켈라우제도라는 나라의 1차 도메인입니다. 우리나라 도메인의 뒤에 .kr이 붙는 것과 동일하다고 보면 됩니다. 토켈라우제도는 남태평양에 위치한 뉴질랜드령의 섬이라고 하네요. 정부와 벤처기업이 손을 잡고 진행하는 사업인 것 같습니다. 여기서는 .tk로 끝나는 무료 도메인을 제공받을 수 있습니다.

pogoguide.tk라는 주소를 등록하겠습니다. 이미 사용 중인 도메인이라면 사용이 불가하다는 메시지가 뜹니다.

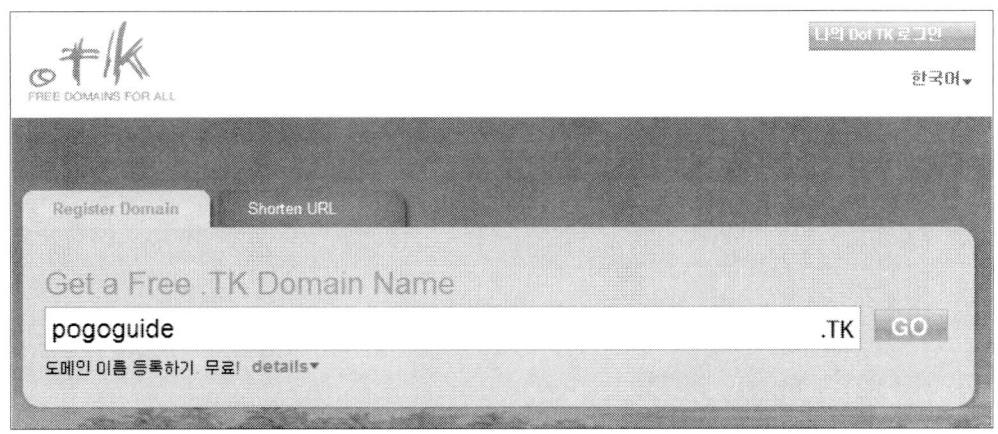

계속 진행하면, 다음과 같은 화면이 나옵니다. 제일 위의 [Use your new domain]에서 [Forward this domian to]를 선택하고, 아무 인터넷 주소나 입력합니다. 의미없는 주소를 입력하더라도 이후에 다시 수정하는 과정이 있으므로 넘어가면 됩니다. [Registration length]에서는 가장 긴 12개월을 선택합니다. 12개월 동안에는 사용에 제약이 없으며, 12개월이 끝나갈 때쯤 메일로 재사용 여부를 확인합니다.

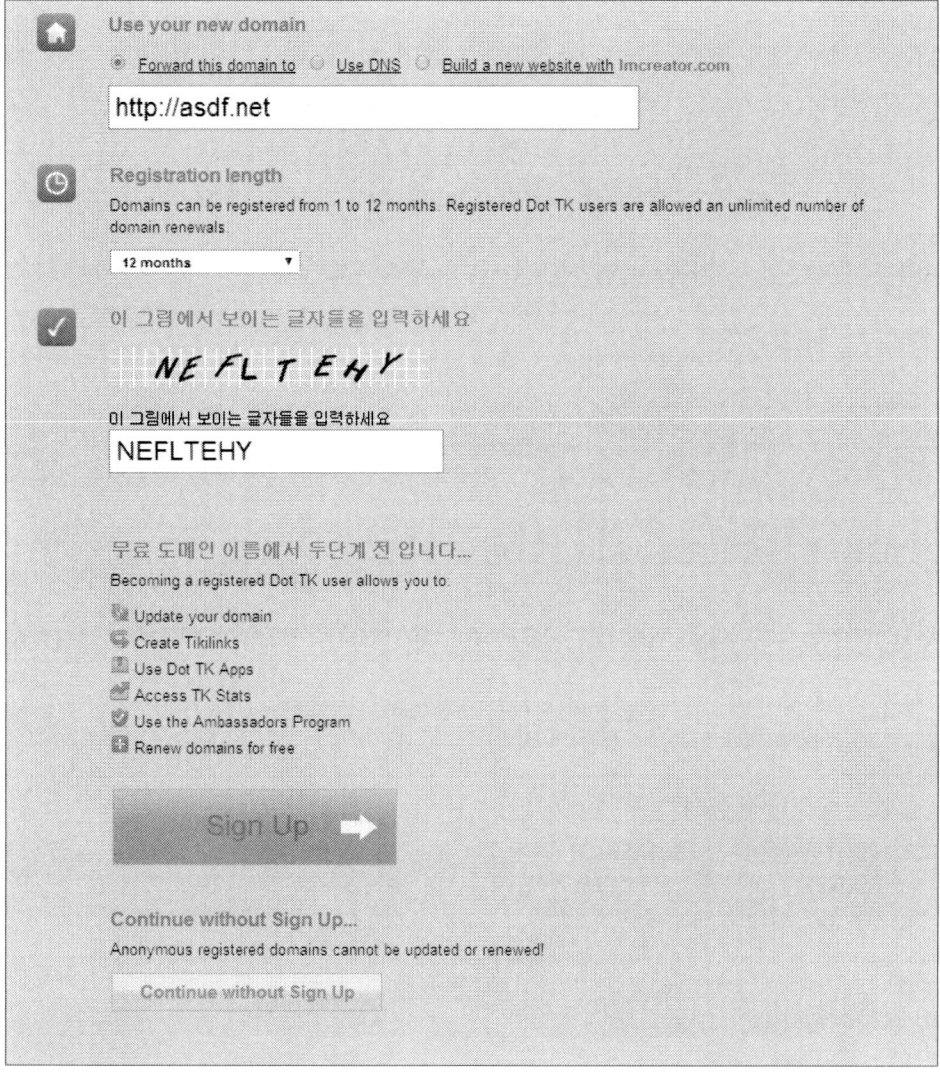

마지막으로 로그인 정보를 입력합니다. 기존의 페이스북이나 구글 계정으로 로그인하면 됩니다.

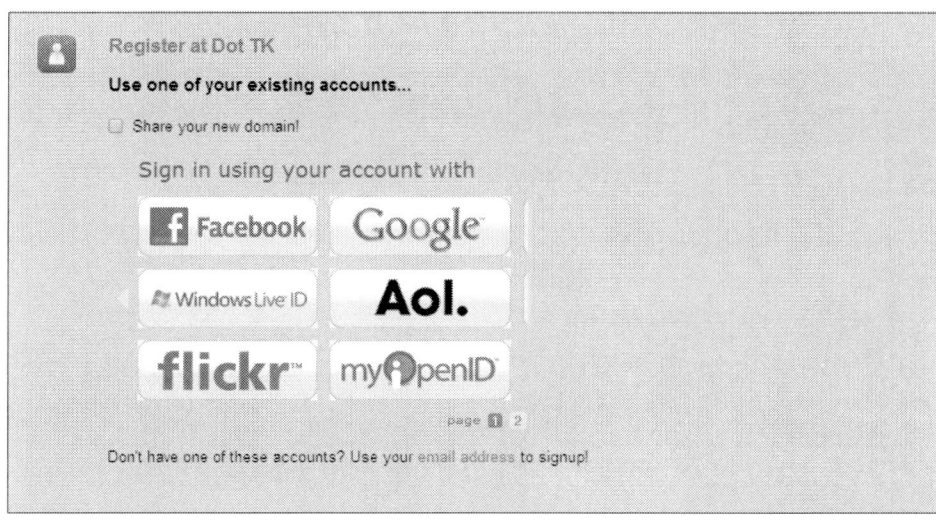

도메인의 등록이 완료되었네요. 이제 http://pogoguide.tk라는 주소는 12개월 동안 제 소유가 됩니다.

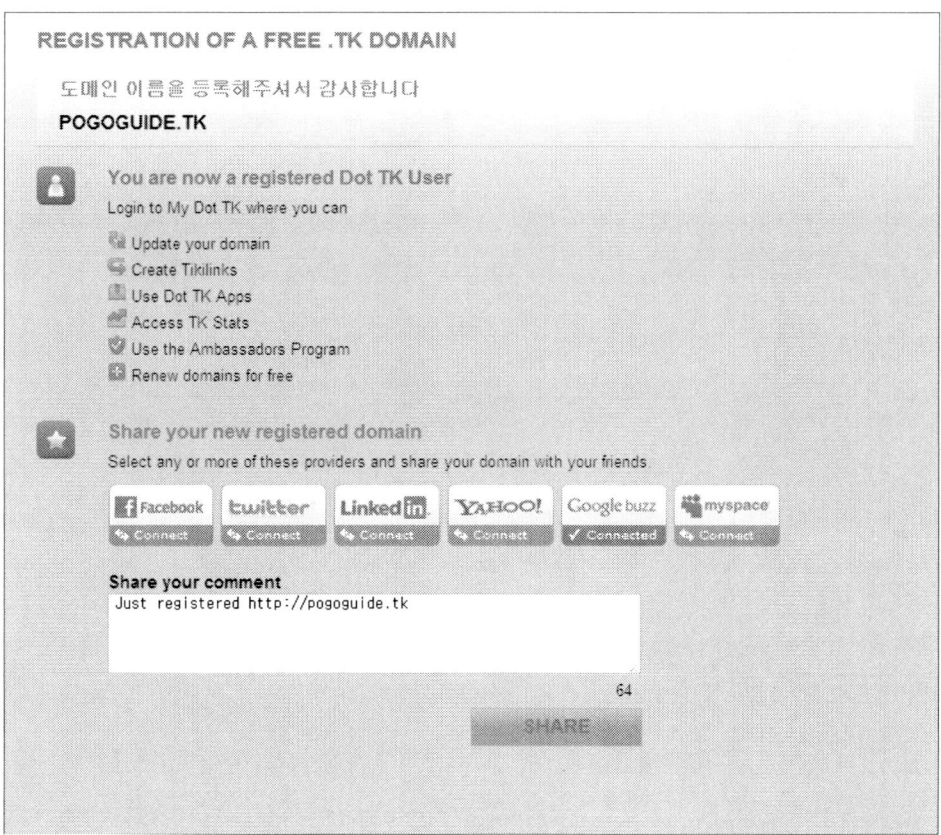

로그인한 후 [My Domains] 메뉴로 들어갑니다.

제가 보유한 도메인이 나옵니다. pogoguide.tk에 관한 설정을 수정할 수 있습니다. [Manage Domain] 버튼을 선택합니다.

도메인 관리 페이지에서 [Management Tools] -> [Nameservers]를 선택합니다.

네임서버가 NS01.FREENOM.COM부터 시작해서 NS04까지 부여되어 있는 것을 볼 수 있네요. 혹시나 다른 주소가 들어가 있다면 [Use default nameservers]를 선택하면 됩니다. [Nameservers] 메뉴를 다시 선택하면 아래와 같은 주소로 바뀌어 있을 겁니다. 네임서버는 우리집 아이피와 **pogoguide.tk** 도메인을 연결하는 역할을 하는 서버라고 생각하면 됩니다.

이제 DNS 설정을 하겠습니다. 여기서 우리집 아이피와 도메인을 매칭시키는 작업이 이루어집니다.

[DNS MANAGEMENT for pogoguide.tk 화면 이미지]

Name, Type, TTL, Target, 이렇게 네 가지 기록 항목이 있네요.

- Name: 도메인 주소 앞에 붙는 부분입니다. 공란이 될 수도 있고, www가 될 수도 있고, 서브도메인 주소가 될 수도 있습니다.
- Type: 레코드의 형식을 결정합니다. 여기서는 A와 Cname 두 가지를 활용하겠습니다.
  - A record: 숫자로 된 아이피와 도메인을 매칭할 때 선택합니다.
  - Cname record: 별칭 이름을 매칭할 때 선택합니다. 정식 도메인에 다른 도메인을 연결할 수 있습니다.
- TTL(Time To Live): 만료 시간을 설정합니다. 보통 14440초로 설정되어 있으며, 이는 4시간입니다.
- Target: 연결을 원하는 아이피나 도메인을 입력하면 됩니다.

뒤에서 사용할 서비스까지 고려해서 다음 그림과 같이 넣었습니다. A 레코드로 아이피를 직접 등록한 첫 번째 줄과 두 번째 줄은 pogoguide.tk나 www.pogoguide.tk 모두 접속이 가능하도록 설정한 것입니다. 세 번째부터 여섯 번째까지의 항목은 서브도메인에 해당하는 항목이 되겠네요. blog.pogoguide.tk, data.pogoguide.tk, photo.pogoguide.tk, wiki.pogoguide.tk, 이렇게 네 주소가 모두 pogoguide.tk로 연결되도록 설정하였습니다. 결국 여기서 설정한 여섯 개의 주소는 모두 같은 아이피로 연결되는 셈입니다. 공인 아이피의 변경 사항이 있을 때는 A 레코드로 연결한 부분만 수정하면 Cname으로 수정된 부분이 자동으로 변경됩니다.

![DNS MANAGEMENT for pogoguide.tk]

DNS 설정을 완료하였으므로 공인 아이피 대신 www.pogoguide.tk나 blog.pogoguide.tk 같은 도메인을 사용할 수 있습니다. 앞서 포고플러그의 21번 포트를 포트포워딩하였으므로, 외부에서 클라이언트를 통해 FTP 서버에 접속할 때 공인 아이피 대신 도메인을 설정하여 사용 가능합니다.

2. 유료 도메인

앞에서 무료 도메인을 배정받는 방법에 대해 알려드렸습니다. 포고플러그로 트랜스미션, SAMBA, FTP 등과 같이 간단한 기능만 이용할 계획이라면 무료 도메인만으로도 충분합니다. 그러나 웹 서버를 통해 블로그나 갤러리 같은 웹 서비스를 다른 유저들을 대상으로 제공할 생각이라면 유료 도메인의 구매도 고민해 볼만한 옵션입니다.

무료 도메인의 경우 비용이 들지 않는다는 장점이 있는 반면, 무료 도메인의 제공처가 해외 사이트인 경우가 많아 설정 페이지 로딩이 느린 문제를 안고 있습니다. 쾌적한 관리를 위해 네임서버를 국내 업체로 이전하려고 해도 무료 도메인 같은 경우에는 불법 사이트에 악용되는 사례가 많아 국내 업체들에서 네임서버 이전을 받아주지 않는 일이 다반사입니다.

네임서버 이전을 한다고 해도, 무료 도메인 제공 사이트는 자신들의 업체에서 네임서버를 이용하지 않으면 서브도메인을 지원하지 않는 정책을 대부분 가지고 있어 활용이 제한되기도 합니다. 우리가 앞서 등록했던 dot.tk 무료 도메인의 경우에도 자신들의 네임서버인 freenom.com을 이용하지 않으면 서브도메인을 지원하지 않습니다. 특히, 집이나 회사로 들어오는 공인 아이피가 유동 아이피라서 아이피 변동이 종종 있는 상황에서는 유동 아이피를 적용할 수 있는 네임서버인 DDNS(Dynamic Domain Name Server)를 이용해야 하는데, 그것 역시 무료 도메인 제공 사이트의 네임서버가 아니므로, 정책에 따라 서브도메인 지원을 받지 못합니다.

이에 반해 유료 도메인은 이 모든 것에서 자유롭습니다. 해외 도메인 구매 사이트에서 도메인을 구매한 후에, 해당 도메인의 관리는 국내 업체로 이전시켜서 할 수 있고, 네임서버의 이전도 자유롭습니다. DDNS를 이용해야 할 때도 특별한 제한이 없죠.

저는 frienddy.net이라는 도메인을 가지고 있는데요. 이 도메인을 해외 사이트에서 특가로 0.5달러(1년 유지 비용)에 구입했습니다. 항상 하지는 않지만, 가끔씩 해외 도메인 구매 사이트에서 프로모션을 진행할 때 구매하면 큰 금액을 들이지 않고 도메인을 보유할 수 있습니다.

그런데 600원 정도에 구매한 이 도메인 하나로 다양한 서브도메인의 사용이 가능하니, 구매 및 관리 비용이 더 작게 느껴지는 것 같습니다. frienddy.net이라는 주소가 blog.frienddy.net, photo.frienddy.net, music.frienddy.net 같은 다양한 서브도메인으로 확장되는 것입니다. 아주 큰 확장성이지요. 서브도메인 개수가 무한정 늘어나니, 웹 서버에서 이용할 수 있는 다양한 서비스에도 우리가 원하는 주소를 각각 매칭시켜 줄 수 있습니다. 본인이 관리하고 있는 네이버나 티스토리 등의 블로그에도 그 주소를 매칭시킬 수 있습니다. 제가 frienddy.net 같은 주소를 다른 용도로 쓰고 있더라도, blog.frienddy.net 주소는 개인 블로그에 매칭하고, photo.frienddy.net 같은 주소는 포고플러그의 웹 갤러리 서비스에 사용할 수 있게 되는 것이지요.

지금 이 글을 작성하는 시점에 검색해 보니, 국내 업체의 경우 최저 9000원 정도에 .com 도메인을 구매할 수 있고, 해외 업체의 경우 1.99달러(약 2400원)에 .com 도메인의 구매가 가능하네요.

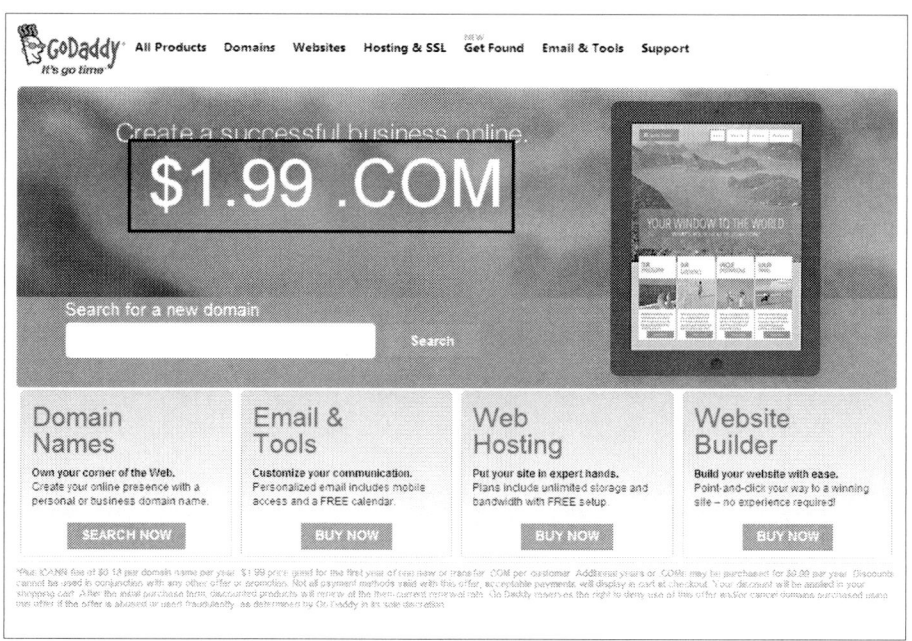

변경되는 공인 아이피에 대처

DDNS는 Dynamic Domain Name Server의 약자입니다. 위키피디아 한국어판에서는 "실시간으로 DNS를 갱신하는 방식이다. 주로 도메인의 IP가 유동적인 경우 사용된다"라고 간략하게 설명하고 있네요.

포고플러그를 개인 NAS로 활용함에 있어, 외부 접속을 가능케 하는 공인 아이피는 매우 중요합니다. 그런데 집이나 사무실에 일반적으로 들어오는 인터넷 회선은 웹 서비스를 제공하는 전용 용도로 제공되는 것이 아니기에 공인 아이피는 가끔 변경되기도 합니다. 보통 공유기를 껐다가 켜지 않는 이상 잘 변경되지 않는 것으로 알려져 있긴 합니다만, 개인차가 큰 부분입니다.

공인 아이피가 변경되면, 아이피를 통해 접속하는 서비스가 갑자기 중단되는 문제가 발생합니다. DDNS는 이런 현상을 방지하기 위하여 제공되는 서비스입니다.

집이나 사무실의 공인 아이피가 123.234.345.456이라면 이 주소로 처음에는 접속이 가능하지만, 얼마 후에 이 주소는 123.123.123.123로 변경될 수도 있습니다. 접속이 잘 안될 때마다 공인 아이피가 어떻게 변경되었는지 일일히 확인해서 변경된 공인 아이피를 도메인과 연결해 주는 방식을 쓴다면 생활이 너무 피곤해질 수 있겠죠.

공인 아이피가 수시로 변경되는 환경이라면 DDNS 서비스를 이용하기 바랍니다. 이번 절에서는 dot.tk 무료 도메인을 사용하면서 DDNS를 이용하는 예를 가지고 설명하겠습니다.

dot.tk에 접속해서 도메인 관리자 모드로 들어갑니다. 네임서버를 변경합니다. ns01.freenom.com 등 기존에 들어 있는 4개 목록을 모두 삭제하고, ns0.mydns.jp, ns1.mydns.jp, ns2.mydns.jp, 이렇게 3개를 입력합니다. 도메인과 아이피를 연결하는 역할을 해당 네임서버로 위임하는 것입니다.

MyDNS.JP는 일본 업체인데요. 우리가 조금 전에 만든 무료 도메인 .tk의 경우에, 도박 사이트나 경매 사이트, 성인 사이트 등의 운영 목적으로 해당 도메인을 무료로 받아 사용하는 사람들이 있어 국내 업체에서는 .tk 도메인을 받아주지 않기 때문에 부득이 MyDNS를 네임서버로 설정하게 되었습니다.

한국에도 DDNS 서비스를 제공하는 업체들이 있습니다. 유료 도메인을 사용하면서 DDNS 서비스가 필요하면 http://dnsever.com이나 http://dnszi.com 같은 업체의 서비스를 활용하면 좋겠습니다.

아래 그림은 http://www.mydns.jp입니다. 일본 사이트이지만, 영어로도 서비스를 제공합니다. 상단의 [JOIN US] 메뉴를 선택하고 가입을 신청합니다.

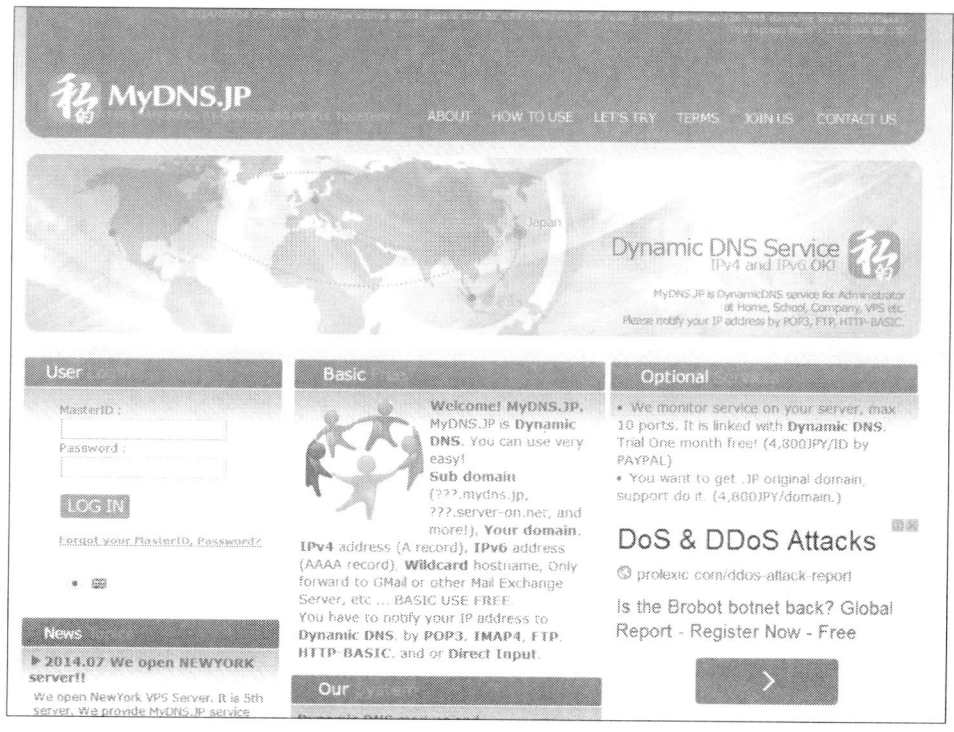

이름과 주소 같은 간략한 정보를 입력하고, [CHILD ID]는 '0'으로 하면 됩니다.

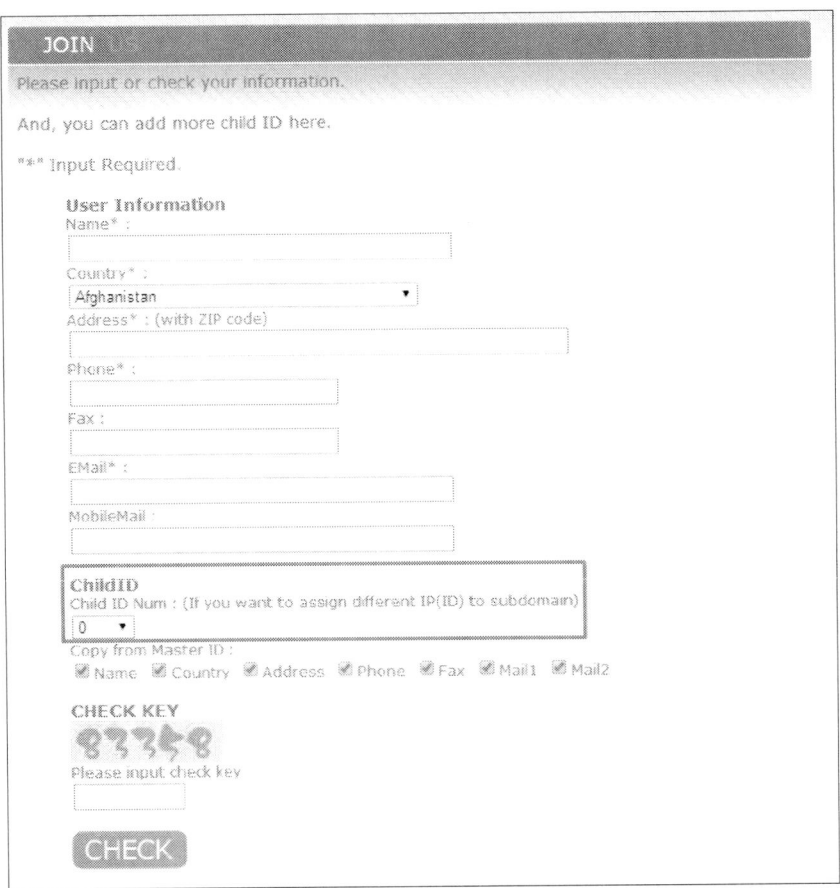

가입 절차를 마치면 아이디와 비밀번호를 이메일로 보내줍니다.

이메일로 받은 아이디와 비밀번호를 이용하면 현재 포고플러그의 공인 아이피를 MyDNS 네임서버로 전송할 수 있습니다. 전송 명령어는 다음과 같습니다.

```
# /usr/bin/wget -o - 'http://아이디:패스워드@www.mydns.jp/login.html'
```

```
root@debian:/var/mail# /usr/bin/wget -o - 'http://mydns121078:rC4rQwvRs9C@www.my
dns.jp/login.html'
--2014-07-25 13:22:32--  http://mydns121078:*password*@www.mydns.jp/login.html
Resolving www.mydns.jp (www.mydns.jp)... 210.197.74.203, 27.122.58.103, 46.19.34
.8, ...
Connecting to www.mydns.jp (www.mydns.jp)|210.197.74.203|:80... connected.
HTTP request sent, awaiting response... 401 Authorization Required
Reusing existing connection to www.mydns.jp:80.
HTTP request sent, awaiting response... 200 OK
Length: 612 [text/html]
Saving to: `STDOUT'

 0% [                                       ] 0           --.-K/s             <
html>
<head>
<title>Free Dynamic DNS (DDNS) for Home Server and VPS etc  | MyDNS.JP</title>
<meta http-equiv="Content-Type" content="text/html; charset=utf-8" />
<LINK href="./site.css" rel=stylesheet type=text/css>

</head>
<BODY BGCOLOR="#FFFFFF"
      TEXT="#304040"
      leftmargin="0" topmargin="0" marginwidth="0" marginheight="0"
>
Login and IP address notify OK.<BR>
login_status = 1.<BR>
<BR>
<DT>MASTERID :</DT><DD>mydns121078</DD>
<DT>REMOTE ADDRESS:</DT><DD>124.54.100.100</DD>
<DT>ACCESS DAYTIME:</DT><DD>2014/07/25 13:22</DD>
<DT>SERVER ADDRESS:</DT><DD>210.197.74.203</DD>
<BR>

</body>
</html>
100%[======================================>] 612         --.-K/s   in 0s

2014-07-25 13:22:33 (10.1 MB/s) - written to stdout [612/612]

root@debian:/var/mail#
```

포고플러그의 공인 아이피가 변경되더라도 공인 아이피를 **pogoguide.tk** 도메인과 지속적으로 매칭시키려면 위의 명령어를 5분 간격으로 계속 실행하면 됩니다.

우선 리눅스에서 사용되는 스케쥴러 프로그램인 crontab을 설치합니다.

```
# apt-get install cron cron-apt
```

```
root@debian:~# apt-get install cron cron-apt
패키지 목록을 읽는 중입니다... 완료
의존성 트리를 만드는 중입니다
상태 정보를 읽는 중입니다... 완료
제안하는 패키지:
  anacron logrotate checksecurity
추천하는 패키지:
  exim4 postfix mail-transport-agent liblockfile1 mailx
다음 새 패키지를 설치할 것입니다:
  cron cron-apt
0개 업그레이드, 2개 새로 설치, 0개 제거 및 0개 업그레이드 안 함.
132 k바이트 아카이브를 받아야 합니다.
이 작업 후 395 k바이트의 디스크 공간을 더 사용하게 됩니다.
받기:1 http://ftp.us.debian.org/debian/ wheezy/main cron armel 3.0pl1-124 [105 k
B]
받기:2 http://ftp.us.debian.org/debian/ wheezy/main cron-apt all 0.9.1 [26.7 kB]
내려받기 132 k바이트, 소요시간 1초 (70.9 k바이트/초)
Selecting previously unselected package cron.
(데이터베이스 읽는중 ...현재 12264개의 파일과 디렉터리가 설치되어 있습니다.)
cron 패키지를 푸는 중입니다 (.../cron_3.0pl1-124_armel.deb에서) ...
Selecting previously unselected package cron-apt.
cron-apt 패키지를 푸는 중입니다 (.../cron-apt_0.9.1_all.deb에서) ...
man-db에 대한 트리거를 처리하는 중입니다 ...
cron (3.0pl1-124) 설정하는 중입니다 ...
Adding group `crontab' (GID 108) ...
완료.
[ ok ] Starting periodic command scheduler: cron.
cron-apt (0.9.1) 설정하는 중입니다 ...
root@debian:~#
```

설치가 완료되고 나면 우리가 원하는 시간에 필요한 작업을 자동으로 수행하도록 포고플러그에게 명령할 수 있습니다.

먼저, crontab 스케줄 수정 명령어를 실행합니다. -e 옵션이 붙으면 스케줄을 설정하거나 수정할 수 있습니다..

```
# crontab -e
```

crontab 수정 명령어를 실행하면 나노 편집기가 열리면서 crontab 매뉴얼이 주석 처리되어 나옵니다. 가장 아래로 내려가서 필요한 내용을 입력하면 됩니다.

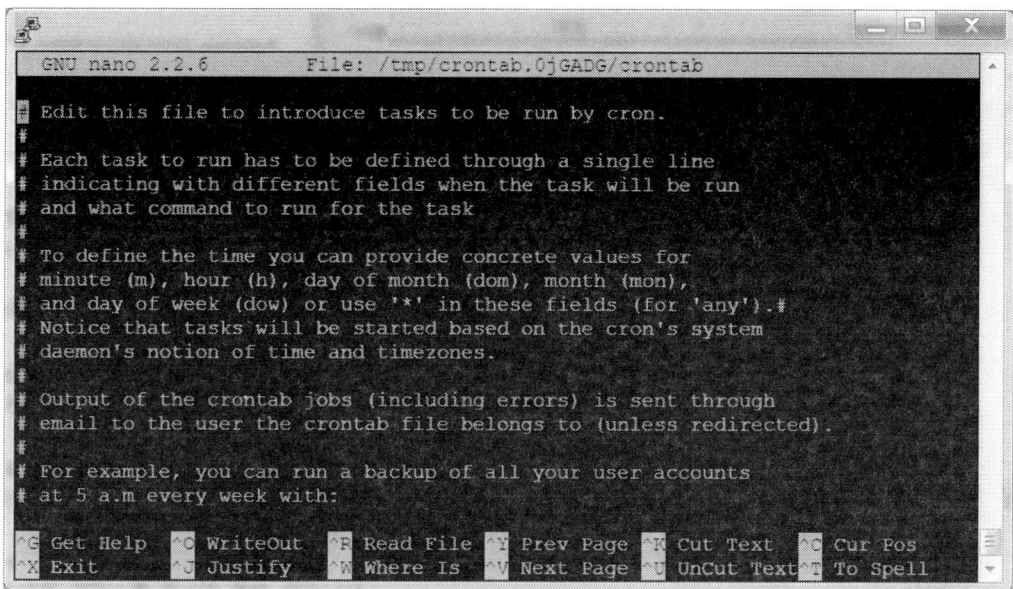

우리는 이 명령어를 5분마다 수행할 것이므로, 다음과 같이 편집기 최하단에 입력하고 저장하면 됩니다. 그러면 5분마다 공인 아이피 정보가 전송됩니다. 아래의 명령어에서 '아이디'와 '패스워드' 자리에는 본인의 아이디와 패스워드를 넣으면 됩니다.

```
*/5 * * * * /usr/bin/wget -o - 'http://아이디:패스워드@www.mydns.jp/login.html'
```

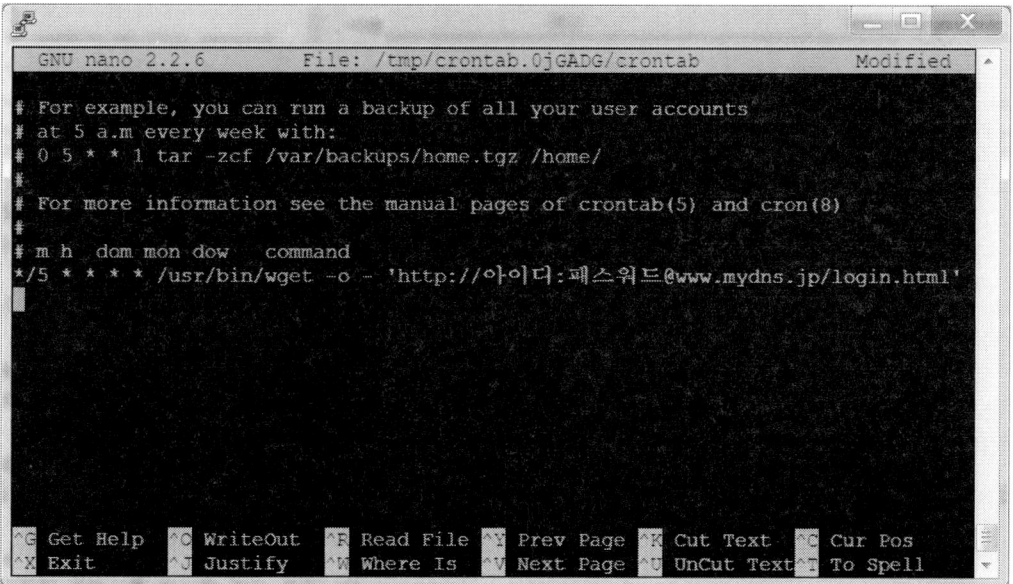

> **crontab**
>
> crontab이란 리눅스 서버의 시간과 날짜를 기준으로, 우리가 원하는 시간이나 날짜 주기로 원하는 명령을 수행하도록 할 수 있는 프로그램입니다.
>
> crontab의 설정 방식은 다음과 같습니다.
> "분(0-59) 시(0-23) 일(1-31) 월(1-12) 요일(1-7) 명령" 순으로 입력해야 합니다.
>
> 설정 예를 들어보겠습니다.
>
> - 0 14 * * * /pogodata/ebs.sh
>   매일 오후 2시에 /pogodata 디렉토리에 있는 ebs.sh라는 스크립트 파일을 실행합니다.
>
> - 20 7 * * 1-6 /pogodata/backup.sh
>   월요일부터 토요일까지(1-6) 아침 7시 20분에 /pogodata 디렉토리에 있는 backup.sh라는 스크립트 파일을 실행합니다.
>
> - * */2 * * * service apache2 restart
>   2시간마다 아파치 서비스를 재시작합니다.
>
> 우리가 적용할 시간 옵션만 기록하고, 해당 사항이 없는 부분은 '*' 기호를 넣으면 됩니다. '*' 기호는 'any'를 의미합니다.

가상 호스트

앞에서 무료 도메인을 설명할 때 **pogoguide.tk**라는 도메인을 시작으로 다양한 서브도메인이 하나의 공인 아이피로 연결되는 것을 보았습니다. 즉, 아래 그림에서 볼 수 있듯이 6개의 도메인을 123.234.345.456이라는 공인 아아피로 연결할 수 있습니다.

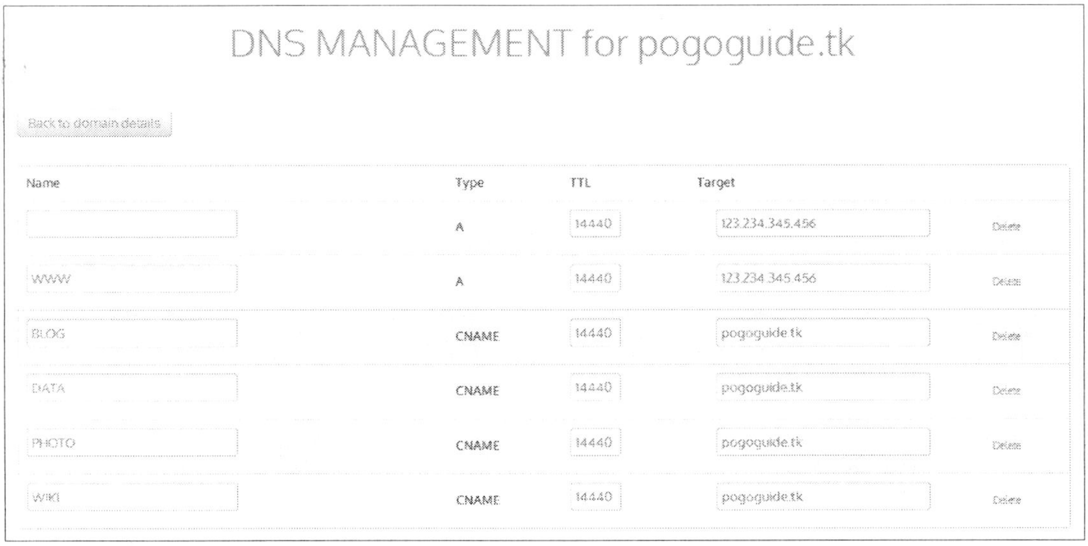

DNS MANAGEMENT for pogoguide.tk

Name	Type	TTL	Target	
	A	14440	123.234.345.456	Delete
WWW	A	14440	123.234.345.456	Delete
BLOG	CNAME	14440	pogoguide.tk	Delete
DATA	CNAME	14440	pogoguide.tk	Delete
PHOTO	CNAME	14440	pogoguide.tk	Delete
WIKI	CNAME	14440	pogoguide.tk	Delete

6개 주소가 같은 아이피로 들어와서, 어떻게 다양한 기능을 수행하게 될까요? blog.pogoguide.tk 주소로는 블로그 서비스에 접속하고, photo.pogoguide.tk 주소로 접속하면 갤러리 서비스에 접속하게 어떻게 설정할까요?

이를 위해서는 먼저 가상 호스트의 개념을 이해할 필요가 있습니다. 우리가 사용하는 서버 컴퓨터는 1대이고, 공인 아이피도 하나고, 웹 서버 프로그램도 하나만 설치되어 있지만 가상호스트 설정을 이용하면 여러 대의 서버가 있는 것처럼 사용할 수 있습니다.

아래 내용은 아파치2를 설치하면서 지정했던 하나의 가상 호스트입니다. www.pogoguide.tk 주소와 pogoguide.tk 주소, 두 주소의 기본 경로를 포고플러그의 디렉토리인 /pogodata/work/webserver로 지정해 주었네요. 이 설정이 하나의 가상 호스트가 되는 것입니다.

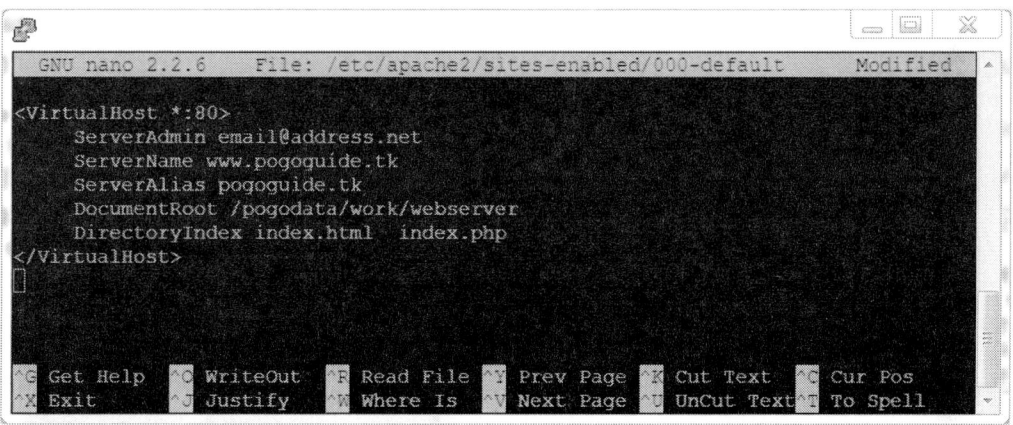

가상 호스트 설정을 하나 더 추가하겠습니다. 위의 7줄을 모두 드래그하여 복사하고, 아래로 내려가 마우스 오른쪽 버튼으로 붙여넣기합니다. 〈VirtualHost〉로 시작하여 〈/VirtualHost〉로 끝나는 부분에서 2번째 가상 호스트를 추가합니다.

이번에는 블로그를 연결한다는 가정하에, **blog.pogoguide.tk** 주소를 연결하고 **/pogodata/blog** 주소로 접속되도록 설정합니다. 즉, 아래의 그림과 같이 수정합니다.

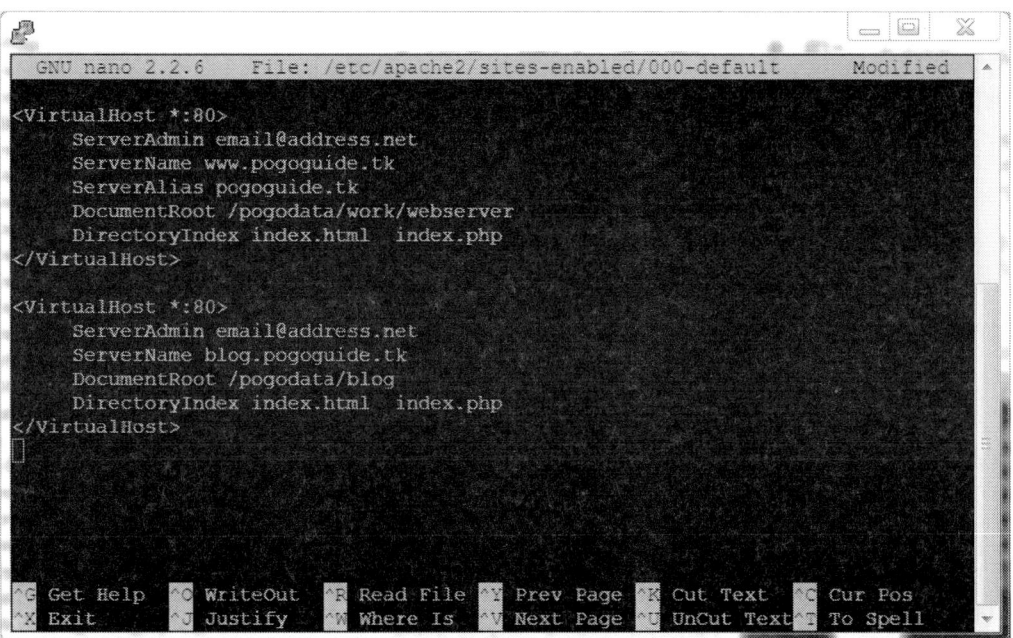

이런 식으로 우리가 원하는 수 만큼의 가상 호스트를 추가할 수 있습니다. 각기 다른 도메인이 같은 공인 아이피를 통해 포고플러그 웹 서버로 들어왔지만, 웹 서버 레벨에서는 접속 도메인의 이름을 보고 각기 다른 가상 호스트 설정을 적용합니다. 포고플러그는 1대 밖에 없어도, 가상 호스트 설정을 만들어 주는 개수 만큼 우리가 제공하는 서비스의 종류도 다양해질 수 있는 것입니다.

h5ai

h5ai는 웹 기반 프로그램으로, "세련된 웹 서버 인덱스"라고 말할 수 있습니다. 기존 아파치 웹 서버의 리스팅보다 훨씬 더 보기 좋은 형태로 디렉토리와 파일을 보여줄 뿐 아니라, 소소하지만 다양한 기능도 지원합니다. 단순히 파일이나 디렉토리 목록만 보여주는 거라면 FTP 클라이언트 정도로도 충분하겠지만, h5ai가 제공하는 기능이 활용 파트에서 다양하게 이용될 수 있기에 필수 패키지로 골라보았습니다.

http://larsjung.de/h5ai로 접속합니다.

프로그램을 다운로드합니다. 이 책이 쓰여지는 날짜 기준으로 0.26.1 버전이 배포되고 있습니다.

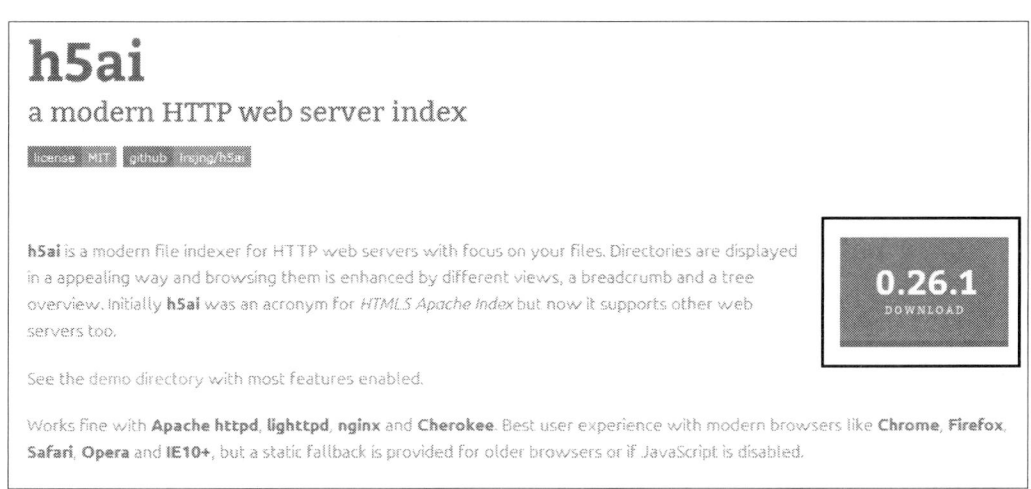

압축을 해제한 다음에 FTP 클라이언트를 통해 업로드합니다. /pogodata 디렉토리로 바로 업로드하여 /pogodata/_h5ai 디렉토리가 되도록 합니다.

1. h5ai 가상 호스트 설정 파일

이제 새로운 가상 호스트를 설정해 주어야 합니다. 이번에는 분리된 파일에 작성하겠습니다. 가상 호스트 설정을 반드시 하나의 파일에 해야 하는 것은 아닙니다. 파일을 분리하여 가상 호스트 설정을 작성하면 우리가 필요할 때 해당 가상 호스트 기능을 켜고 끄는 일이 매우 간단해집니다.

```
# nano /etc/apache2/sites-available/h5ai
```

DirectoryIndex 항목의 마지막에 /_h5ai/server/php/index.php라고 추가합니다. h5ai의 경우 인덱스 파일을 해당 위치에서 읽어오기 때문에 이렇게 설정해야 합니다. /_h5ai 디렉토리 아래에도 index.php 파일이 있는데요, 이 파일은 h5ai 설치에 필요한 다른 환경 설정이 잘 되어 있는지를 체크할 때 사용됩니다.

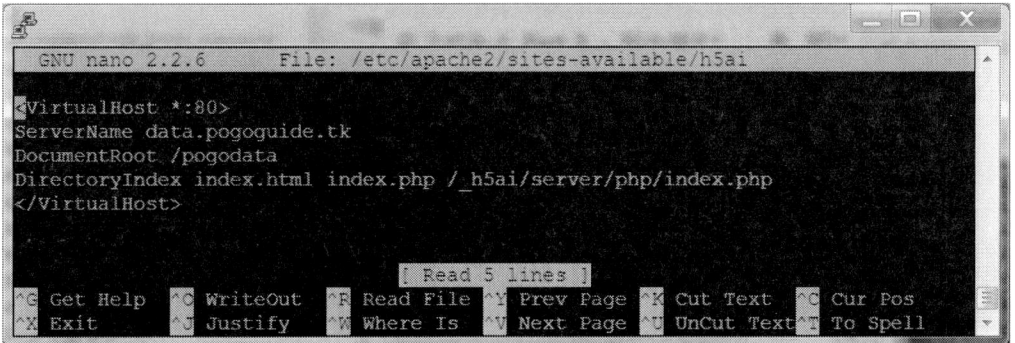

아래의 명령어를 실행하여 h5ai라는 이름으로 작성된 가상 호스트 설정 파일을 활성화시킵니다. 이 명령어가 실행되면 /etc/apache2/sites-available 디렉토리에 있는 설정 파일이 /etc/apachd2/sitesenabled로 링크되어 해당 가상 호스트가 활성화됩니다. 활성화된 사이트를 해제할 때는 a2dissite 명령어가 쓰입니다.

```
# a2ensite h5ai
```

설정의 적용을 위하여 아파치 서비스를 재시작합니다.

```
# service apache2 restart
```

2. h5ai 패키지와 환경 설정

가상 호스트에서 설정한 data.pogoguide.tk의 홈 디렉토리가 /pogodata이므로, data.pogoguide.tk/_h5ai라고 주소 창에 입력하여 /pogodata/_h5ai 디렉토리에 접근하겠습니다. 해당 디렉토리의 index.php 파일이 작동하여 환경 설정을 위한 페이지가 뜰 것입니다.

짤막한 기부 안내문이 나오고, 비밀번호 입력 창과 로그인 버튼이 나오네요. 기본적으로 비밀번호 설정이 되어 있지 않으므로 로그인 버튼만 누르면 다음으로 넘어갑니다.

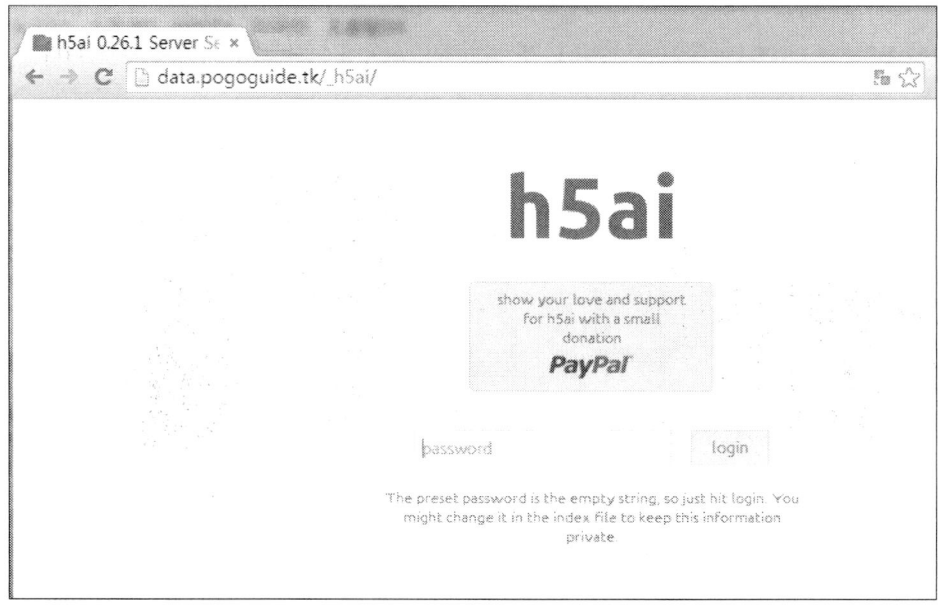

다음 화면은 h5ai를 사용하기 위해 필요한 패키지들과 주변 환경 설정이 잘 되어 있는지를 확인해 주는 것입니다.

3. h5ai 환경 설정 문제 해결

목록 아래로 내려가 보니 4가지 지적 사항이 나오네요. 지금까지 이 책의 설명을 따라 계속 진행했다면 아마 거의 같은 지적 사항이 있을 것입니다.

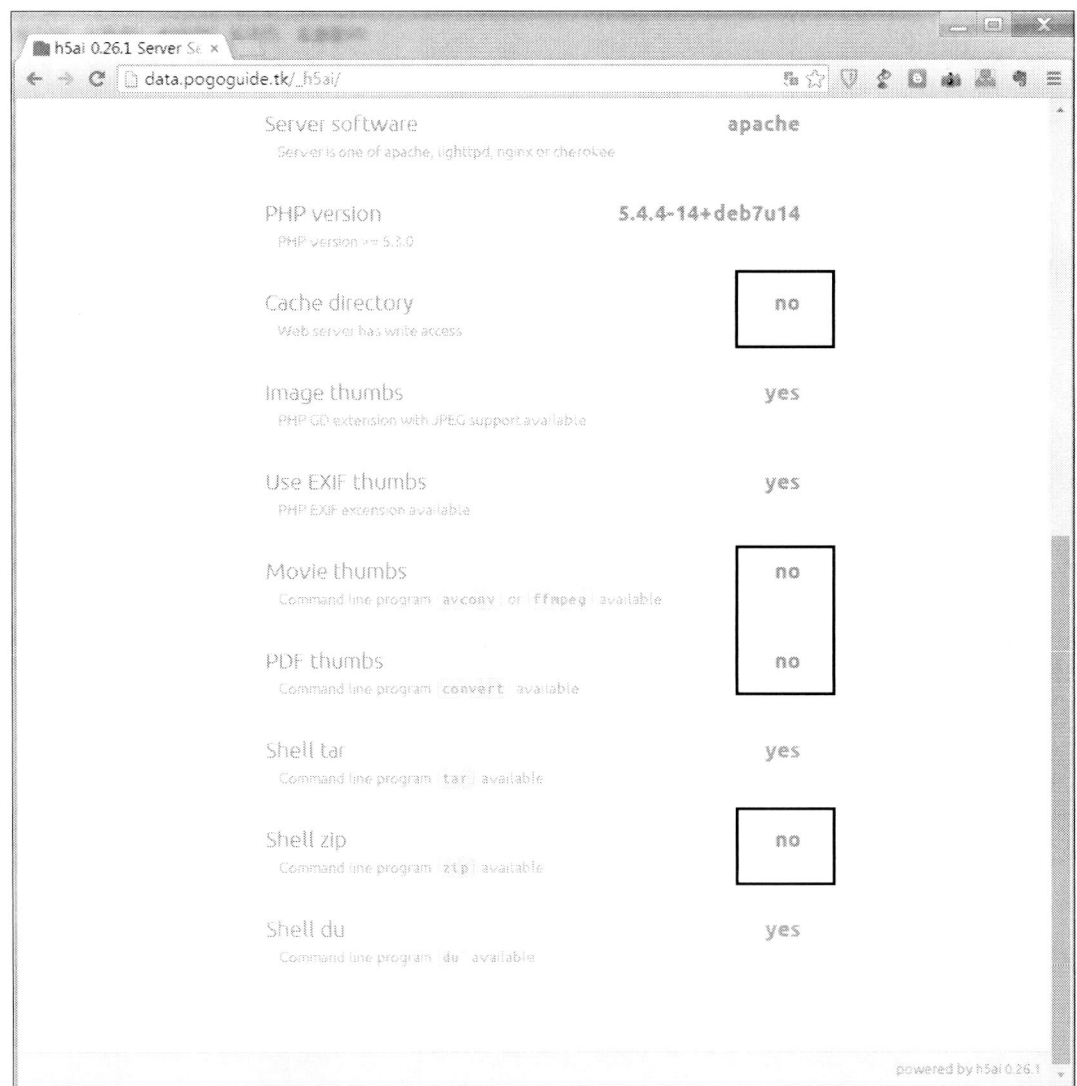

처음 나오는 문제는 캐시 디렉토리에 웹 서버가 쓰기 권한을 가지고 있지 않은 문제입니다. /pogodata/_h5ai/ cache 디렉토리가 여기서 지적한 디렉토리입니다. ls 명령어로 해당 디렉토리의 퍼미션을 확인하겠습니다.

```
# ls -alh /pogodata/_h5ai
```

```
root@Pogolinux:~# ls -alh /pogodata/_h5ai
합계 56K
drwxr-xr-x   6 root root 4.0K  8월 27 23:04 .
drwxr-xr-x  33 root root 4.0K  1월  1  2000 ..
-rw-r--r--   1 root root 4.6K  8월 27 23:04 .htaccess
-rw-r--r--   1 root root  15K  8월 27 23:04 CHANGELOG.md
-rw-r--r--   1 root root 3.4K  8월 27 23:04 README.md
drwxr-xr-x   3 root root 4.0K  8월 27 23:21 cache
drwxr-xr-x   6 root root 4.0K  8월 27 23:04 client
drwxr-xr-x   3 root root 4.0K  8월 27 23:04 conf
-rw-r--r--   1 root root 1.7K  8월 27 23:04 index.html
drwxr-xr-x   3 root root 4.0K  8월 27 23:04 server
root@Pogolinux:~#
```

cache 디렉토리의 퍼미션은 'drwxr-xr-x'라고 표기되어 있네요. 앞서 공부한 것처럼, 가장 앞의 'd'는 디렉토리를 의미하는 것이고, 그 뒤의 3자리가 소유자의 권한입니다. 소유자는 읽기, 쓰기, 접근 권한을 모두 가지고 있네요. 웹 서버의 쓰기 권한이 필요한 상태이므로, 소유자를 웹 서버 유저 www-data로 변경하면 해결되는 문제입니다.

아파치 웹 서버의 기본 유저인 www-data의 이름으로 소유자와 소유 그룹을 모두 변경하겠습니다.

```
# chown www-data:www-data /pogodata/_h5ai/cache
```

그리고 사진, 동영상, PDF의 썸네일 생성을 위한 패키지가 설치되지 않았고, 압축 프로그램인 zip이 설치되지 않았다고 나오는군요. 이럴 때는 관련 패키지들을 설치해 주어야 모든 기능이 작동합니다. 다음의 명령어를 실행합니다.

```
# apt-get install imagemagick ffmpeg zip
```

```
root@Pogolinux:~# chown www-data:www-data /pogodata/_h5ai/cache
root@Pogolinux:~# apt-get install imagemagick ffmpeg zip
패키지 목록을 읽는 중입니다... 완료
의존성 트리를 만드는 중입니다
상태 정보를 읽는 중입니다... 완료
제안하는 패키지:
  imagemagick-doc autotrace cups-bsd lpr lprng curl enscript gimp gnuplot
  grads hp2xx html2ps libwmf-bin mplayer povray radiance sane-utils
  texlive-base-bin transfig xdg-utils
추천하는 패키지:
  libmagickcore5-extra ghostscript netpbm ufraw-batch unzip
다음 새 패키지를 설치할 것입니다:
  ffmpeg imagemagick zip
```

웹 페이지를 새로고침합니다. 'no'였던 네 항목이 모두 'yes'로 바뀌었네요.

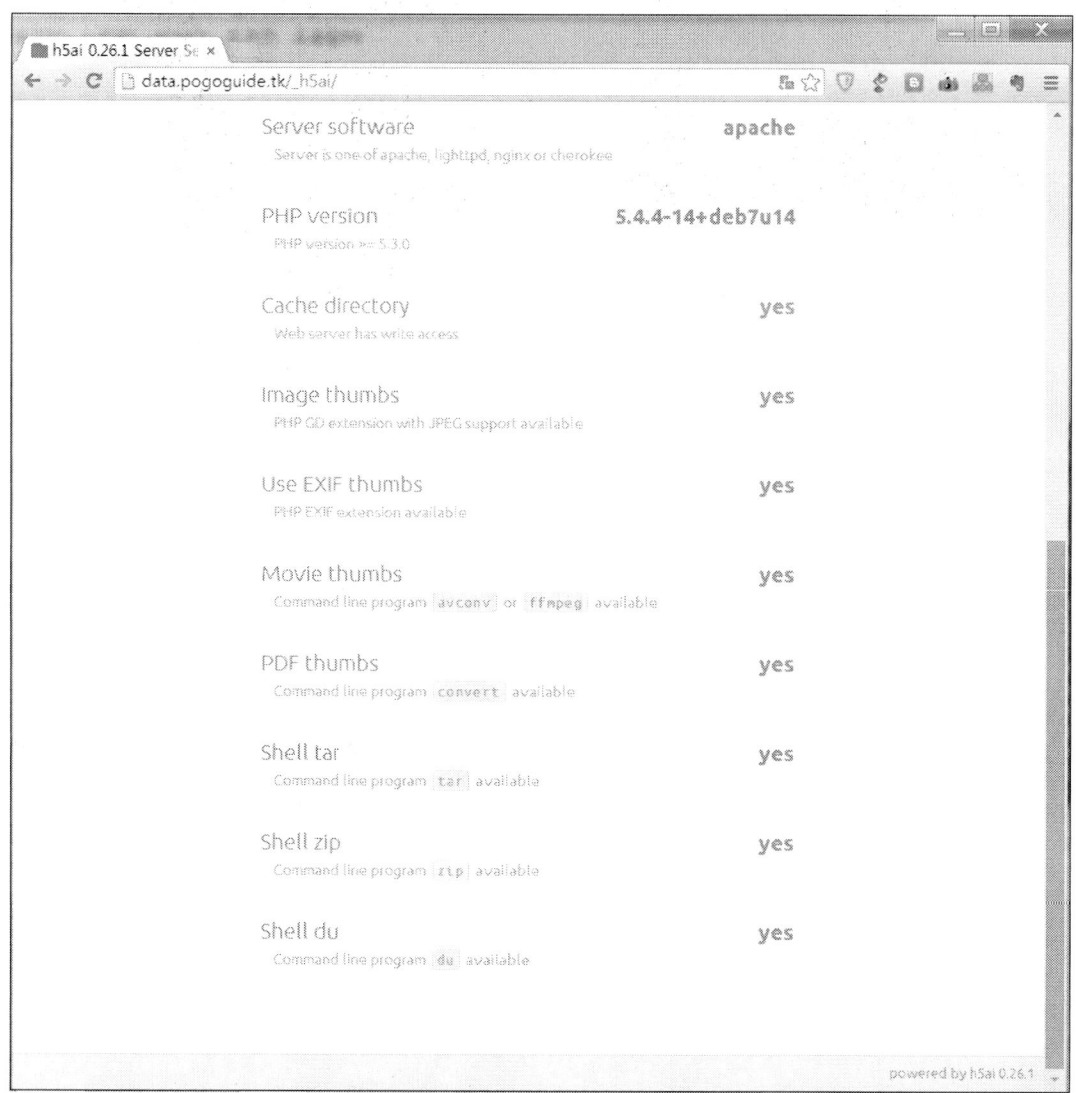

4. 아파치 웹 서버에 인증 과정 추가

이제 아파치 웹 서버에 인증 과정을 추가하겠습니다. 개인 자료나 업무 관련 파일이 있을 수 있으므로 최소한의 보안이 요구될 수 있기 때문입니다.

우선 **pogolinux**라는 유저를 생성하고 비밀번호를 만들겠습니다. 여기서 생성하는 **pogolinux** 유저는 FTP나 SAMBA에서 사용하는 유저와는 별개입니다.

htpasswd는 웹 서버 인증에 사용되는 사용자 이름과 비밀번호를 생성하는 역할을 하는 프로그램입니다. 비밀번호는 보안을 위하여 암호화 저장을 해주는 기능도 가지고 있습니다.

우리는 pogolinux라는 유저를 생성하고, 비밀번호를 지정하겠습니다. 보안을 위해 파일은 웹 서버로 접근이 불가한 /var/www/.htpasswd에 생성하겠습니다.

```
# htpasswd -c /var/www/.htpasswd pogolinux
```

```
root@Pogolinux:~# htpasswd -c /var/www/.htpasswd pogolinux
New password:
Re-type new password:
Adding password for user pogolinux
root@Pogolinux:~#
```

'-c' 옵션은 처음 생성하는 파일에 주는 옵션입니다. 나중에 pogolinux 외에 인증을 위한 다른 유저를 생성해야 할 경우에는 '-c' 옵션을 제외하고 실행해야 기존의 유저가 삭제되는 것을 막을 수 있습니다.

생성한 파일의 소유자와 소유 그룹을 각각 root와 www-data로 지정합니다.

```
# chown root:www-data /var/www/.htpasswd
```

해당 파일의 권한을 640으로 지정하는데, 640일 경우 소유자는 읽기와 쓰기가 가능하고, 소유 그룹은 읽기만 가능한 권한입니다. 소유자나 소유 그룹이 아니라면 읽기나 쓰기가 모두 불가능합니다.

```
# chmod 640 /var/www/.htpasswd
```

생성한 파일의 내용을 확인합니다. 패스워드의 경우 암호화되어 저장되었음을 확인할 수 있습니다.

```
# cat /var/www/.htpasswd
```

위의 명령어들의 실행 화면은 다음과 같습니다.

```
root@Pogolinux:~# chown root:www-data /var/www/.htpasswd
root@Pogolinux:~# chmod 640 /var/www/.htpasswd
root@Pogolinux:~# cat /var/www/.htpasswd
pogolinux:$apr1$CJwbtD59$.IKutvwsKoWZELoUH389Z0
root@Pogolinux:~#
```

이제 .htaccess 파일을 생성하겠습니다. 이 파일은 우리가 원하는 웹 페이지에 인증 과정을 추가할 수 있도록 도움을 주는 파일입니다.

```
# nano /pogodata/_h5ai/server/php/.htaccess
```

빈 화면이 열리면 다음 내용을 입력하고 저장합니다.

```
AuthType Basic                          # 인증 형식은 기본으로 설정합니다.
AuthName "Pogoplug Authorization"       # 인증 창에 인증을 위한 이름을 써줍니다.
AuthUserFile /var/www/.htpasswd         # 유저와 비밀번호가 기록된 파일의 위치를 씁니다.
AuthGroupFile /dev/null                 # 접근을 허용할 그룹을 기재합니다. 특별히 그룹을 만들지 않아 생략합니다.
Require user pogolinux                  # 접근을 허용할 유저의 이름을 기재합니다.
```

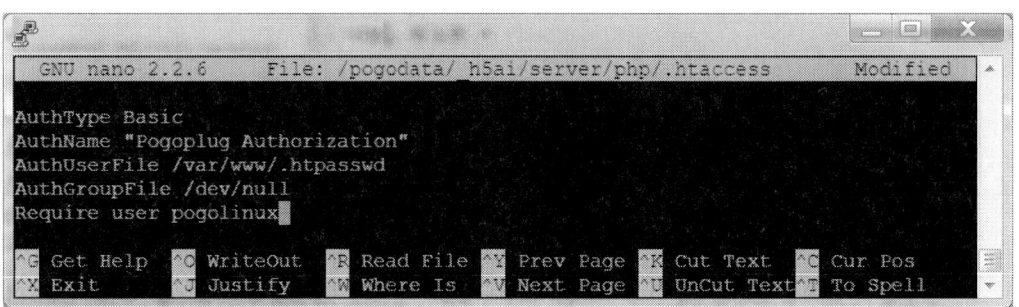

파일의 소유자와 소유 그룹을 수정하고, 퍼미션도 조정합니다. 이 파일의 수정 및 삭제는 루트 권한으로만 가능합니다.

```
# chown root:www-data /pogodata/_h5ai/server/php/.htaccess
# chmod 640 /pogodata/_h5ai/server/php/.htaccess
```

이제, 마지막으로 가상 호스트 설정 파일을 열어 약간의 수정을 합니다.

```
# nano /etc/apache2/sites-available/h5ai
```

마지막에 있는 </VirtualHost> 구문 상단에 아래 3줄을 넣습니다.

```
<Directory /pogodata/_h5ai/server/php>
AllowOverride Authconfig          # 여기 추가된 3줄은 /pogodata/_h5ai/server/php 디렉토리에 있는
</Directory>                      # .htaccess 파일을 참고하여 인증 과정을 시행하겠다는 의미입니다.
```

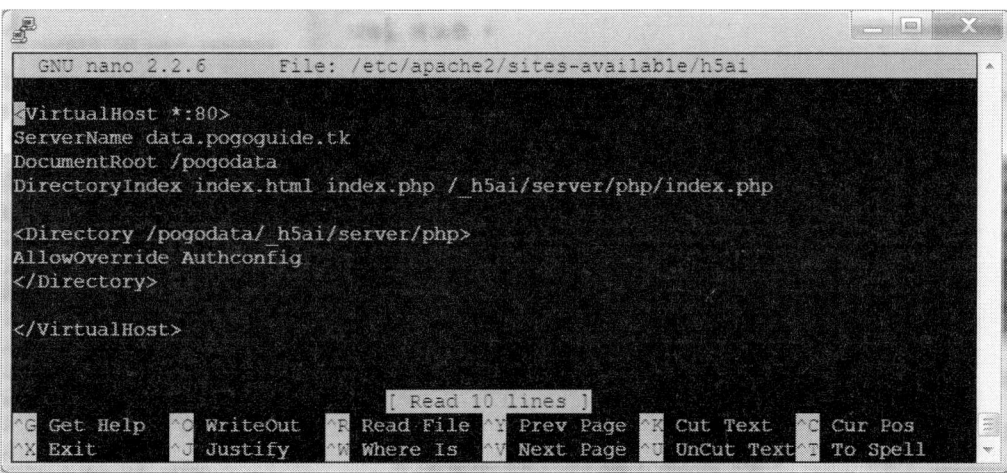

아파치 웹 서버를 재시작하면 설정이 완료됩니다.

```
# service apache2 restart
```

5. h5ai 사용

이제 본격적으로 h5ai를 다루어 보겠습니다. 가상 호스트 설정을 통해 매칭해 주었던 **data.pogoguide.tk**로 접속하니, 아까 우리가 설정한 인증 과정을 요구하네요. 각자 설정하신 아이디와 비밀번호를 입력해 주세요.

/pogodata 디렉토리 하방에 test라는 디렉토리를 만들고, 테스트용으로 사진 파일, 압축 파일, 문서 파일 몇 개를 FTP를 통해 업로드하였습니다. 해당 디렉토리를 클릭하면 다음과 같이 목록이 나오네요. 그런데 뭔가 아이콘이 조금 아쉽습니다. 테마를 적용하여 약간만 수정하겠습니다.

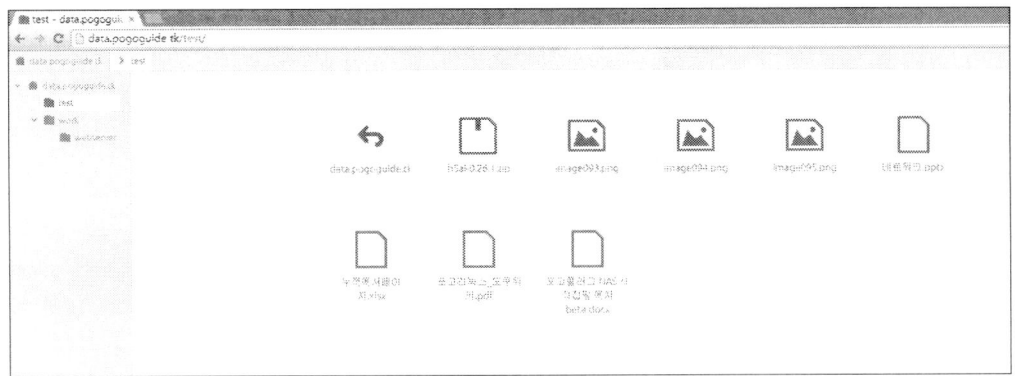

h5ai 아이콘 테마 다운로드 링크는 https://github.com/lrsjng/h5ai-themes입니다.

evolvere와 Faenza, 두 개의 아이콘 테마가 제공되고 있습니다. 둘 다 다운로드하겠습니다.

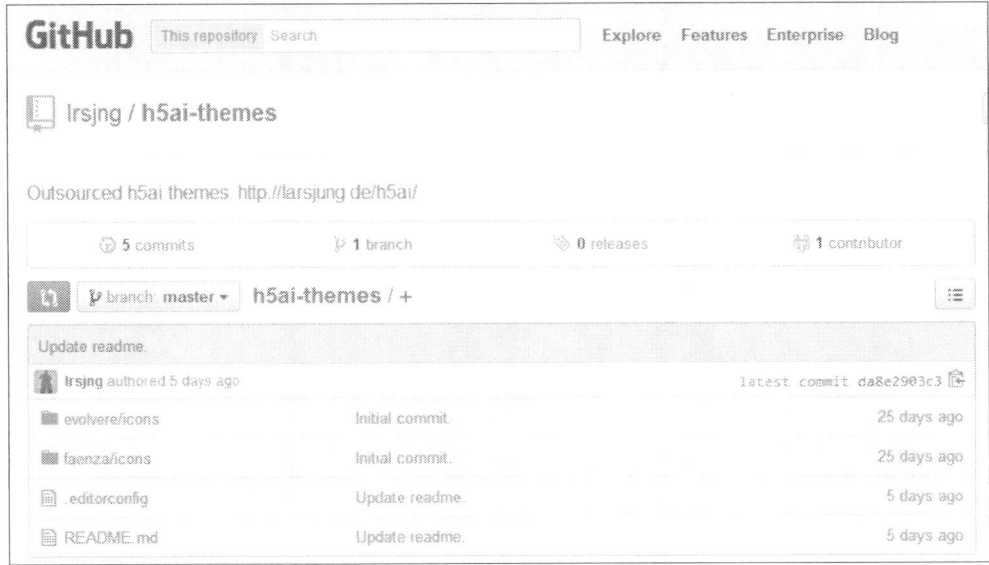

다운로드가 완료되면, 압축을 해제하고 /pogodata/_h5ai/client/themes에 업로드하세요. themes 디렉토리 아래에 evolvere 디렉토리와 faenza 디렉토리가 업로드되면 됩니다.

그런 다음에 옵션 파일을 수정하겠습니다.

```
# nano /pogodata/_h5ai/conf/options.json
```

h5ai 옵션 파일에서는 굉장히 다양한 옵션들을 제어할 수 있습니다. 여기서는 몇 가지만 수정하겠습니다. 옵션 파일을 편집기로 열고 아래로 조금 내려가 보면 theme 옵션을 설정하는 항목이 있습니다. 'faenza'라고 입력하겠습니다.

바로 아래에 있는 unmanaged 옵션은 옵션 항목에 기록된 index.html, index.html, index.php 같은 파일이 있는 디렉토리의 경우, 기본적으로 제공되는 기능인 파일의 리스트를 보여주는 것이 아니라 해당 디렉토리에 있는 index 파일을 실행시켜 웹 페이지를 띄운다는 내용입니다. h5ai를 통해서 파일만 관리하고 싶으면 뒤의 index 파일 목록을 삭제하면 됩니다.

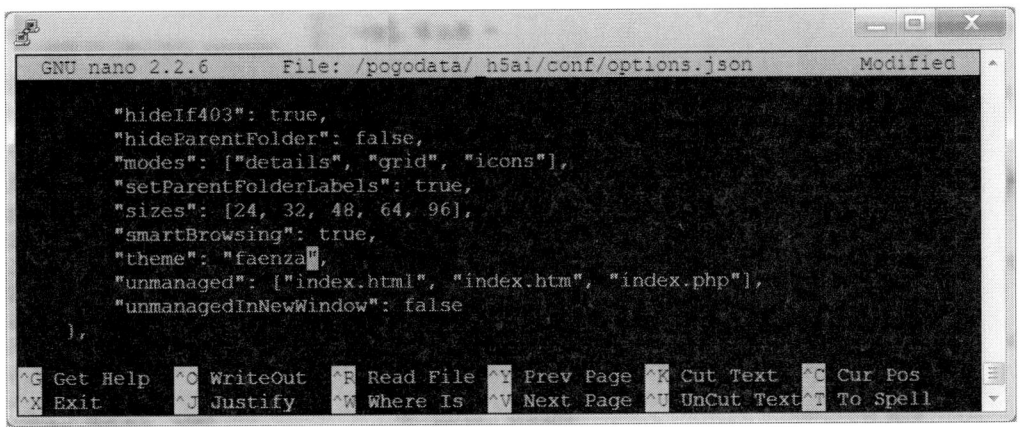

[download] 탭 아래의 설정들을 수정하겠습니다. 이 설정은 파일을 다운로드할 때 압축 옵션을 정하는 것입니다. 기본은 'php-tar'로 되어 있는데요. zip 파일이 좀 더 익숙한 것 같아 'shell-zip'으로 수정하겠습니다. packageName은 'null'이라고 되어 있는데요. 'null'로 설정하면, 다운로드하는 파일을 압축할 때 특별히 정해진 이름을 쓰지 않고 다운로드를 하려는 파일이 속한 디렉토리의 이름을 파일명으로 사용하게 됩니다.

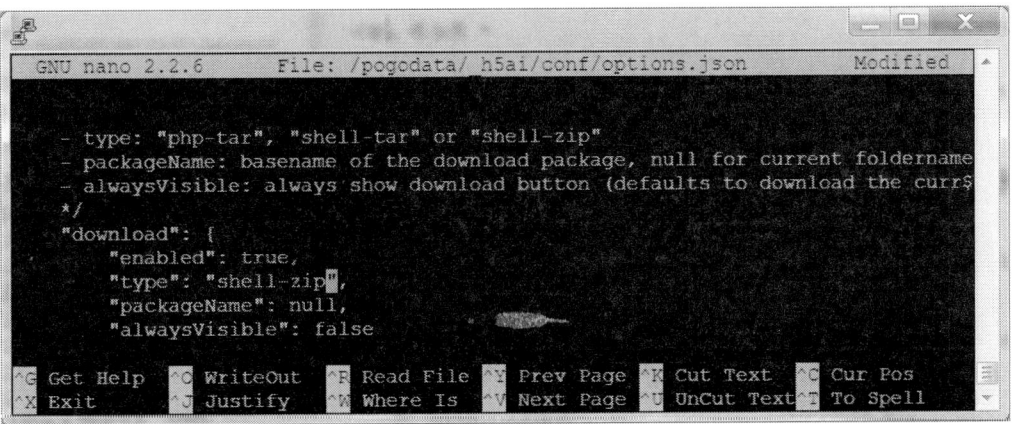

옵션 파일을 수정하고 테마를 적용하고 나니 아이콘이 좀 더 세련되게 바뀐 것 같습니다. 원하는 파일을 몇 개 선택하여 다운로드하면 zip 파일로 압축되어 다운로드도 할 수 있습니다. 오른쪽의 메뉴는 파일 리스트 출력 형태를 결정하고 아이콘 크기를 수정할 수 있는 항목으로 구성되어 있습니다.

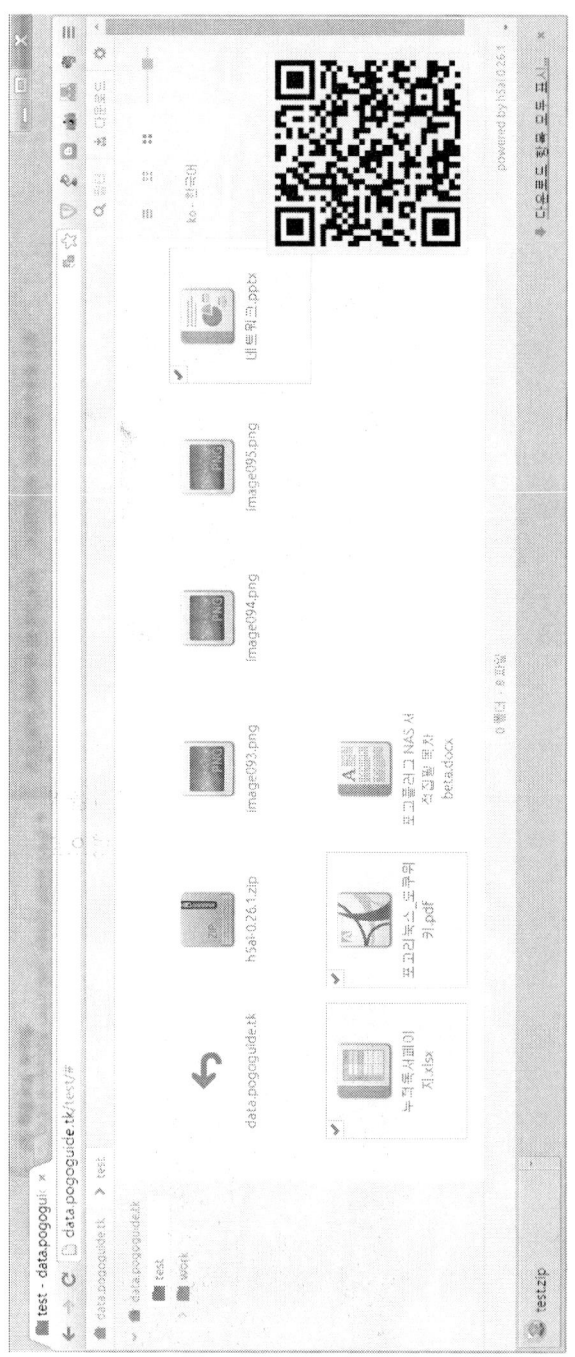

6

보안 관련 패키지 설치와 백업

포고리눅스 카페(http://cafe.naver.com/pogolinux)에는 가끔씩 포고플러그가 해킹된 것 같다는 글이 올라오곤 합니다. 포고플러그 뿐 아니라 NAS를 사용하는 많은 유저들이 겪는 고충 중에 하나지요. 일반적으로 한국보다는 해외로 부터의 해킹 시도가 잦은 편입니다. 국가는 중국, 이탈리아, 미국 등 다양하구요. 특히 SSH 22번 포트를 포트포워딩할 때 22번을 그대로 부여하는 경우나 DMZ 설정을 하는 경우에 이런 시도들이 많은 것 같습니다.

본 장에서는 포고플러그를 무분별한 해킹으로부터 보호할 수 있는 몇 가지 요령과 함께 보안 툴인 Fail2Ban 패키지의 설치 및 설정법을 알아볼 것입니다.

포고플러그의 보안 관리

해킹을 피하기 위한 중요한 몇 가지 주의사항은 다음과 같습니다.

첫째, 기본 포트의 포트포워딩(반드시 다른 번호로 할 것). 포트포워딩은 외부에서도 포고플러그에 접속할 수 있도록 해주는 역할을 하는 것이죠. 많은 포트 번호 중에서 가장 중요한 포트 번호는 아무래도 22번입니다. 22번 포트는 왠만하면 외부에서 사용하도록 열어주지 않는 것을 권장하지만, 꼭 외부에서 SSH를 사용해야 할 일이 있다면, 포트포워딩하더라도 외부에서 사용하는 포트 번호는 복잡하게 하는게 좋습니다. 저는 개인적으로 4자리 숫자로 포트를 세팅합니다. 2848 같은 번호로 말이죠.

같은 맥락에서 DMZ 설정 같은 것은 하지 않는게 좋습니다. DMZ 설정은 포트포워딩과는 달리 외부에서 들어오는 접속 시도를 모두 한 가지 기기로 보냅니다. 내부의 포트 번호도 21번, 22번, 9091번 등으로 그대로 열립니다. 해킹의 표적이 되기에 딱 좋은 환경이라 할 수 있습니다.

둘째, 보안 프로그램의 사용. 보안 프로그램을 사용하여, 외부의 부적절한 접속 시도를 차단할 수도 있습니다. 이번 절에서 소개할 내용입니다.

셋째, 백업의 생활화. 중요한 자료가 있다면 백업하는 게 좋습니다. 뒤에서 Rsync 등의 프로그램을 이용하여 중요한 자료들을 백업하는 방법을 소개할 것입니다.

1. Fail2Ban 설치

Fail2Ban이라는 패키지는 리눅스에서 보안을 담당하는 프로그램입니다. iptables 프로그램과 조합이 되어 아이피 기반으로 비정상적인 부적절한 접속을 차단하는 역할을 합니다. 이번 절에서는 Fail2Ban의 설치 및 설정에 대해 알아보겠습니다.

우선 필요한 패키지를 설치합니다.

```
# apt-get install fail2ban iptables iptables-persistent python-gamin whois
  rsyslog
```

설치하는 중간에 IPv4와 IPv6 규칙을 저장하겠냐는 질문 박스가 나옵니다. 우리가 설치하는 iptables-persistent 패키지 때문에 나오는 질문 박스인데요. 이 패키지는 iptables 프로그램을 보완하는 프로그램입니다. 우리가 차단할 아이피를 저장하면 iptables에서 관리를 하는데요. 재부팅을 하면 차단시키고 있던 아이피가 삭제되는 문제점을 안고 있습니다. 그러나 iptables-persisten 프로그램을 설치하면 차단 아이피를 파일로 따로 저장하여 관리하므로 재부팅 시에도 삭제되는 것을 막을 수 있는 것이죠.

특별히 아직 정한 규칙은 없지만, 둘 다 [Yes]로 선택해 주세요.

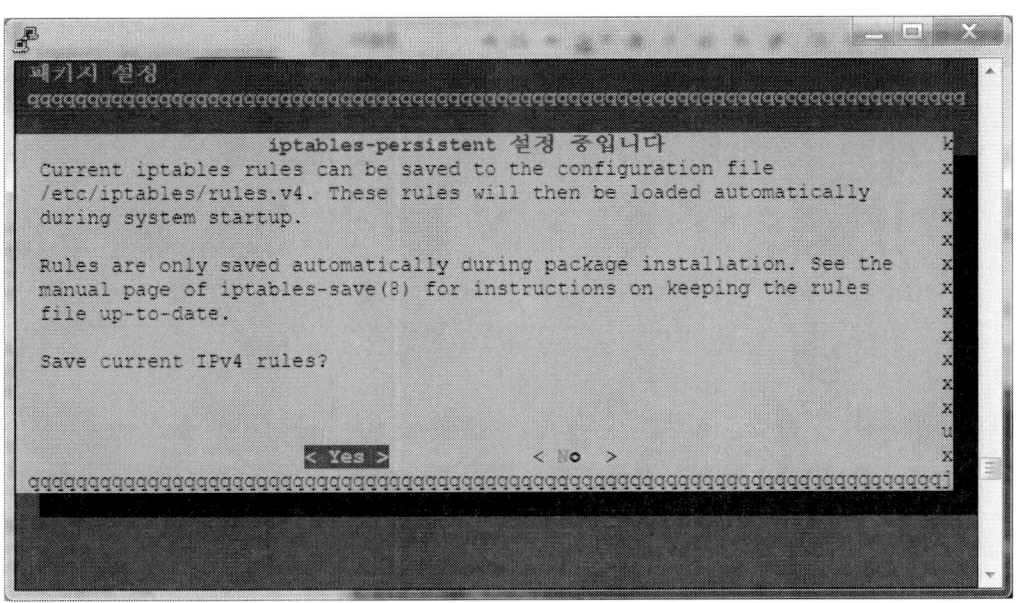

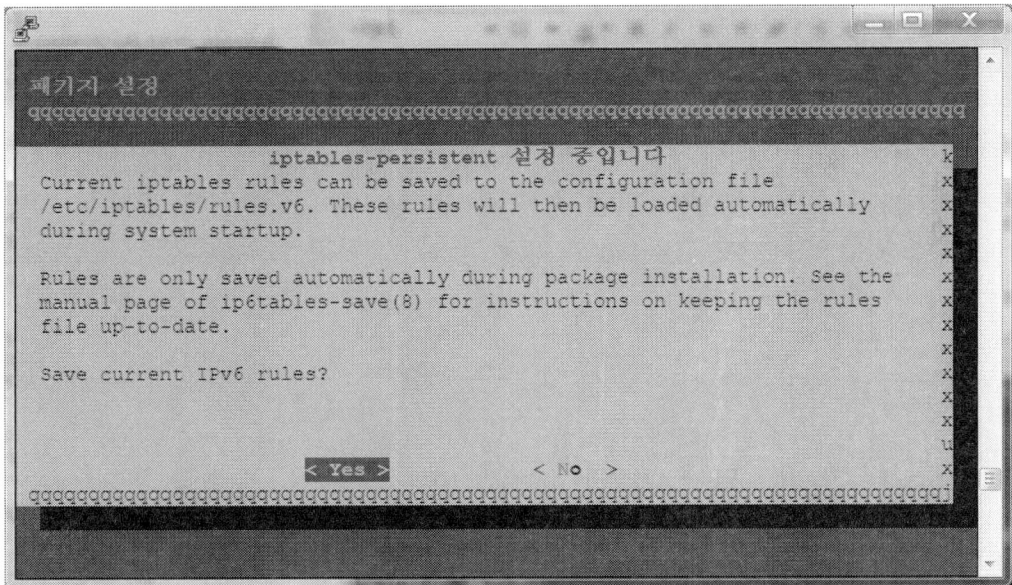

2. File2Ban 설정

설치가 완료되고 나면 몇 가지 세팅을 해야 합니다.

```
# nano /etc/fail2ban/jail.conf
```

우선 [DEFAULT] 탭 아래에 있는 내용을 먼저 설정합니다. 이곳은 가장 중요한 부분입니다.

ignoreip는 차단에서 예외가 될 아이피의 목록입니다. 여기서는 192.168.219.1/24라고 CIDR mask를 사용하여 입력했습니다. CIDR mask란 아이피 뒤에 슬래쉬를 붙이고 숫자를 써주는 방식인데요. 24라고 하면 2진수 기준으로 24비트만 인식하겠다는 뜻이므로 192.168.219까지 인식하겠다는 의미입니다. 마지막 숫자는 어떤 것이 와도 상관없다는 뜻이지요(2진수로 바꾸어 주면 각각의 숫자는 8자리가 됩니다). 한마디로 말해서 내부 네트워크에서 접속하면 아이피 차단 조건이 되더라도 봐준다는 뜻입니다.

bantime은 해당 아이피를 차단할 시간을 의미합니다. 초 단위이므로 600이라고 기록된다면 600초, 즉 10분이 되겠네요. 원하는 시간으로 설정하면 됩니다. 좀 더 엄격한 기준을 적용하여 아이피 차단 기준에 충족될 경우 아예 접근을 차단하고 싶다면 숫자를 마이너스 단위(예: -1)로 입력하면 해당 아이피의 접근을 영구적으로 차단할 수 있습니다.

maxretry는 접속 시도 횟수입니다. 여기서는 세 번을 기준으로 정하였고, 세 번 이내에 정확한 비밀번호를 입력하지 못하면 차단되도록 하였습니다.

가장 아랫줄의 backend 옵션은 접속 시도를 어떤 방식으로 인지할 것인지를 결정하는 것입니다. 'gamin', 'polling', 'auto', 이렇게 3가지가 있는데요. 'gamin'은 실시간 모니터링, 'polling'은 주기적 모니터링을 의미합니다. 앞에서 gamin 관련 패키지들을 미리 설치해 두었기에 'gamin'이라고 설정하겠습니다.

gamin은 파일의 변경 여부를 실시간으로 모니터링하는 프로그램입니다. Fail2Ban은 접속 로그나 에러 로그 파일 기반으로 운용되기 때문에 gamin을 이용하여 로그 파일의 변경 여부를 지속적으로 모니터링하면서 유해 아이피를 차단할 수 있습니다.

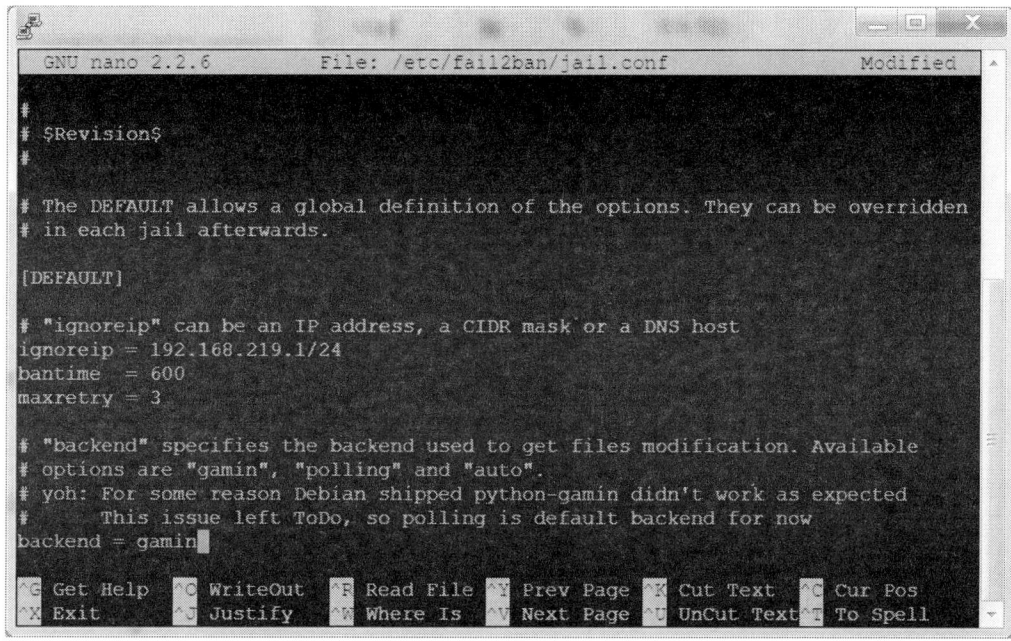

destemail에는 Fail2Ban 프로그램에서 발송하는 안내 메일을 받을 주소를 쓰면 됩니다. 그리고 아래에 MTA(메일 전송 프로그램)를 sendmail 대신 mail이라고 바꿉니다. 이 경우에 메일 서버가 설치되어 있어야 하므로, 13장의 "메일 서버 운영"에서 "메일 서버 설치" 부분을 참조하기 바랍니다.

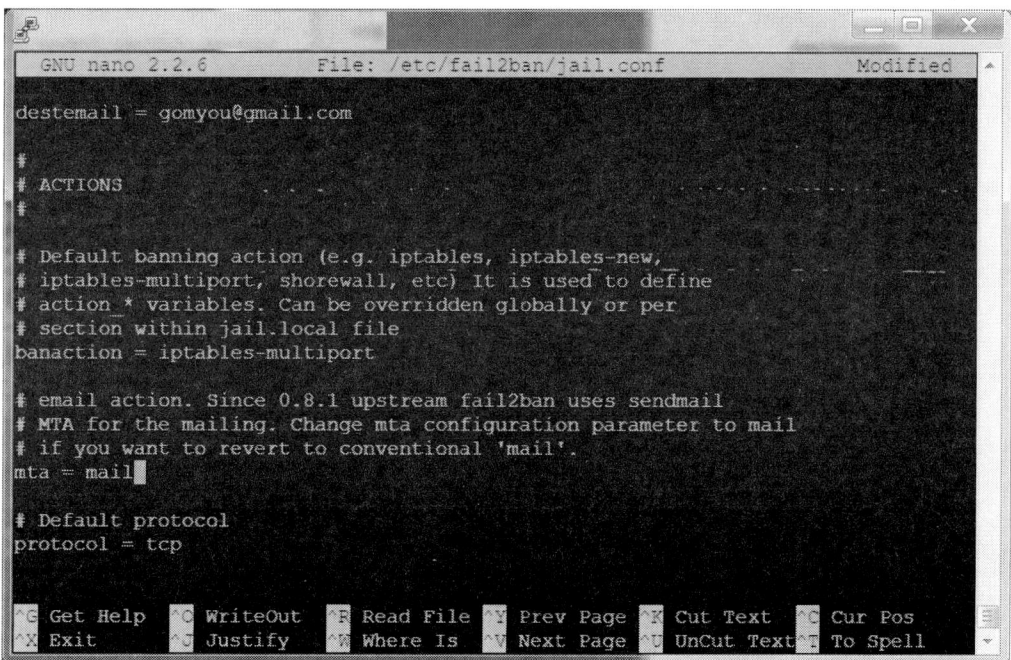

이제 action 옵션을 설정하겠습니다. 기본 action 항목은 'action_'이라고 설정되어 있습니다만, 이것을 'action_mwl'이라고 변경합니다. 'action_' 항목은 기본적으로 아이피 차단 조건이 갖추어지면 해당 아이피만 차단하는 액션을 취하지만, action_mwl로 설정할 경우 아이피를 차단한 뒤 해당 액션, 그리고 그와 관련된 로그 내용을 미리 설정해 둔 메일로 전송합니다. 메일 서버를 설치하지 않으면 'action_'으로 그냥 두고, 메일 서버를 설치하였다면 'action_mw'나 'action_mwl'로 설정하면 메일로 안내를 받을 수 있습니다.

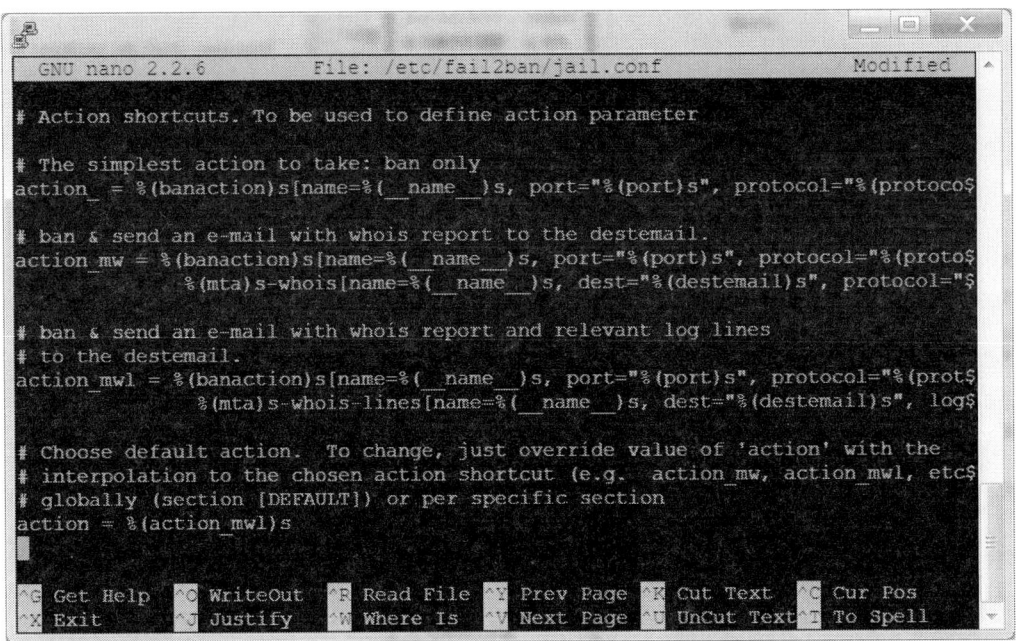

이제 각 항목을 설정하겠습니다. 가장 먼저 나오는 항목은 ssh입니다. ssh만 enabled 항목이 기본적으로 true로 되어 있습니다. logpath는 /var/log/auth.log 로 설정합니다. 이 파일에는 ssh를 통해 로그인 하고 로그아웃하는 아이피와 로그인의 실패 기록 등이 저장됩니다. 로그인 실패가 반복적으로 이어지면 해당 아이피를 차단할 수 있어야 겠죠. 만약 auth.log 파일이 없다면, rsyslog라는 패키지가 설치되지 않은 것이므로 이 패키지를 설치해야 합니다.

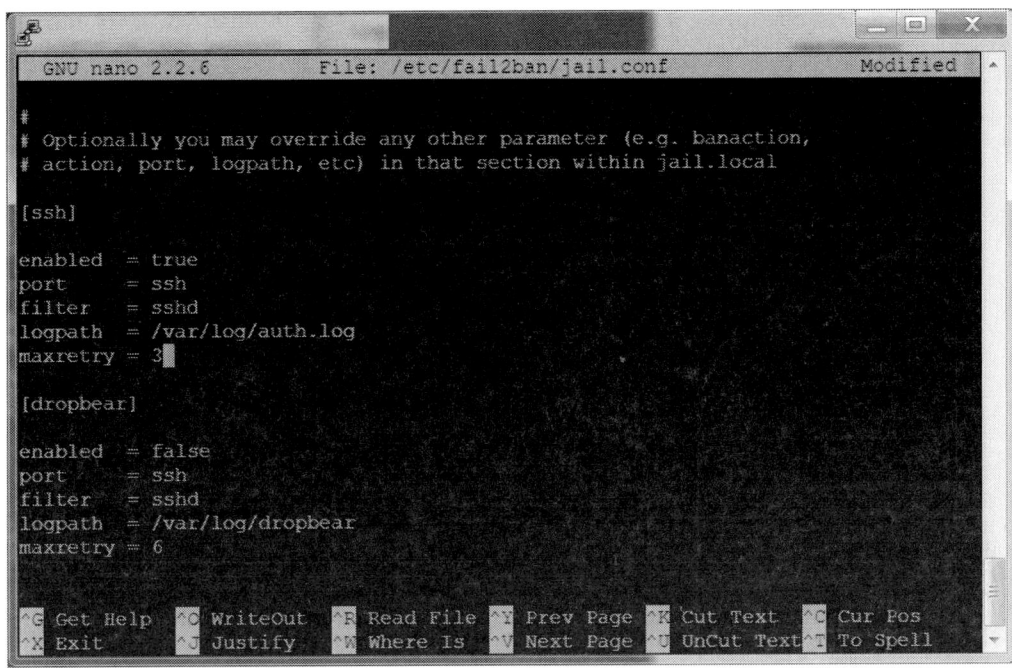

ssh-ddos 항목과 apache 웹 서버 항목도 설정합니다. enabled 옵션을 true로 바꾸고, logpath 경로도 확인합니다. 로그인 시도 가능 횟수는 3회로 조정합니다. apache 항목의 경우 logpath를 /var/log/apache2/error.log로 하면 됩니다.

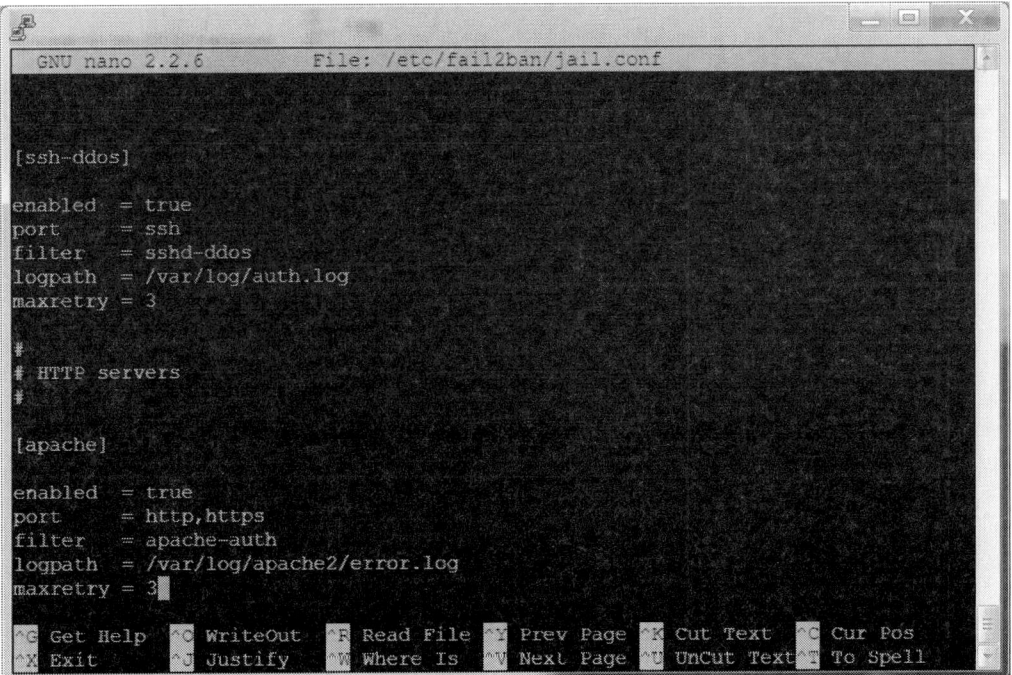

VSFTPD도 설치하였으므로, 앞에서와 마찬가지로 설정합니다. enabled 옵션을 true로 하고 logpath를 확인합니다. maxretry 역시 3회로 조정합니다.

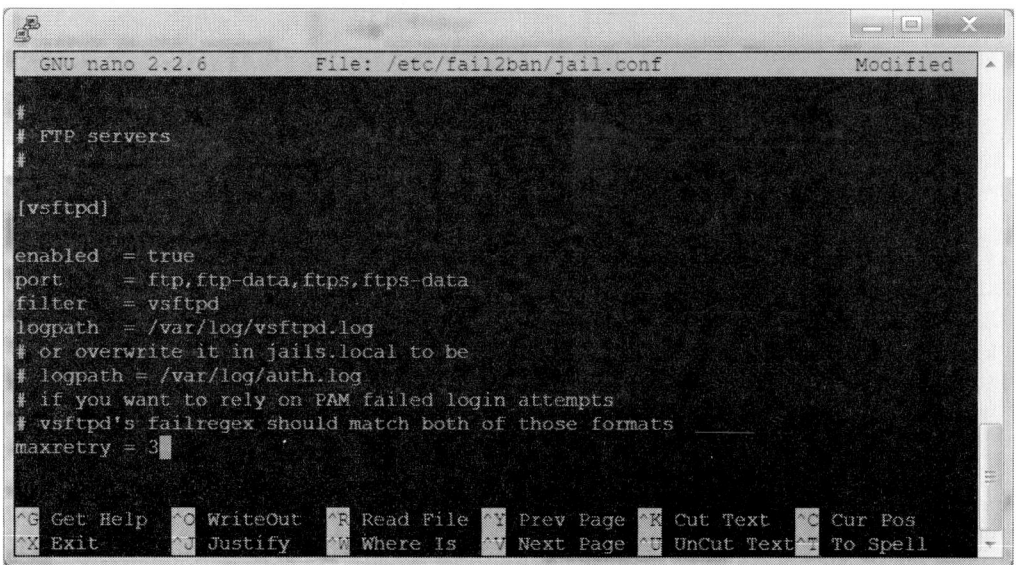

postfix 메일 서버를 설치하였다면 postfix 항목도 다음과 같이 설정합니다.

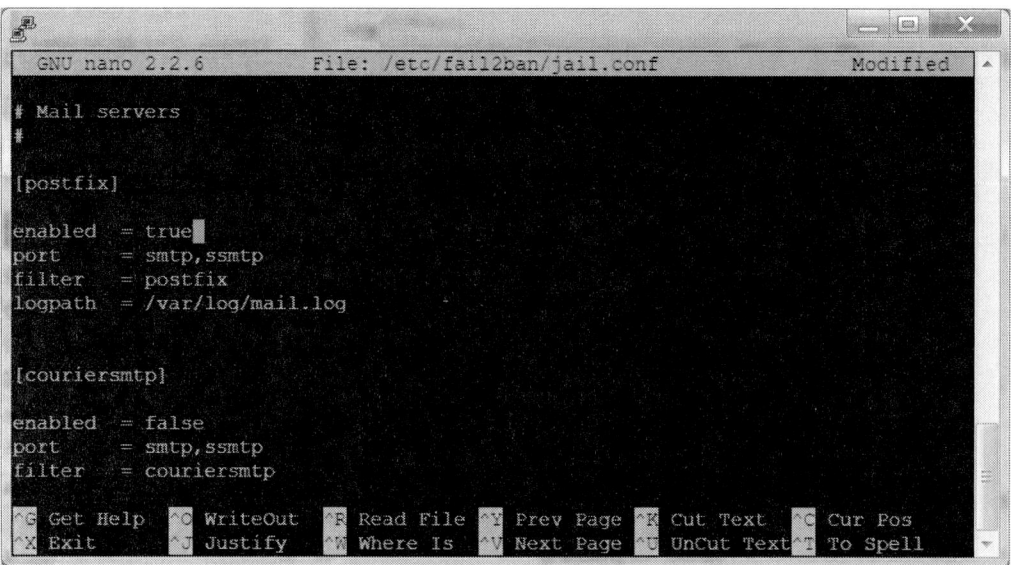

3. Fail2Ban 사용

설정을 마친 후에는 Fail2Ban을 시작해 주세요.

```
# service fail2ban start
```

Fail2Ban을 시작하면 다음과 같이 이메일이 전송됩니다. 우리가 설정한 5가지 항목이 정상적으로 수행됨을 알려주는 메일입니다.

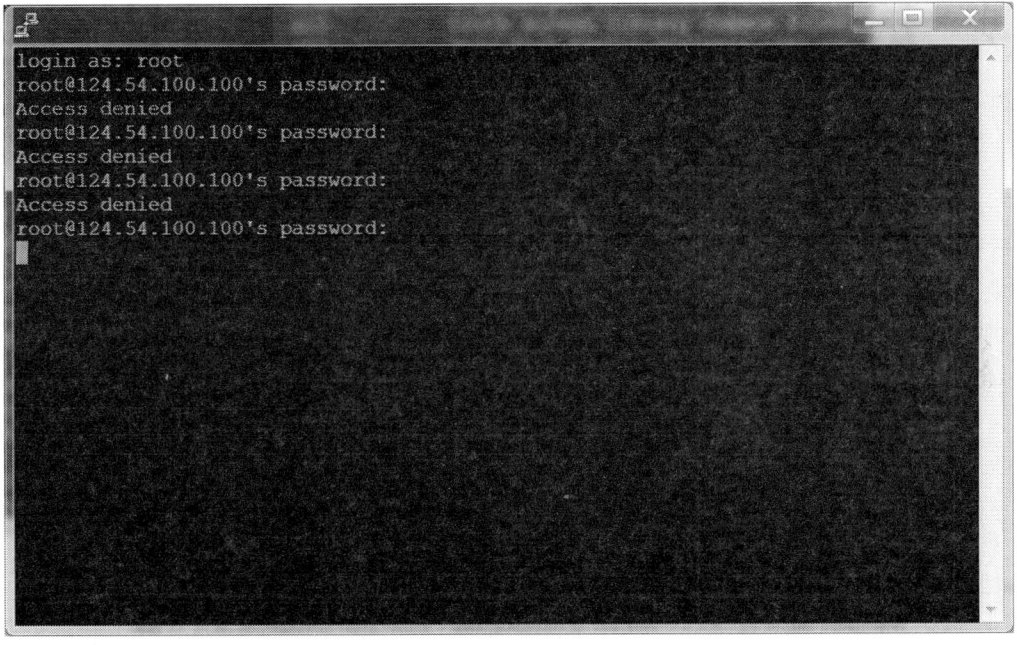

테스트를 위해서 네트워크 외부의 아이피로 접속을 시도하고, 임의로 다른 번호를 입력하여 아이피가 정상적으로 차단되는지 확인하겠습니다. 비밀번호 오류가 3회 발생하고 나면 4번째는 비밀번호를 입력하려 해도 화면이 정지해 버림을 알 수 있습니다.

이메일을 확인해 보니, 아이피 차단에 대한 안내 메일이 발송되네요. ssh 접속 시도를 반복하는 아이피를 차단했음을 알려주고, /var/log/auth.log 파일에 입력된 기록도 보여줍니다.

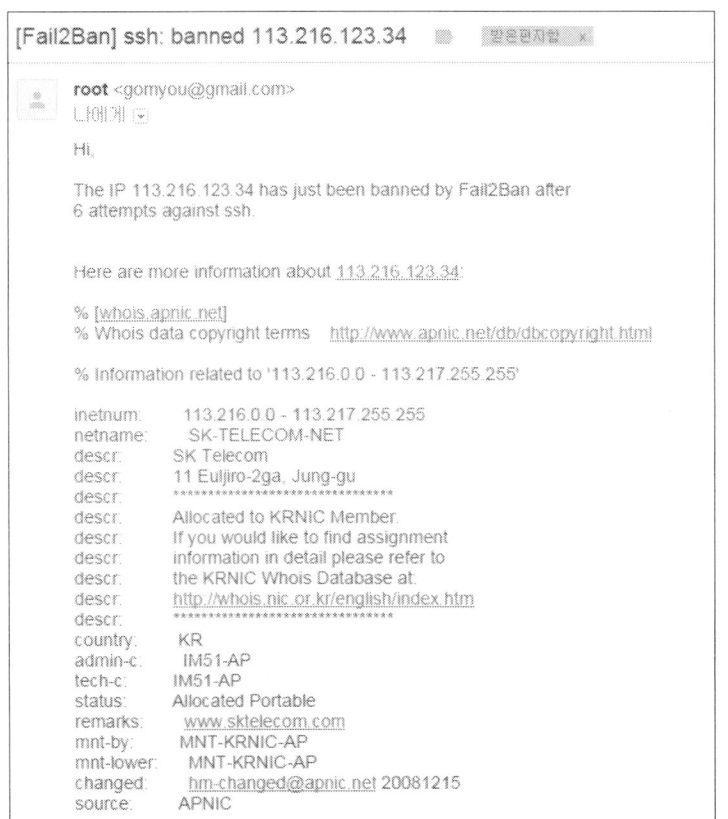

해당 아이피를 10분간 차단하도록 설정하였으므로 10분이 지나면 ssh 접속이 다시 가능하긴 합니다. 앞에서 언급한대로 bantime 옵션을 -1 로 두면 영구 정지가 가능하므로 테스트가 완료되고 나면 적용해 보면 좋을 듯 합니다. 혹시나 실수로 비밀번호를 잊어, 네트워크 외부에서 접속 시도시 아이피가 차단되더라도, 내부 네트워크에서는 접속이 가능하므로 걱정할 필요는 없습니다.

영구 정지시킨 아이피의 관리를 어떻게 할 것인지 간단히 보겠습니다. iptables에 적용된 차단 아이피는 포고플러그를 재부팅하는 경우에 기록이 삭제되는 단점을 안고 있습니다. 그래서 차단한 아이피 기록을 계속 보존하는 방법을 알아보겠습니다. Fail2Ban을 처음 설치할 때, 함께 설치한 iptables-persistent

패키지가 그 역할을 수행합니다. 설치한 프로그램을 시작하면 기능이 자동으로 수행됩니다.

```
# service iptables-persistent start
```

차단 아이피를 수동으로 저장하려면 다음과 같이 입력하세요.

```
# service iptables-persistent save
```

```
root@Pogolinux:~# service iptables-persistent start
[ ok ] Loading iptables rules... IPv4... IPv6...done.
root@Pogolinux:~# service iptables-persistent save
[ ok ] Saving rules... IPv4... IPv6...done.
root@Pogolinux:~#
```

패키지 설치 완료 후 USB 백업

이상으로, 제가 나름 정한 필수 패키지의 설치를 완료하였습니다.

목차를 보면 아시겠지만, 본 책은 포고플러그를 개인 서버로 이용함에 있어 다양한 케이스들을 소개하고 있습니다. 케이스 별로 설치하는 패키지도 다양합니다. 그래서 이번 절에서 완료한 데비안 리눅스, FTP, SAMBA 서버, 웹 서버, h5ai의 설치 상태를 기본으로 하여 모든 케이스에 접근하려 합니다. 그래서 여기까지 진행한 설치본을 백업해 둔다면 필요할 때 언제든 같은 출발점에 설 수 있습니다.

백업 방식은 다양합니다만, 윈도우에서 실행 가능한 방식으로 가장 무난하게 사용되는 USB Image Tools 라는 프로그램을 소개합니다. USB Image Tools 프로그램은 3장에서 루트파일시스템 설치 시 사용했던 프로그램입니다.

이 프로그램은 작업 과정이 매우 간편하고, 무료 프로그램이라는 장점이 있습니다. 단점으로는 USB에서 실제 사용한 용량과 무관하게 USB 메모리의 전체 용량과 같은 크기의 파일이 생성된다는 것입니다.

루트파일시스템 설치 과정에서 USB Image Tools 프로그램을 설치했다는 가정하에 진행하겠습니다.

우선 포고플러그를 종료합니다.

```
# halt
```

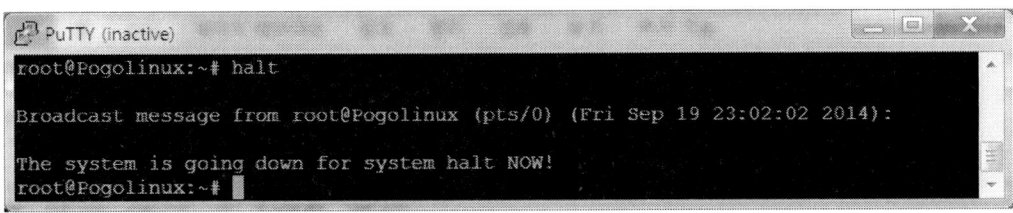

종료에는 30초에서 1분 가량 소요됩니다. 종료 여부는 포고플러그 전면의 LED가 꺼지는 것으로 확인하면 됩니다. 포고플러그 시스템이 종료된 후 루트파일시스템이 설치된 USB 메모리 혹은 SD 카드를 제거합니다.

그리고 해당 USB 메모리 혹은 SD 카드를 USB Image Tools가 설치된 컴퓨터의 슬롯에 삽입하고, USB Image Tools를 실행합니다.

왼쪽 상단에 Device Mode로 설정되어 있는지 확인하고, 그 아래에 백업하기 원하는 USB 메모리 혹은 SD 카드가 인식되었는지 확인합니다. 일반적으로 메모리의 회사명이나 제품명이 뜹니다. 그리고 우측의 [Options] 탭을 선택한 후 가장 상단의 2가지 옵션을 선택합니다. 각자 사용하는 메모리의 종류에 따라 용량이 미세하게 다르기 때문에, 그런 차이를 보완해 주는 옵션입니다. 그리고 [Backup] 버튼을 클릭합니다.

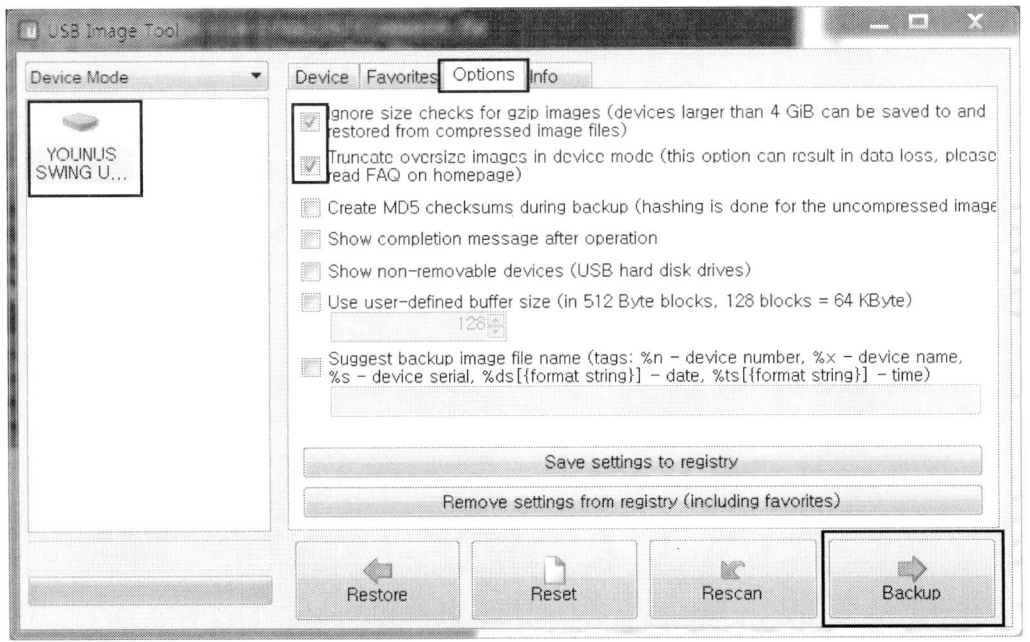

이미지 파일로 저장되며, 저장을 원하는 디렉토리와 파일명을 설정합니다.

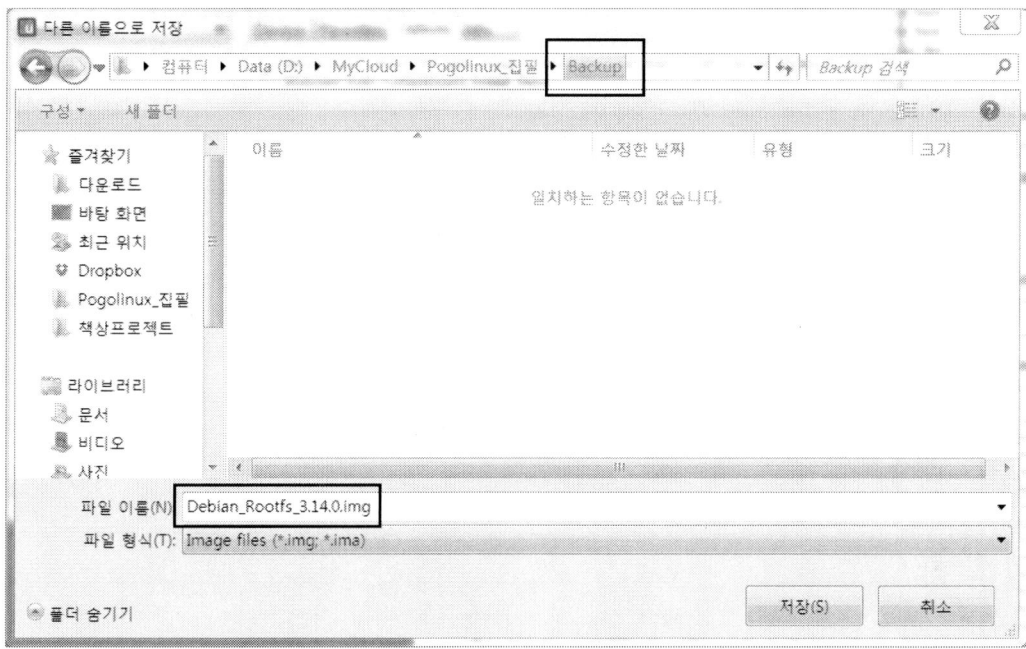

왼쪽 하단에서 백업 과정이 진행되고 있음을 확인할 수 있습니다.

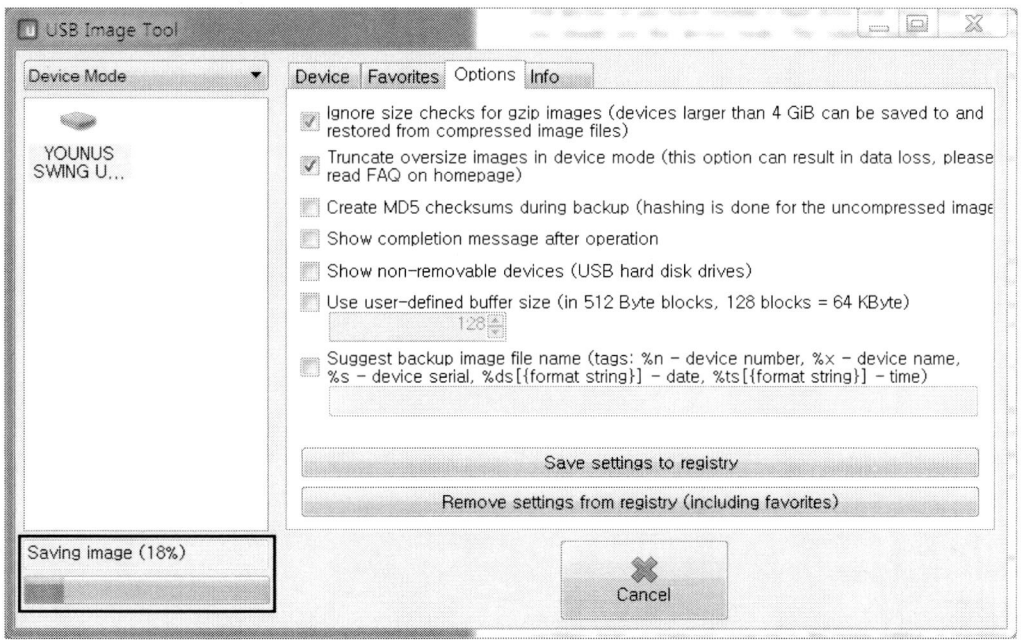

USB Image Tools를 이용하여 백업한 파일을 복구하는 방법은 3장의 "루트파일시스템 설치" 절을 참고하기 바랍니다.

Part 3

포고플러그 활용

7장 멀티미디어 컨텐츠 다운로드

7장에서는 트랜스미션을 설치, 설정하는 방법을 익히고, 시드 파일을 이용하여 실제로 원하는 자료를 다운로드하는 방법을 배웁니다.

8장 멀티미디어 컨텐츠 스트리밍

8장에서는 다양한 방식으로 다운로드한 멀티미디어 컨텐츠들을 스마트 TV, 스마트폰, 셋탑박스 등을 활용하여 재생하는 유용한 방법에 대해서 알아보겠습니다.

9장 사진 자동 전송 시스템 및 웹 갤러리 구축

9장에서는 스마트폰으로 촬영한 사진을 포고플러그로 자동 전송하고 웹 갤러리를 구성해 봅니다.

10장 인터넷 방송 녹음과 청취

10장에서는 EBS 라디오 녹음과 팟캐스트의 다운로드를 통한 양질의 컨텐츠 청취를 목표로 합니다. 녹음 기능 및 팟캐스트 다운로드의 자동화 설정도 알아보겠습니다.

11장 오디오 시스템 구축

11장에서는 포고플러그를 이용한 오디오 시스템 구축에 대해 알아봅니다. 저전력, 무소음의 포고플러그는 잡음없이 깨끗한 음질의 오디오 시스템 구축을 가능하게 합니다.

12장 파일 공유를 위한 클라우드 서비스 구축

12장에서는 다양한 방식의 클라우드 서비스 구축을 통하여 자유자재로 파일의 공유가 가능하도록 설정해 봅니다. 파일의 안전한 원격 백업도 다루었습니다.

13장 네트워크 프린터, 네트워크 스캐너, 메일 서버

13장에서는 네트워크 기능이 없는 프린터와 스캐너를 어떻게 네트워크 프린터와 네트워크 스캐너로 탈바꿈시킬 수 있는지 알아보겠습니다. 메일 서버의 설치를 통한 업무 활용도 다루고 있습니다.

14장 블로그 만들기

14장에서는 포고플러그의 웹 서버를 활용하여 블로그를 만들어서 운용하는 방법을 알아봅니다.

15장 협업 및 기록 시스템 만들기

15장에서는 도쿠위키를 설치해서 지식의 기록 및 협업이 가능한 지식 경영의 도구를 가질 수 있도록 합니다.

7

멀티미디어 컨텐츠 다운로드

트랜스미션은 토렌트라는 파일 전송 프로토콜을 리눅스에서 사용할 수 있도록 해주는 클라이언트 프로그램입니다. 토렌트 파일 전송 프로토콜은 여러 곳에 분산된 파일을 다중 접속을 통하여 동시에 가지고 오는 방식을 취하기 때문에 전송이 빠르다는 특징을 가지고 있습니다. 이번 장에서는 트랜스미션의 설치 및 설정 방법을 설명합니다. 그리고 시드 파일을 이용하여 원하는 자료를 다운로드하는 방법을 배웁니다.

트랜스미션 설치와 설정

트랜스미션은 토렌트 클라이언트입니다. 토렌트 시드 파일을 통하여 원하는 파일을 공유하거나 다운로드할 수 있습니다. 다음 명령어로 트랜스미션 데몬을 설치합니다.

```
# apt-get install transmission-daemon
```

트랜스미션이 설치되고 난 후에 추가된 사용자를 확인하겠습니다.

```
# cat /etc/passwd
```

FTP와 SAMBA에서 사용하기 위해 앞에서 생성했던 pogolinux 사용자 아래로, debian-transmission이라는 사용자가 추가되었네요. 트랜스미션을 통하여 파일을 다운로드할 때 다운로드한 파일의 소유자와 소유 그룹은 debian-transmission이 됩니다.

```
uucp:x:10:10:uucp:/var/spool/uucp:/bin/sh
proxy:x:13:13:proxy:/bin:/bin/sh
www-data:x:33:33:www-data:/var/www:/bin/sh
backup:x:34:34:backup:/var/backups:/bin/sh
list:x:38:38:Mailing List Manager:/var/list:/bin/sh
irc:x:39:39:ircd:/var/run/ircd:/bin/sh
gnats:x:41:41:Gnats Bug-Reporting System (admin):/var/lib/gnats:/bin/sh
nobody:x:65534:65534:nobody:/nonexistent:/bin/sh
libuuid:x:100:101::/var/lib/libuuid:/bin/sh
sshd:x:101:65534::/var/run/sshd:/usr/sbin/nologin
messagebus:x:102:103::/var/run/dbus:/bin/false
avahi:x:103:104:Avahi mDNS daemon,,,:/var/run/avahi-daemon:/bin/false
ntp:x:104:106::/home/ntp:/bin/false
statd:x:105:65534::/var/lib/nfs:/bin/false
ftp:x:106:107:ftp daemon,,,:/srv/ftp:/bin/false
pogolinux:x:1000:1000:,,,:/pogodata:/bin/bash
debian-transmission:x:107:109::/home/debian-transmission:/bin/false
root@Pogolinux:~#
```

설치가 완료되면 설정 값을 수정해야 합니다. 그런데 트랜스미션은 특징적인 것이, 해당 데몬을 중지시키지 않으면 설정 값이 저장되지 않는다는 것입니다. 이는 다른 서비스와 크게 다른 점이므로 꼭 기억해야 합니다.

> **▶ 서비스 중지 및 시작 방법**
> 서비스를 중지하는 방법은, 커맨드 창에 "service 원하는데몬 stop"이라고 입력하면 됩니다. 여기서는 트랜스미션 데몬을 중지시킬 것이므로, '원하는데몬' 자리에 transmission-daemon을 입력하면 됩니다.
> # service transmission-daemon stop
> 서비스를 다시 시작하려면 다음과 같이 입력하면 됩니다.
> # service transmission-daemon start

설정에 필요한 디렉토리를 먼저 생성하겠습니다. 775 퍼미션을 부여하여, 소유자와 소유 그룹이 모두 쓰기 권한을 가지도록 하였습니다.

```
# mkdir -m 775 -p /pogodata/downloads /pogodata/transmission/temp /pogodata/transmission/watch
```

그런 다음, 생성한 디렉토리의 소유자는 pogolinux로, 소유 그룹은 debian-transmission으로 설정합니다.

```
# chown pogolinux:debian-transmission /pogodata/downloads /pogodata/transmission/
  temp /pogodata/transmission/watch
```

pogolinux 사용자를 debian-transmission 그룹의 구성원으로 추가하겠습니다.

```
# usermod -G debian-transmission pogolinux
```

groups 명령어로 pogolinux가 속한 그룹이 어디인지 확인하겠습니다.

```
# groups pogolinux
```

useradd 명령어로 pogolinux 사용자를 처음 생성할 때 pogogroup에 속하도록 지정해 주었는데요. debian-transmission 그룹에도 속해 있음을 알 수 있습니다.

트랜스미션 서비스를 중지시킨 후에, 설정을 수정하겠습니다.

```
# service transmission-daemon stop
# nano /etc/transmission-daemon/settings.json
```

파일을 다운로드할 디렉토리를 수정합니다. 아까 생성했던 /pogodata/downloads 경로로 지정하겠습니다. 그 다음에 다운로드가 진행 중인 파일이 위치할 디렉토리를 /pogodata/transmission/temp로 설정하고, 그 기능이 작동할 수 있도록 false에서 true로 수정합니다. 토렌트 파일의 다운로드가 완료되면 /pogodata/downloads로 자동 이동됩니다.

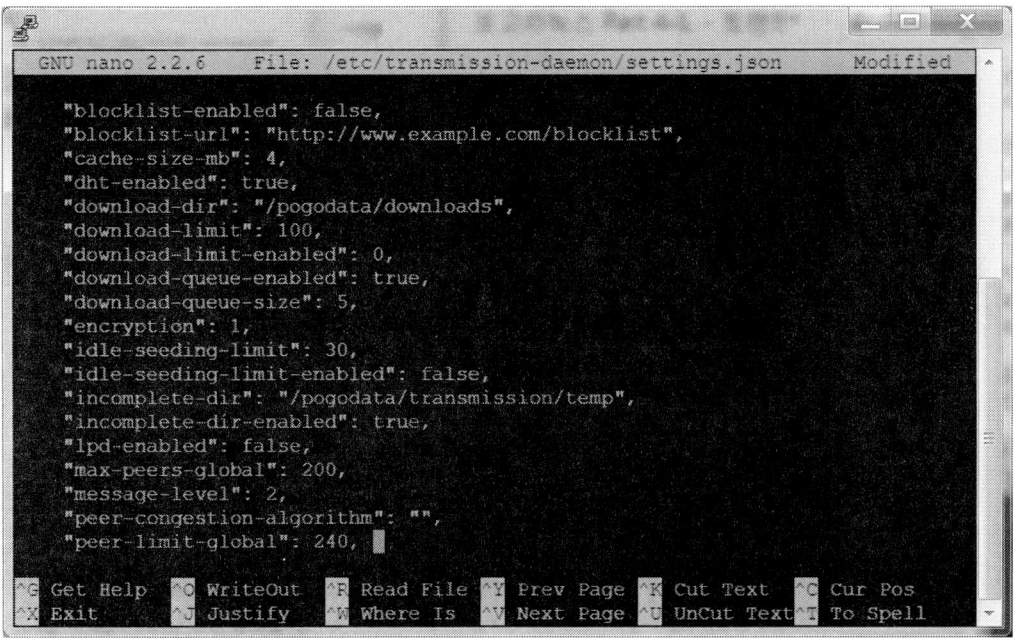

트랜스미션 서비스에 접속할 때 사용되는 비밀번호를 설정합니다. 여기서는 임의로 **pogopass**라는 비밀번호를 설정하였습니다만, 각자 사용하는 비밀번호를 입력하면 됩니다. 트랜스미션 설정 파일에서는 비밀번호를 암호화하여 저장하기 때문에, 지금 **pogopass**라고 저장하더라도, 나중에 설정 파일을 다시 열어보면 암호화된 문자 형태로 바뀌어 있습니다.

그리고 트랜스미션 서비스 접속 아이디를 설정합니다. 여기서는 **pogolinux**라고 설정하겠습니다. "rpc-whitelist-enabled" 항목을 false로 수정하여, 특정 아이피의 기기로만 접속을 제한하지 않도록 바꿉니다. 트랜스미션 서비스는 웹 클라이언트를 이용할 수도 있고, 다양한 장소에서 스마트폰으로도 제어할 수 있어야 하기 때문입니다.

중간쯤 보니, 트랜스미션의 rpc 포트는 9091번임을 알 수 있네요. 이것은 앞으로도 자주 보게 될 포트 번호입니다. 곧 익숙해질 겁니다.

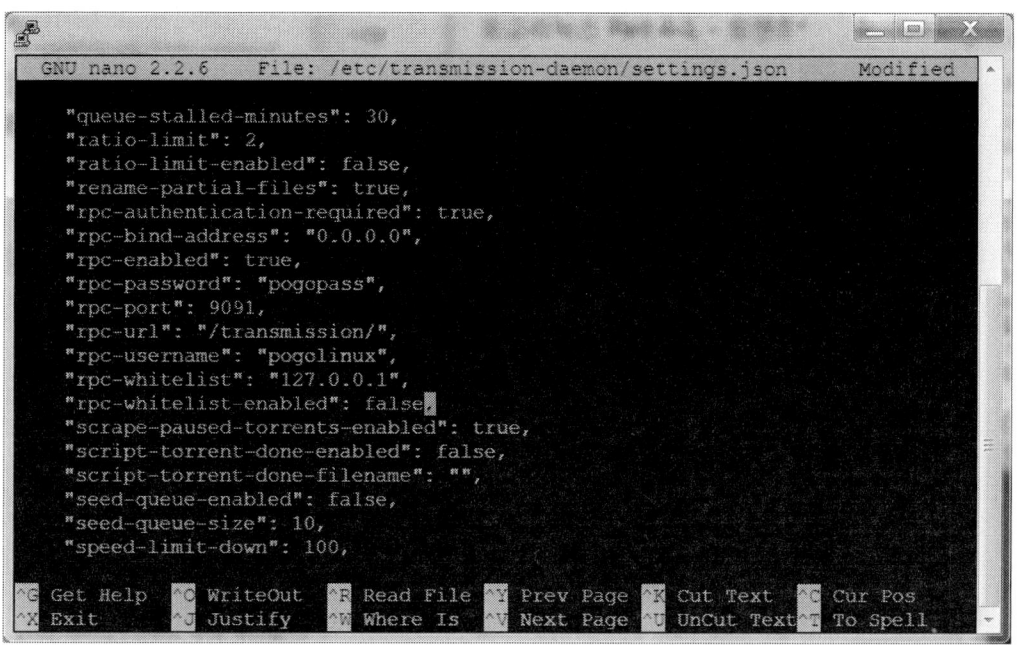

"trash-original-torrent-files" 항목을 true로 수정합니다. 이 옵션은 토렌트 시드 파일을 이용하여 다운로드할 때 다운로드 시작 후 시드 파일을 유지할 것인지 삭제할 것인지를 결정하는 항목입니다. true로 설정하면 다운로드를 개시한 후에 해당 시드 파일은 자동으로 삭제됩니다.

"umask" 항목은 트랜스미션을 통해 다운로드된 파일 및 디렉토리의 권한을 설정하는 것입니다. umask란 일반적인 퍼미션과 연계해 이해해야 하는 개념입니다. 18로 설정된 값을 2로 수정합니다. 2라는 값을 777이라는 숫자에서 빼준 값이 우리가 원하는 퍼미션입니다. 777에서 2를 빼면 퍼미션이 775가 되므로, 다운로드된 디렉토리 및 파일의 쓰기 권한은 소유자와 소유 그룹에게만 있습니다.

조금 더 복잡한 이야기입니다만, 트랜스미션을 통한 파일 다운로드는 사용자가 직접 하는 것이 아니라, 사용자의 명령에 따라 트랜스미션 데몬이 수행됩니다. 그래서 다운로드받은 파일을 확인하면 해당 파일의 소유자 및 소유 그룹은 debian-transmission의 이름을 가지고 있습니다. 다운로드받은 파일을 옮기거나 삭제할 수 있으려면, SFTP로 접속하여 루트 권한으로 하거나, debian-transmission 그룹에 속해 있는 사용자에 의해 가능합니다. 아까 pogolinux 사용자를 debian-transmission 그룹에 넣어준 것도 이 같은 이유 때문입니다.

"watch-dir" 항목은 트랜스미션 자동 다운로드를 위한 설정입니다. 해당 디렉토리를 여기서는 /pogodata/watch로 지정하였는데요. 시드 파일을 FTP나 SAMBA 같은 파일 전송 프로토콜을 통해 해당 디렉토리에 업로드하면, 자동으로 인식하여 다운로드를 시작합니다. 시드 파일을 자동 삭제하는 설정도 해 두었으므로, 파일 업로드 후에 사라졌다면 다운로드가 시작된 것을 확인할 수 있습니다. "watch-dir-enabled"

항목은 watch-dir 자동 다운로드 기능을 사용 가능하도록 하는 옵션입니다.

아래 두 줄의 문구를 마지막에 붙여줍니다. 대신 "utp-enabled": true 뒤에는 콤마를 추가하고, "watch-dir-enabled"로 시작하는 마지막 항목 끝에는 콤마가 들어가지 않아야 하니 주의하기 바랍니다.

```
"watch-dir": "/pogodata/transmission/watch",
"watch-dir-enabled": true
```

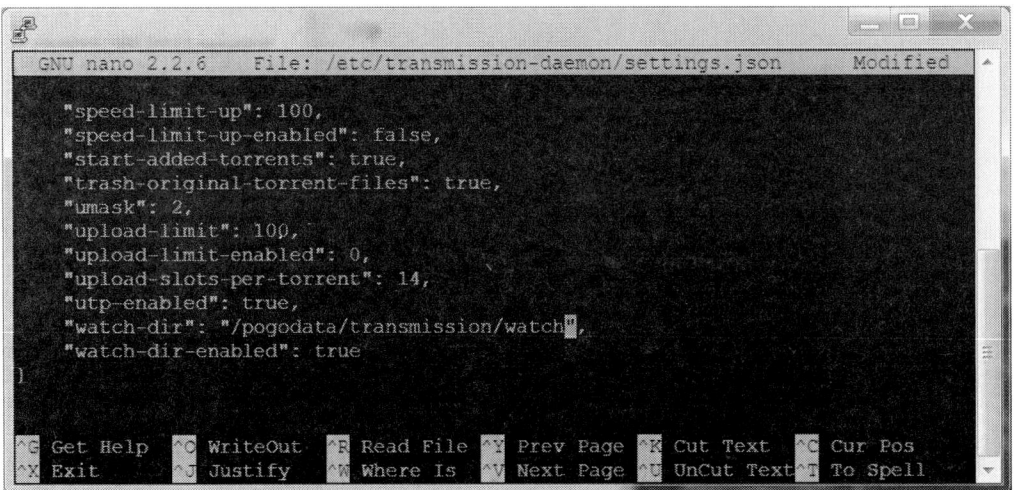

설정 파일을 수정하고 나면 트랜스미션 서비스를 다시 시작합니다.

```
# service transmission-daemon start
```

토렌트 파일 다운로드

FTP 클라이언트를 열어 /pogodata/watch 디렉토리에 시드 파일을 올려보겠습니다. 시드 파일이 업로드됨과 동시에 원본 파일의 다운로드가 시작되기 때문에 시드 파일이 업로드된 것을 확인하지 못하는 경우가 생길 수도 있습니다. 가끔 시드 파일이 업로드된 후에 자동 삭제가 안 된 것처럼 보이면, F5 키를 눌러 새로고침하면 바로 사라집니다. 아래 그림은 토렌트 시드 파일을 /pogodata/transmission/watch 디렉토리에 업로드한 후에 찍은 캡쳐샷인데, 디렉토리에는 아무 목록도 보이지 않지요.

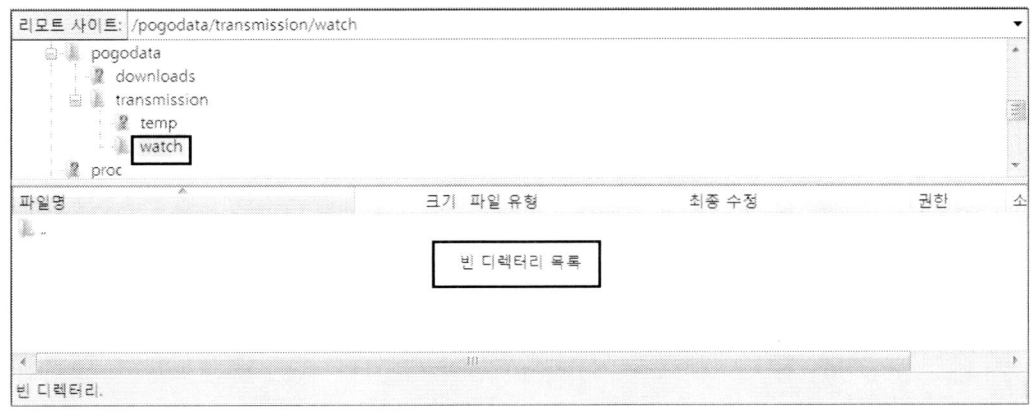

> **시드 파일**
>
> 토렌트에서 시드 파일(Seed file)은 우리가 얻고자 하는 자료에 대한 다양한 정보를 담고 있는 파일입니다. 크게 두 가지 정보를 가지고 있습니다. 첫째는 트래커 서버의 정보입니다. 트래커 서버에는 우리가 다운로드하기 원하는 자료를 어떤 유저가 가지고 있는지에 대한 정보가 있기 때문에 해당 파일 조각들에 접속할 수 있도록 도와주는 역할을 합니다.
>
> 그리고 두 번째로는 다운로드가 완료된 파일이 온전한지 확인할 수 있도록 무결성 체크를 하는 해시 파일 정보를 가지고 있습니다. 그 외에도 파일명, 파일 크기 등에 대한 정보를 가지고 있어 다운로드한 자료를 진단할 수 있습니다.

웹 브라우저를 열고, 포고플러그 아이피에 트랜스미션의 내부 포트인 9091 포트를 붙여 접속하겠습니다. 그리고 앞에서 정했던 아이디와 비밀번호를 입력합니다.

추가한 시드 파일을 통해 자료가 다운로드되고 있음을 알 수 있습니다.

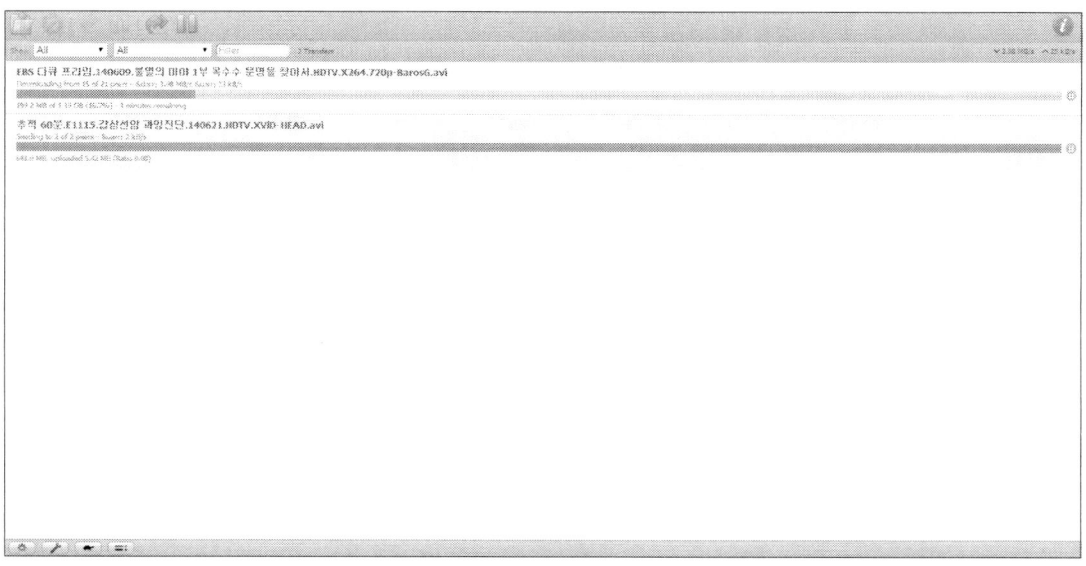

> **시드 파일이 삭제되지 않고, 원본 파일 다운로드도 시작되지 않아요; 감시 폴더 기능이 잘 작동하지 않는다면?**
>
> 1. 디렉토리의 퍼미션과 소유 관계 문제
> watch 디렉토리의 퍼미션이 775로 잘 설정되어 있는지 확인하고, 소유자 및 소유 그룹이 pogolinux, debian-transmission 으로 잘 설정되어 있는지 확인하기 바랍니다.
>
> 2. 서비스 재시작
> 1번이 정상적으로 설정되어 있다면, 트랜스미션 서비스를 재시작하기 바랍니다.
> # service transmission-daemon restart
>
> 3. SFTP로 테스트
> SFTP로 접속하여 루트 권한으로 watch 디렉토리에 시드 파일을 업로드하여 테스트하기 바랍니다. 루트 권한으로는 잘 작동한다면 첫 번째 원인으로 언급한 퍼미션과 소유 관계 문제일 가능성이 높습니다.

트랜스미션 제어-스마트폰

포고플러그의 장점은 저전력이라 24시간 풀가동해도 전기세를 많이 잡아먹지 않는다는 것인데요. 그래서 늘 켜놓고 밖에서 접속하는 일이 많습니다. 토렌트 시드 파일을 이용한 다운로드 같은 경우가 외부에서 포고플러그를 제어할 때 가장 편리한 부분 중 하나인데요. 스마트폰으로 쉽게 제어가 가능합니다.

외부에서 스마트폰으로 트랜스미션 다운로드를 제어할 경우 제가 느끼는 편한 점은 크게 두 가지입니다.

첫째, 퇴근 길에 다운로드시켜 놓고 집에 와서 바로 파일을 이용할 수 있습니다.

둘째, 다운로드된 파일을 외부에서도 바로 이용할 수 있습니다(음악이나 영상의 스트리밍).

이와 같은 편리한 점 때문에 외부에서 트랜스미션을 제어할 일이 많습니다. 외부에서 트랜스미션을 제어하는 방식은 크게 두 가지입니다.

첫째, FTP 클라이언트로 접속하여 감시 디렉토리 기능을 이용하는 방식이 있습니다.

둘째, 트랜스미션 클라이언트를 직접 이용하는 방식이 있습니다.

두 가지 방식 모두 외부에서 이용하려면 포트포워딩이 필수입니다. FTP 내부 포트인 21번과 트랜스미션의 내부 포트인 9091번을 모두 포트포워딩합니다. FTP의 포트는 4장에서 포트포워딩했으니, 트랜스미션 포트만 포트포워딩하겠습니다. 외부에서 사용할 포트는 똑같이 할 필요가 없으니 자유롭게 설정하세요. 저는 5021번으로 포트포워딩하겠습니다.

WAN 포트 번호를 5021번으로 설정하고, LAN IP와 LAN 포트를 입력합니다.

사용함	WAN IP	WAN 포트	프로토콜	LAN IP	LAN 포트	적용
☑	124.54.	5021	TCP	192.168.219.8	9091	변경 추가
사용함	124.54.	4048	TCP	192.168.219.8	21	수정 제거
사용함	124.54.	80	TCP	192.168.219.8	80	수정 제거

설정을 추가하면 포트포워딩이 완료됩니다.

사용함	WAN IP	WAN 포트	프로토콜	LAN IP	LAN 포트	적용
☐	124.54.		TCP			변경 추가
사용함	124.54.	4048	TCP	192.168.219.8	21	수정 제거
사용함	124.54.	80	TCP	192.168.219.8	80	수정 제거
사용함	124.54.	5021	TCP	192.168.219.8	9091	수정 제거

이후 트랜스미션 관련 프로그램에 설정 값을 입력할 때 **pogoguide.tk** 주소와 함께 5021번 포트를 입력하면 트랜스미션 서비스의 사용이 가능합니다.

1. 아이폰에서 FTP 클라이언트로 제어

아이폰과 안드로이드폰으로 구분하여, 제어 방법을 알려드리겠습니다. 먼저, 아이폰에서 제어하는 방법을 살펴봅니다.

아이폰은 순정인 경우와 탈옥한 경우가 좀 다릅니다. FTP 클라이언트를 이용한 방식은 순정 상태든 탈옥 상태든 모두 가능합니다만, 트랜스미션 클라이언트를 직접 이용하려면 순정에서는 지원 어플리케이션이 없어, 탈옥인 경우에만 가능합니다.

순정 아이폰에서 FTP 클라이언트로 제어하는 경우에 가장 무난한 것이 "FTP 정령"이라는 어플입니다.

우선 transmission 감시 디렉토리 설정을 해야 합니다. 설정된 폴더에 .torrent 파일이 올라가면 바로 다운로드가 시작될 수 있게 하는 기능입니다. 우리는 트랜스미션을 설치하면서 감시 기능을 이미 설정해 두었으므로 계속 진행하면 됩니다.

감시 폴더 설정이 되었다면, FTP 정령을 다운받고 설정을 하면 됩니다. "FTP 정령 free"라는 무료 버전을 받아도, 광고 배너가 뜨는 것과 등록 가능한 FTP 주소가 하나 밖에 안 된다는 점을 제외하고, 정식 버전과 기능은 동일합니다.

어플을 실행한 후 [편집]을 누르고 [+]를 눌러주면 FTP 서버 정보를 추가할 수 있습니다.

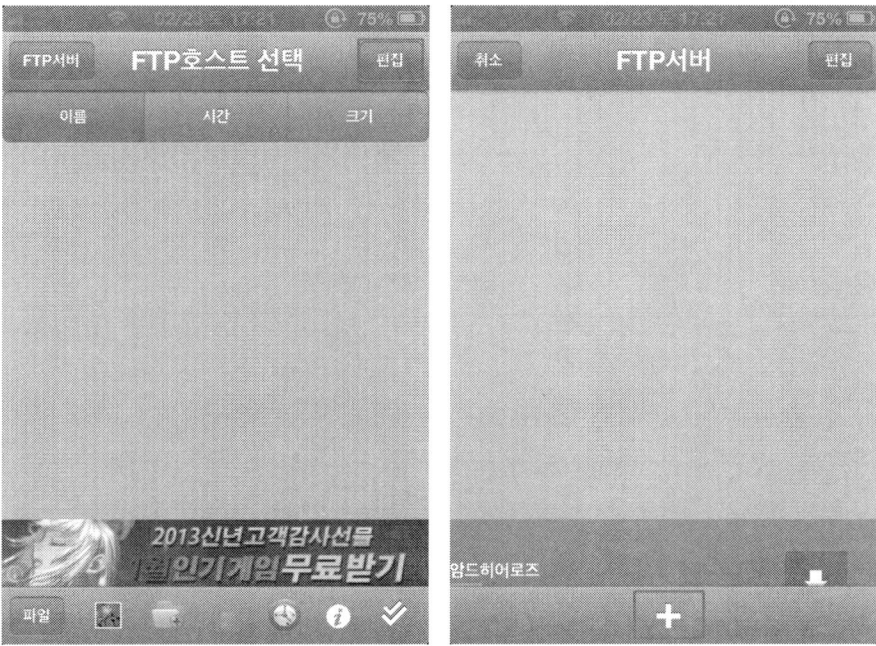

포고플러그 FTP 주소를 입력합니다. FTP를 이용하는 것이므로 transmission의 ID와 비번이 아닌 FTP의 ID와 비번을 넣어주면 되고, 포트포워딩한 FTP 포트 번호도 넣어주세요.

인코딩은 UTF-8로 지정하면 됩니다.

그러면 포고플러그 FTP 내부 디렉토리들이 뜹니다(왼쪽 그림). 이 때 아까 초반에 언급하였던 transmission 감시 디렉토리로 이동하면 됩니다. /pogodata/transmission/watch 디렉토리로 이동합니다(오른쪽 그림).

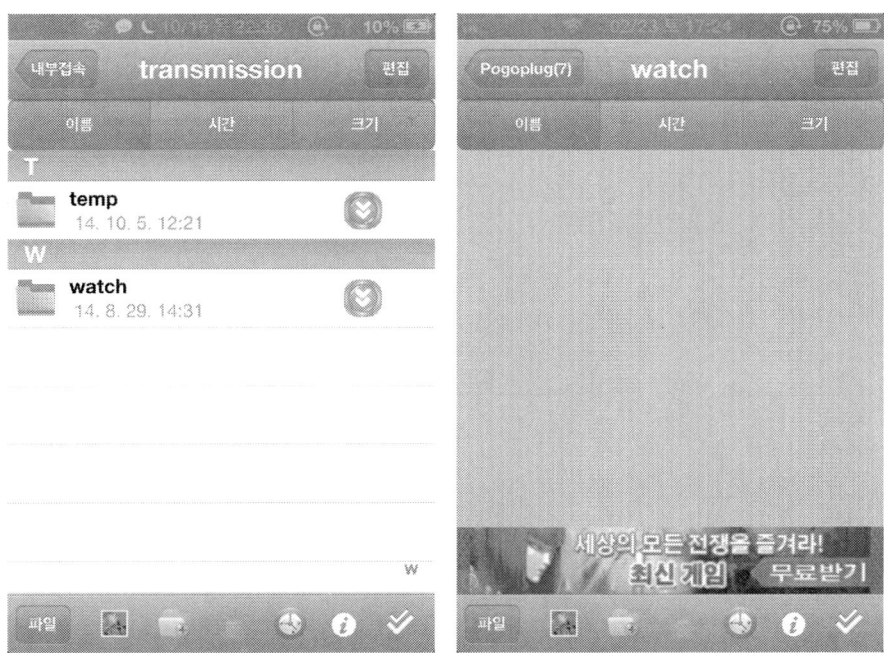

이제 필요한 토렌트 시드 파일을 검색하고 다운로드합니다. ["FTP 정령"에서 열기]를 선택합니다.

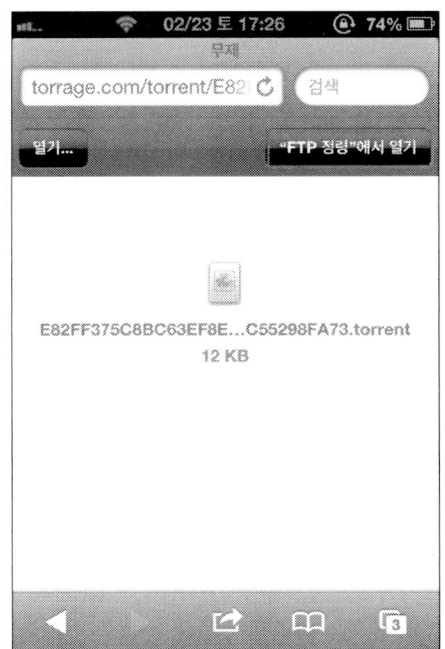

그러면 다시 감시 폴더가 뜨는데 이 때 왼쪽 하단 [파일] 탭을 누르면 다운받은 토렌트 시드 파일이 뜹니다. 파일 오른쪽에 위로 향한 빨간색 화살표를 누르고 [확인]을 누르면 시드 파일이 감시 폴더로 업로드됨과 동시에 다운로드도 시작됩니다.

2. 탈옥 아이폰에서 트랜스미션 클라이언트 이용

시디아의 "iControlBits"라는 무료 어플리케이션을 이용합니다. 이는 앞선 경우처럼 FTP를 이용하는 것이 아니라, 트랜스미션 클라이언트를 바로 이용하는 것이므로 조금 더 간단합니다. transmission 감시 폴더가 지정되어 있지 않아도 괜찮습니다.

어플리케이션을 다운로드한 후 동일하게 서버 정보를 입력합니다. 여기서는 transmission의 ID와 비번을 입력해야 합니다. transmission을 바로 이용하므로 포트 번호는 FTP의 포트 번호가 아니라 9091번 포트를 포트포워딩한 번호로 설정하세요. RPC 항목은 그대로 두면 됩니다.

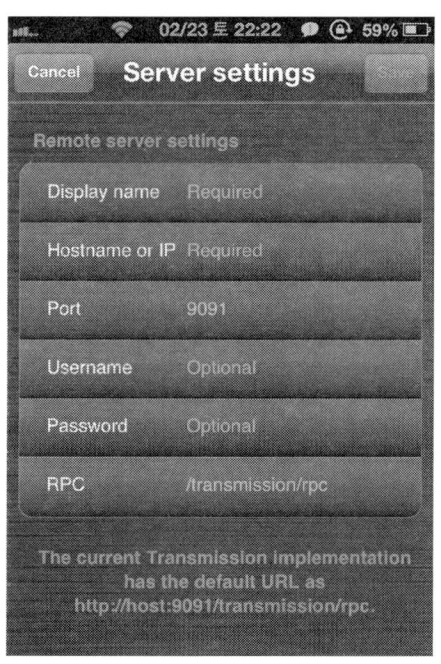

마찬가지로, 필요한 토렌트 시드 파일을 받은 후 ["iControlBits"에서 열기] 탭을 누르고, [apply] 탭을 누르면 다운로드가 시작됩니다. FTP를 이용하는 방법에 비해 매우 간단합니다.

3. 안드로이드 스마트폰에서 트랜스미션 클라이언트 이용

안드로이드는 특유의 개방성으로 파일의 관리가 자유롭기 때문에 트랜스미션에 적용할 만한 앱들이 많이 있습니다. FTP 어플리케이션을 받아 감시 디렉토리를 이용할 필요성이 별로 없습니다. 여기서는 "Remote Transmission"이라는 앱을 이용하겠습니다. Remote Transmission 외에도 Torrent-Fu같은 앱을 이용할 수도 있습니다.

왼쪽 그림에서, "트랜스미션"이라는 검색어를 입력하니 Remote Transmission 어플리케이션이 가장 상단에 뜨는군요. 오른쪽 그림처럼 다운로드하고 실행합니다. 그리고 트랜스미션 설정 값을 입력합니다. [account name] 란에는 "포고플러그 트랜스미션" 이런 식으로 구분할 수 있는 제목을 정하면 됩니다. [host] 란에는 외부 접속 주소를 넣고 [port] 란에는 포트포워딩을 통해 설정한 외부 접속 포트를 입력합니다. [Identification]을 체크한 후 접속 아이디와 비밀번호도 입력합니다.

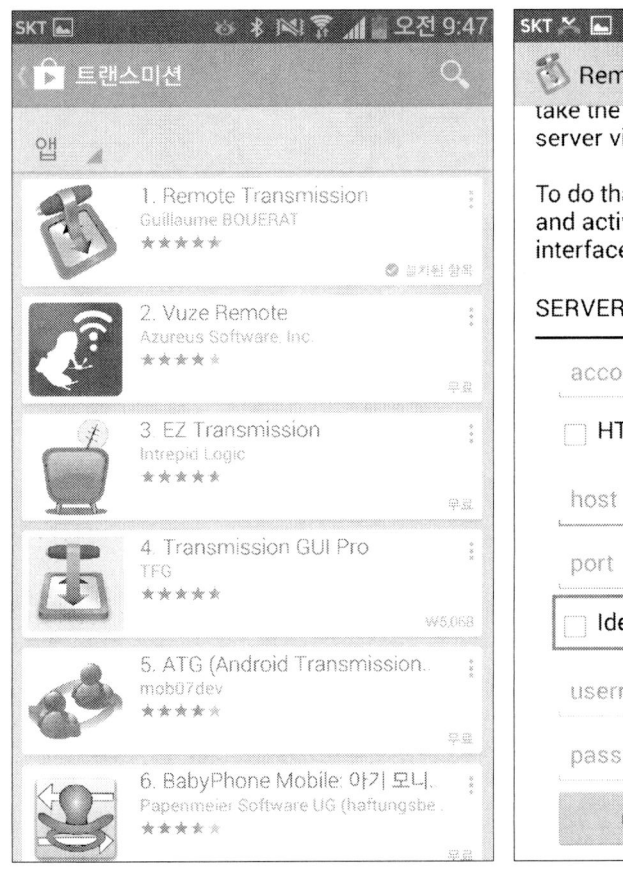
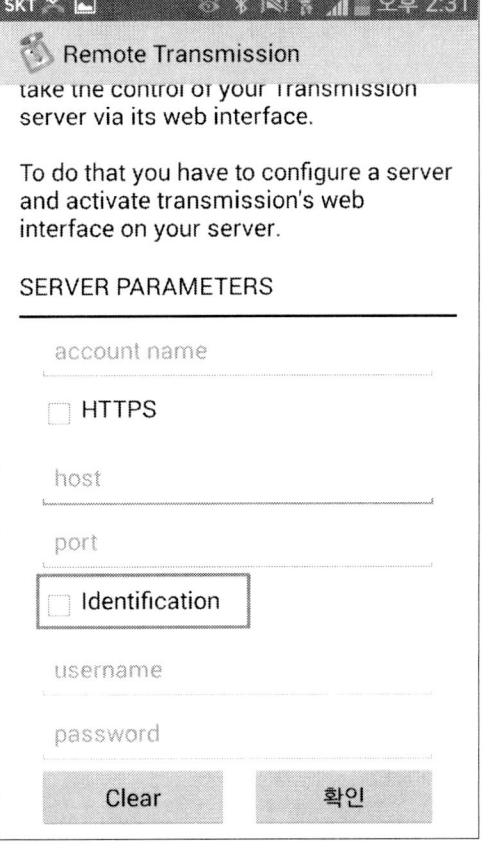

왼쪽 그림은 Remote Transmission의 메뉴입니다. [Add torrent] 항목을 선택합니다. 오른쪽 그림과 같이 마그넷 링크 주소를 바로 입력해서 다운로드를 시행할 수 있습니다.

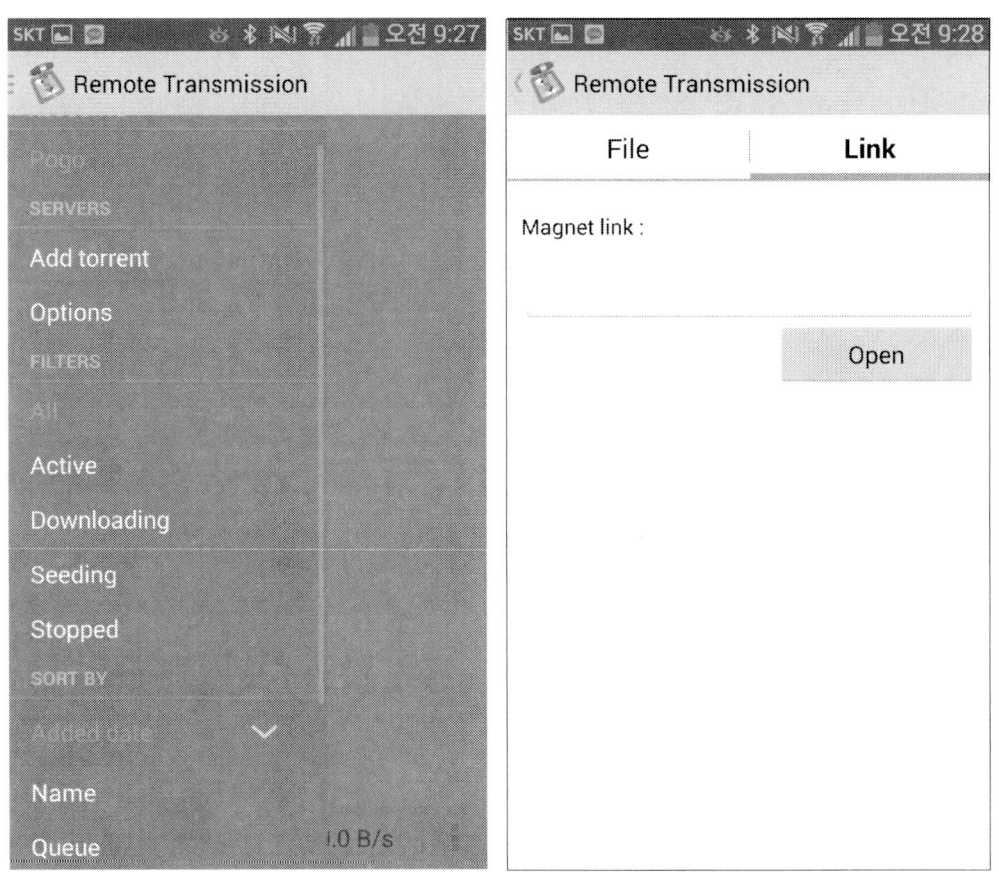

트랜스미션 제어-스마트폰   183

아니면 왼쪽 그림과 같이 다운로드된 시드 파일을 선택해서 파일을 받을 수도 있습니다. 오른쪽 그림과 같이 원하는 시드 파일을 다운로드하고 나서 상태바에서 해당 파일을 클릭합니다.

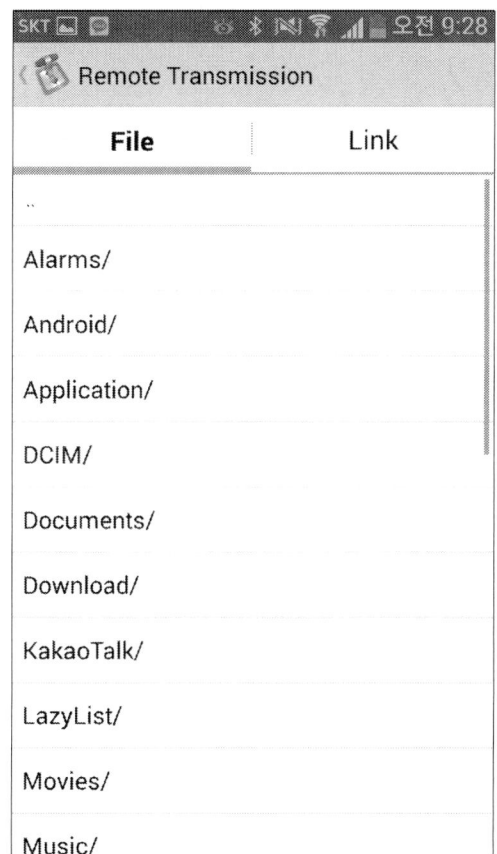 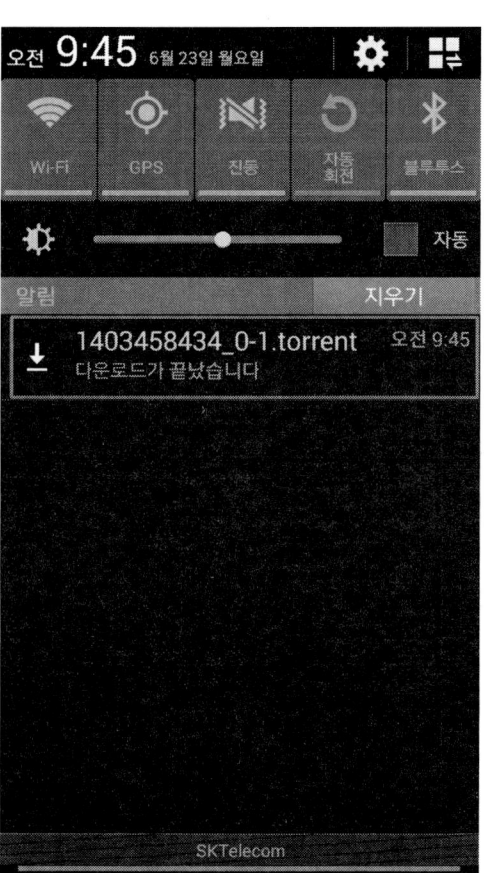

그러면 왼쪽 그림과 같이 Remote Transmisson 어플리케이션으로 넘어갑니다. 다운로드 완료 후에 .torrent 시드 파일을 삭제하도록 설정하고, [Add] 버튼을 누릅니다. 오른쪽 그림을 보면, 다운로드가 시작됨을 알 수 있습니다.

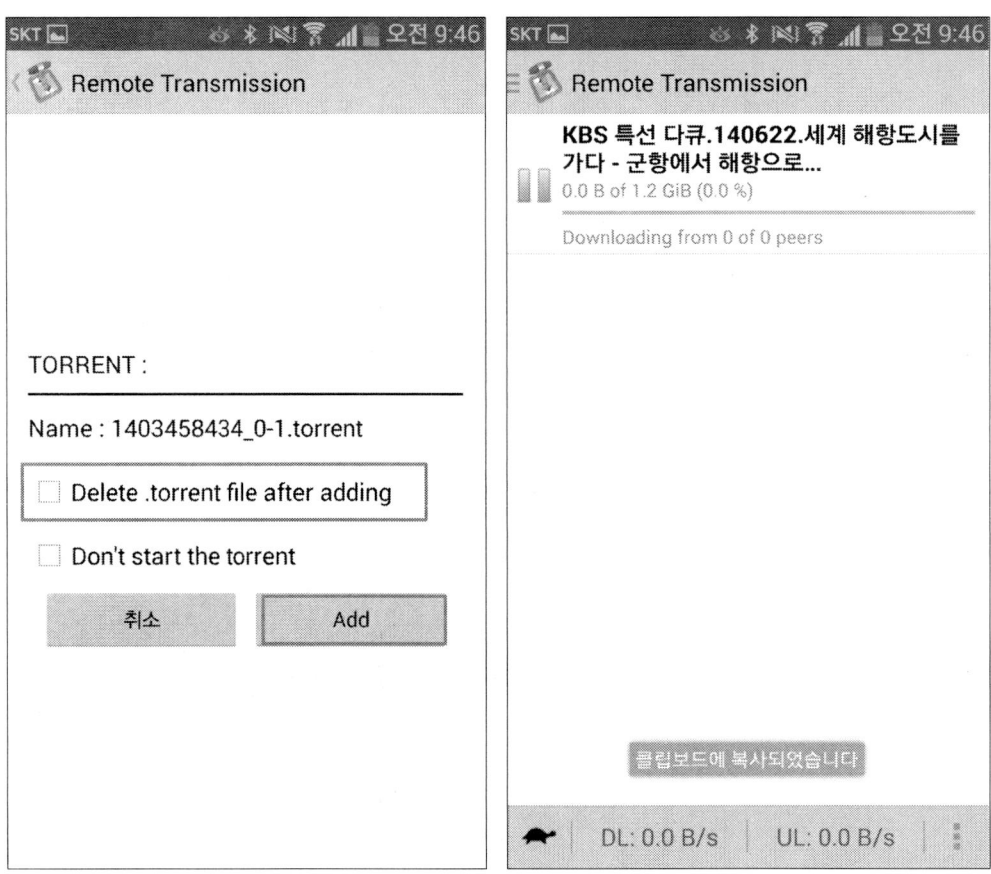

트랜스미션에 Custom Web UI 적용

트랜스미션에 Custom Web UI를 적용하겠습니다. 기존의 Web UI 구조(172페이지 화면 참조)가 매우 단순하고 지원하는 기능도 많지 않아, 사용상의 불편감이 많았는데요. 해외에서 한 유저가 개발하고 있는 Custom Web UI를 우리가 설치한 트랜스미션에 적용할 수 있습니다. 적용을 위해서 트랜스미션 데몬을 중단시킵니다.

```
# service transmission-daemon stop
```

tmp 디렉토리로 이동한 후 설치에 이용할 스크립트 파일을 다운로드합니다.

```
# cd /tmp
# wget --no-check-certificate https://transmission-control.googlecode.com/
  files/tr-control-easy-install.sh
```

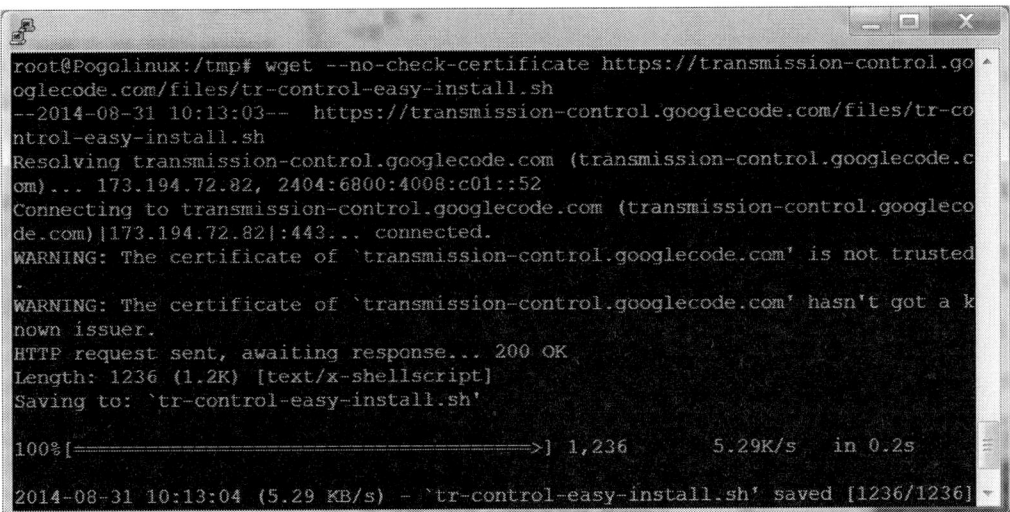

다운로드한 파일을 실행합니다. 이 스크립트는 현재 포고플러그에 설치된 트랜스미션의 위치를 파악한 후 필요한 파일을 다운로드하여 Custom Web UI를 적용합니다.

```
# chmod +x tr-control-easy-install.sh
# ./tr-control-easy-install.sh
```

설치가 완료된 화면입니다.

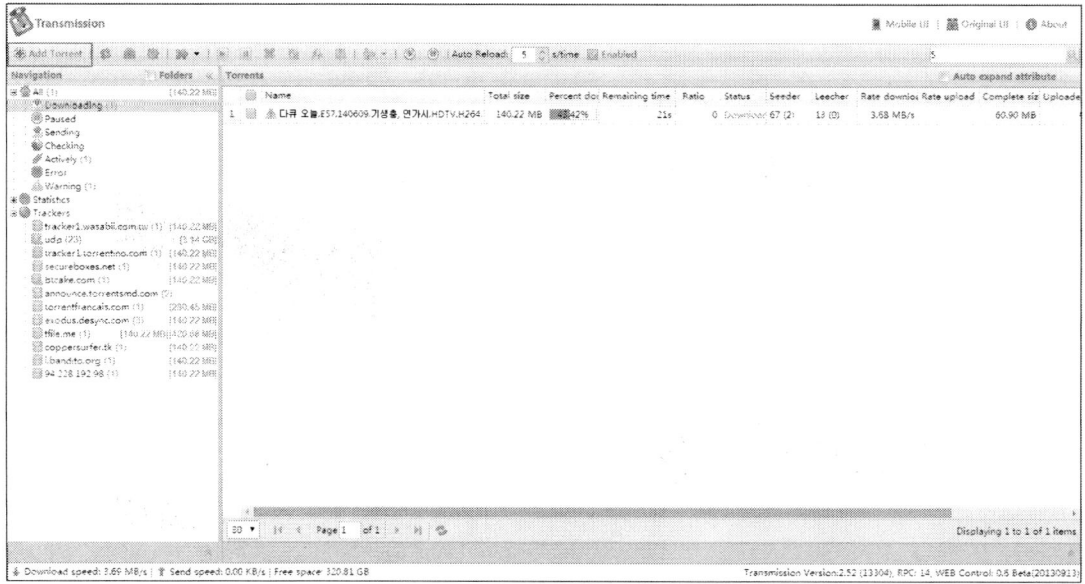

설치가 완료된 후 트랜스미션 데몬을 다시 시작합니다.

```
# service transmission-daemon start
```

웹 브라우저에서 http://포고플러그 아이피:9091을 입력하여 트랜스미션 Web UI로 접속하면 기존의 UI와 다른 좀 더 세련된 화면을 볼 수 있습니다. 네트워크 외부에서 접속하는 경우는 공인 아이피와 포트포워딩한 포트 번호를 넣어서 접속하세요. [Add torrent] 메뉴만 살펴보겠습니다. 해당 버튼을 클릭합니다.

다운로드 디렉토리를 설정할 수 있는 화면이 있고, 토렌트 시드 파일을 업로드하거나, 시드 파일의 주소 혹은 마그넷 주소를 통해 다운로드할 수 있도록 URL 입력란도 보입니다. [Auto Start]를 선택하면 시드 파일을 읽은 후 다운로드를 자동으로 시작합니다.

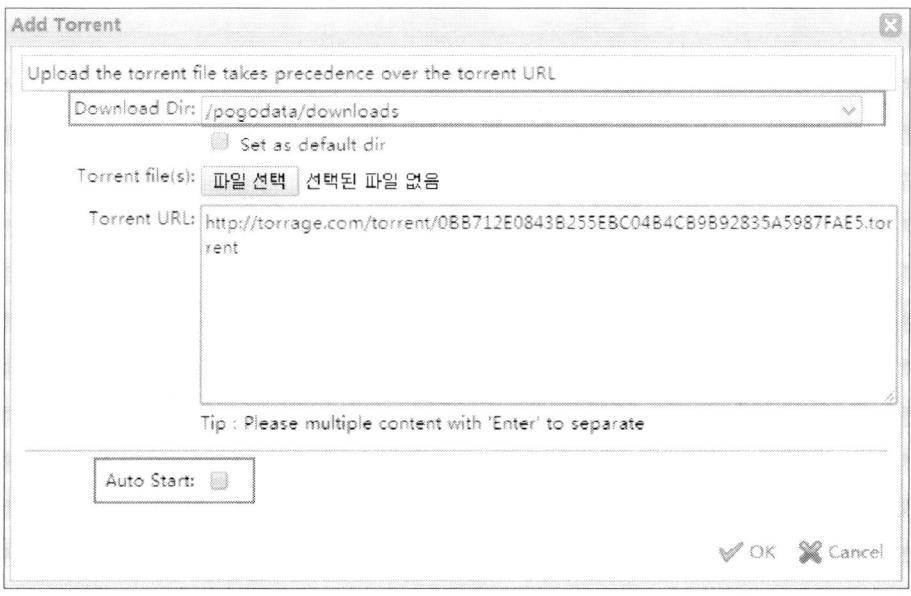

8

멀티미디어 컨텐츠 스트리밍

다운로드받은 영상이나 음악을 스트리밍하는 유형을 다음과 같이 정리할 수 있습니다.

첫째, 내부 네트워크에서 스트리밍하기. 같은 네트워크라면 영상 재생은 간단한 방식으로 가능합니다. 내부 네트워크에서 파일을 공유할 수 있도록 4장에서 SAMBA 프로토콜을 설치했기 때문에 대부분의 스트리밍은 SAMBA를 통해 가능합니다. 그 밖에 스마트 TV라면 DLNA 기능을 이용할 수도 있습니다.

- 스마트 TV로 재생
  보유하고 있는 TV가 스마트 TV라면 대부분 DLNA 기능을 갖추고 있습니다. DLNA 기능이 있는지 여부를 확인하고, 기능을 갖추고 있다면 MiniDLNA 패키지를 설치합니다.

- WD TV Live로 재생
  DLNA 기능이 없는 TV를 가지고 있다면, WD TV Live 같은 스트리밍 기기가 필요합니다. WD TV Live 같은 기기는 SAMBA 프로토콜이나 DLNA 프로토콜을 지원하므로, TV와 HDMI 케이블 등을 통해 연결하면, 기기를 거쳐 포고플러그에 다운로드된 자료에 접근할 수 있습니다.

- IPTV 셋탑박스 활용
  통신사에 따라 다르지만, IPTV의 셋탑박스가 SAMBA 프로토콜을 지원하기도 합니다. LG U+의 라이트 TV 셋탑박스에서는 SAMBA 프로토콜을 통해 Public 디렉토리를 설정하면 포고플러그의 파일에 접근할 수 있습니다. TVG 셋탑박스의 경우에는 어플리케이션 설치를 통해 포고플러그에 접근할 수도 있습니다.

- 스마트폰이나 스마트패드로 재생
  영상이나 음악을 스트리밍할 수 있는 앱을 이용하면 됩니다. SAMBA가 지원되는 어플리케이션을 활용하면 됩니다.

- 노트북이나 PC로 재생

    SAMBA를 지원하는 프로그램을 이용할 수도 있고, SAMBA 공유 폴더에 접근하여 기존에 PC에서 이용하던 프로그램을 이용하면 됩니다. FTP를 지원하는 KMPlayer 같은 프로그램도 추천합니다.

둘째, 외부 네트워크에서 스트리밍하기. 외부에서 포고플러그에 접근하려면 필요한 포트의 포트포워딩이 필수입니다. 네트워크 외부에서 스트리밍을 하는 경우에는 보통 FTP 프로토콜이나 WebDAV를 많이 활용합니다. FTP는 이미 4장에서 설정해 두었고, WebDAV를 활용할 경우에는 12장에서 WebDAV 설정법을 다루고 있으므로 활용하면 됩니다. WebDAV는 웹 서버를 활용하므로 웹 서버 포트인 80번 포트의 포트포워딩이 필수입니다.

외부에서는 주로 스마트폰, 패드, 노트북 등에서 이루어지는 스트리밍이 대부분이므로, FTP나 WebDAV를 지원하는 어플리케이션이나 프로그램을 활용하면 됩니다.

스마트 TV로 재생

DLNA는 Digital Living Network Alliance의 약자로 기기의 종류에 상관없이 영상이나 음악 등의 멀티미디어 컨텐츠의 공유 및 재생이 가능하도록 규약을 정의하고 관리하는 단체를 말합니다. MiniDLNA는 포고플러그에서 DLNA 기능을 사용할 수 있도록 지원하는 프로그램입니다.

DLNA 기능이 탑재된 스마트TV가 있다면 내부 네트워크에서 포고플러그의 외장 하드에 있는 영상이나 음악을 TV에서 바로 재생할 수 있습니다. 그러나 DLNA 기능을 갖추고 있지 않다면 포고플러그의 멀티미디어 컨텐츠를 TV에서 재생하기 위해 기기가 추가로 필요합니다.

데비안의 minidlna 패키지를 설치하겠습니다.

```
# apt-get install minidlna
```

```
root@Pogolinux:/# apt-get install minidlna
패키지 목록을 읽는 중입니다... 완료
의존성 트리를 만드는 중입니다
상태 정보를 읽는 중입니다... 완료
다음 패키지를 더 설치할 것입니다:
  libexif12 libid3tag0
다음 새 패키지를 설치할 것입니다:
  libexif12 libid3tag0 minidlna
0개 업그레이드, 3개 새로 설치, 0개 제거 및 0개 업그레이드 안 함.
755 k바이트 아카이브를 받아야 합니다.
이 작업 후 2,287 k바이트의 디스크 공간을 더 사용하게 됩니다.
계속 하시겠습니까 [Y/n]? y
```

설치가 완료되면 설정 파일을 수정합니다. 원래 파일에서 주석 처리되어 있는 옵션은 주석(#) 표시를 제거하고 설정하면 됩니다.

```
# nano /etc/minidlna.conf
```

먼저, 데이터가 저장된 디렉토리를 지정하겠습니다. 오디오, 사진, 비디오 데이터의 디렉토리를 따로 지정합니다. 아래와 같이 설정하세요.

```
media_dir=A,/pogodata/music
media_dir=P,/pogodata/photo
media_dir=V,/pogodata/downloads
```

데이터베이스가 저장될 디렉토리를 지정하는 옵션입니다. 이 디렉토리 하부에 멀티미디어 파일의 데이터베이스와 음악 파일의 아트 커버 등의 정보가 저장됩니다.

```
db_dir=/var/lib/minidlna
```

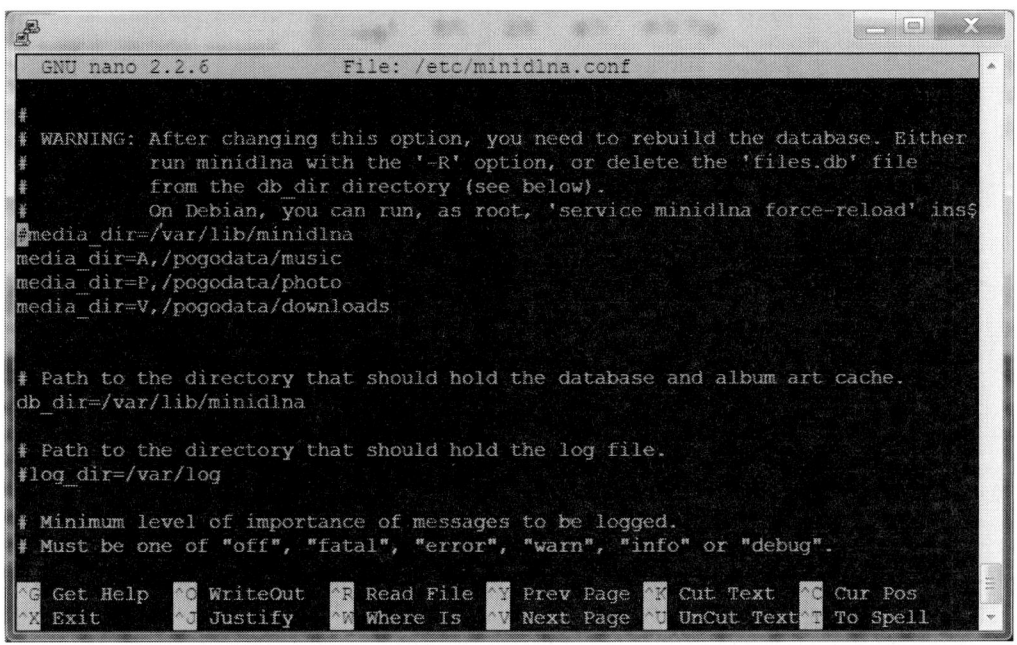

아래로 내려가서 포트 번호를 지정합니다. 기본으로 지정된 8200번을 사용하겠습니다.

```
port=8200
```

다른 기기에서 DLNA 검색 시, 포고플러그 기기를 식별하기 위한 이름을 지정합니다. 여기서는 PogoDLNA로 지정합니다.

```
friendly_name=PogoDLNA
```

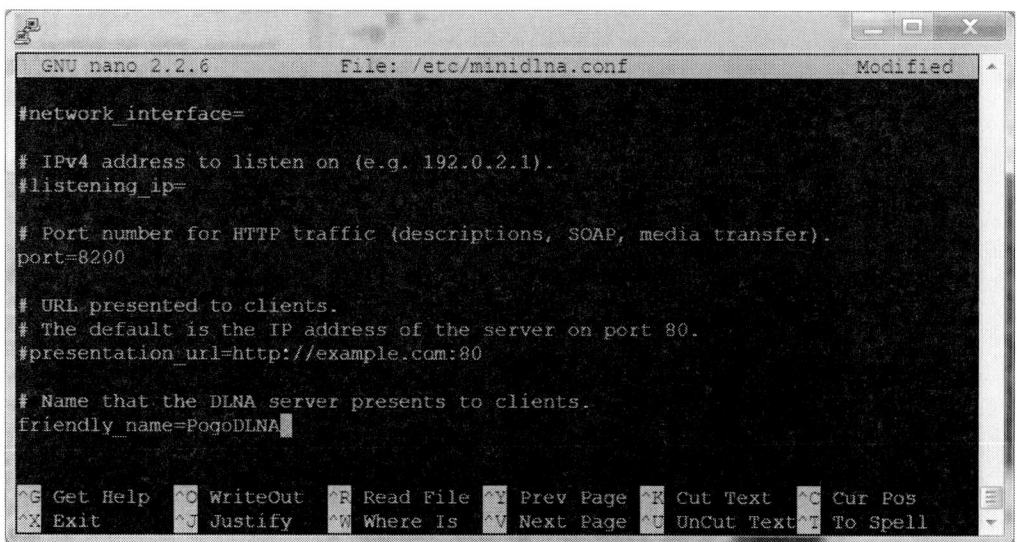

파일이 추가되거나 삭제될 때 자동 인식되는 옵션도 설정합니다. 주석 처리되어 있으니 해제하면 됩니다.

```
inotify=yes
```

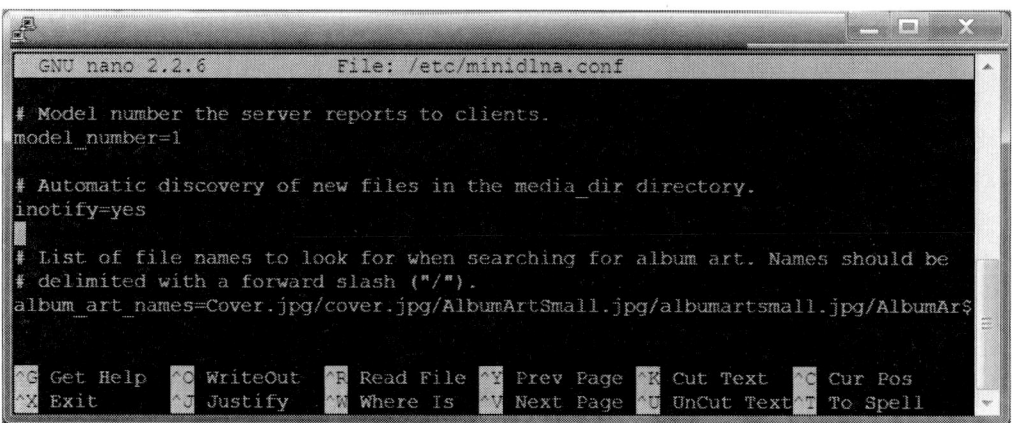

저장 후에 miniDLNA 데몬을 재시작합니다.

```
# service minidlna restart
```

> **miniDLNA 목록 업데이트가 잘 안될 때**
> 재생 목록은 데이터베이스로 만들어져서 /var/lib/minidlna에 files.db라는 파일로 저장됩니다.
> service minidlna force-reload 명령어를 실행해서 해결합니다.

웹 브라우저에서 포고플러그의 아이피 및 8200번 포트 번호를 입력하면 다음과 같이 목록이 업데이트되어 있는 것을 확인할 수 있습니다.

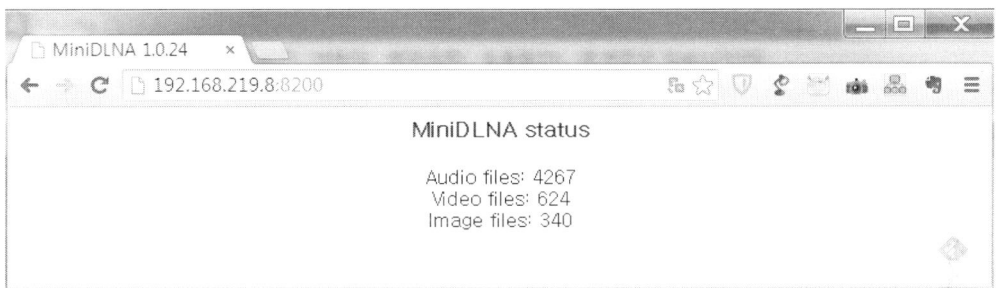

WD TV Live로 재생

WD TV Live는 다양한 형식의 파일을 재생할 수 있는 미디어 플레이어 기기입니다. 거의 모든 포맷의 영상 파일을 지원하며, 음악 파일도 FLAC의 재생까지 가능하므로 NAS를 사용하는 많은 유저에게 선택받고 있는 기기입니다.

네트워크 공유의 경우에도 DLNA, SAMBA 프로토콜, Mac OS의 AFP, NFS도 지원합니다. 게다가 LAN 연결의 경우 유선과 무선을 모두 지원해서 여건에 맞는 환경을 조성할 수 있다는 것이 큰 장점입니다.

본 절에서는 DLNA와 SAMBA 프로토콜을 이용하여 WD TV Live 기기를 활용하는 방법을 설명합니다.

1. DLNA 프로토콜로 연결

네트워크에 WD TV Live 기기를 연결하고 전원을 켜면, 특별한 설정이 없이도 이용이 가능합니다. 비디오, 음악 등의 항목이 뜨네요.

비디오를 선택하겠습니다.

DLNA 프로토콜은 [미디어 서버] 메뉴에서 가능합니다. [미디어 서버]를 선택하겠습니다.

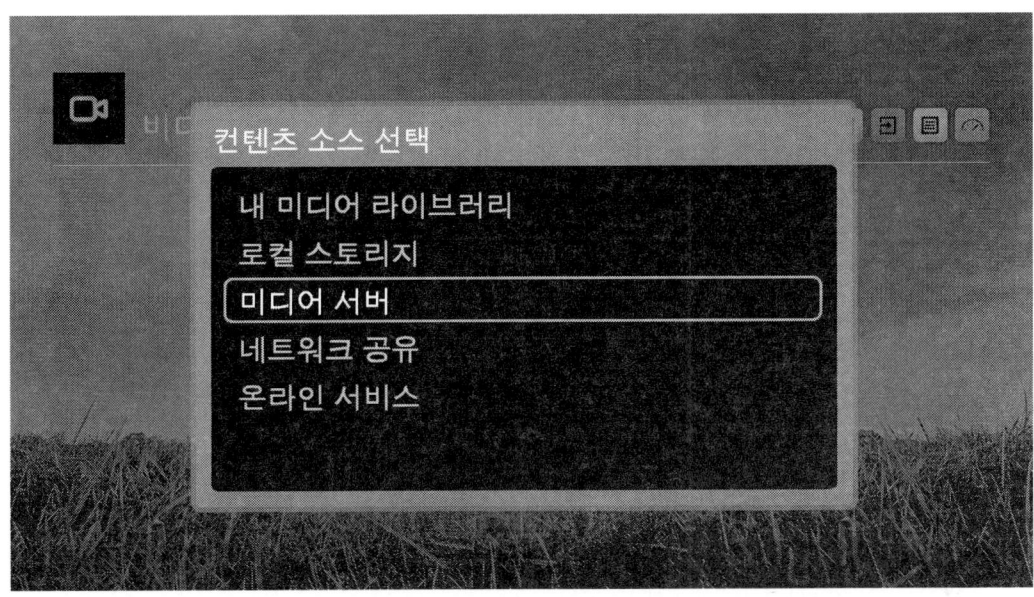

앞에서 포고플러그 식별을 위해 입력한 이름인 PogoDLNA가 뜨는 것을 확인할 수 있습니다. 이것을 선택하겠습니다.

[비디오: 폴더]를 선택하여 들어갔습니다. 음악, 사진, 비디오에도 바로 접근할 수 있습니다.

목록에서 음악 컨텐츠를 선택하면 앨범별, 아티스트별, 장르별 등으로 리스트를 확인할 수 있습니다.

원하는 뮤지션의 음악을 선택하여 재생할 수 있습니다.

첫 메뉴에서 사진 컨텐츠를 선택하면 전체 사진 혹은 날짜별, 폴더별로 사진을 선택하여 사진을 감상할 수 있습니다.

날짜별로 리스트를 확인하는 메뉴를 선택하니, 사진 촬영 날짜를 기준으로 다음과 같이 리스팅되는 것을 확인할 수 있습니다.

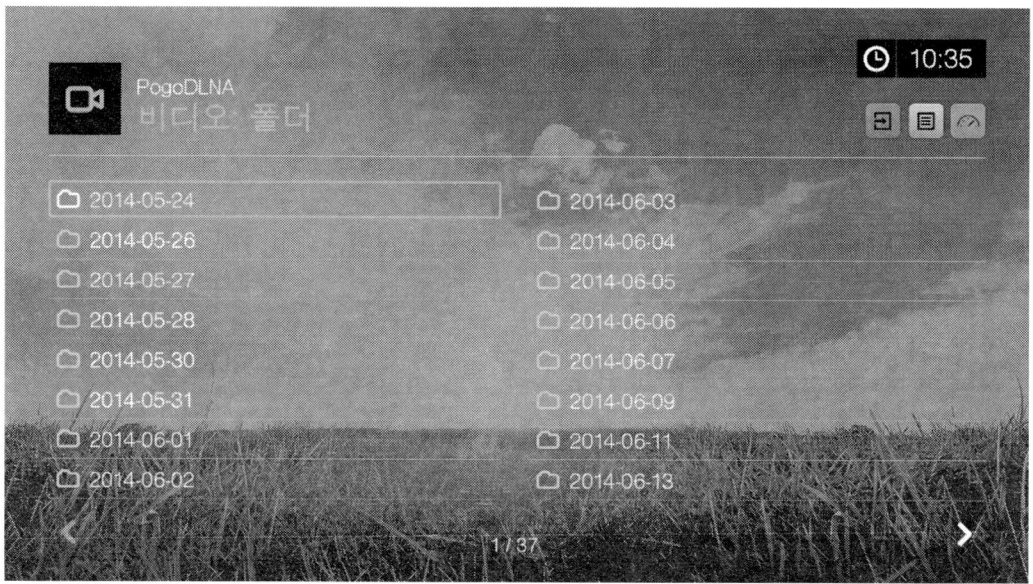

2. SAMBA 프로토콜로 연결

이번에는 초기화면에서 비디오 컨텐츠를 선택하고 DLNA 대신에 SAMBA 프로토콜로 연결하겠습니다.

[네트워크 공유] 항목을 선택합니다.

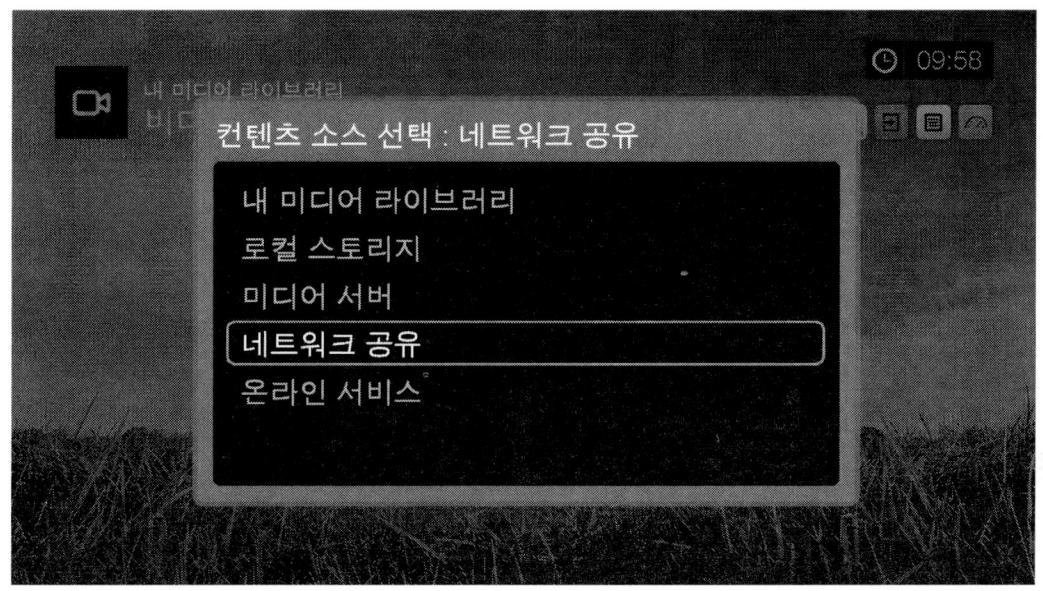

[Windows 네트워크 공유] 항목을 선택합니다.

Pogolinux 제목을 가진 포고플러그 SAMBA 항목이 보이네요. 그 밖에 같은 네트워크에 소속된 데스크탑도 보입니다. [POGOLINUX]를 선택합니다.

로그인을 하라고 하네요. 4장에서 SAMBA를 설정할 때, 두 가지로 나누어서 설정해 두었습니다. Data 항목과 Public 항목이 그것인데요. Data 항목의 경우 pogolinux라는 아이디로 로그인을 해야 하고, Public은 로그인 없이도 접속이 가능하도록 설정했었습니다.

이전에 SAMBA를 설치하고 설정하는 과정에서, Public 항목이 트랜스미션의 다운로드 디렉토리인 /pogodata/downloads로 이어지도록 설정하였으므로, Public 항목으로 넘어가겠습니다. Public 항목은 로그인을 요하지 않으니, 기본으로 설정되어 있는 anonymous(무명) 이름으로 진행하면 됩니다. 스크린샷에 나오는 사용자 이름과 암호는 제가 입력한 것이 아니고, 기본 입력 상태입니다.

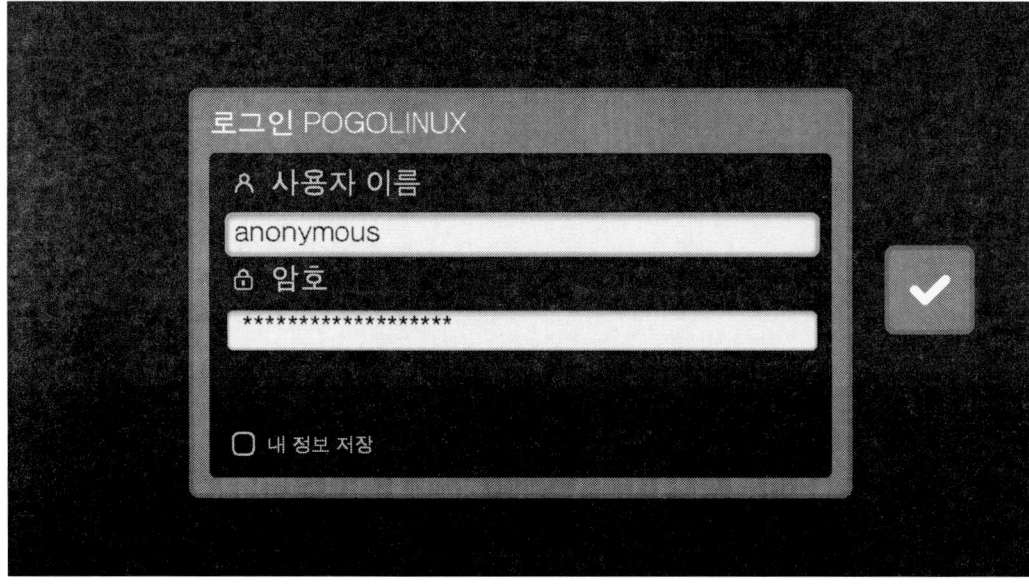

로그인을 하면 public이라는 항목이 나오네요. 이 탭을 선택하면 /pogodata/downloads 디렉토리로 자동으로 이동하며, 재생 가능한 목록을 볼 수 있습니다.

IPTV 셋탑박스 활용

저희 집 텔레비젼은 DLNA 기능을 지원하지 않습니다. 그러다 보니 MiniDLNA 패키지는 당연히 이용할 수 없고, 포고플러그에 있는 영상을 TV에서 보는 것이 조금 불편했죠. 지금은 WD TV Live 기기를 이용해서 영상이나 음악을 재생하고 있지만요. 사실 그때 조금만 더 알았더라면 DLNA 기능이 있는 TV를 샀을 텐데요.

집에는 LG U+ 인터넷이 들어오고, 같은 회사의 IPTV인 라이트TV를 시청 중입니다(요즘에 나왔다는 TV G의 이전 모델입니다). 어차피 셋탑박스가 공유기를 통해서 내부망에 편입되어 있기 때문에 SAMBA를 통해서 포고플러그의 자료에 접근할 수 있습니다.

SAMBA 설정은 4장에서 이미 해 두었습니다. 여기서도 Public 항목에 설정해 둔 디렉토리로 접근할 것입니다.

WD TV Live의 경우에는 리모콘을 통해 아이디와 비밀번호의 입력이 가능해서 사실 Public 항목을 따로 설정할 필요가 없습니다. 그렇지만 이 셋탑박스의 경우에 아이디와 비밀번호를 입력하는 것이 아예 불가능하여, 인증이 필요한 계정은 디렉토리까지는 보이지만, 파일 리스트 자체가 아예 나오지 않습니다.

이제 TV로 가서 영상 재생만 확인하면 됩니다.

LG U+의 경우, 308번 채널이 파일 공유를 위한 채널입니다. 리모콘의 녹색 버튼을 누르면 실행됩니다.

로딩이 완료되고 미디어센터 화면이 뜨면 [myPC] 항목을 선택합니다.

포고플러그의 호스트네임인 [POGOLINUX]가 보이네요. 선택하겠습니다.

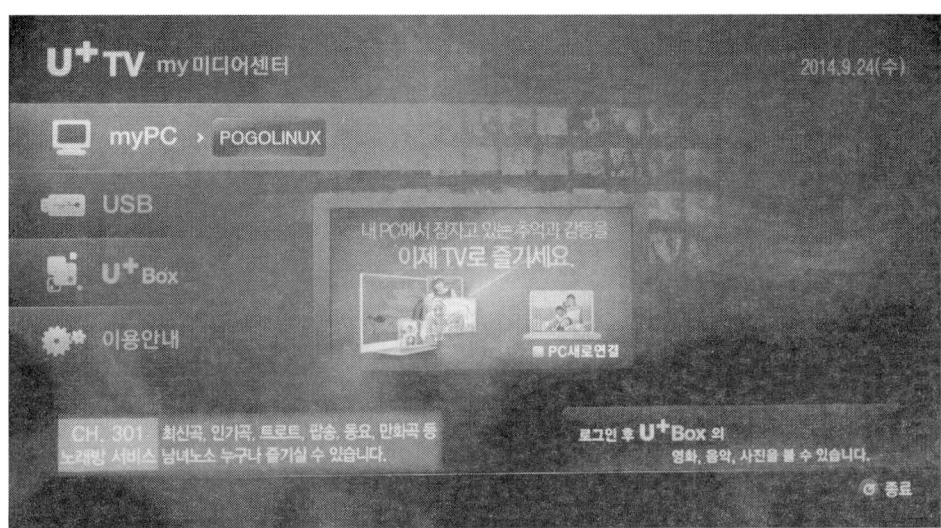

4장에서 SAMBA 설정 파일에 설정해 두었던 data 항목과 public 항목이 보이네요. TV에서 보기 위해 설정을 만들었던 [public] 항목을 선택하겠습니다.

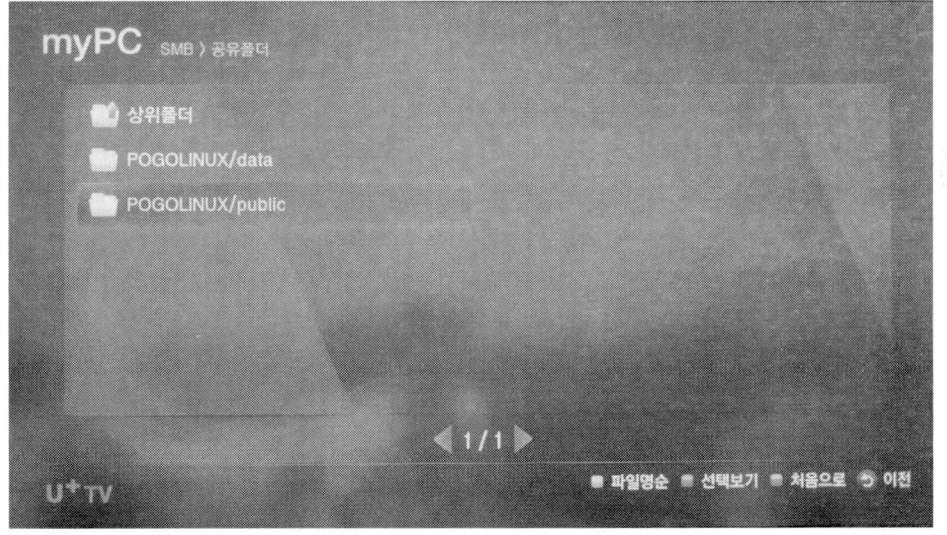

다운로드 디렉토리의 리스트를 확인할 수 있습니다.

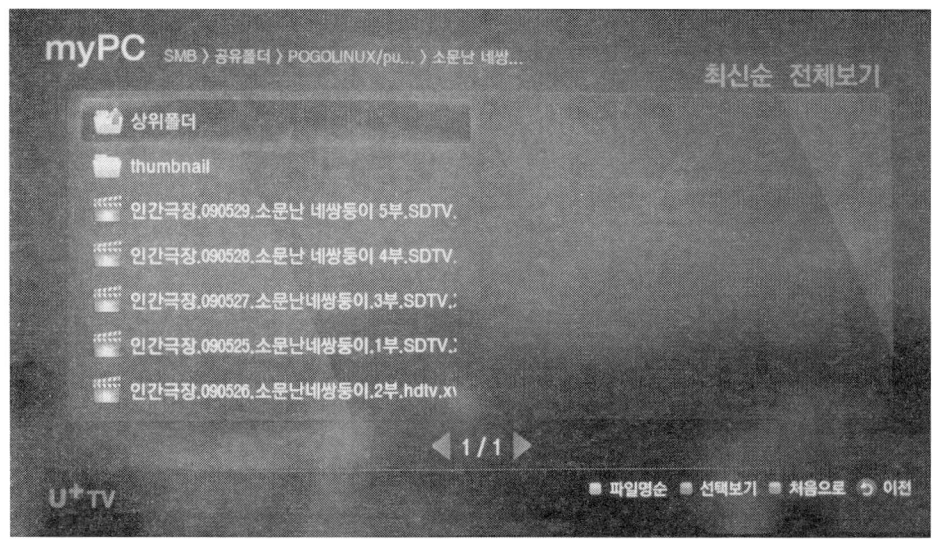

선택한 파일의 재생도 원활합니다.

스마트폰으로 재생

스마트폰에서도 다양한 어플리케이션을 활용한 스트리밍이 가능합니다. 일반적으로 아이폰의 경우에 Nplayer나 Avplayer 등이 많이 활용되고 있고, 음악 재생에는 "카프리치오"라는 어플리케이션도 많이 활용됩니다.

안드로이드에서는 "ES 파일 탐색기"라는 어플리케이션이 많이 활용되고 있습니다. SAMBA, FTP, WebDAV 까지 모두 지원하므로 안드로이드에서는 이 어플리케이션 하나만 있어도, 내부 네트워크나 외부 네트워크에서 모두 이용이 가능합니다.

ES 파일 탐색기의 활용 방법을 간단히 살펴보겠습니다. 플레이 스토어에서 ES 파일 탐색기를 다운로드 합니다(왼쪽 그림). 오른쪽 그림을 보면 네트워크 재생의 경우, LAN (SAMBA 프로토콜), 클라우드, FTP, 블루투스를 지원한다는 것을 알 수 있습니다.

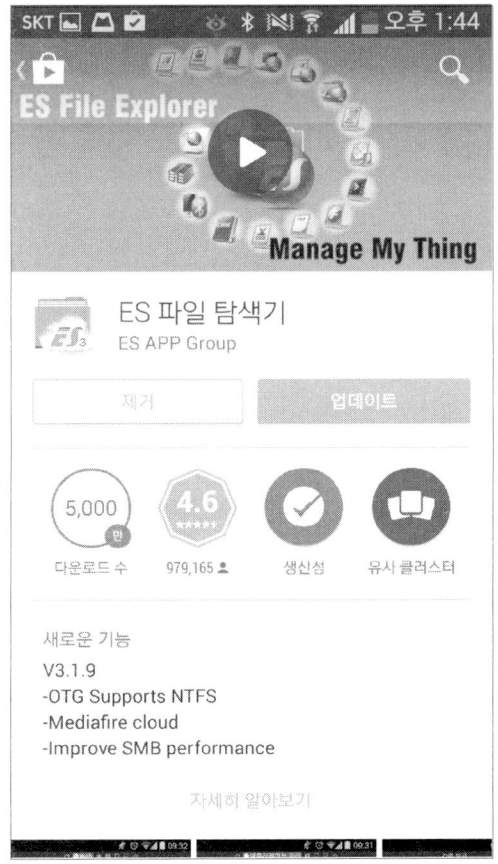
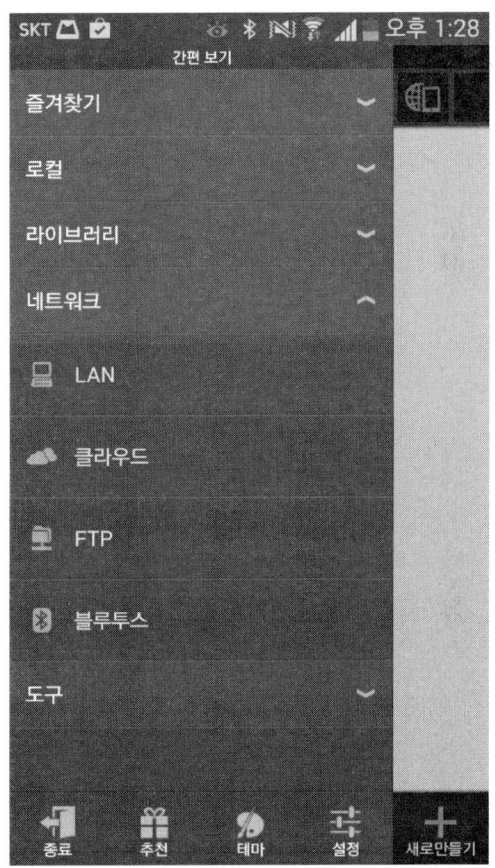

[FTP] 프로토콜을 선택하면, 세부사항으로 SFTP, FTPS, WebDAV까지 지원하는 것을 알 수 있습니다. [ftp] 프로토콜을 선택하겠습니다(왼쪽 그림). 오른쪽 그림에서는 서버 설정을 입력합니다. 서버 주소, 포트, 아이디, 비번을 모두 입력합니다.

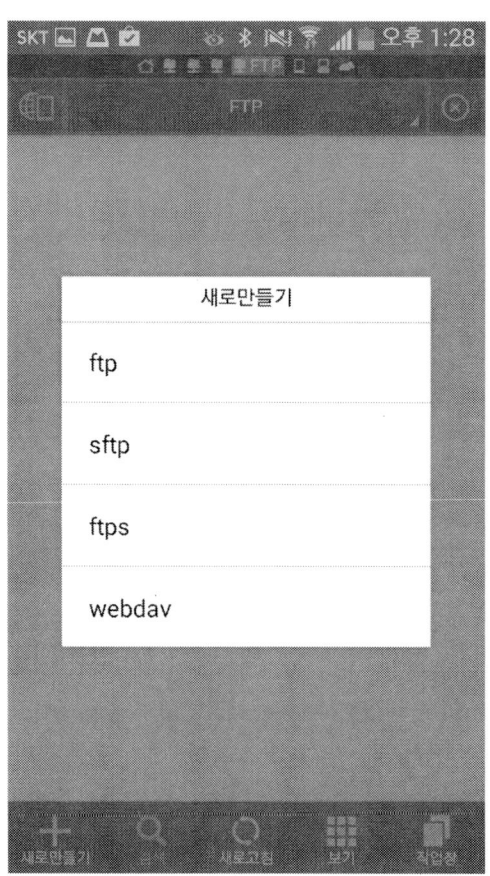 

우리가 원하는 영상의 재생이 가능함을 알 수 있습니다.

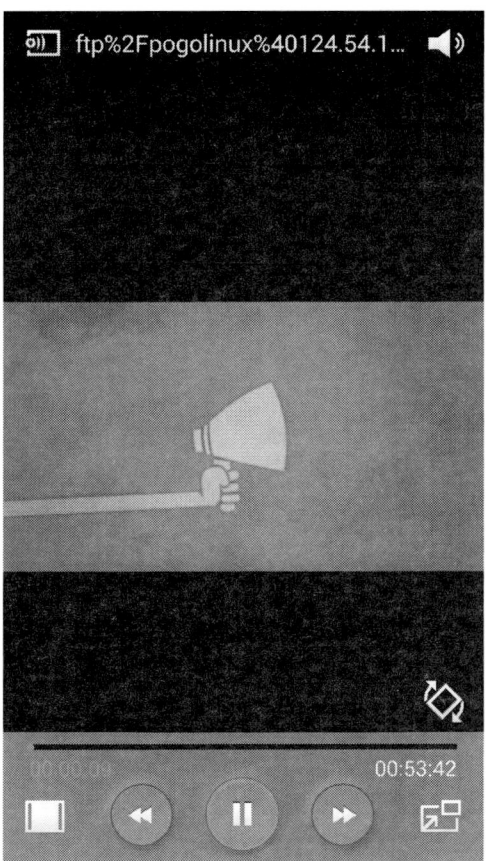

PC로 재생

http://www.kmplayer.com/에 방문하면 KMPlayer를 다운로드할 수 있습니다. KMPlayer를 사용하면 PC에서 포고플러그의 영상 컨텐츠를 재생할 수 있습니다.

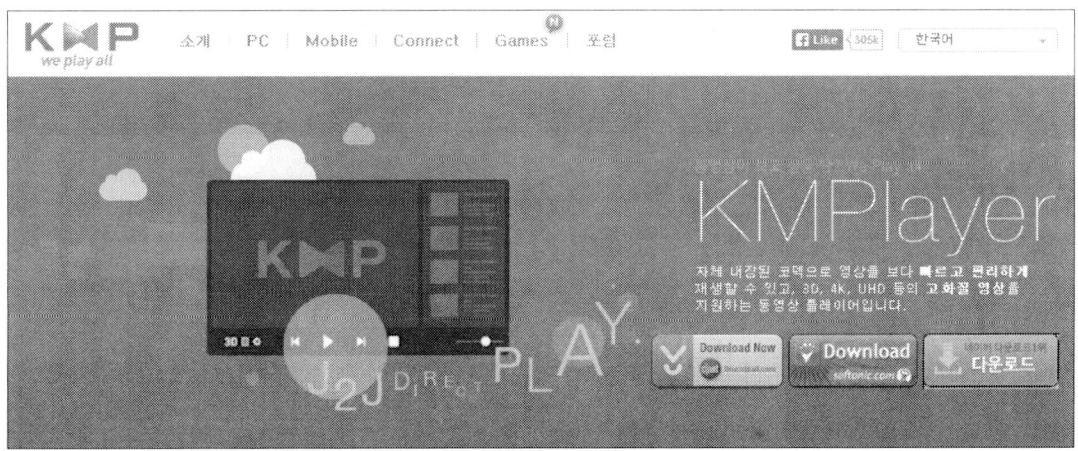

KMPlayer는 FTP 재생을 지원합니다.

포고플러그 FTP 설정을 입력합니다. 로그인 후에 트랜스미션 다운로드 디렉토리인 /pogodata/downloads로 접속하면 파일의 리스트가 뜨는 것을 확인할 수 있고, 영상의 재생이 가능합니다. 우리가 생성한 pogolinux 유저의 홈 디렉토리는 /pogodata입니다. 그래서 로그인 후에 downloads 디렉토리를 찾아가야 하는 불편함이 있는데요. 영상을 재생하는 용도로 다른 유저를 새로 생성하여 홈 디렉토리를 /pogodata/downloads로 설정하면 영상 재생을 더 편리하게 처리할 수 있습니다.

9

사진 자동 전송 시스템 및 웹 갤러리 구축

촬영한 사진을 가지고 포고플러그에서 활용 가능한 서비스가 있을까요? 우리가 이미 웹 서버를 구성해 두었기 때문에 촬영한 사진을 이용하여 웹 갤러리를 구성할 수 있습니다. 이번 장에서는 스마트폰으로 촬영한 사진을 이용해 포고플러그에서 웹 갤러리를 구성하는 방법을 알아보겠습니다.

사진 자동 전송 시스템

요즘은 예전에 비해 디지털 카메라나 스마트폰에 있는 사진을 컴퓨터로 옮기는 일이 쉬워졌습니다. 일반 디지털 카메라만 보아도, 예전에는 카메라와 컴퓨터 사이에 케이블을 연결하거나, 메모리 카드를 빼서 컴퓨터에 연결하는 방식이었지만, 요즘은 Wi-Fi 전송을 지원하는 카메라가 많아졌습니다.

스마트폰도 마찬가지입니다. 사실 스마트폰에서 사진 옮기는 일이 더 어려웠을지도 모르죠. 스마트폰과 컴퓨터를 케이블로 연결해야 했을 뿐 아니라, 기종에 따라서는 사진 전송을 위한 드라이버 설치 및 프로그램 설치까지 요하는 경우가 많았습니다. 그런데 요즘은 정말 간단해졌습니다. 스마트폰에 Dropbox나 구글플러스 앱을 설치하면 클라우드 서버에 사진을 바로 백업할 수 있고, 컴퓨터에 클라이언트를 설치하면 클라우드에 백업된 파일이 컴퓨터로 바로 전송되니 말입니다. 이 모든 것들이 거의 실시간으로 이루어집니다. 또한 12장에서 배우게 될 비트토렌트 싱크를 이용하면 스마트폰에서 포고플러그, 혹은 스마트폰에서 데스크탑으로 직접 전송도 가능합니다.

우선 저의 개인적인 사용 환경과 사진 정리 방식에 대해 간단히 설명드리겠습니다. 우리집에서 사진을 촬영하는 기기는 세 개입니다. 첫 번째는 디지털 카메라입니다. 디지털 카메라는 거의 아기 사진이나 가족 사진 촬영에만 사용됩니다. 특별히 다른 종류의 사진을 찍는 일은 없습니다. 두 번째로는 와이프가 사용하는 스마트폰입니다. 아직은 아기를 돌보느라 직장 생활을 쉬고 있기 때문에 역시나 아기 사진 촬영 이외에는 특별한 용도가 없습니다. 세 번째 기기가 저의 스마트폰입니다. 저 같은 경우에 애기들 사진도 찍지만, 직장에서는 다른 용도의 촬영을 하기도 하고, 가끔씩은 명함이나 문서 같은 것도 스마트폰으로 촬영합니다. 스마트폰 화면의 스크린샷도 많이 찍구요. 사진의 종류가 너무 다양하기에 나중에 주제별로 정리하는 데에 어려움을 겪는 것이 제 개인적으로는 가장 불편한 문제였습니다. 대부분의 사용자들이 저와 비슷한 환경에 있으리라 생각합니다.

그래서 본 장에서는 저처럼 스마트폰에 다양한 종류의 사진을 촬영하는 케이스에서, "아기 사진" 같은 특정 카테고리의 사진을 비트토렌트 싱크를 이용해 컴퓨터로 전송하고, 날짜별로 정리하고, 포고플러그에서 웹 갤러리를 만들어 보는 과정을 진행하고자 합니다.

안드로이드 스마트폰을 기준으로 강좌가 작성되었기에 양해를 부탁드리고, 아이폰의 경우에는 조금 더 번거로울 수는 있으나 적절하게 응용한다면 비슷한 결과물을 만들 수 있을 거라 생각합니다.

제가 사용 중인 "폴카"라는 안드로이드 어플리케이션을 먼저 소개하겠습니다. 폴카는 폴더 카메라의 약자인 것 같구요. 이 어플리케이션의 장점은 사진을 촬영할 때부터 촬영 종류를 설정하여 저장 폴더를 분리한다는 것입니다.

저 같은 경우는 1. 아기사진 2. 문서 및 명함 촬영 3. 그 외 촬영으로 나누기 때문에 폴더를 세 개로 나누어 사용하고 있습니다. 이 어플리케이션을 쓰는 이유는 촬영 후에 사진의 종류에 따라 분류를 다시 하는 작업이 너무 번거롭기 때문입니다.

무료 어플리케이션이니 다운로드만 받으면 됩니다. 유사한 기능을 하는 어플리케이션으로는 CameraPath 가 있으니 활용해 보셔도 됩니다.

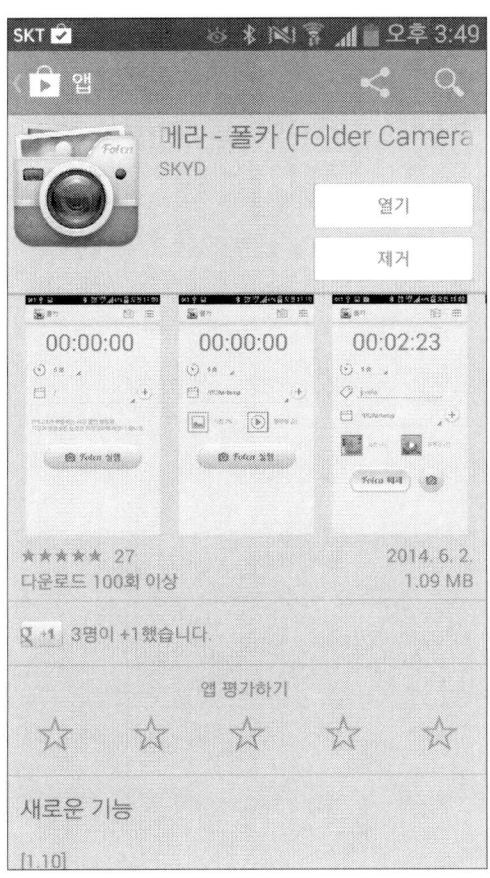

초기화면에서 '+' 버튼을 눌러 원하는 폴더를 생성할 수 있습니다. 저는 DCIM 아래에 Babies, Documents, Camera, 이렇게 3개의 디렉토리를 생성했습니다. 그리고 촬영하는 사진의 종류에 따라 알맞은 분류의 디렉토리를 선택한 후 촬영합니다.

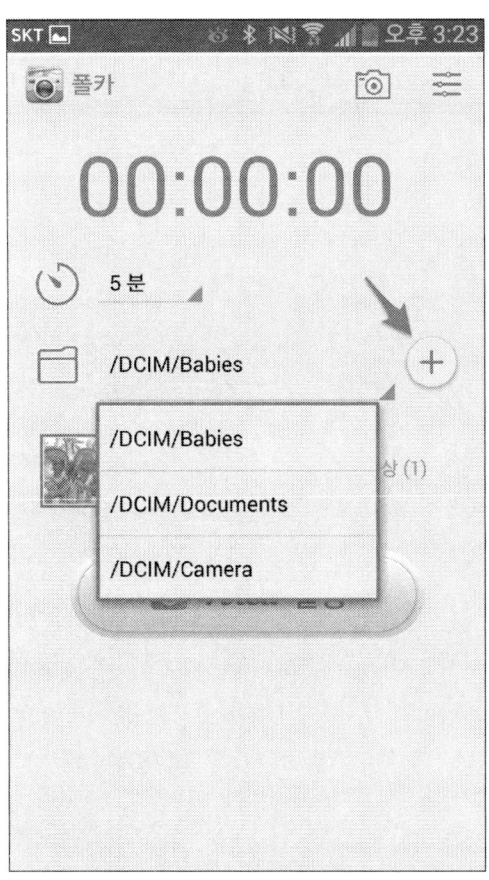

촬영 완료 후, Babies 디렉토리에 저장된 사진을 컴퓨터로 옮겨 보겠습니다. 사진 전송에는 비트토렌트 싱크를 이용하겠습니다. 비트토렌트 싱크의 설치 및 설정은 12장을 참조하기 바랍니다. 스마트폰용 비트토렌트 싱크 어플리케이션을 실행합니다. [백업] 탭을 선택한 후 백업하려는 폴더를 Babies 폴더로 선택합니다.

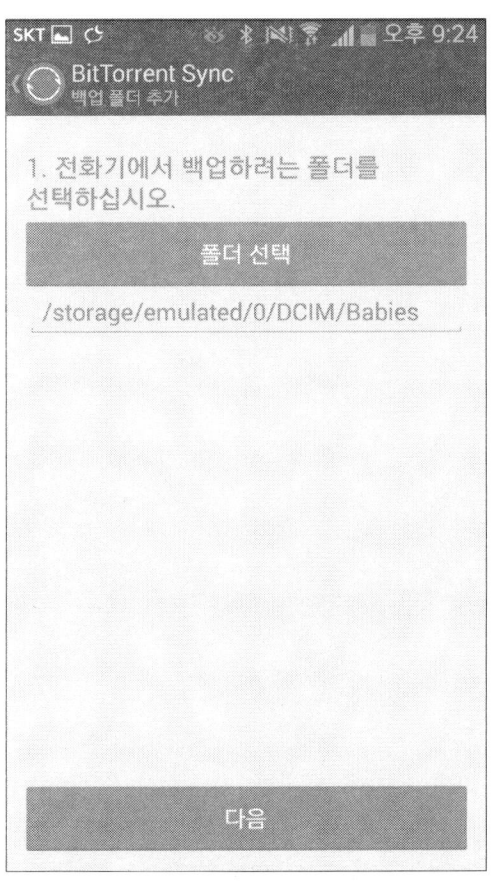

해당 폴더의 파일 갯수 및 용량이 나옵니다. 아직 다른 기기에 비밀 코드를 입력하지 않았으므로 연결된 기기 수는 '0'개라고 나옵니다. 그리고 아랫 부분에는 비밀 코드를 공유할 수 있는 방식을 안내하고 있습니다. 여기서는 [이메일] 전송을 선택합니다.

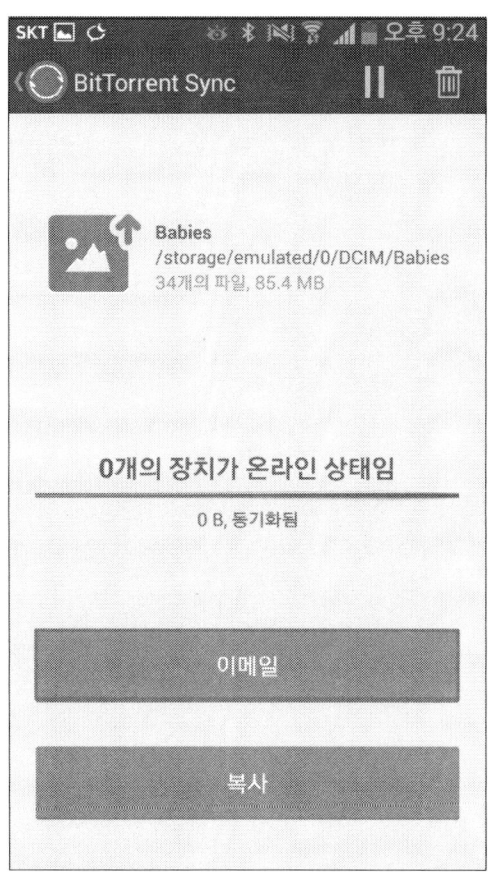

이메일로 받은 비밀 코드를 컴퓨터에 실행된 비트토렌트 싱크에 입력하고 동기화할 폴더도 지정합니다.

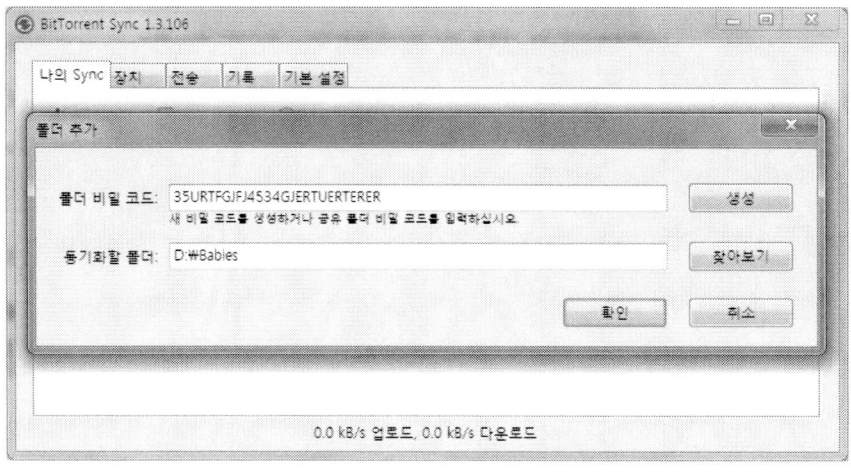

조금 지나면 컴퓨터의 Babies 폴더에 아기 사진이 동기화된 것을 확인할 수 있습니다.

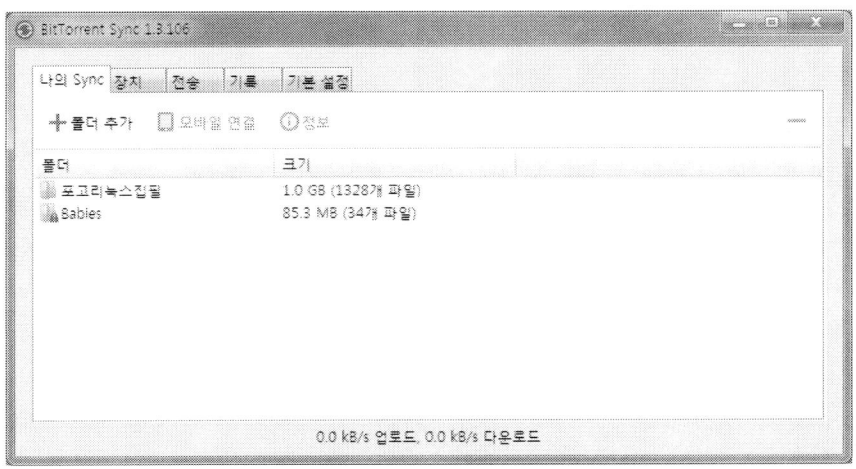

웹 브라우저에서 "http://포고아이피:8888"로 접속하고, 비밀 코드를 포고플러그의 비트토렌트 싱크에도 넣어주어서 원본 파일이 포고플러그에도 전송 및 보관되도록 설정할 수 있습니다.

저희 집에 있는 3가지 촬영 기기에서 촬영된 모든 사진은 저의 데스크탑 컴퓨터 하드디스크와 백업용 외장 하드, 그리고 포고플러그에 원본이 보관되고, 2048 픽셀 사이즈로 변환된 사진은 구글플러스로 백업됩니다. 구글플러스로의 백업은 데스크탑에 설치된 "피카사"라는 프로그램을 통해 이루어집니다. 구글플러스에서 2048 X 2048 픽셀 이하의 사진은 용량 제한 없이 무제한으로 백업이 가능합니다.

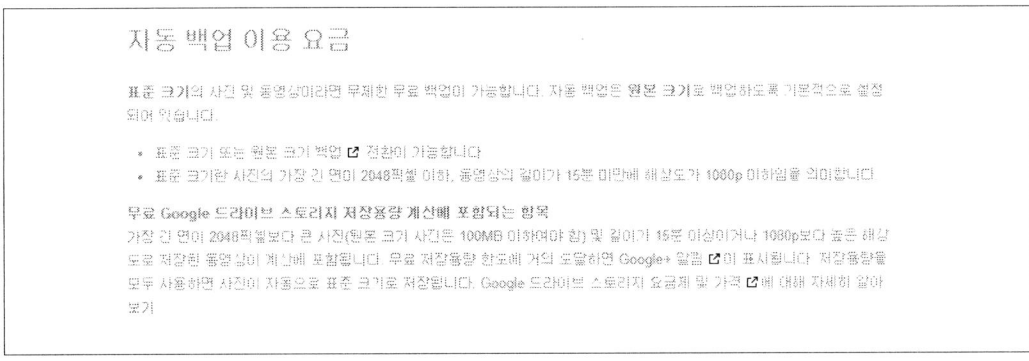

웹 갤러리

이제 웹 서버가 설치된 포고플러그에 웹 갤러리를 설치하겠습니다.

포고플러그에서 원활하게 돌아가는 웹 갤러리가 되려면 MySQL 데이터베이스를 사용하지 않는 PHP 갤러리가 좋습니다. 웹 브라우저에서 PHP photogallery로 검색하면 다양한 프로그램들이 나오는데요. 여기서는 MiniGal Nano라는 갤러리를 설치하겠습니다.

1. MiniGal Nano 설치

http://www.minigal.dk/minigal-nano.html로 접속하여 프로그램을 다운로드합니다.

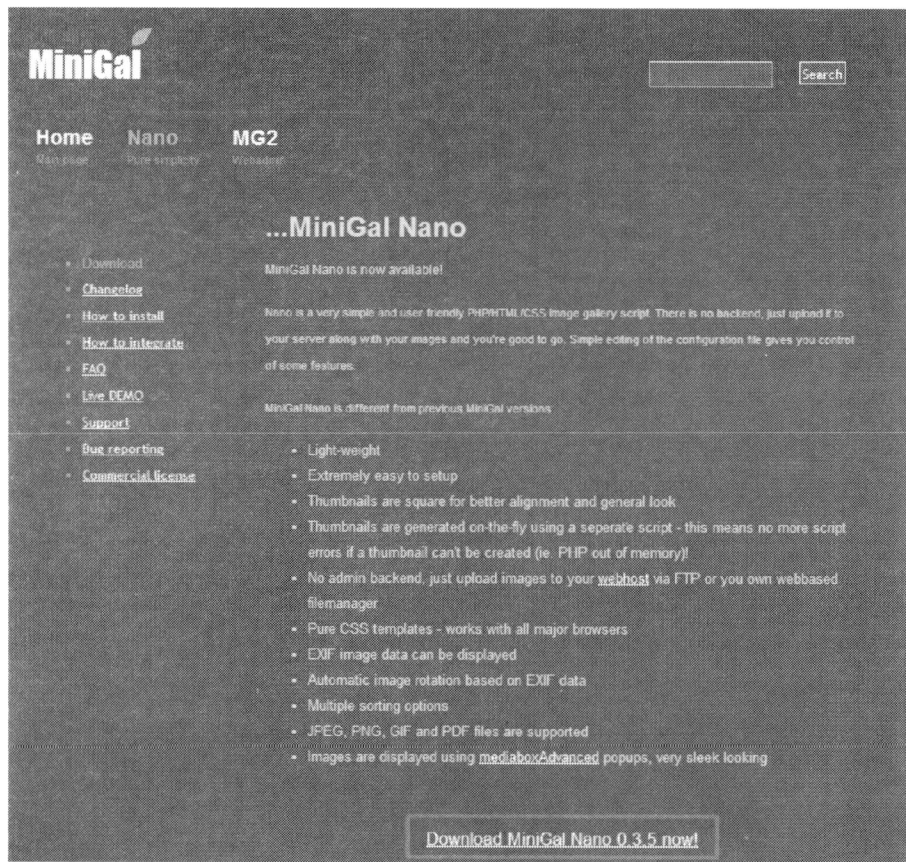

다운로드 이후에 설치는 매우 간단합니다.

우선 갤러리를 설치할 디렉토리를 생성하겠습니다.

```
# mkdir -m 775 /pogodata/gallery
```

그리고 다운로드한 MiniGal Nano의 압축을 해제하여, 생성한 디렉토리에 업로드합니다. 아래에 제시된 이미지는 업로드 완료 후의 디렉토리 및 파일 구조를 보여주는 스크린샷입니다. 업로드 후에 확인해 보니 업로드한 파일 중 **photos** 디렉토리가 웹 갤러리를 구성할 사진을 업로드하는 디렉토리입니다. 앞에서 비트토렌트 싱크를 이용하여 데스크탑으로 사진들을 백업했었습니다. 그 백업한 사진들을 리사이즈하여

photos 디렉토리에 업로드할 것입니다.

파일명	크기	파일 유형	최종 수정	권한	소유자/그룹
..					
css		파일 폴더	2014-07-17 오후 4:2..	drwxr-xr-x	1000 1000
images		파일 폴더	2014-07-17 오후 4:2..	drwxr-xr-x	1000 1000
js		파일 폴더	2014-07-17 오후 4:2..	drwxr-xr-x	1000 1000
photos		파일 폴더	2014-07-17 오후 4:2..	drwxr-xr-x	1000 1000
templates		파일 폴더	2014-07-17 오후 4:2..	drwxr-xr-x	1000 1000
config.php	2,222	PHP 파일	2014-07-17 오후 4:2..	-rw-r--r--	1000 1000
config_default.php	2,210	PHP 파일	2014-07-17 오후 4:2..	-rw-r--r--	1000 1000
createthumb.php	3,454	PHP 파일	2014-07-17 오후 4:2..	-rw-r--r--	1000 1000
index.php	15,366	PHP 파일	2014-07-17 오후 4:2..	-rw-r--r--	1000 1000
integrate.php	265	PHP 파일	2014-07-17 오후 4:2..	-rw-r--r--	1000 1000
system_check.php	3,146	PHP 파일	2014-07-17 오후 4:2..	-rw-r--r--	1000 1000

리사이즈에는 "포토웍스"라는 프로그램을 사용합니다. 포토웍스 프로그램은 네이버 카페 '포토웍스'(http://cafe.naver.com/photoworks2)에서 무료로 제공하고 있습니다. 이 프로그램은 강력한 기능을 제공하는 사진 편집 프로그램으로 최근에 10년 만의 업데이트가 이루어지면서 다시 화제가 되기도 하였습니다.

[폴더추가] 버튼을 눌러 사진 폴더를 선택합니다.

리사이즈를 시행합니다. 가로 800 정도로 시행하였습니다. 자세한 사용법은 글의 흐름상 생략합니다.

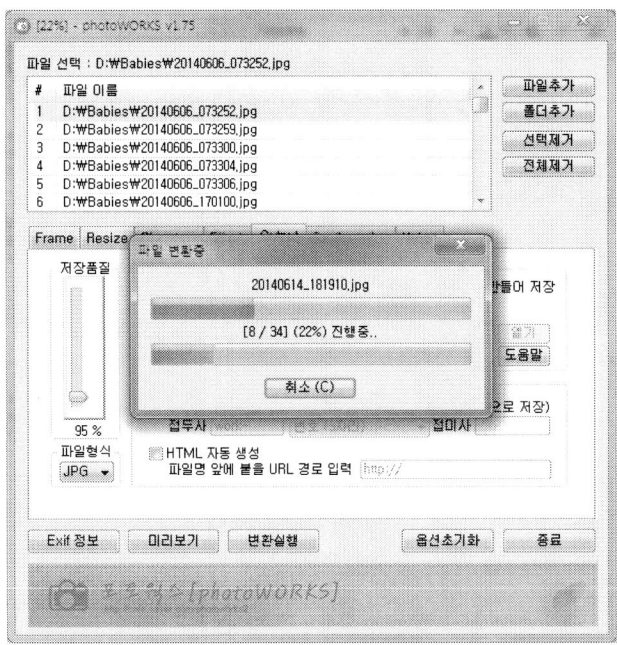

리사이즈 후에 FTP를 통해 /pogodata/gallery/photos 디렉토리에 사진을 업로드합니다.

아파치에서 가상 호스트를 설정해 주겠습니다. photo라는 이름의 가상 호스트 파일을 생성합니다.

nano /etc/apache2/sites-available/photo

다음 화면처럼 내용을 입력해 주세요.

그리고 가상 호스트 설정 파일을 사용가능하도록 명령합니다.

a2ensite photo

아파치를 재시작 해주세요.

```
# service apache2 restart
```

그리고 웹 브라우저 주소 창에 http://photo.pogoguide.tk를 입력하여 웹 갤러리를 띄워보겠습니다. 웹 브라우저 창 상단에 시스템 체크 도구를 실행해 달라는 문구가 뜨네요. 밑줄 친 "system check tool"을 클릭합니다.

Minigal Nano 웹 갤러리를 사용하기 위한 패키지들이 지원되고 있는지 확인합니다. 만약에 추가 설치가 필요한 것이 있다면 보완하면 됩니다. 현재 스크린샷에서는 특별히 보완할 부분이 없다고 나오네요.

2. 웹 갤러리 인터페이스 변경

깔끔하기는 한데 무언가 정돈되지 않은 느낌이 드는군요. 몇 가지 수정을 해서 갤러리 형태를 조금 더 개선하겠습니다.

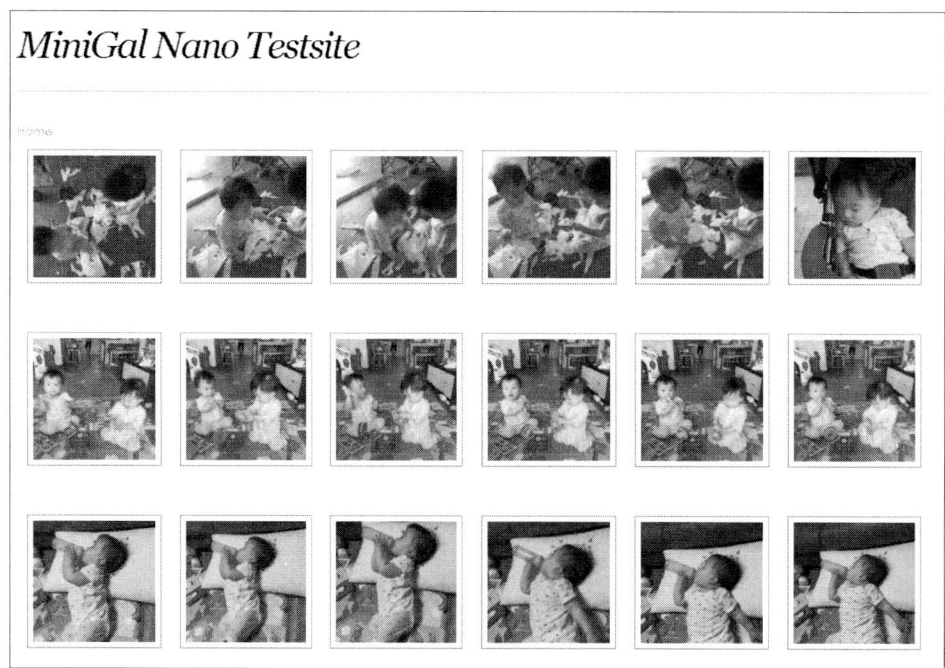

PuTTy 터미널을 실행한 뒤 설정 파일을 편집하겠습니다.

```
# nano /pogodata/gallery/config.php
```

수정할 곳은 총 5군데입니다. 우선 갤러리의 템플릿을 변경합니다. templatefile 항목의 nano를 exhibition으로 수정합니다. 그리고 타이틀과 author(저작자)는 각자 써 주시면 되구요. sortdir_folders와 sortdir_files, 두 항목을 ASC에서 DESC로 변경합니다. 최근 사진을 앞으로 나오게 하기 위한 설정입니다. 저장 후 닫습니다.

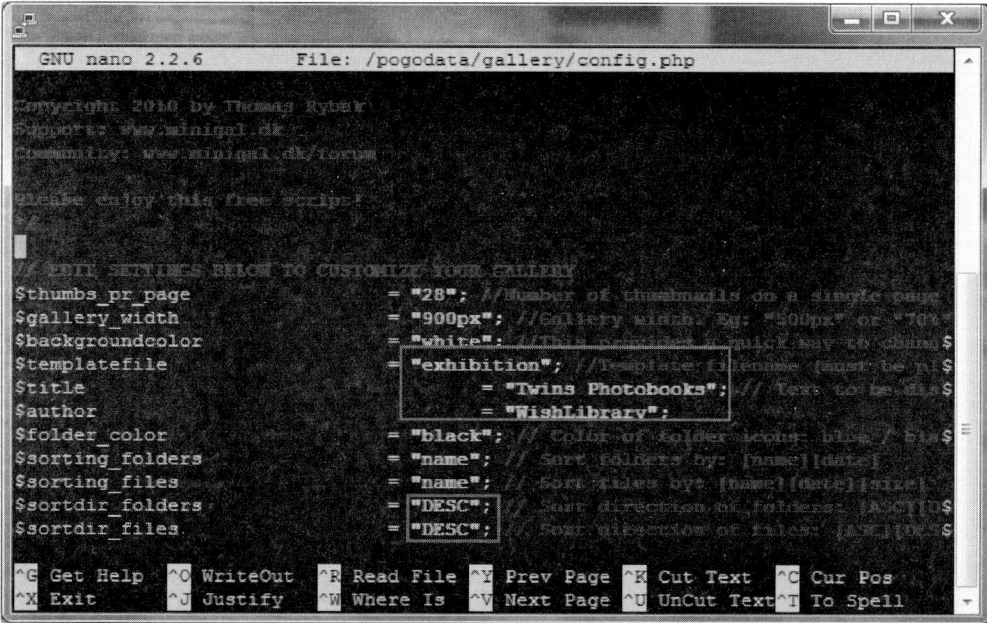

갤러리를 다시 띄우겠습니다. 검정색 배경으로 바뀌어 사진도 더 보기 좋고, 모양도 나은 것 같네요. 물론 어디까지나 개인 취향이긴 합니다.

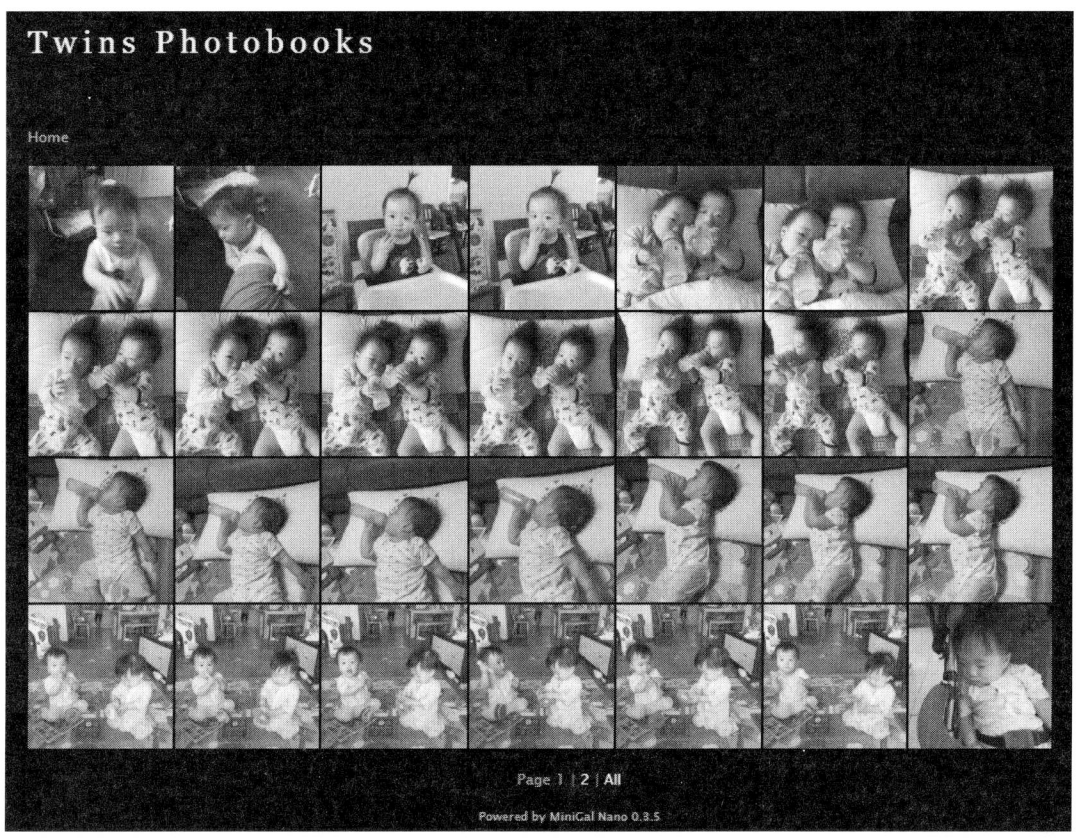

gallery 디렉토리 하방의 템플릿 디렉토리를 살펴보니 템플릿이 exhibition, integrate, mano, 이렇게 3개가 있네요. 참고로 알아두면 좋을 것 같습니다. 다른 템플릿이 더 나은지 확인해 보기 위해서 적용해 보셔도 될 것 같습니다.

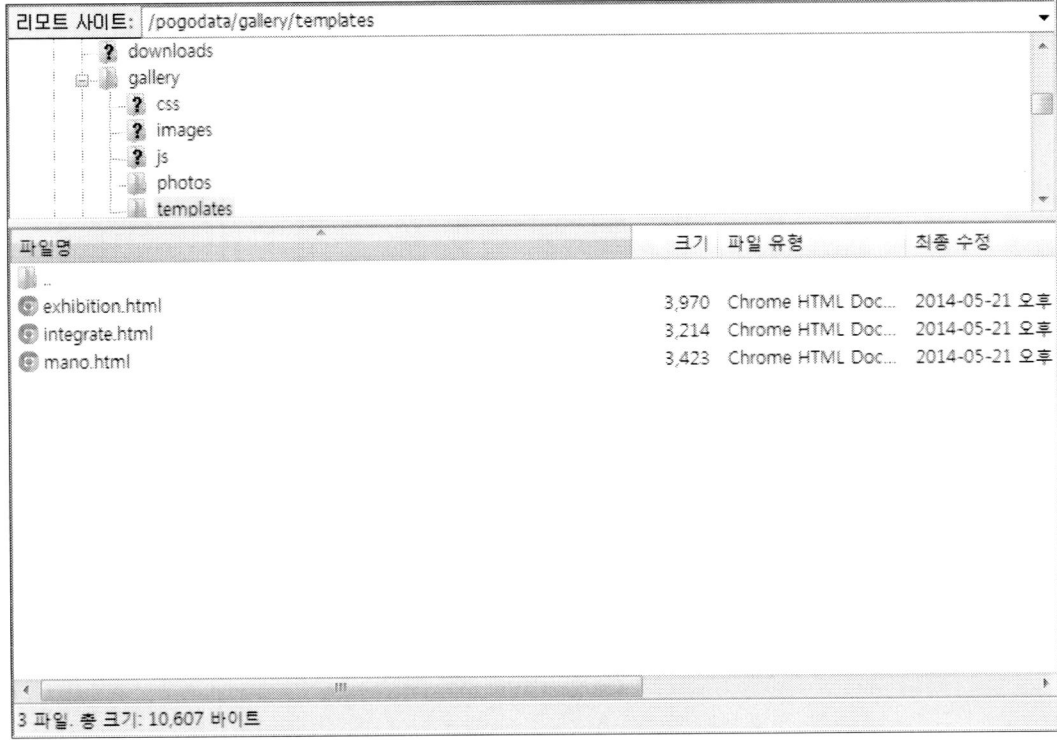

3. 날짜별 폴더 만들기 및 파일 분류

마지막으로 하려는 작업은 날짜별로 폴더를 만들고 파일을 분류하는 것입니다. 모든 사진이 한군데 모여 있으니, 보기엔 나쁘지 않지만 정리가 잘 안되어 보입니다.

사진의 EXIF 정보를 읽어내어 날짜와 시간에 맞게 파일명을 변경하고, 분류하는 작업을 할 것입니다. 우선 터미널로 가서 필요한 패키지를 설치합니다.

```
# apt-get install libimage-exiftool-perl
```

설치는 금방 완료됩니다.

```
root@debian:~# apt-get install libimage-exiftool-perl
```
(설치 과정 출력)

그리고 우리가 원하는 작업을 시행할 수 있도록 스크립트를 작성하겠습니다. 갤러리 디렉토리 안에 **photodate.sh**라는 파일을 생성하고 여기에 스크립트를 작성하겠습니다.

```
# nano /pogodata/gallery/photos/photodate.sh
```

빈 파일이 열리면 아래 내용을 기입한 후 저장합니다.

```
#!/bin/bash
exiftool '-filename<CreateDate' -d %Y-%m-%d_%H%M%S%%-c.%%le ./
exiftool -d %Y%m%d "-directory<datetimeoriginal" ./
chmod 777 -R ./*
```

파일에 실행 권한을 부여합니다.

```
# chmod +x /pogodata/gallery2/photos/photodate.sh
```

그리고 해당 디렉토리로 이동한 후 파일을 실행합니다.

```
# cd /pogodata/gallery/photos
# ./photodate.sh
```

스크립트 파일 실행 전과 후를 비교해 볼까요? 실행 전에 ls 명령어를 통해 파일 목록을 보면 전체 파일이 한 디렉토리 안에 섞여 있습니다.

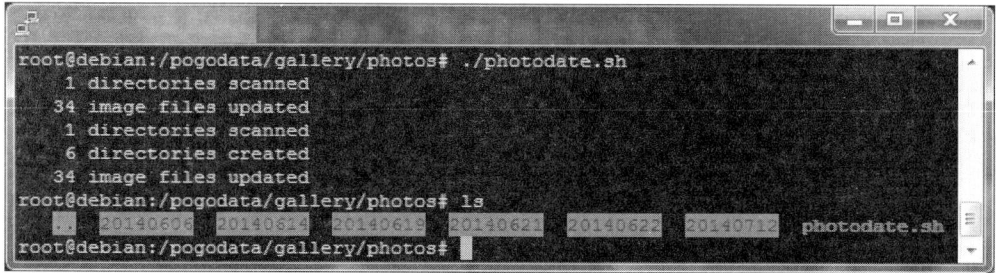

스크립트 실행 후에는 디렉토리를 스캔하여 나온 이미지 파일을 날짜별로 분류하고, 날짜별 디렉토리를 생성하여 나누어 주는 작업을 하게 되고, ls 명령어를 통해 리스트를 보면 날짜별 디렉토리로 정리되어 있음을 알 수 있습니다.

다시 웹 갤러리로 접속합니다. 날짜별로 디렉토리가 생성된 것이 그대로 반영되어 있습니다.

6월 14일자 디렉토리로 들어가면 같은 날 찍은 사진이 모여있네요. 이상으로, 스마트폰으로 촬영한 사진의 정리가 어려운 점을 보완하고 웹 갤러리에 적용하는 방법을 배워 보았습니다.

10

인터넷 방송 녹음과 청취

이번 장에서는 EBS 인터넷 라디오 방송을 녹음해서 어학 공부를 할 수 있는 방법을 설명합니다. 라디오를 이용한 어학 공부의 단점 중 하나는 시간의 제약입니다. 내가 원하는 방송을 하는 시간에 라디오 앞에 앉아야 하는 것이죠. 그렇지만 24시간 켜둘 수 있는 포고플러그를 활용하면 원하는 방송을 녹음해서, 우리가 공부할 수 있는 시간에 들으면서 학습할 수 있습니다.

인터넷 방송 녹음

EBS 라디오는 RTMP(Real Time Messaging Protocol)로 스트리밍되고 있습니다. RTMP 스트리밍을 녹음할 수 있는 패키지를 설치하고 변환하는 과정을 진행하겠습니다.

1. 녹음을 위한 사전 작업

우선 작업할 디렉토리를 먼저 생성하겠습니다.

```
# mkdir -m 755 -p /pogodata/study/EBS
```

라디오 녹음에 필요한 관련 패키지를 설치합니다. RTMP 스트리밍을 녹음하기 위해 데비안 리눅스에서 설치할 패키지는 rtmpdump입니다. 그 밖에 녹음 파일을 m4a 형식으로 추출하거나 mp3로 변환하기 위하여 ffmpeg 패키지를 함께 설치하겠습니다.

```
# apt-get install rtmpdump ffmpeg
```

```
root@Pogolinux:~# apt-get install rtmpdump ffmpeg
패키지 목록을 읽는 중입니다... 완료
의존성 트리를 만드는 중입니다
상태 정보를 읽는 중입니다... 완료
다음 패키지를 더 설치할 것입니다:
  libasound2 libasyncns0 libav-tools libavcodec53 libavdevice53 libavfilter2
  libavformat53 libavutil51 libcaca0 libcdio-cdda1 libcdio-paranoia1 libcdio13
  libdc1394-22 libdirac-encoder0 libdirectfb-1.2-9 libflac8 libgsm1 libice6
  libjack-jackd2-0 libjson0 libmp3lame0 libogg0 libopencv-core2.3
  libopencv-imgproc2.3 libopenjpeg2 liborc-0.4-0 libpostproc52 libpulse0
  libraw1394-11 libsamplerate0 libschroedinger-1.0-0 libsdl1.2debian libsm6
  libsndfile1 libspeex1 libswscale2 libtheora0 libts-0.0-0 libusb-1.0-0 libva1
  libvorbis0a libvorbisenc0 libvpx1 libx11-xcb1 libx264-123 libxext6
  libxfixes3 libxi6 libxtst6 libxvidcore4 tsconf x11-common
제안하는 패키지:
  libasound2-plugins jackd2 pulseaudio libraw1394-doc speex mplayer
다음 새 패키지를 설치할 것입니다:
  ffmpeg libasound2 libasyncns0 libav-tools libavcodec53 libavdevice53
  libavfilter2 libavformat53 libavutil51 libcaca0 libcdio-cdda1
  libcdio-paranoia1 libcdio13 libdc1394-22 libdirac-encoder0 libdirectfb-1.2-9
  libflac8 libgsm1 libice6 libjack-jackd2-0 libjson0 libmp3lame0 libogg0
  libopencv-core2.3 libopencv-imgproc2.3 libopenjpeg2 liborc-0.4-0
  libpostproc52 libpulse0 libraw1394-11 libsamplerate0 libschroedinger-1.0-0
  libsdl1.2debian libsm6 libsndfile1 libspeex1 libswscale2 libtheora0
  libts-0.0-0 libusb-1.0-0 libva1 libvorbis0a libvorbisenc2 libvpx1
  libx11-xcb1 libx264-123 libxext6 libxfixes3 libxi6 libxtst6 libxvidcore4
  rtmpdump tsconf x11-common
0개 업그레이드, 54개 새로 설치, 0개 제거 및 0개 업그레이드 안 함.
17.2 M바이트 아카이브를 받아야 합니다.
이 작업 후 51.5 M바이트의 디스크 공간을 더 사용하게 됩니다.
계속 하시겠습니까 [Y/n]? y
```

2. 녹음 스크립트 생성

설치가 완료되면 EBS 녹음을 위한 스크립트를 생성해야 합니다. 나노 편집기를 이용하여 빈 파일을 열겠습니다. ebs.sh 스크립트 파일을 /pogodata/study 경로에 생성합니다.

```
# nano /pogodata/study/ebs.sh
```

아래의 스크립트를 그대로 넣습니다.

```
#!/bin/bash
RADIO_ADDR="rtmp://ebsandroid.ebs.co.kr:1935/fmradiofamilypc/familypc1m"

PROGRAM_NAME=$1
RECORD_MINS=$(($2 * 60))
DEST_DIR=$3

REC_DATE=`date +%Y%m%d`
OUTPUT_FILENAME=$PROGRAM_NAME"_"$REC_DATE.m4a
rtmpdump -r $RADIO_ADDR -B $RECORD_MINS -o temp.flv
```

ffmpeg -i temp.flv -vn -acodec copy $OUTPUT_FILENAME > /dev/null 2>&1
rm temp.flv
mkdir -p $DEST_DIR
mv $OUTPUT_FILENAME $DEST_DIR

위의 스크립트는 재생되고 있는 EBS 라디오를 실시간 녹음하는 스크립트입니다. 스크립트를 한 줄씩 분석하겠습니다.

- #!/bin/bash
  이 구문은 본 스크립트를 bash 쉘로 실행하겠다고 선언을 하는 것입니다. bash 쉘이란 명령어 처리기 중 하나로, 스크립트에 입력한 명령들을 어떻게 처리할 것인지의 기준을 세운 것입니다.

- RADIO_ADDR="rtmp://ebsandroid.ebs.co.kr:1935/fmradiofamilypc/familypc1m"
  두 번째 줄은 EBS 라디오 스트리밍 주소를 RADIO_ADDR 변수에 넣어준 것입니다.

- PROGRAM_NAME=$1
- RECORD_MINS=$(($2 * 60))
- DEST_DIR=$3
  위의 세 항목은 스크립트를 실행할 때 붙여줄 조건들과 연관된 변수입니다. 실행 스크립트 뒤에 1) 프로그램명, 2) 녹음을 원하는 시간(분), 3) 저장할 디렉토리, 이렇게 세 가지 옵션을 넣어주는데 RECORD_MINS 항목에 곱하기 60 연산이 들어가 있는 것은 rtmpdump 프로그램이 시간을 초 단위로 인식하기 때문입니다. 분 단위 녹음을 진행하기 위한 옵션으로 보면 됩니다.

- REC_DATE=`date +%Y%m%d`
  스크립트가 실행되는 시각을 참고하여 "연도, 월, 일" 형식의 값을 REC_DATE 변수에 다시 정의하는 것입니다. 예를 들면, 지금이 2014년 8월 31일이니, 20140831, 이런 식이 되는 것이죠.

- OUTPUT_FILENAME=$PROGRAM_NAME"_"$REC_DATE.m4a
  녹음되는 파일의 이름을 정할 변수입니다. 아까 첫 번째로 입력받은 값인 프로그램명과 녹음 시각이 조합되고, 확장자는 m4a로 끝나는 파일이 생성될 것입니다.

- rtmpdump -r $RADIO_ADDR -B $RECORD_MINS -o temp.flv
  이제 녹음이 본격적으로 시작되네요. 라디오 스트리밍 주소와 원하는 녹음 시간을 입력하여 temp.flv 파일로 생성합니다.

- ffmpeg -i temp.flv -vn -acodec copy $OUTPUT_FILENAME > /dev/null 2>&1
  temp.flv 파일을 OUTPUT_FILENAME 이름의 무손실 음원으로 추출하겠다는 명령어입니다.

- rm temp.flv
  추출이 완료되었으니, 처음 녹음되었던 원본 파일은 삭제하구요.

- mkdir -p $DEST_DIR
  파일을 저장하기 위하여 입력받았던 대상 디렉토리가 없으면 생성합니다.

- mv $OUTPUT_FILENAME $DEST_DIR
  녹음된 파일을 생성된 디렉토리로 옮겨주는 작업을 마지막으로 하면서 스크립트가 마무리됩니다.

위의 스크립트를 저장하고 나노 편집기를 종료합니다.

마지막으로, **ebs.sh** 스크립트 파일에 실행 권한을 부여합니다.

```
# chmod +x /pogodata/study/ebs.sh
```

3. 녹음 파일 테스트

테스트 파일을 생성하겠습니다. Testfile이라는 프로그램명으로 1분동안 **/pogodata/study** 디렉토리에 해당 파일을 생성하는 명령어입니다.

```
# /pogodata/study/ebs.sh Testfile 1 /pogodata/study
```

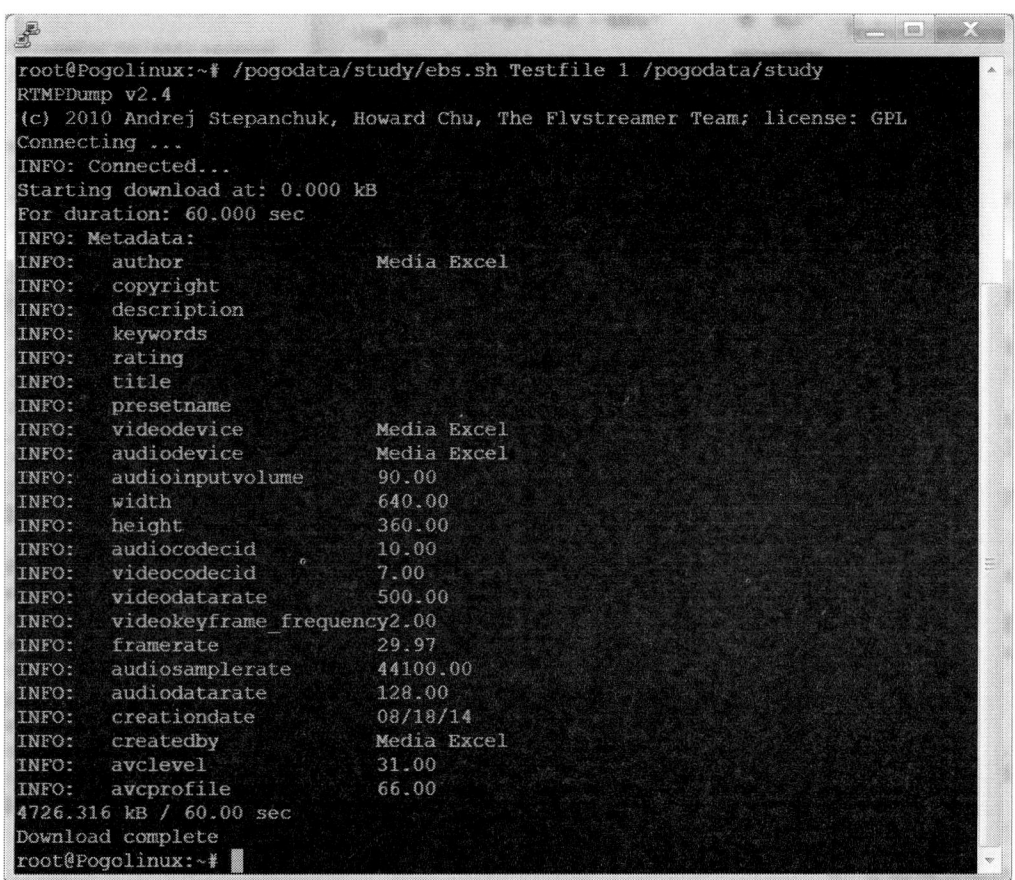

1분 후에 테스트 파일이 잘 생성되었는지 확인합니다.

```
# ls -alh /pogodata/study
```

Testfile이라는 단어가 파일명 앞쪽에 붙고, 녹음 날짜 및 시각이 함께 표시되는 m4a 형식의 파일이 생성되었음을 확인하였습니다. 재생 여부도 확인하기 바랍니다.

> **Note**
> 테스트 파일의 녹음 과정에서 마지막에 "파일이 존재하지 않는다"는 에러가 발생하면 대부분 ffmpeg 패키지가 설치되지 않아 temp.flv 파일이 변환되지 못하고 삭제되어 발생하는 에러이니 해당 패키지의 설치 여부를 다시 확인하기 바랍니다.

4. 녹음 스케쥴 설정

rtmpdump 프로그램 설치 및 녹음 스크립트 실행에 문제가 없음을 확인하였으므로, crontab 명령어로 녹음 스케줄을 설정하겠습니다. crontab은 리눅스에서 사용되는 스케줄러 프로그램입니다.

```
# apt-get install cron cron-apt
```

검색 창에 EBS 라디오를 입력하여, 라디오 방송 스케줄을 확인합니다. 6시20분에 방송되는 "Easy Writing"과 6시40분에 방송되는 "귀가 트이는 영어"를 녹음하겠습니다. 그런데 두 방송이 연속으로 붙어서 방송되는 프로그램이기 때문에 녹음 후 파일을 처리하는 과정이 원활하게 진행될 수 있도록 귀가 트이는 영어는 23시40분의 재방송 분을 녹음하겠습니다.

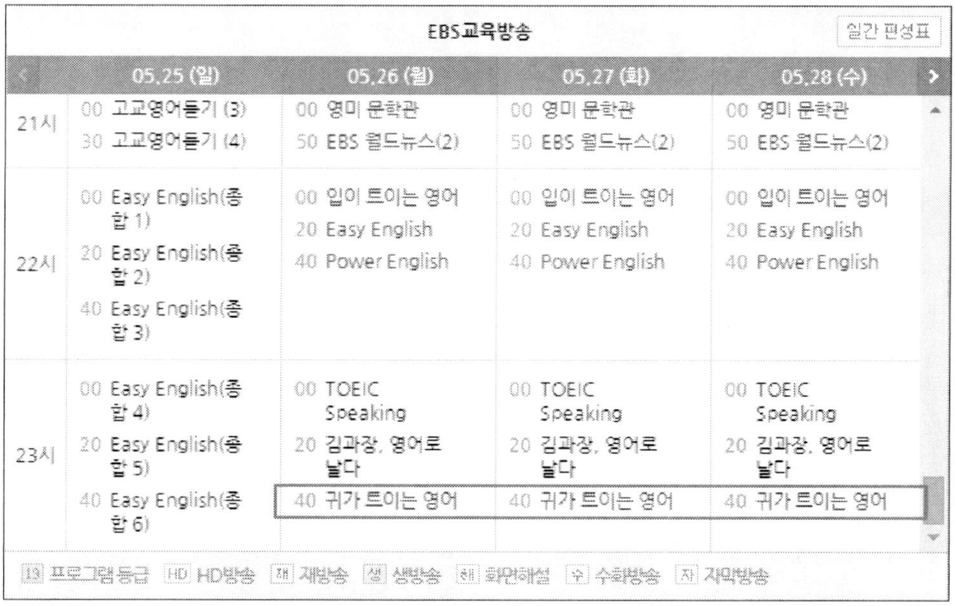

crontab 스케줄 수정 명령어를 실행합니다. -e 옵션이 붙으면 스케줄을 수정하는 것이고, -l 옵션은 설정되어 있는 스케줄을 조회하는 옵션입니다.

```
# crontab -e
```

아래 그림과 같이 설정합니다.

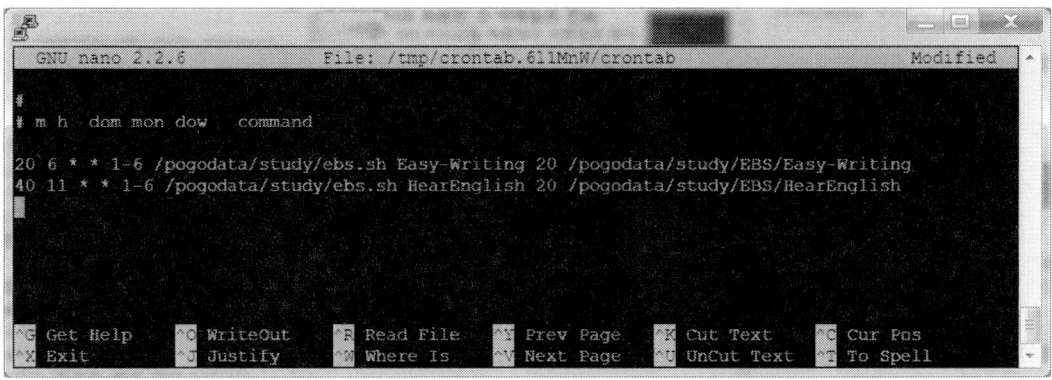

Crontab 의 설정 방식은 다음과 같습니다.

"분(0-59) 시(0-23) 일(1-31) 월(1-12) 요일(1-7) 명령" 순으로 입력해야 합니다.

특정 날짜나 월은 상관없이 요일만 고려하면 되기 때문에 일, 월 자리에는 '*' 기호로 처리하고, 마지막 요일 부분에서 월요일부터 토요일까지 적용하기 위하여 '1-6' 을 기입합니다. 월요일이 '1' 이고 '7'은 일요일입니다.

며칠이 경과한 시점에서 녹음이 원활하게 이루어지고 있는지 살펴보니, 다음과 같이 일정하게 녹음이 진행되고 있음을 확인할 수 있었습니다.

5. 녹음 파일 이메일로 전송

EBS 라디오를 녹음하여 이메일로 받아야 할 수 있습니다. 저 같은 경우는 토요일 하루는 녹음 파일을 이메일로 전송받아서 듣는 것이 여러모로 편리한 환경이기도 합니다. 경우에 따라서는 포트포워딩을 통해 개인 자료를 외부에서 접근하게 만드는 것이 부담스럽거나, 회사 네트워크에 포고플러그가 물려 있는 경우에도 출근하지 않는 토요일에는 파일 이용이 불편할 수 있겠지요.

녹음 파일을 이메일로 전송하는 방법을 배워보겠습니다. 13장의 "메일 서버 운영"에서 "메일 서버 설치" 부분에 설명되어 있는 postfix가 설치되어 있다고 가정하고 진행하겠습니다.

우선 mutt를 설치하겠습니다. mutt는 커맨드 라인을 기반으로 한 가볍고 간단한 메일 클라이언트입니다. 메일 클라이언트로 사용하기 위하여 mutt에도 다양한 설정이 가능하지만, 지금 우리가 목적으로 하는 간단한 첨부 파일 전송 정도는 특별한 설정 없이도 가능합니다.

패키지 관리자를 통해 mutt를 설치합니다.

```
# apt-get install mutt
```

첨부 파일이 들어간 메일 전송이 잘 이루어지는지 테스트하기 위해 다음과 같이 입력합니다.

echo "첨부파일 테스트. 본문 내용 입니다." | mutt -s "첨부파일 테스트" 전송받을 이메일 주소 -a 전송할 파일의 경로와 이름

필자는 아래와 같이 입력하여 테스트를 시행하였습니다.

이메일이 정상적으로 전송되며, 19MB의 첨부 파일도 정상적으로 첨부되었음을 확인할 수 있습니다.

6. 녹음 파일 주기적인 전송

이제 EBS 녹음 파일을 주기적으로 전송하는 스크립트를 제작해 보겠습니다. 일단 앞선 설명에서 오전 6시20분과 오후 11시40분에 두 개의 강좌를 20분씩 녹음했었기 때문에 해당 파일을 전송하는 스크립트를 만들 것입니다. 상황에 맞게 변경하여 사용하세요.

/pogodata/study 디렉토리에 ebsmail.sh이라는 파일을 생성합니다.

```
# nano /pogodata/study/ebsmail.sh
```

아래 내용을 입력해 넣습니다. 포고리눅스 카페(http://cafe.naver.com/pogolinux)나 필자의 블로그(http://blog.frienddy.net)에 있는 스크립트를 활용하시고, 각자 상황에 맞게 수정하기 바랍니다. 수정의 어려움이 있으시면 카페나 블로그로 문의해 주세요. '#' 이후의 주석은 해당 줄에 대한 설명이니 입력하지 않아도 괜찮습니다.

#!/bin/bash
EBS1="Easy-Writing" # 녹음 강좌의 제목을 변수에 넣습니다.
EBS2="HearEnglish"

REC_DATE=`date +%Y%m%d` # 오늘 날짜를 20140701의 형식으로 변수에 넣습니다.
REC_DATE2=`date --date ' 1 days ago' '+%Y%m%d'` # 어제 날짜를 같은 형식으로 변수에 넣습니다. 귀가 트이는 영어는 23시40분에 녹음하기 때문에 다음날 아침에 받는 파일은 어제 녹음분이 되기 때문입니다.

OUTPUT_FILENAME=$EBS1"_"$REC_DATE.m4a # 녹음 시에 생성되는 녹음 파일의 형식입니다.
OUTPUT_FILENAME2=$EBS2"_"$REC_DATE2.m4a

echo $REC_DATE " EBS Easy Writing 녹음 파일입니다." | mutt -s "EBS 이지라이팅" gomyou@gmail.com -a /pogodata/study/EBS/$EBS1/$OUTPUT_FILENAME # 이런 형식으로 메일을 전송할 것입니다. 2번에 나누어 전송됩니다.
echo $REC_DATE2 " EBS hear english 녹음 파일입니다." | mutt -s "EBS 귀가 트이는 영어" gomyou@gmail.com -a /pogodata/study/EBS/$EBS2/$OUTPUT_FILENAME2

저장하고 나서 해당 파일에 실행 권한을 부여합니다.

```
# chmod +x /pogodata/study/ebsmail.sh
```

파일을 실행하겠습니다. Easy Writing 프로그램이 녹음 완료되는 시간인 6시40분 이후에 실행한다면 오늘분 Easy Writing 녹음 파일과 어제분 귀가 트이는 영어를 이메일로 받을 수 있습니다.

파일을 실행하겠습니다.

```
# /pogodata/study/ebsmail.sh
```

이메일이 잘 들어와 있는지 확인하겠습니다. 당일분 이지라이팅과 어제분 귀가 트이는 영어 녹음 파일이 정상적으로 전송되었네요.

파일이 잘 첨부되었는지도 확인합니다. 19MB 용량의 파일이 정상적으로 첨부되어 전송되었습니다.

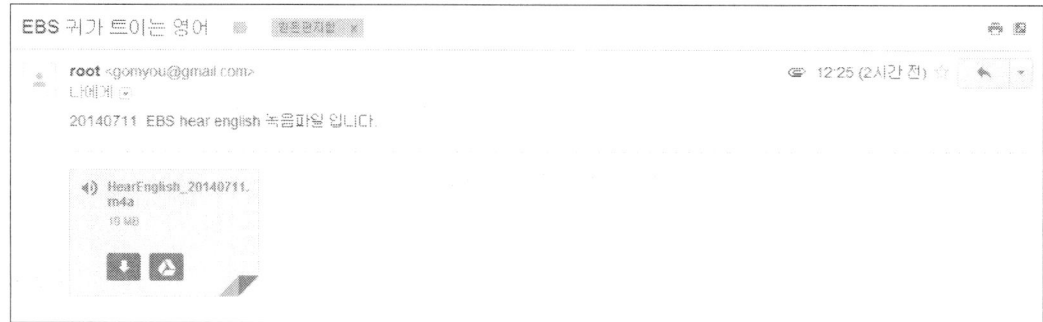

이제 crontab에 설정하여 원하는 요일과 시간에 두 파일을 전송받겠습니다.

```
# crontab -e
```

설정 파일을 열고 가장 하단으로 내려가 그림과 같이 입력합니다.

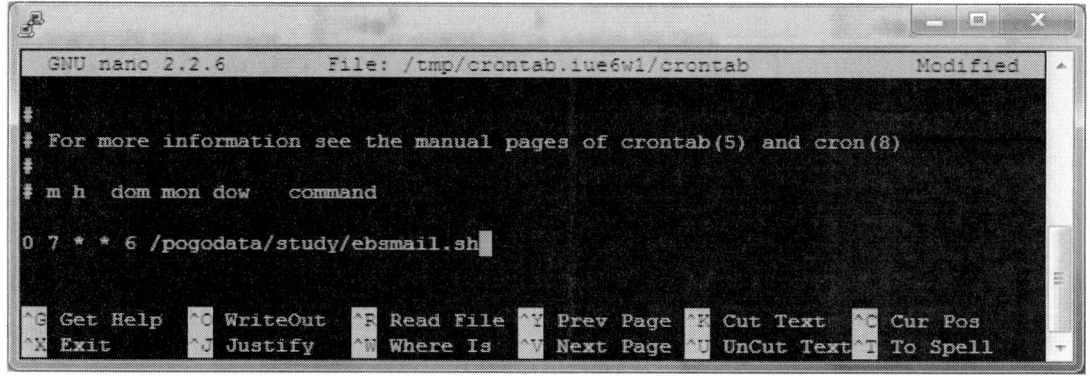

토요일 오전 7시 정각에 EBS 녹음 파일 두 개를 메일로 전송받겠다는 의미입니다.

7. 녹음 파일을 스마트폰으로 전송

녹음한 파일을 스마트폰으로도 직접 전송하여 들을 수 있습니다. 녹음한 파일을 스마트폰으로 전송하여 들을 때의 장점은 아무래도 비용 절감에 있습니다. 스트리밍은 와이파이가 수신되는 환경에서 실행하지 않으면 데이터 요금이 발생하기 때문인데요. 집에 있을 때처럼, 스마트폰에 와이파이가 늘 수신되는 환경에서 파일을 스마트폰에 미리 전송받아 둔다면 데이터 요금을 절감할 수 있는 것입니다.

EBS 디렉토리 하방에 Saturday_Sync 디렉토리를 만듭니다. 그리고 권한을 부여합니다.

```
# mkdir /pogodata/study/EBS/Saturday_Sync
# chmod 775 /pogodata/study/EBS/Saturday_Sync
```

다음과 같이 만들어집니다.

파일명	크기	파일 유형	최종 수정	권한	소유자/그룹
..					
Saturday_Sync		파일 폴더			
Easy-Writing		파일 폴더	2014-07-16 오후 2:1...	drwxrwxr...	root root
HearEnglish		파일 폴더	2014-07-16 오후 2:1...	drwxrwxr...	root root

포고플러그에서 스마트폰으로 해당 파일을 전송하는 것이기 때문에 포고플러그에 설치된 비트토렌트 싱크 서비스에 접속하여 경로를 지정하고 비밀 코드를 먼저 생성합니다. 비트토렌트 싱크의 설치 및 설정은 12장을 참고해 주시기 바랍니다.

Saturday_Sync의 [속성] 탭을 클릭하면 공유 방식을 설정할 수 있는데요. 스마트폰으로 전송하는 파일에는 읽기 권한만 부여해도 되므로 읽기 전용 비밀 코드를 따로 부여받겠습니다. [읽기전용] 탭을 클릭하면 비밀 코드가 생성되는데요. 우리는 이것을 입력하지 않고 오른쪽에 나오는 QR 코드를 바로 촬영하여 동기화하겠습니다. QR 코드는 모자이크 처리했습니다.

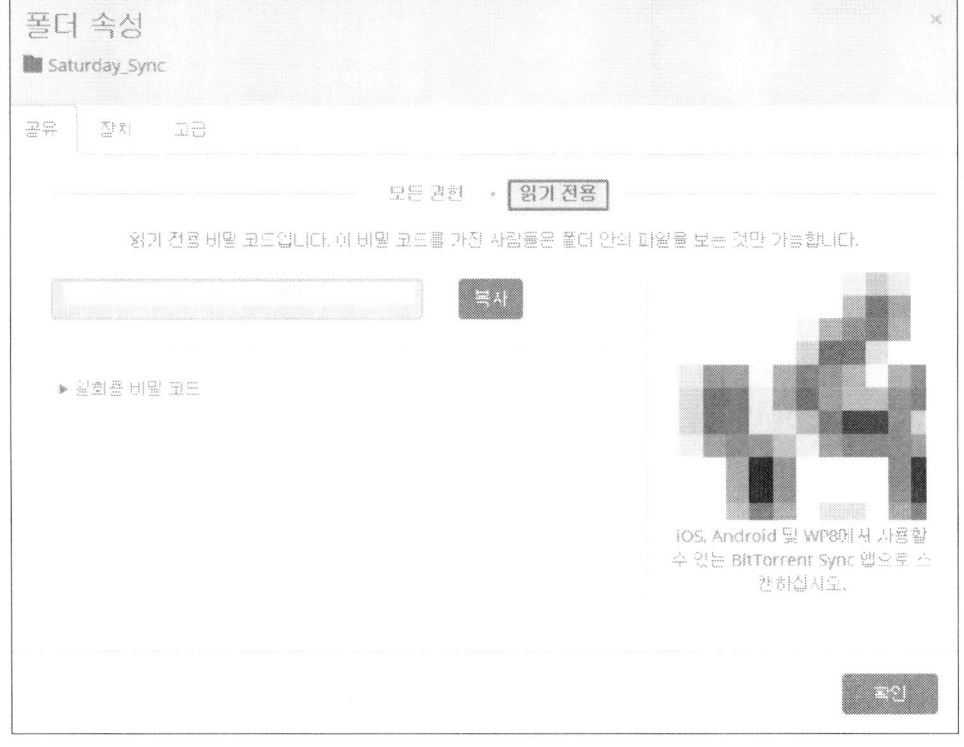

이제 스마트폰으로 가서 설정합니다. 안드로이드 스마트폰에 설치된 비트토렌트 앱을 기준으로 합니다. [나의 SYNC]를 선택하고 [동기화 폴더 추가]를 누릅니다. 그런 다음에 오른쪽 그림과 같이 원하는 디렉토리 레벨에 EBS 디렉토리를 생성하고 [확인]을 누릅니다.

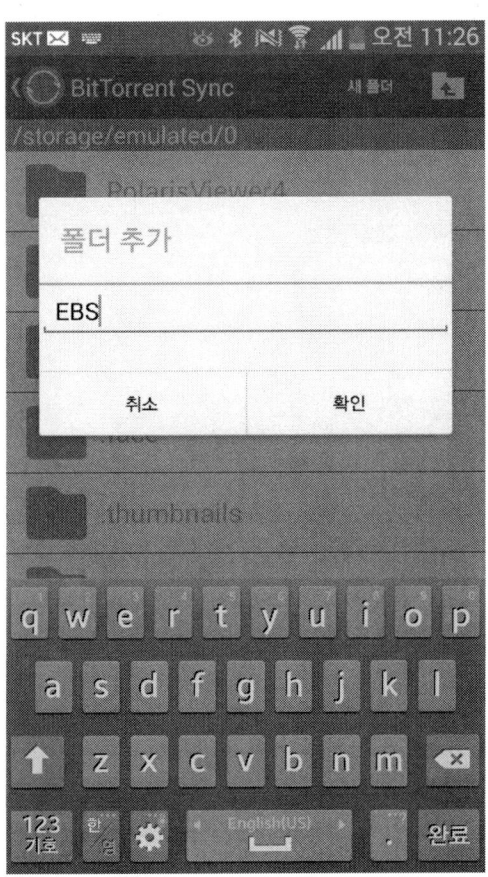

디렉토리를 지정한 후에는 아까 띄워두었던 QR 코드를 촬영합니다(왼쪽 그림). QR 코드를 촬영하고 나면 비밀 코드가 자동으로 삽입됩니다. [자동 동기화] 옵션에 체크한 후 완료합니다(오른쪽 그림).

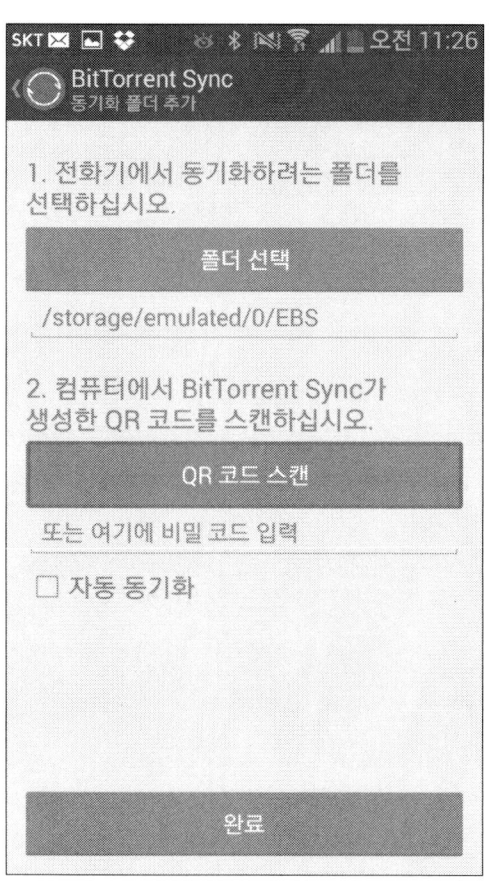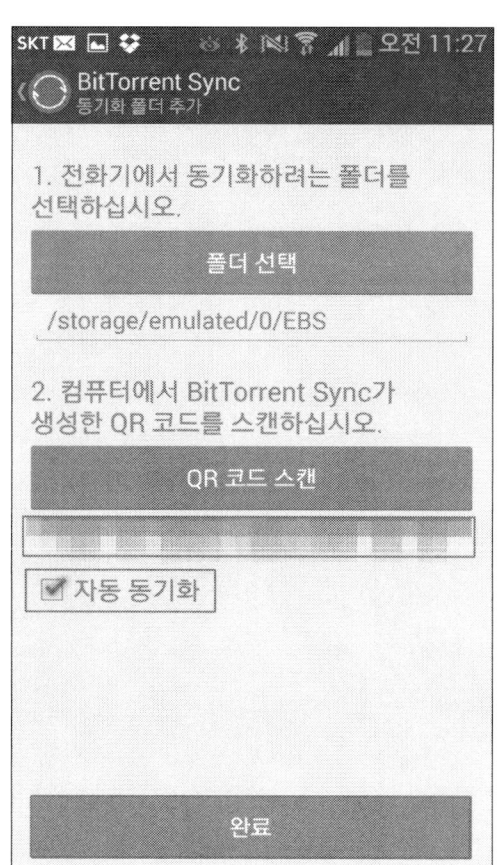

그리고 앞에서 만든 동기화 디렉토리에 파일을 2개 복사합니다.

스마트폰으로 돌아가보면 동기화가 시작되어 EBS 녹음 파일 2개가 동기화되고 있음을 알 수 있습니다(왼쪽 그림). 다운로드가 완료되고 나면 스마트폰에서 바로 재생이 가능합니다(오른쪽 그림).

원활하게 잘 재생됨을 확인할 수 있습니다.

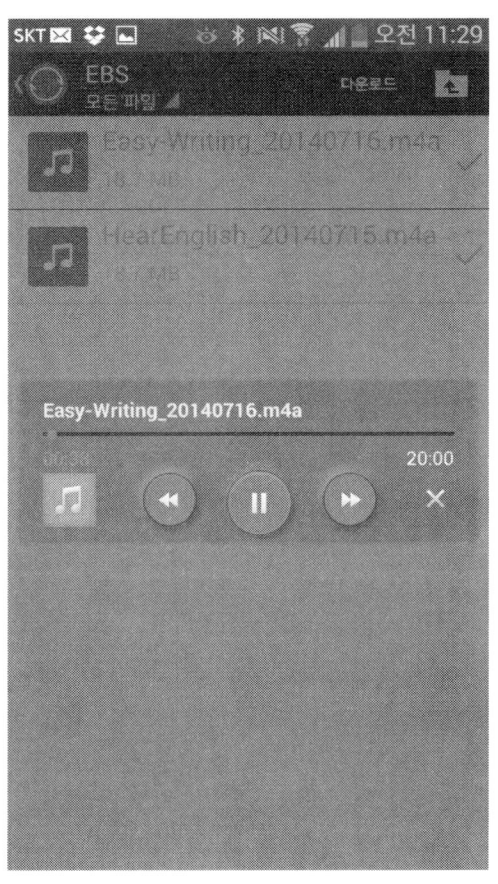

포고플러그에 설치된 비트토렌트 싱크 서비스에서도 동기화가 완료되었음을 확인할 수 있습니다.

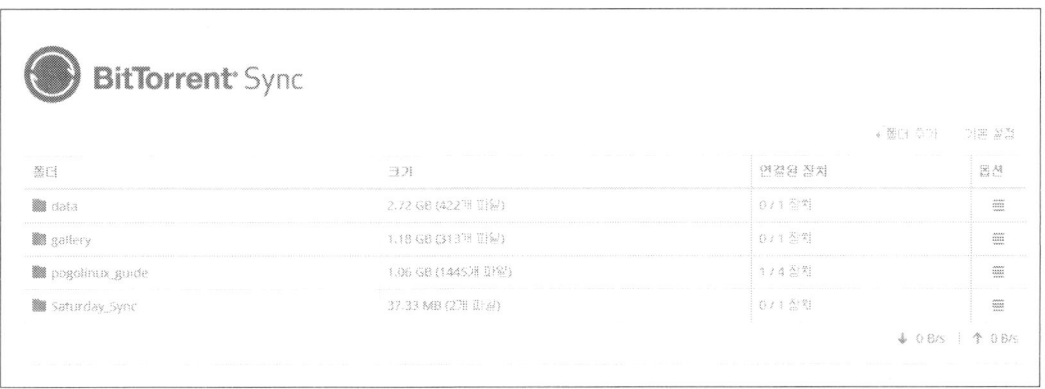

이제 주기적으로 스마트폰에 자동 전송되도록 설정해 보겠습니다. Saturday_Sync 디렉토리에 옮겨진 파일은 자동으로 스마트폰에 동기화되도록 설정되어 있기 때문에 스크립트를 활용하여 원하는 파일이 Saturday_Sync 디렉토리에 주기적으로 전송되도록 설정하면 됩니다.

/pogodata/study 디렉토리에 ebsphone.sh이라는 파일을 생성합니다.

nano /pogodata/study/ebsphone.sh

아래 내용을 입력하겠습니다.

#!/bin/bash

EBS1="Easy-Writing"
EBS2="HearEnglish"

REC_DATE=`date +%Y%m%d`
REC_DATE2=`date --date ' 1 days ago' '+%Y%m%d'`

OUTPUT_FILENAME=$EBS1"_"$REC_DATE.m4a
OUTPUT_FILENAME2=$EBS2"_"$REC_DATE2.m4a

cp /pogodata/study/EBS/$EBS1/$OUTPUT_FILENAME /pogodata/study/EBS/Saturday_Sync #녹음파일을 Saturday_Sync 라는 디렉토리로 복사하도록 하는 명령입니다.
cp /pogodata/study/EBS/$EBS2/$OUTPUT_FILENAME2 /pogodata/study/EBS/Saturday_Sync

저장 후 해당 파일에 실행 권한을 부여합니다.

chmod +x /pogodata/study/ebsphone.sh

파일을 실행합니다.

/pogodata/study/ebsphone.sh

오늘 분 Easy Writing 녹음 파일과 어제 분 귀가 트이는 영어 녹음 파일이 Saturday_Sync 디렉토리로 복사되는 것을 확인할 수 있습니다.

crontab에 설정하여 원하는 요일과 시간에 두 파일을 스마트폰으로 동기화시킬 수 있습니다.

crontab -e

설정 파일의 가장 하단으로 내려가 아래 그림처럼 입력해 주세요.

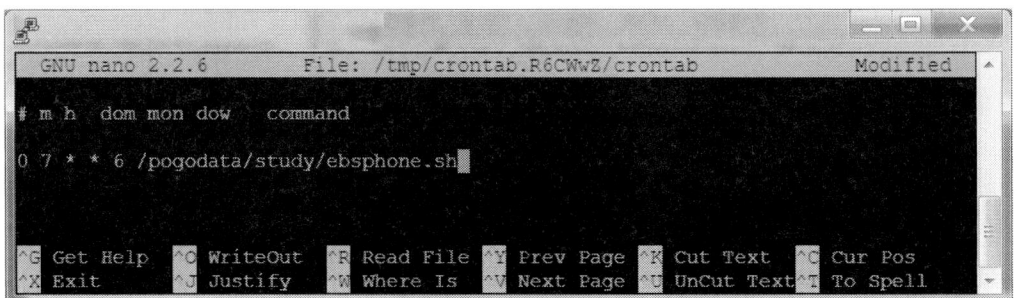

토요일 아침 7시 정각에 우리가 원하는 녹음파일이 Saturday_Sync 디렉토리에 자동 복사되면서 자동으로 동기화가 시행될 것입니다.

팟캐스트

팟캐스트(podcast)라는 용어를 들어보셨나요? 위키피디아에 따르면, 팟캐스트는 "아이팟(iPod)의 pod과 방송(broadcast)의 cast가 합쳐진 단어"라고 합니다. 인터넷 공간에 MP3나 MP4 등의 파일 형태로 미디어 파일을 업로드하고 RSS 주소를 공개해서 사용자들이 구독할 수 있도록 배포되고 있습니다. 그래서 새로운 팟캐스트가 업로드되면 자동으로 구독이 가능한 형태입니다. 팟캐스트라는 매체 덕분에 우리는 듣지 못한 방송을 다시 들을 수 있고, 또한 팟캐스트로만 보급되는 다양한 정보들을 얻을 수 있게 되었습니다.

다양한 팟캐스트 채널들을 소개하는 팟빵(http://podbbang.com)같은 사이트에 가면 많은 정보들이 쏟아지고 있다는 것을 잘 알 수 있습니다.

팟캐스트를 포고플러그로 다운받아 보거나, 들을 때의 장점은 포고플러그 스트리밍을 위하여 세팅해 놓은 익숙한 프로그램이나 스마트폰 앱을 통하여 팟캐스트를 재생할 수 있고 유익한 컨텐츠들을 보유할 수 있다는 점이라 할 수 있겠습니다.

1. 팟캐스트 듣기를 위한 사전 작업

데비안 리눅스가 설치된 포고플러그에서 팟캐스트를 다운받아 듣기 위하여 필요한 것은 hpodder라는 패키지입니다. 이것은 Podcatcher 혹은 Podcast Aggregator라고 불리는 유형의 프로그램입니다.

우리가 설치한 리눅스는 데비안 리눅스 위지(wheezy) 배포판이지요. 그런데 hpodder 패키지는 그 전 배포판이었던 squeeze에만 포함되어 있고 wheezy에는 포함되어 있지 않습니다. apt-get 패키지 관리자를 통해 설치 명령어를 입력해 보아도 패키지를 찾을 수 없다고 합니다.

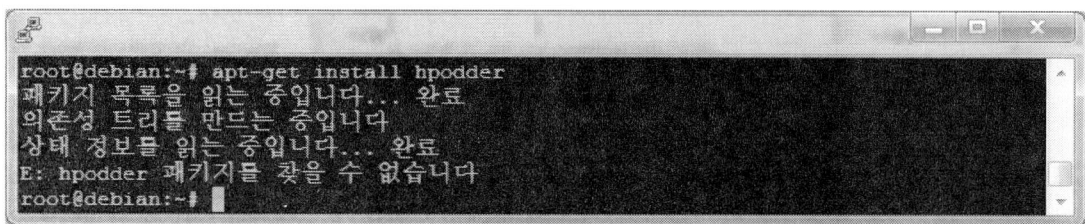

그래서 hpodder의 설치를 위해서는 우리가 받아올 소스 리스트에 squeeze 소스 리스트를 추가해야 합니다. 나노 편집기로 sources.list 파일을 엽니다.

```
# nano /etc/apt/sources.list
```

그리고 다음 화면과 같이 입력합니다.

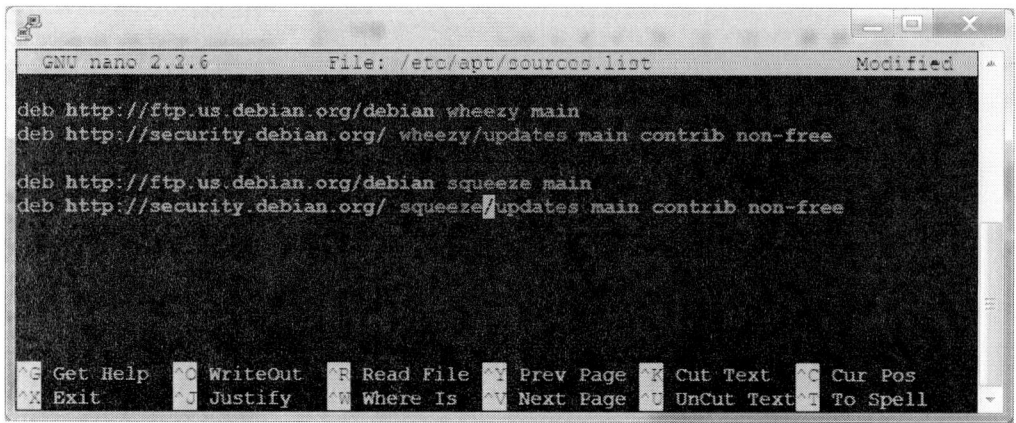

두 줄의 기존 소스 리스트를 드래그하여 복사한 후 wheezy만 squeeze로 바꾸면 됩니다. 저장한 후 나노 편집기를 종료합니다.

소스 리스트를 업데이트합니다.

```
# apt-get update
```

이제 hpodder와 관련 패키지를 설치하겠습니다.

```
# apt-get install hpodder file
```

패키지들이 정상적으로 설치되는 것을 확인할 수 있습니다.

팟캐스트를 다운로드할 디렉토리를 생성합니다.

```
# mkdir -m 775 /pogodata/study/podcast
```

그리고 hpodder를 실행하겠습니다.

```
# hpodder
```

처음에는 기본적인 환경 설정이 안 되어 있는 상태이므로, 환경 설정을 먼저 해야 합니다. 환경 설정이 완료되고 나면 hpodder 프로그램을 실행하였을 때 설정 관련 항목이 뜨지 않고 프로그램이 실행됩니다.

팟캐스트를 다운로드할 디렉토리를 먼저 입력합니다. 아까 생성했던 /pogodata/study/podcast를 입력합니다. 이제 샘플 팟캐스트를 등록하겠냐는 질문을 하는데요. 알 수 없는 해외의 팟캐스트 주소를 등록해 버리기 때문에, 과감히 'n'이라고 입력하면 됩니다. 이렇게 하면 1차적인 세팅이 마무리됩니다.

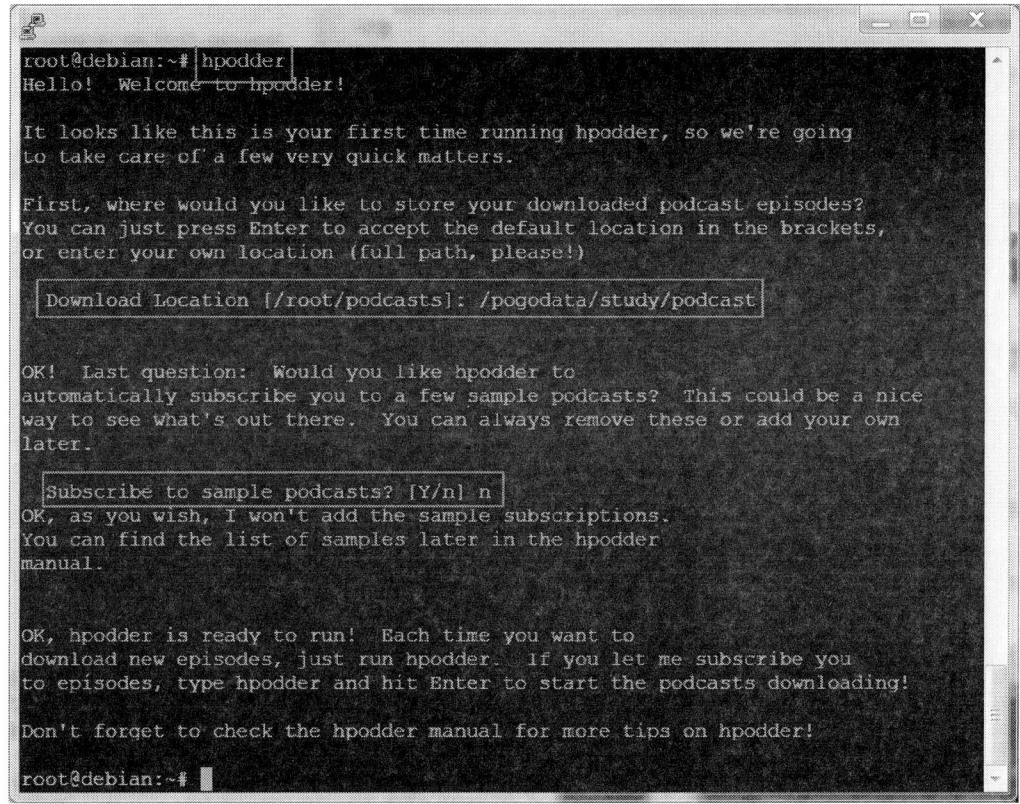

2. 팟캐스트 등록과 다운로드

이제 팟캐스트를 등록하고 다운로드를 시작하겠습니다. 의학 부문 유명 팟캐스트인 "나는 의사다"의 에피소드를 다운로드하겠습니다. Feed URL 복사하기를 누릅니다.

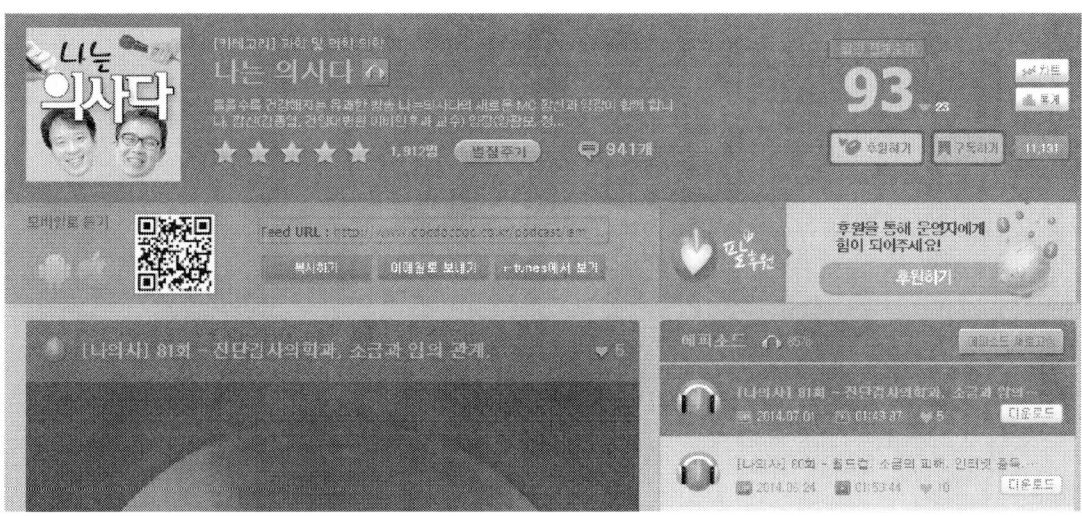

팟캐스트를 등록하려면 "hpodder add 〈팟캐스트 RSS 주소〉" 형식으로 입력합니다. "나는 의사다"의 팟캐스트 주소를 붙여서 다음과 같이 입력합니다.

```
# hpodder add http://www.docdocdoc.co.kr/podcast/iam_doctors.xml
```

"나는 의사다" 팟캐스트는 1번 ID로 등록될 것입니다.

음악 카테고리의 유명 팟캐스트인 "이동진의 그럼에도 불구하고"도 등록하겠습니다. Feed URL 복사하기를 누릅니다.

"이동진의 그럼에도 불구하고"의 등록은 다음과 같이 진행합니다.

```
# hpodder add http://wizard2.sbs.co.kr/w3/podcast/V2000002743.xml
```

2번 ID로 등록되었음을 확인할 수 있습니다.

팟캐스트의 에피소드 목록을 업데이트합니다.

```
# hpodder update
```

```
root@debian:~# hpodder update
2 podcast(s) to consider

Get: 1
Get: 2
100%                                                    0 B/s 0s
```

이제 팟캐스트 타이틀이 제대로 출력되는지 확인하겠습니다. 다음 명령어는 등록된 팟캐스트의 목록을 출력하라는 내용입니다.

```
# hpodder lscasts
```

"나는 의사다" 팟캐스트는 제목이 정상적으로 출력되지만, "이동진의 그럼에도 불구하고"는 글자가 깨져서 출력이 되네요. 흔한 경우는 아닌데 팟캐스트에 따라서 제목이 깨져 나오는 경우가 있습니다. 제목이 깨져 나오면 다운로드받는 디렉토리명도 깨진 제목으로 생성되어서, 이름의 변경도 잘 되지 않고 삭제도 잘 되지 않습니다. 정상적으로 출력되게 하기 위해서, 2번 팟캐스트의 타이틀을 직접 입력하겠습니다.

```
# hpodder settitle --castid=2 --title=이동진의_그럼에도_불구하고
```

2번 팟캐스트의 타이틀을 "이동진의_그럼에도_불구하고"로 설정하겠다는 의미의 명령어입니다.

```
root@debian:~# hpodder lscasts
ID   Pnd/Tot Title
1     85/ 85 나는 의사다
2     77/ 77 t█X ███ █1X█
root@debian:~# hpodder settitle --castid=2 --title=이동진의_그럼에도_불구하고
```

타이틀이 정상적으로 출력되는지 확인하겠습니다.

```
# hpodder lscasts
```

타이틀이 정상적으로 출력되는 것을 확인할 수 있습니다. 가장 좌측의 ID는 등록된 팟캐스트에 부여된 각 ID를 의미하고 Pnd/Tot는 전체 팟캐스트 에피소드 중 다운로드 가능한 에피소드의 개수입니다. 우리는 팟캐스트를 막 등록하였고, 하나도 다운받지 않은 상태이므로, 전체 개수와 다운로드 가능한 에피소드의 개수가 동일합니다.

```
root@debian:~# hpodder lscasts
ID   Pnd/Tot Title
1     85/ 85  나는 의사다
2     77/ 77  이동진의_그럼에도_불구하고
```

이제 전체 에피소드의 리스트를 확인해 볼까요? 일단 1번 ID인 "나는 의사다"의 에피소드 리스트를 보겠습니다.

```
# hpodder lsepisodes 1
```

85개의 에피소드가 출력되고 각 에피소드마다 주제가 간략히 나와 있습니다. 85개의 에피소드 중 다운받은 것이 없으므로 각 에피소드의 상태는 'Pend'로 표기됩니다.

2번 팟캐스트의 에피소드 리스트도 확인하겠습니다.

```
# hpodder lsepisodes 2
```

85개와 77개에 이르는 에피소드 전체를 다운받기엔 너무 많아서 최근 5개만 다운로드하겠습니다. 이 때 사용되는 옵션이 catchup입니다. 1번과 2번 팟캐스트에서 최근 5개만 다운로드할 수 있도록 상태를 변경하는 명령을 내리겠습니다. 아직 다운로드가 시작된 것은 아닙니다.

```
# hpodder catchup -n 5 1
# hpodder catchup -n 5 2
```

이렇게 명령하면 1번 팟캐스트와 2번 팟캐스트 모두 최근 5개만 다운로드할 수 있도록 상태가 변경됩니다.

팟캐스트 에피소드 리스트를 한 번 더 확인하겠습니다.

```
# hpodder lsepisodes 1
```

80번까지의 에피소드의 상태는 'Pend'에서 'Skip'으로 바뀌었고, 최근 다섯 개의 에피소드만 'Pend' 상태로 남아있음을 확인할 수 있습니다.

2번 팟캐스트에서도 마찬가지의 결과를 확인할 수 있습니다.

```
# hpodder lsepisodes 2
```

이렇게 준비를 마치면 다운로드를 시작할 수 있습니다.

```
# hpodder download
```

지금까지는 팟캐스트 아이디를 지정했지만, 특정 ID를 지정하지 않는 경우에는 등록된 모든 팟캐스트의 리스트를 확인하여 다운로드를 시행합니다. 1번과 2번 팟캐스트의 최근 5개 에피소드가 다운로드될 것입니다. 다운로드가 완료되고 나면 FTP 클라이언트를 통하여 다운로드가 정상적으로 되었는지 확인합니다.

"나는 의사다" 팟캐스트의 최근 5개 에피소드가 정상적으로 다운로드되었습니다.

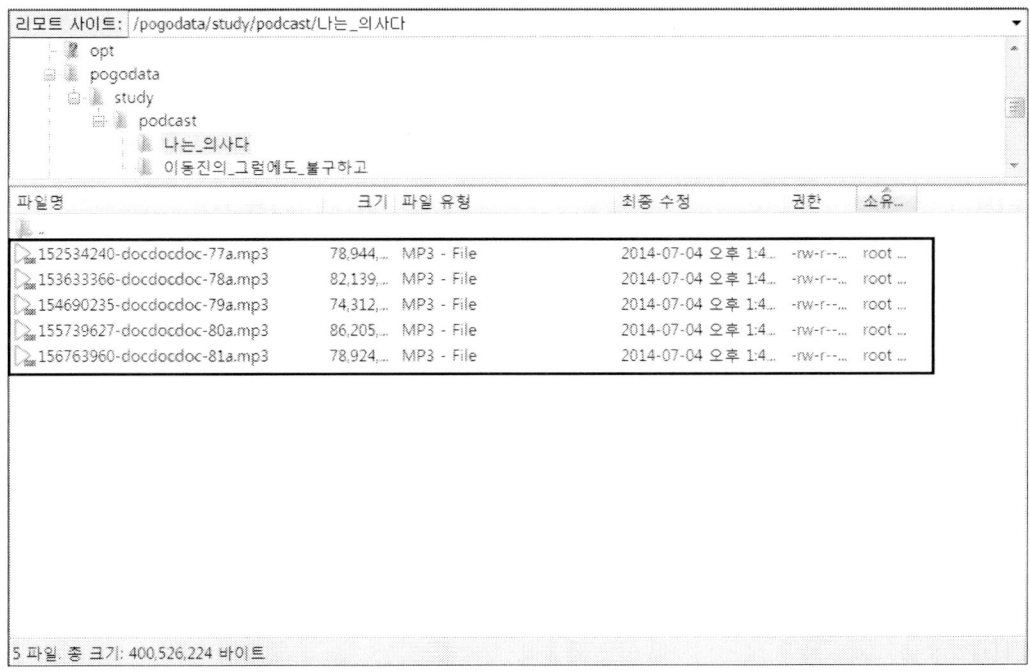

"이동진의 그림에도 불구하고" 팟캐스트의 최근 5개 에피소드도 정상 다운로드되었네요.

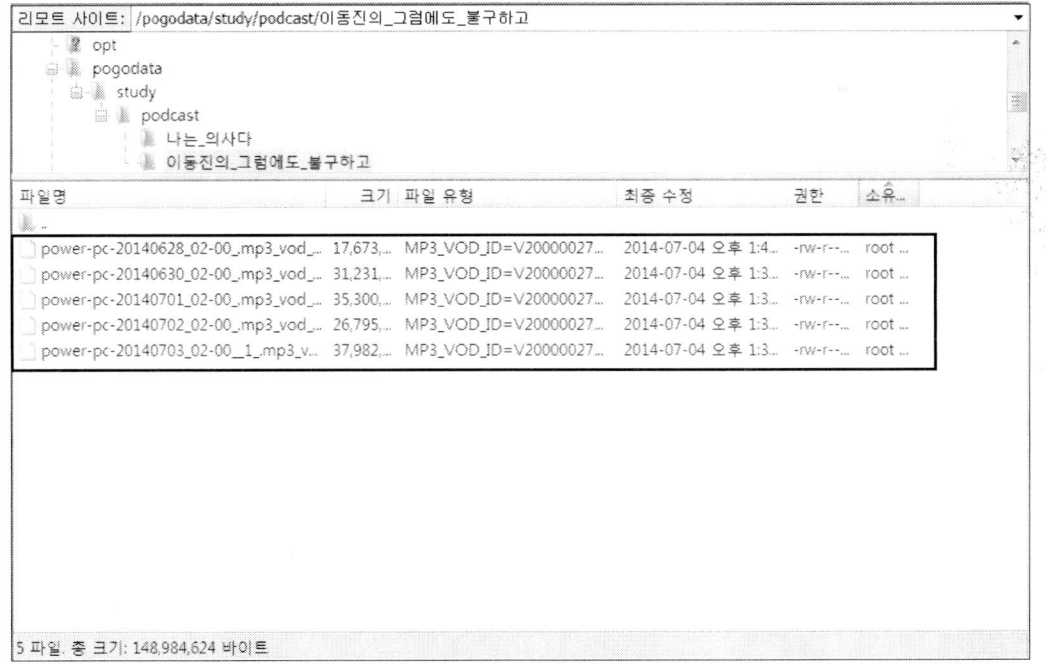

다시 에피소드 리스트를 조회하면 최근 5개의 에피소드의 상태가 'Pend'에서 'Down'으로 변경되어 있음을 확인할 수 있습니다.

```
# hpodder lsepisodes 1
```

```
1    72    Skip  [나의사]  68회 - 故김광석과의 추억, 회전근개
1    73    Skip  [나의사]  69회 - 환자안전, 뱀술과 해구신, 불
1    74    Skip  [나의사]  70회 - 약시, 구강세경제, 인터넷중독
1    75    Skip  [나의사]  71회 - 키작은 아이, 와파린과 자렐토
1    76    Skip  [나의사]  72회 - 정관수술 방법, 채부백선, 사
1    77    Skip  [나의사]  73회 - 세월호로 불면증, 시신경 장애
1    78    Skip  [나의사]  74회 - 또 하나의 약속, 인후두역류
1    79    Skip  [나의사]  75회 - 골다공증 치료제, 코세척, 미
1    80    Skip  [나의사]  76회 - 유전성 난청, 위험한(?) 자위,
1    81    Down  [나의사]  77회 - 기생충학자 서민, 자궁경부암,
1    82    Down  [나의사]  78회 - 서민의 기생충 같은 이야기,
1    83    Down  [나의사]  79회 - 의사 월드컵, 닥터 헬기, 에크
1    84    Down  [나의사]  80회 - 월드컵, 소금의 피해, 인터넷
1    85    Down  [나의사]  81회 - 진단검사의학과, 소금과 암의
root@debian:~#
```

```
# hpodder lsepisodes 2
```

```
2    64    Skip  이그럼  2014.6.18(수) - 산CD 받은CD 준CD
2    65    Skip  이그럼  2014.6.19(목) - 타인의 취향 (G. 정준일)
2    66    Skip  이그럼  2014.6.20(금) - 취향진담
2    67    Skip  이그럼  2014.6.21(토) - DJ DJ Playlist
2    68    Skip  이그럼  2014.6.23(월) - 그곳의 노래, 샌프란시스
2    69    Skip  이그럼  2014.6.24(화) - 김혜리의 주간영화 (와즈
2    70    Skip  이그럼  2014.6.25(수) - 산CD 받은CD 준CD
2    71    Skip  이그럼  2014.6.26(목) - 타인의 취향 (G. 성기완)
2    72    Skip  이그럼  2014.6.27(금) - 취향진담
2    73    Down  이그럼  2014.6.28(토) - DJ DJ Playlist
2    74    Down  이그럼  2014.6.30(월) - 초여름 밤의 음악회 - 청
2    75    Down  이그럼  2014.7.1(화) - 초여름 밤의 음악회 - 김
2    76    Down  이그럼  2014.7.2(수) - 초여름 밤의 음악회 - 청
2    77    Down  이그럼  2014.7.3(목) - 초여름 밤의 음악회 - 최
root@debian:~#
```

3. 팟캐스트 에피소드 자동 받기

이제 한 가지만 더 설정하면 팟캐스트 구독을 완료할 수 있습니다. 앞으로 추가되는 에피소드를 자동으로 받아오게 하는 것이지요. 스케줄을 자동으로 설정하는 프로그램은 crontab으로, 앞서 EBS 라디오를 녹음하는 부분에서 설정을 했었습니다. crontab을 써야 하는 건 알겠는데, 어떤 명령을 내려야 추가되는 팟캐스트를 자동으로 받아오게 할 수 있을까요?

잠시 앞으로 돌아가서 hpodder 프로그램을 이용하여 팟캐스트 에피소드를 다운로드했던 과정을 돌아보겠습니다. 팟캐스트 RSS 주소를 등록했고(add 옵션), 에피소드 리스트를 업데이트하고(update 옵션), 최근 5개의 에피소드만 다운로드하도록 설정했고(catchup 옵션), 다운로드를 시행했습니다(download

옵션). 이 중에 add 옵션과 catchup 옵션은 필요없습니다. update 옵션을 주어 목록을 자동으로 갱신하고, 추가된 에피소드를 다운로드하면 되는 것이죠. 이 두 가지를 동시에 처리하는 옵션이, 새로 배울 fetch 옵션입니다. hpodder 뒤에 fetch 옵션을 주면, 에피소드 목록을 업데이트한 후 다운로드까지 합니다. 새롭게 추가된 에피소드는 update 옵션을 통해 목록을 갱신하지 않으면 다운로드할 수 없기 때문에 다운로드 전에 update 과정이 반드시 필요합니다.

```
# hpodder fetch
```

방금까지 최근 에피소드를 다운로드했기 때문에 더 다운로드할 것이 없다고 나오네요.

```
root@debian:~# hpodder fetch
2 podcast(s) to consider

Get: 2 이동진의_그럼에도_불구하고
Get: 1 나는 의사다
100%                                                                   0 B/s 0s
0 episode(s) to consider from 2 podcast(s)
0%                                                                     0 B/s 0s
root@debian:~#
```

이제 스케줄 설정을 하겠습니다.

```
# crontab -e
```

제일 하단으로 내려가서 스케줄을 설정합니다. 팟캐스트의 경우 팟캐스트 에피소드가 서버에 업로드되는 시간이 팟캐스트마다 다르기 때문에 알 수가 없고, EBS처럼 녹음하는 시간을 정확히 맞추어야 하는 것이 아니므로, 다운로드 시간을 새벽 3시로 설정하겠습니다. 매일 업로드되는 팟캐스트도 있으므로 업로드 여부 확인 및 다운로드는 매일 시행하도록 스케줄을 설정하겠습니다.

다음 그림과 같이 합니다.

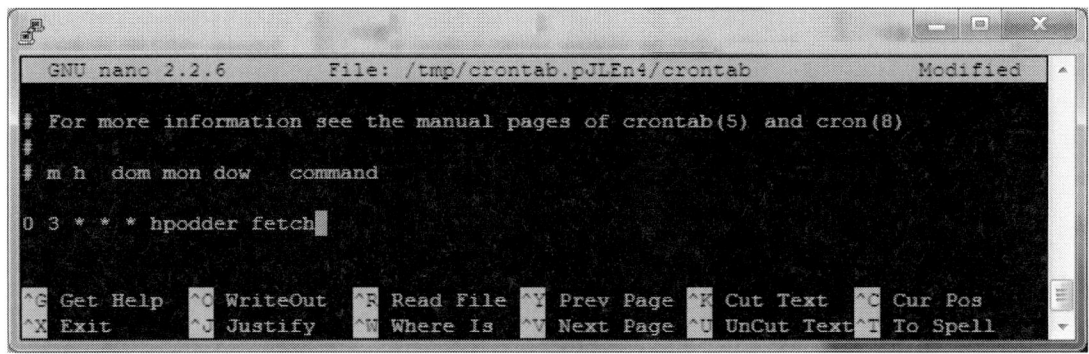

오전 3시 정각이므로 '0, 3'이라고 입력한 것이고요. '*'로 처리된 부분은 일, 월, 요일에 해당되는 부분이므로, 매일, 매월, 매요일을 말합니다.

이렇게만 입력하면 포고플러그는 우리가 잠들어 있는 새벽 3시에 팟캐스트 에피소드의 업데이트 여부를 확인한 다음 필요한 에피소드들을 자동으로 다운로드합니다.

다음 명령어를 통해 스케줄 설정이 정확히 되었는지 확인합니다.

```
# crontab -l
```

11

오디오 시스템 구축

포고플러그에 음악 재생 서버를 설치하여 활용할 수 있습니다. 오디오 시스템의 세팅에는 MPD라는 패키지가 활용됩니다.

MPD는 Music Player Daemon의 약자입니다. 말 그대로 음악을 재생할 수 있도록 해주는 프로그램입니다. MPD 역시 포고플러그에 설치되면 음악 재생 서버로 기능합니다. 클라이언트는 다양합니다. 리눅스 자체에 클라이언트를 설치하여 SSH를 통해 제어할 수도 있고, 데스크탑이나 노트북에 설치된 클라이언트로도 음악 재생을 제어할 수 있습니다. 웹 기반의 클라이언트를 이용할 수도 있고, 스마트폰으로도 제어가 가능합니다. 음악만 듣기 위한 목적이라면 일반적으로 컴퓨터를 구동시키는 불편함이 있기에, 스마트폰에 설치한 클라이언트로 제어하는 것이 가장 일반적입니다.

우리가 흔히 데스크탑 컴퓨터에 연결된 스피커를 통해 음악을 듣는 일이 많습니다. 포고플러그도 비디오 출력 단자만 없을 뿐 일종의 컴퓨터입니다. MPD를 포고플러그에 설치하면, 포고플러그의 USB 단자에 스피커를 직접 연결하여 컴퓨터를 켜지 않고도 원하는 음악을 재생할 수 있습니다. 포고플러그만으로 오디오 시스템을 구성할 수 있는 것입니다. 데스크탑에서 듣는 것에 비해 음질은 훨씬 훌륭합니다.

DAC(Digital-to-analog converter)는 디지털 신호를 아날로그 신호로 변형하는 기기입니다. 쉽게 말해, 우리가 사용하는 데스크탑이나 노트북에 내장된 사운드 카드도 일종의 DAC입니다. 스마트폰에도 내장되어 있구요. CD나 MP3 음원은 0과 1의 디지털 코드로 구성되어 사람이 직접 들을 수 없습니다. 이것을 사람이 들을 수 있는 아날로그 신호로 변형해 주어야 하는 것이죠.

포고플러그에는 사운드 카드가 내장되어 있지 않습니다. 포고플러그를 이용해 음악을 듣기 위해서는 DAC 장비가 필수로 요구됩니다. DAC는 제품에 따라 가격이 천차만별이고 그 성능도 다양합니다. 똑같은

MP3 파일을 재생하더라도 디지털에서 아날로그로 신호가 변경될 때 DAC의 성능에 따라 그 결과물이 달라집니다. 그래서 오디오에 관심이 많은 분들은 취향이나 선호도에 따라 이 DAC 장비를 선택합니다.

포고플러그는 USB 단자를 통해 DAC와 연결되고, DAC에 스피커를 연결하여 음악을 감상할 수 있습니다.

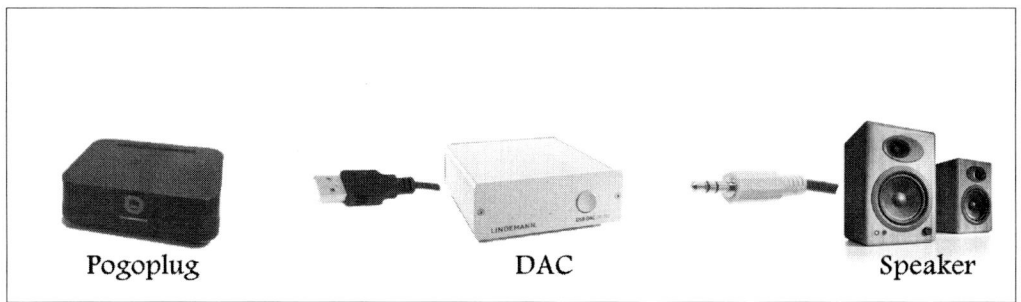

DDC(Digital-to-digital converter)는 디지털 신호를 디지털로 변환하는 기기입니다. 디지털 신호를 왜 또 디지털 신호로 변환하는 것일까요? DDC의 용도는 다음과 같습니다.

첫째, 디지털 신호를 좀 더 고품질의 신호로 변환합니다. 데스크탑이나 노트북에 들어있는 DAC인 사운드 카드를 생각해 보겠습니다. 컴퓨터는 단순히 음악 재생만을 위해 만들어진 기기가 아니지요. 그러다 보니, 음악 재생을 하면 오디오 신호가 컴퓨터 내의 다른 장치로 인하여 간섭을 받는 현상이 일어납니다. 간섭의 결과는 오디오의 잡음이나 음원의 왜곡으로 나타나는 것이구요. 그래서 DDC 장치가 중간에서 음원의 잡음이나 왜곡을 해소하는 역할을 하는 것입니다.

둘째, USB 단자에 바로 연결할 수 없는 DAC를 포고플러그에 연결해 주는 기능을 합니다. USB DAC로 분류할 수 있는 USB 연결 단자를 포함한 DAC도 있지만, 광 케이블이나 동축 케이블로만 연결이 가능한 DAC도 있습니다. 특히 컴퓨터나 포고플러그 같은 기기에 스피커를 바로 연결하여 음악을 감상하는 PC-FI가 성행하기 전에 만들어진 DAC에는 USB 입력 단자가 없는 경우가 많습니다. 그런 경우에는 DDC가 중간에서 USB 단자에 연결되어 디지털 신호를 받고 광이나 동축 방식으로 변형하는 역할을 수행할 수 있습니다.

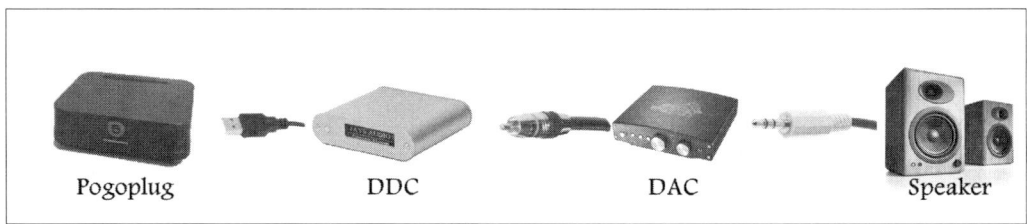

MPD 설치와 설정

이번 절에서는 Music Player Daemon을 설치하겠습니다.

우선 포고플러그에 연결할 스피커와 USB 사운드 카드를 준비합니다. 제가 준비한 스피커는 컴퓨터에 연결해서 쓰던 스피커로 2.5mm 단자입니다. 포털에서 USB 사운드 카드를 검색하면 다양한 상품이 있는데, 제가 준비한 것은 2000원짜리입니다. USB 사운드 카드에 스피커의 단자를 연결한 후에, 포고플러그의 USB 단자에 연결합니다.

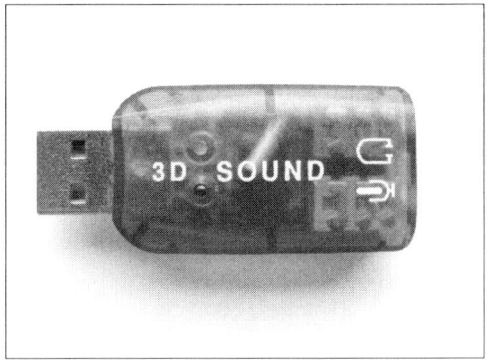

MPD와 관련 패키지를 설치하겠습니다.

```
# apt-get install mpd mpc alsa-utils ncmpc
```

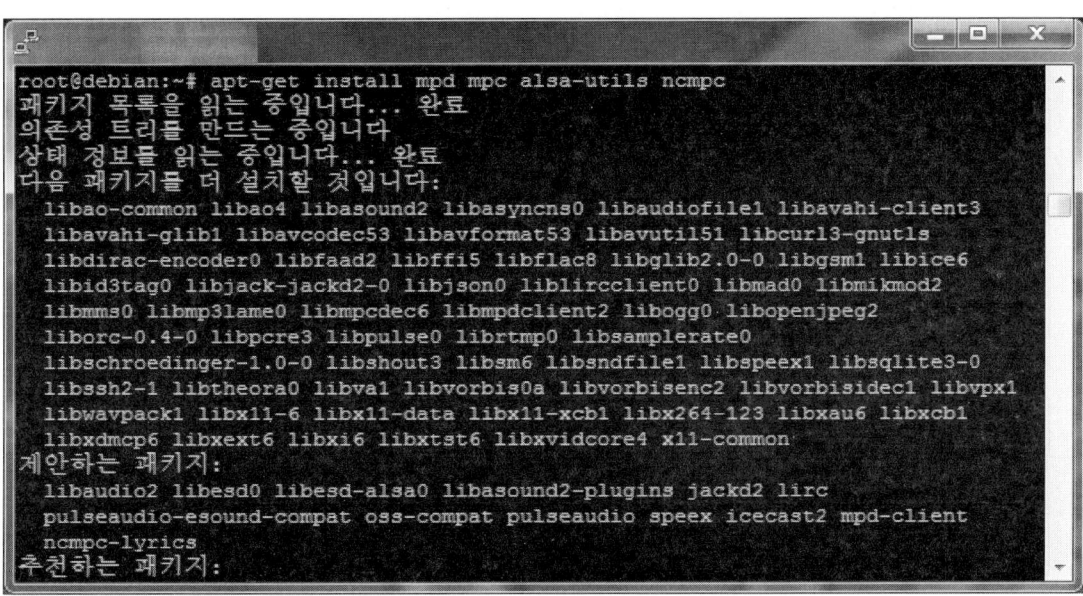

설치되는 패키지가 많습니다. 설치가 완료되고 나면 몇 가지 에러 메시지가 뜹니다. 그렇지만 상세 설정을 하기 전이므로 염려할 필요가 없습니다. 설정 값만 지정하면 저절로 사라지는 에러입니다.

```
alsa-utils (1.0.25-4) 설정하는 중입니다 ...
libao-common (1.1.0-2) 설정하는 중입니다 ...
libao4 (1.1.0-2) 설정하는 중입니다 ...
libid3tag0 (0.15.1b-10) 설정하는 중입니다 ...
liblircclient0 (0.9.0~pre1-1) 설정하는 중입니다 ...
libmad0 (0.15.1b-7) 설정하는 중입니다 ...
libmpdclient2 (2.3-1) 설정하는 중입니다 ...
mpc (0.22-1) 설정하는 중입니다 ...
libvorbisidec1 (1.0.2+svn18153-0.2) 설정하는 중입니다 ...
mpd (0.16.7-2+b1) 설정하는 중입니다 ...
[....] Starting Music Player Daemon: mpdFailed to load database: Failed to open database file "/var/lib/mpd/tag_cache": No such file or directory
. ok
ncmpc (0.17-1) 설정하는 중입니다 ...
root@debian:~#
```

USB 사운드 카드가 정상적으로 인식되는지 확인하겠습니다.

```
# aplay -l
```

```
mpc (0.22-1) 설정하는 중입니다 ...
libvorbisidec1 (1.0.2+svn18153-0.2) 설정하는 중입니다 ...
mpd (0.16.7-2+b1) 설정하는 중입니다 ...
[....] Starting Music Player Daemon: mpdFailed to load database: Failed to open database file "/var/lib/mpd/tag_cache": No such file or directory
. ok
ncmpc (0.17-1) 설정하는 중입니다 ...
root@debian:~# aplay -l
**** List of PLAYBACK Hardware Devices ****
card 0: Set [USB Headphone Set], device 0: USB Audio [USB Audio]
  Subdevices: 1/1
  Subdevice #0: subdevice #0
root@debian:~#
```

USB 헤드폰 세트와 USB 오디오가 인식되는 것을 확인할 수 있습니다. card와 device 뒤에 붙어 있는 숫자를 확인합니다. 여기서는 둘 다 '0'으로 나옵니다.

그리고 alsamixer 명령어를 입력합니다. alsamixer는 ssh 상에서 MPD 재생 파일의 볼륨 조절 및 음소거 등을 가능하게 합니다.

```
# alsamixer
```

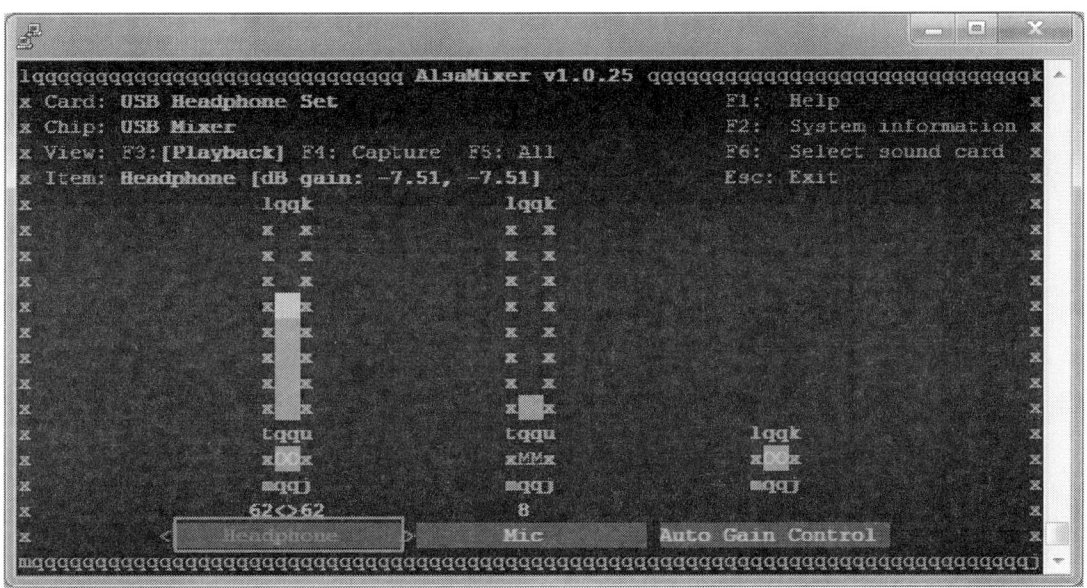

alsamixer에서 왼쪽 하단에 있는 이름을 확인합니다. 여기서는 'Headphone'이라고 나오네요. 이 문자도 나중에 설정을 입력할 때 사용될 것입니다.

나노 편집기로 asound.conf 파일을 생성합니다. 원래 없는 파일이기 때문에 빈 화면이 뜰 것입니다.

```
# nano /etc/asound.conf
```

앞에서 aplay -l 명령어를 통해 card 뒤에 붙은 번호가 '0'이라는 것을 확인했었습니다. 아래의 그림과 같이 입력한 후 가장 뒤에는 숫자 '0'을 붙입니다. 저장하고 닫습니다.

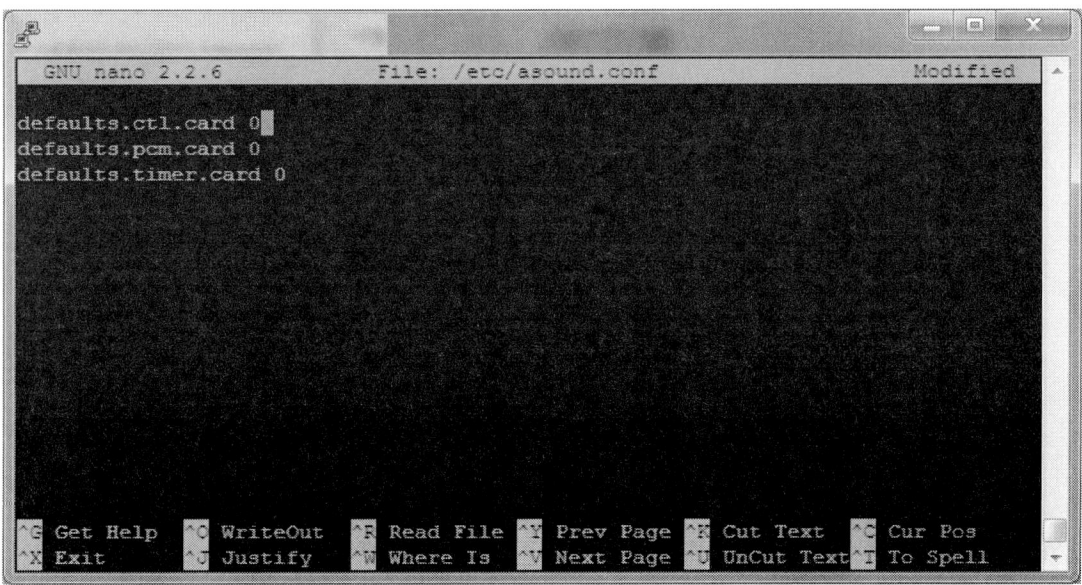

이제 재생할 음악 파일을 포고플러그로 옮겨볼까요? FTP를 통해 /pogodata/music이라는 디렉토리를 생성하고, 3개의 음악 파일을 복사합니다.

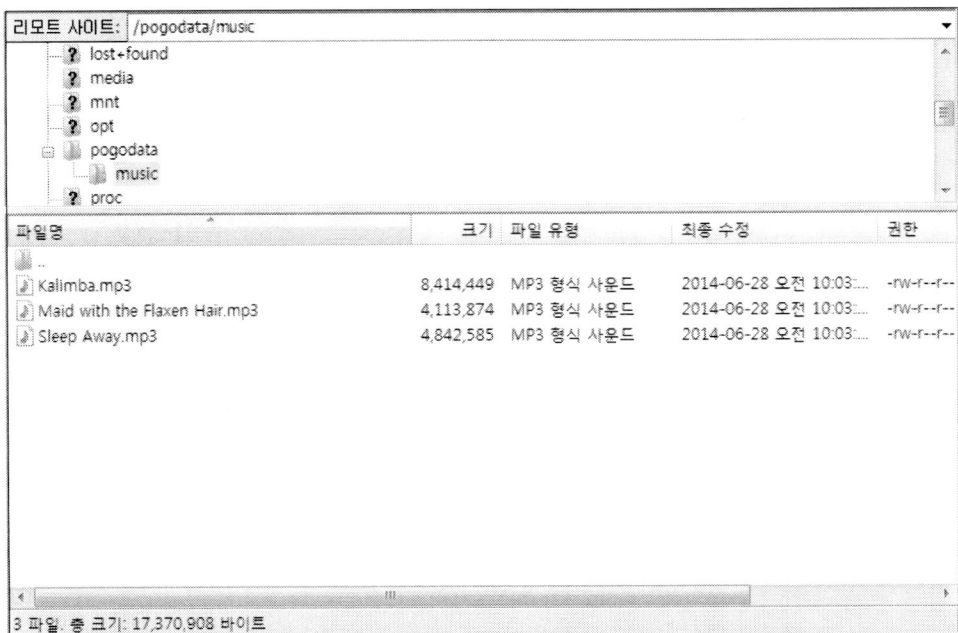

음악 파일이 있는 디렉토리의 목록을 먼저 보겠습니다.

```
# ls -alh /pogodata/music
```

음악 파일이 3개 들어있고 소유자와 소유 그룹이 모두 **root**인 것을 알 수 있습니다. 제가 **SFTP** 프로토콜로 파일을 업로드하여 이런 결과가 보이는 것입니다. 일반 FTP 프로토콜을 이용한다면 해당 로그인 사용자가 그 소유자가 되어 있을 것입니다.

음악 파일과 그 디렉토리의 소유자와 소유 그룹을 각각 **mpd**와 **audio**로 바꾸겠습니다. 소유자와 소유 그룹을 제대로 설정하지 않으면 재생 목록이 정상적으로 뜨지 않는 에러가 발생할 수 있습니다. '-R' 옵션은 디렉토리 내부와 그 하위의 모든 디렉토리 및 파일에 대해 소유 변경을 실행한다는 뜻입니다.

```
# chown -R mpd:audio /pogodata/music
```

다시 목록을 보겠습니다.

```
# ls -alh /pogodata/music
```

MPD 설치와 설정

```
root@debian:~# ls -alh /pogodata/music
합계 17M
drwxr-xr-x 2 root root 4.0K  6월 28 10:03 .
drwxr-xr-x 3 root root 4.0K  6월 28 10:01 ..
-rw-r--r-- 1 root root 8.1M  6월 28 10:03 Kalimba.mp3
-rw-r--r-- 1 root root 4.0M  6월 28 10:03 Maid with the Flaxen Hair.mp3
-rw-r--r-- 1 root root 4.7M  6월 28 10:03 Sleep Away.mp3
root@debian:~# chown -R mpd:audio /pogodata/music
root@debian:~# ls -alh /pogodata/music
합계 17M
drwxr-xr-x 2 mpd  audio 4.0K  6월 28 10:03 .
drwxr-xr-x 3 root root  4.0K  6월 28 10:01 ..
-rw-r--r-- 1 mpd  audio 8.1M  6월 28 10:03 Kalimba.mp3
-rw-r--r-- 1 mpd  audio 4.0M  6월 28 10:03 Maid with the Flaxen Hair.mp3
-rw-r--r-- 1 mpd  audio 4.7M  6월 28 10:03 Sleep Away.mp3
root@debian:~#
```

mpd가 소유자, audio가 소유 그룹으로 변경되어 있음을 확인할 수 있습니다.

마지막으로 설정 파일을 열어 필요한 설정을 하겠습니다.

```
# nano /etc/mpd.conf
```

음악 파일이 들어있는 디렉토리를 설정합니다. 여기서는 /pogodata/music으로 설정합니다.

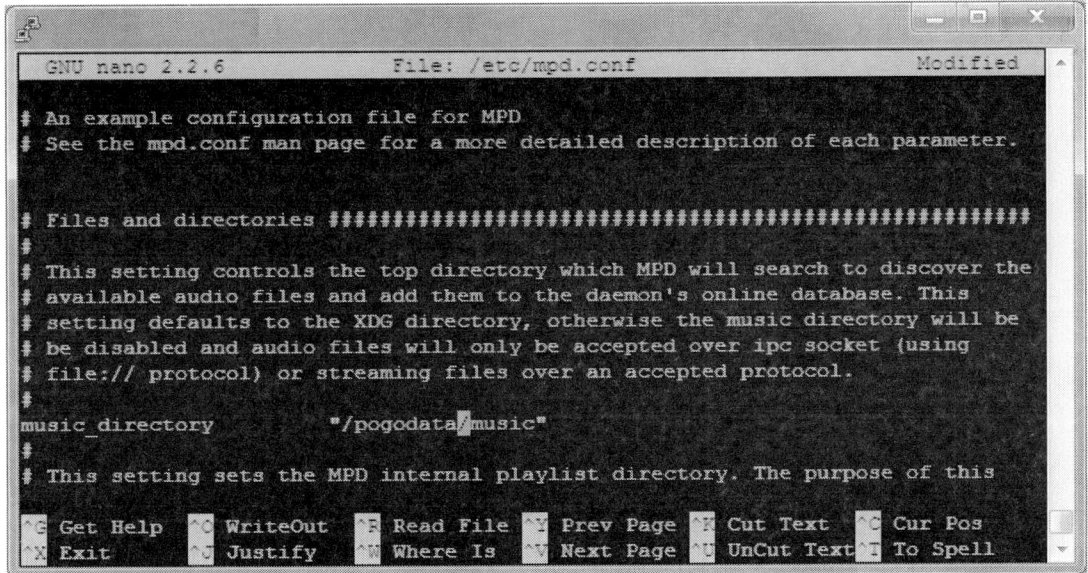

몇 줄 더 내려오니 user 설정 항목이 보입니다. 기본 설정인 mpd로 사용자를 정합니다. 그리고 실행 그룹을 설정합니다. 그룹 이름을 audio 라고 하고, 앞에 붙어 있는 주석 표시인 '#'을 제거합니다.

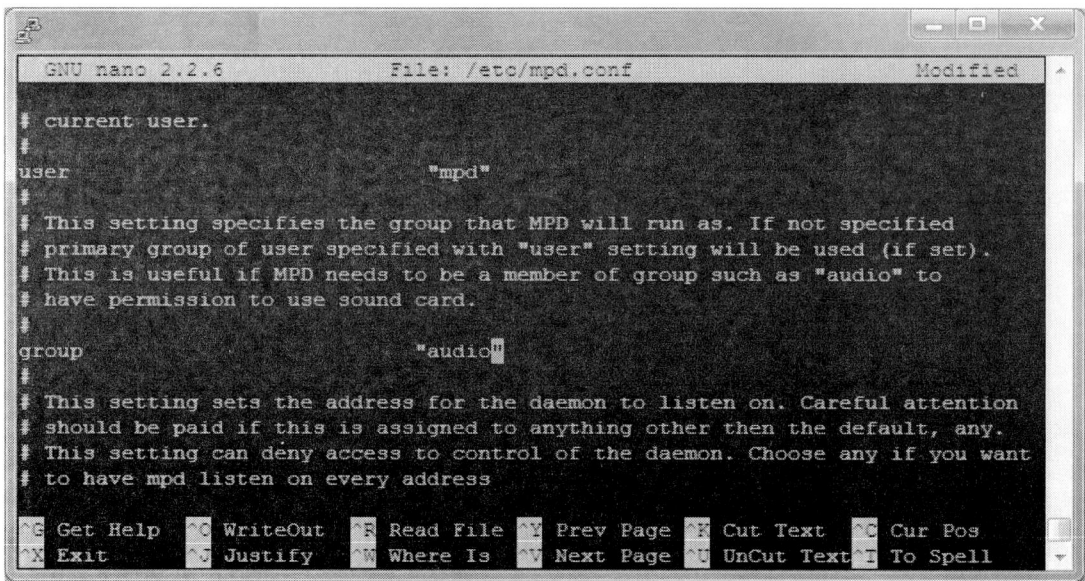

bind_to_address 항목이 'localhost'라고 되어 있습니다. 이것을 '0.0.0.0'으로 바꿉니다. 포트 번호는 6600으로 기본 설정되어 있는 그대로 유지하고, 앞에 있는 주석 표시 '#'을 제거합니다.

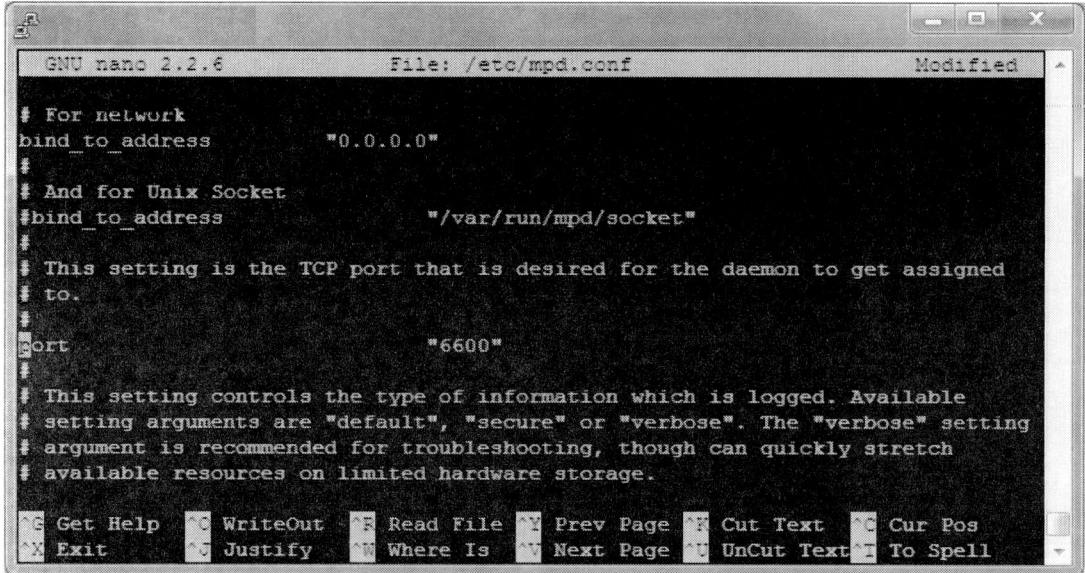

metadata_to_use 항목 앞의 주석 표시, auto_update 항목 앞의 주석 표시도 제거합니다. 전자는 음악 파일 정보에서 읽어올 태그의 종류를 정하는 것이고, 후자는 음악 파일 디렉토리에 음악 파일이 추가되거나 삭제될 때 목록을 자동으로 업데이트한다는 내용입니다.

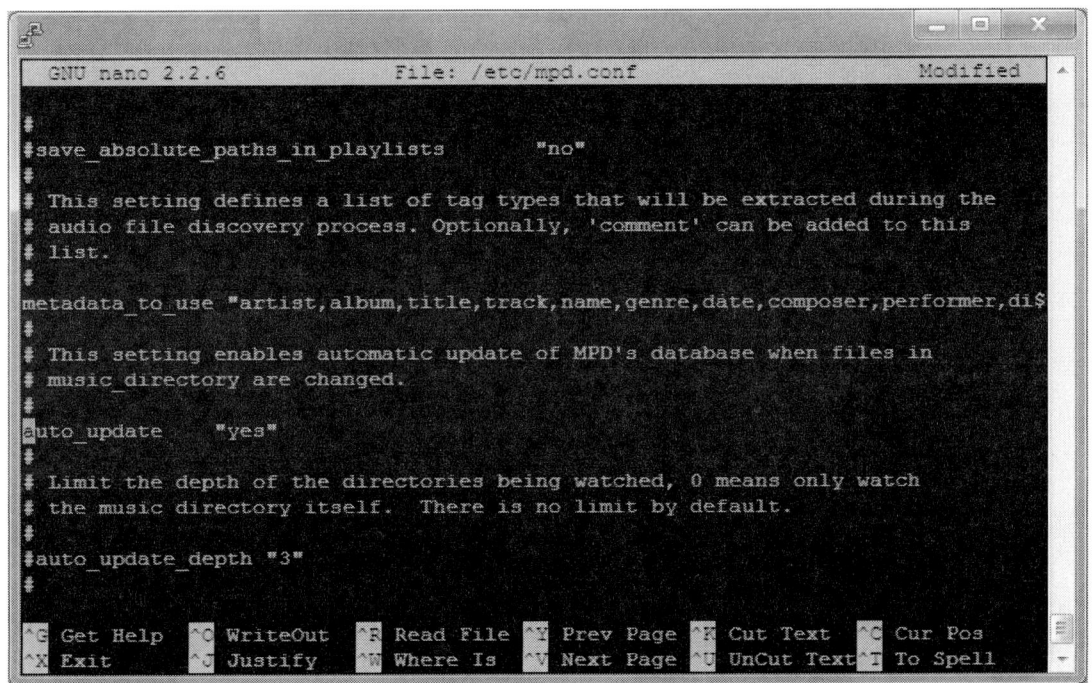

마지막으로, audio_output 항목을 수정합니다. name 항목에 원하는 이름을 입력합니다. 이 이름은 스마트폰이나 데스크탑에서 포고플러그 MPD 서비스에 접속할 때 뜨는 명칭입니다. 여기서는 'Pogoplug MPD'라고 작성하겠습니다. device 항목에는 'hw:0,0'이라고 입력합니다. 앞에서 aplay -l 명령어를 통해 알아냈던 USB 사운드 카드의 card및 device 번호를 입력하는 것입니다. mixer_control 항목에는 alsamixer 명령어를 통해 확인했던 'Headphone'을 입력합니다.

> **음악 재생이 안 되는 경우**
> device 옵션에 'hw:0,0' 대신 'plughw:0,0'이라고 입력해야 음원 재생이 정상적으로 이루어지는 DAC도 있으니 참고하기 바랍니다.

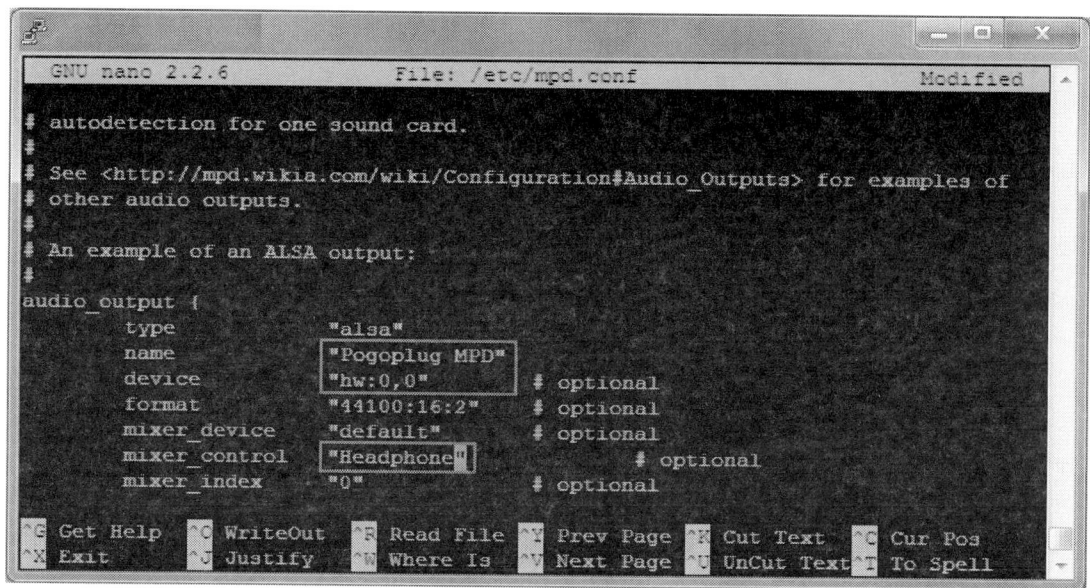

samplerate_converter는 샘플레이트가 맞지 않는 음악을 자동으로 변환하는 옵션인데 이 값을 '4'로 설정하면 음질은 조금 포기하더라도 빠른 속도로 변환할 수 있습니다. 이 옵션을 활성화하지 않으면 샘플레이트가 다른 음악 파일을 재생할 때 음악이 끊기면서 재생되는 문제를 보입니다.

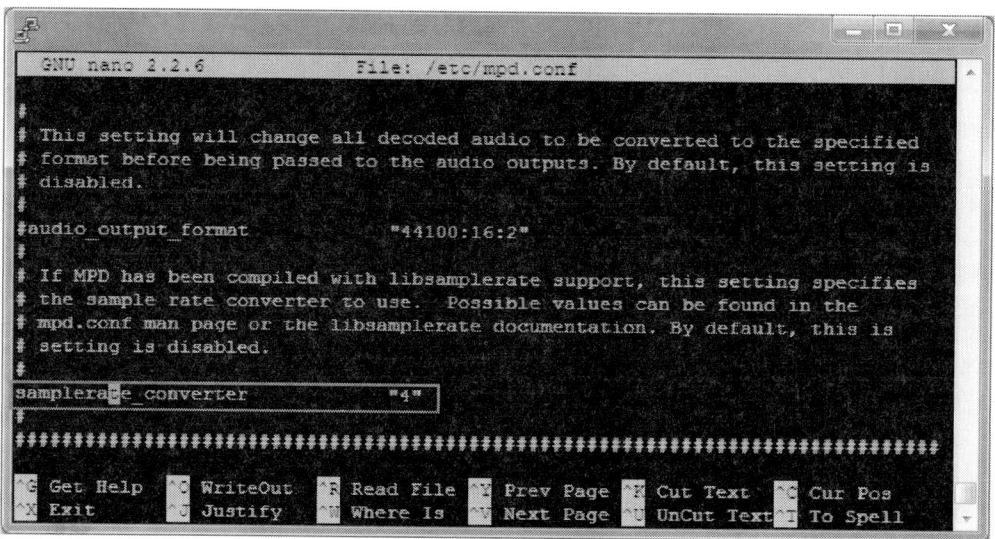

마지막으로, mixer_type 옵션을 'software'로 활성화하여 MPD에 접근하는 다양한 클라이언트 소프트웨어에서 볼륨을 조절할 수 있게 설정합니다.

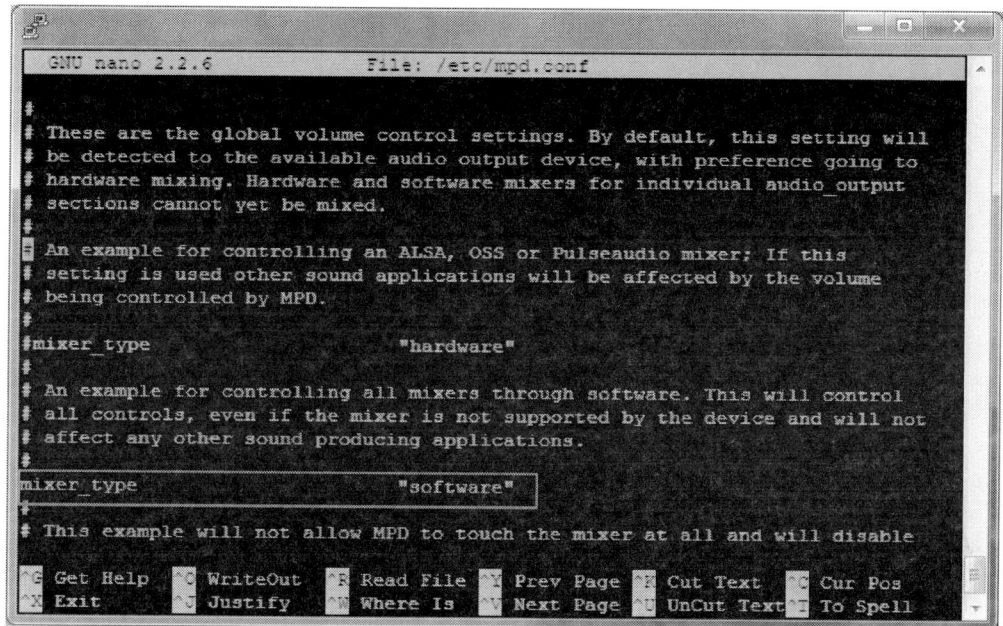

nano 에디터를 저장하고 종료합니다.

mpd를 재시작하면 설정이 완료됩니다.

```
# service mpd restart
```

MPD 클라이언트

NCMPC는 리눅스 터미널 상에서 구동되는 MPD 클라이언트입니다. 인터페이스가 매우 단순해서 리소스를 많이 차지하지 않는다는 큰 장점을 가지고 있습니다. 키보드로 구동되기 때문에 구동을 위한 단축키를 알아야 한다는 단점이 있지만, 음악 재생에 사용하는 조합은 그렇게 많지 않아서 단축키 사용에 어려움은 별로 없습니다.

NCMPC 패키지는 처음에 MPD를 설치하면서 함께 설치되었기 때문에 추가적인 설치 과정은 필요하지 않습니다. NCMPC를 실행하겠습니다.

```
# ncmpc
```

아래 화면은 NCMPC의 초기화면입니다. 상단에 필요한 메뉴들이 번호로 매겨져 있습니다. 일단 1번을 눌러 도움말을 보겠습니다.

아래로 내려가 보니, Ctrl+U가 음악 데이터베이스 업데이트의 단축키라고 나오네요. 음악이 디렉토리에 들어있더라도 데이터베이스 업데이트를 거치지 않으면, 재생 목록에 보이지 않습니다. Ctrl+U를 눌러 업데이트를 시행합니다,

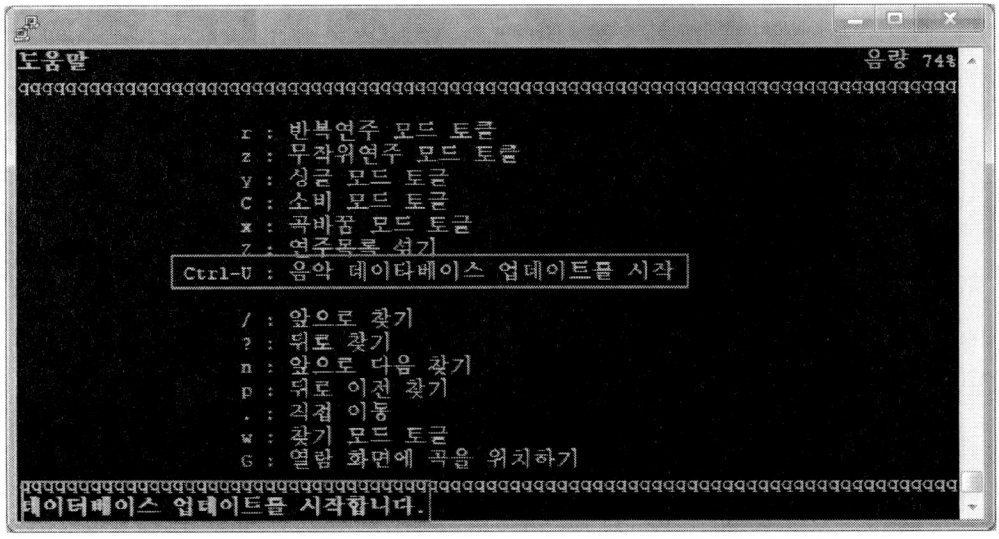

데이터베이스 업로드를 완료한 후 3번을 눌러 목록을 열람하면, 음악 디렉토리에 넣었던 3개의 음악 파일을 볼 수 있습니다.

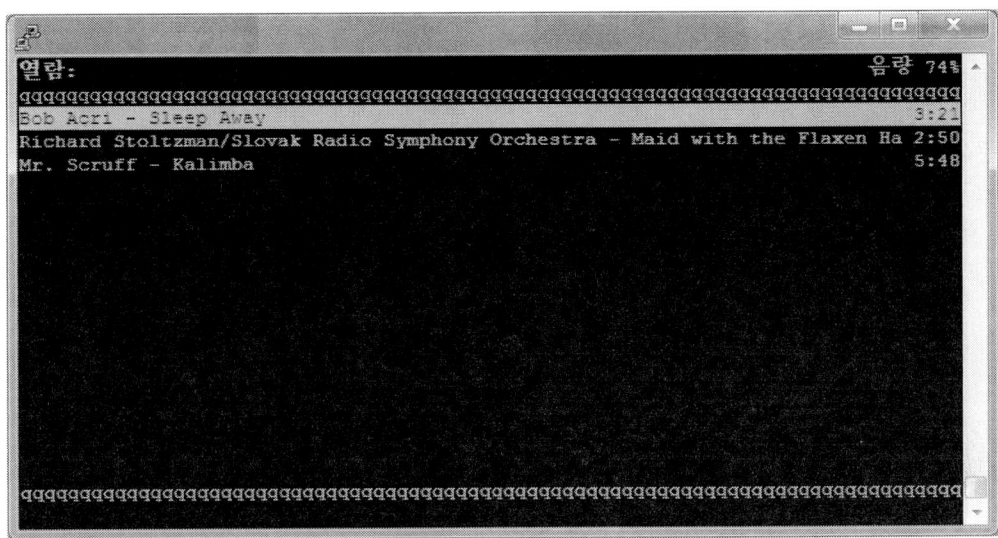

도움말 항목을 보면, 음악의 재생과 관련된 다양한 동작키를 알 수 있습니다. 음악 재생은 엔터키로 하고, 음량 조절은 '+' 버튼과 '-' 버튼으로 하고, 이전 트랙과 다음 트랙은 각각 '<' 버튼과 '>' 버튼으로 저장한다는 것을 알 수 있습니다.

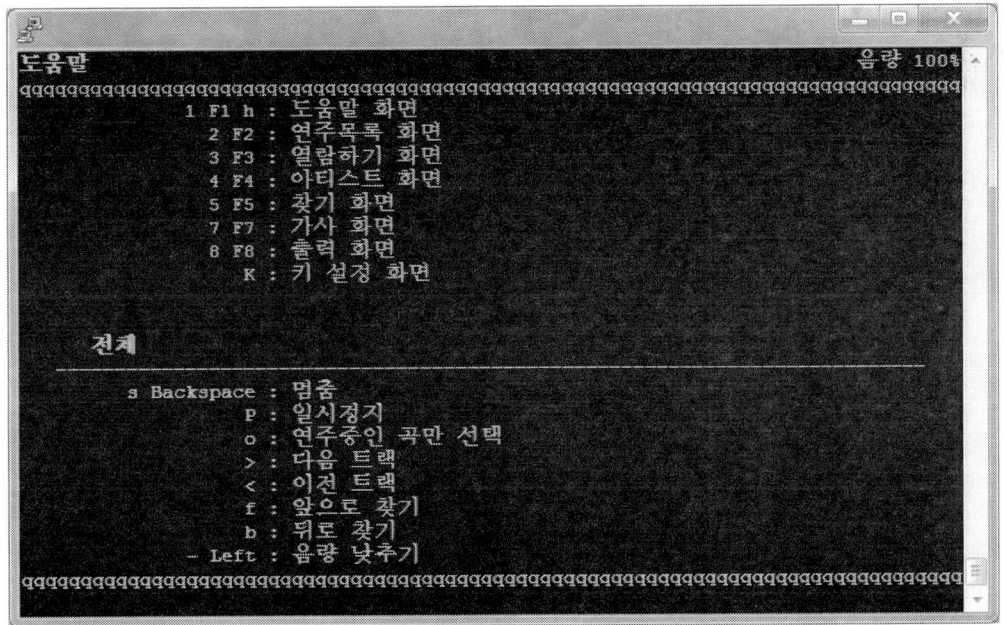

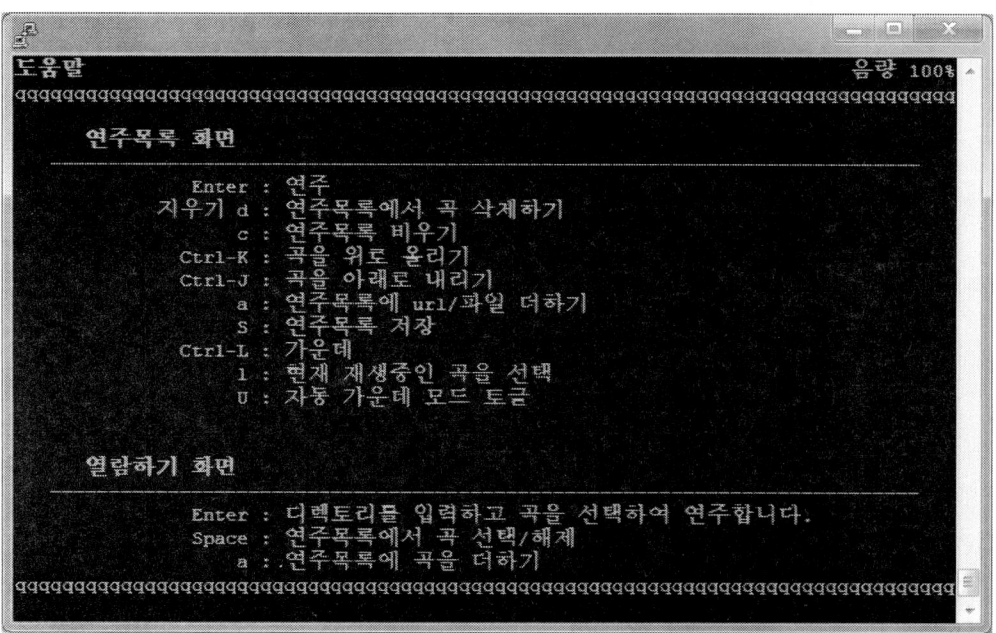

GMPC 클라이언트

GMPC는 Gnome Music Player Client의 약자입니다. 리눅스용, 윈도우용, 맥용 등 다양한 버전이 있습니다. 여기서는 윈도우 버전을 다운받아 설치합니다.

http://gmpc.wikia.com/wiki/Installation_Win32로 접속하면, GMPC 윈도우 버전을 받을 수 있습니다.

현재 11.8이 최신 버전입니다. 설치하지 않아도 되는 포터블 버전으로 받겠습니다.

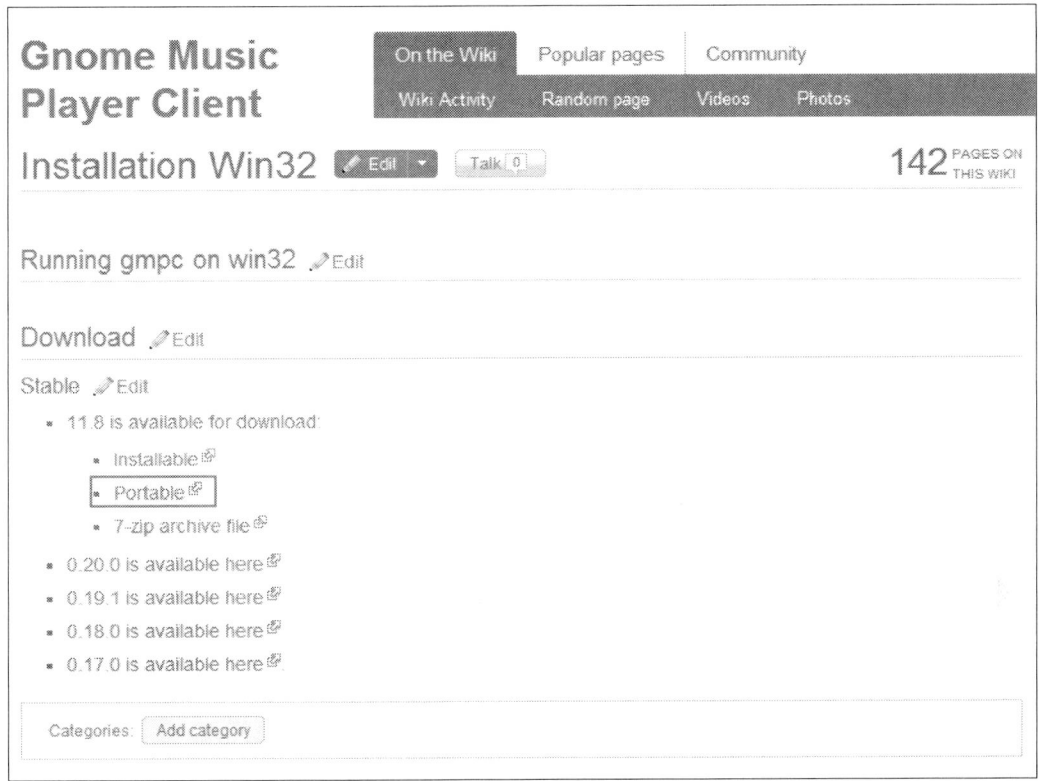

다운로드 완료 후 압축을 해제하면 실행 파일이 바로 보입니다. **GmpcPortable**을 실행합니다.

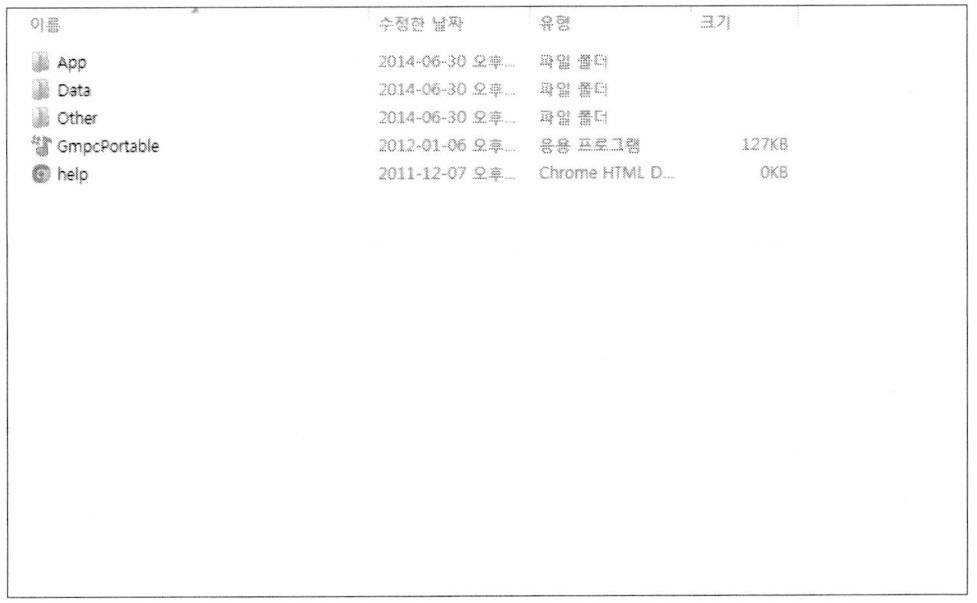

실행 후에는 MPD 설정을 입력합니다. MPD 재생을 내부 네트워크에서만 이용할 것이므로, 내부 사설 아이피와 포트 번호 6600번을 입력하고, 음악 파일이 있는 디렉토리를 입력합니다. 로그인 없이 사용하도록 설정하였으므로 Use Authentication 란은 체크하지 않고, Password 란도 비워둡니다.

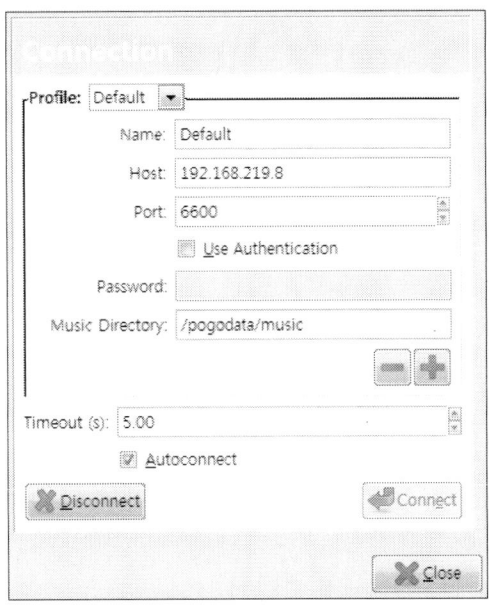

초기화면입니다.

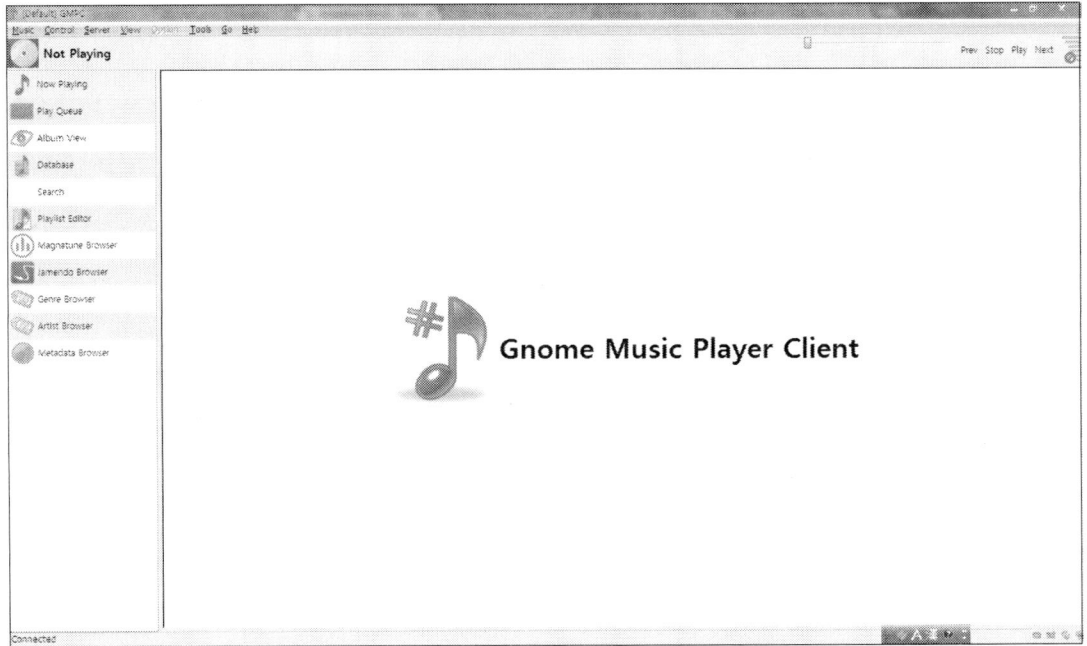

파일 목록이 뜨지 않는다면 [Server] -> [Update MPD Database] 메뉴를 선택하여, 음악 파일의 목록을 업데이트합니다.

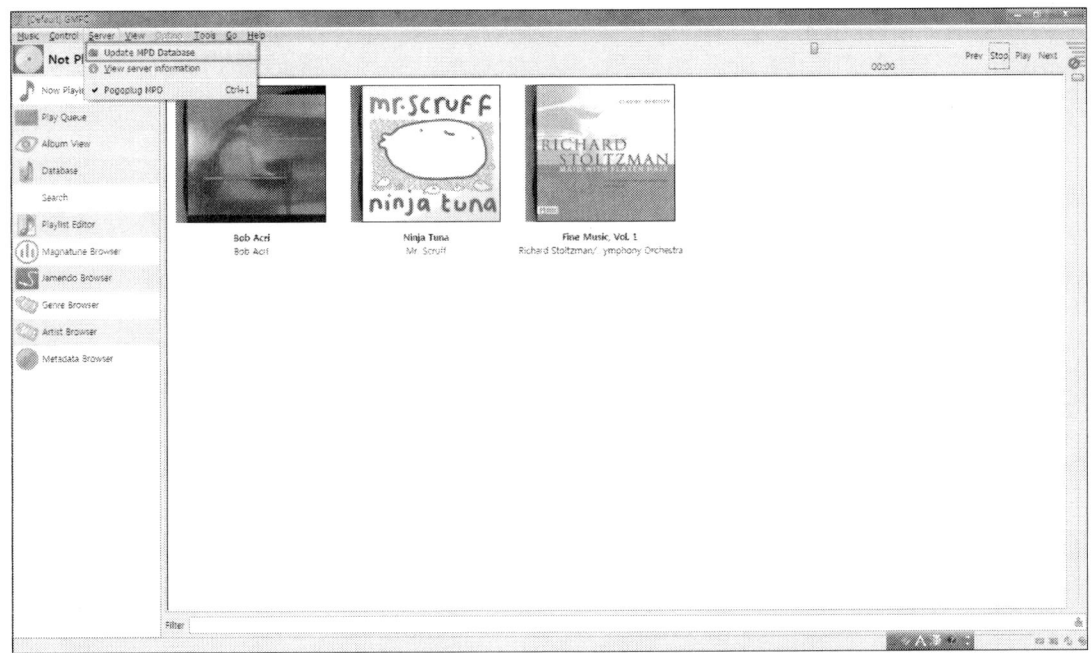

[Album View] 메뉴를 선택하니, 음악 디렉토리에 있는 파일의 앨범 자켓과 정보를 확인할 수 있습니다.

[Database] 메뉴를 선택하면 파일 정보를 볼 수 있습니다.

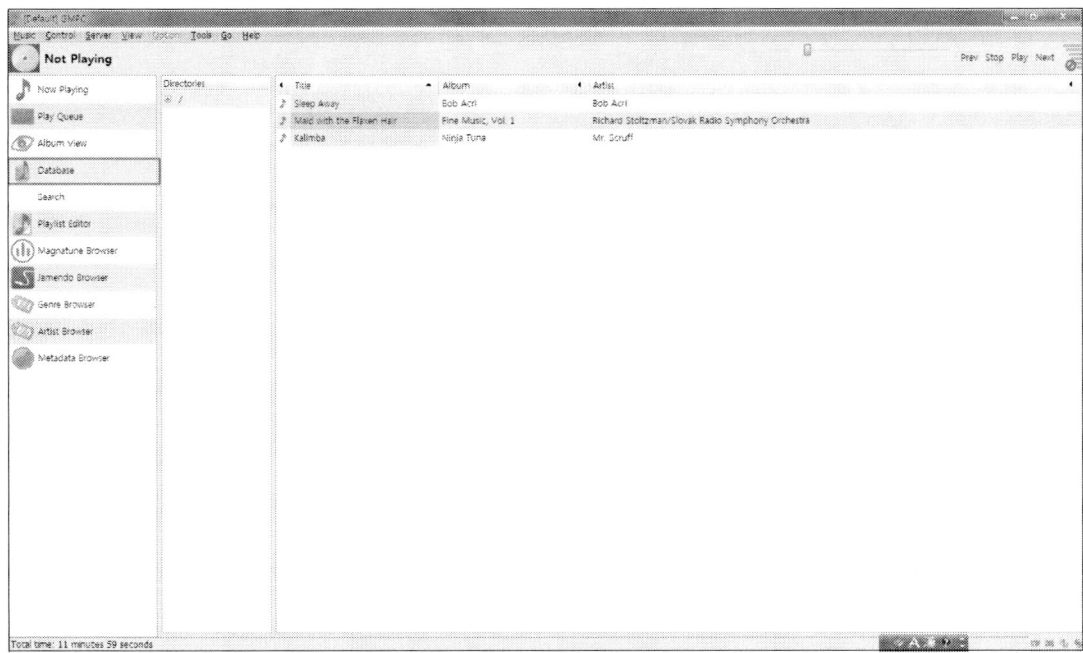

파일을 선택해서 음악을 재생하면 다음과 같은 화면이 뜹니다.

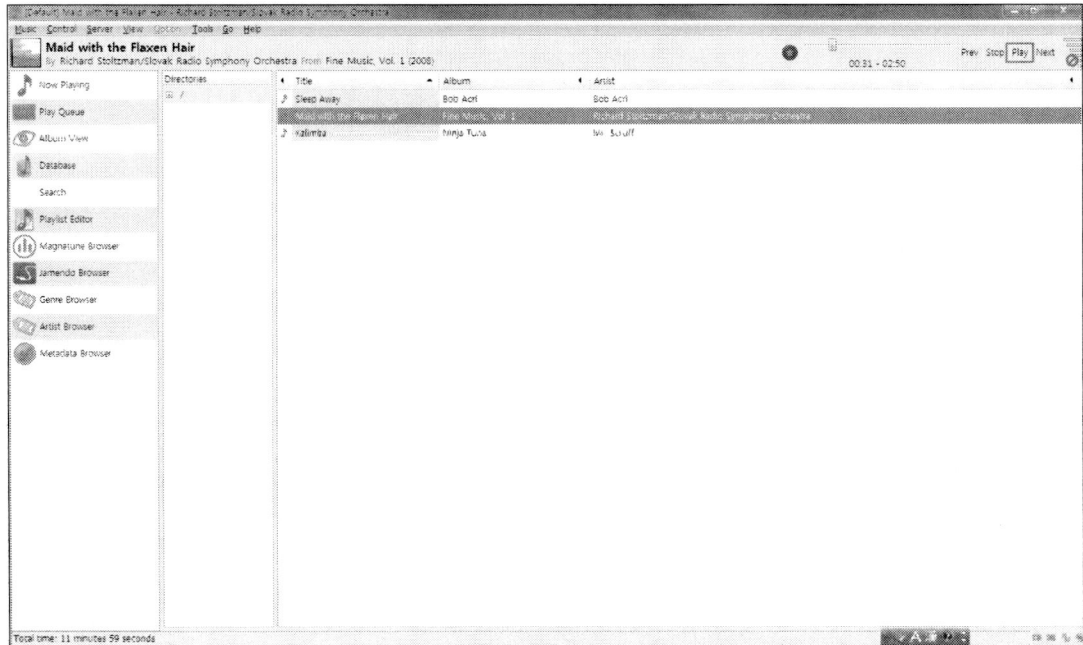

[Now Playing] 메뉴를 선택하면 재생 중인 음악 파일의 앨범 정보를 자세히 볼 수 있습니다.

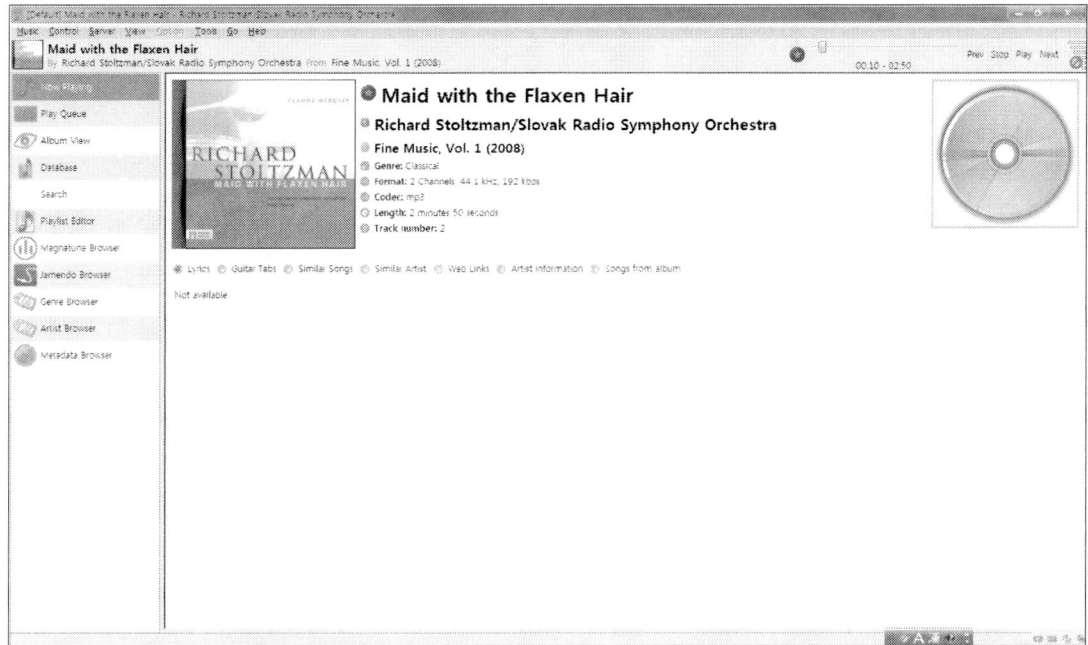

스마트폰에서 재생

MPDroid는 안드로이드 스마트폰에서 MPD를 제어할 때 사용하는 어플리케이션입니다. 아이폰이나 아이패드의 경우 MPod과 MPad 같은 어플리케이션이 있으니 같은 방식으로 활용할 수 있습니다.

MPDroid에 대해 알아보겠습니다.

왼쪽 그림은 MPDroid를 실행한 화면입니다. MPD 설정에서 로그인을 필요로 하지 않도록 설정하였고, 스트리밍 호스트와 포트도 설정하지 않았으므로, 호스트와 포트 정보만 입력하면 됩니다. 오른쪽 그림과 같이 호스트 항목을 선택하여 내부 사설 아이피 주소를 입력합니다. 포고플러그에 연결된 스피커로 음악을 감상하는 것이므로 내부 네트워크에서만 이용하게 되며 외부 접속 주소를 사용할 필요가 없습니다.

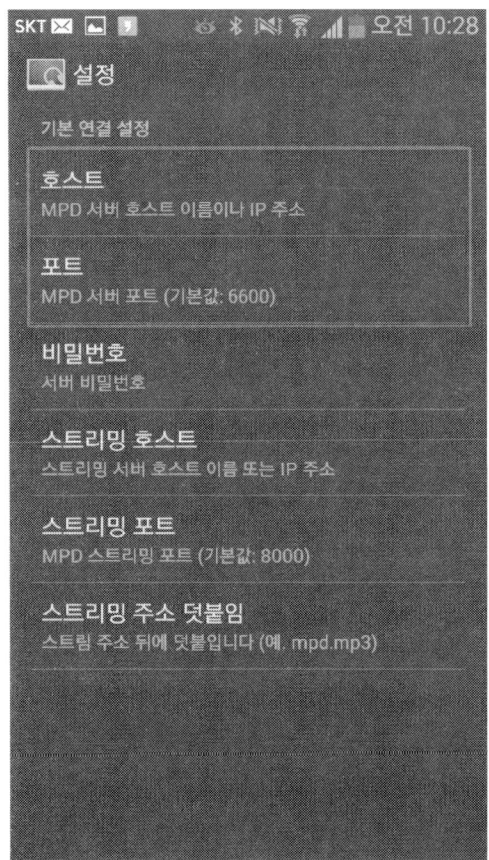 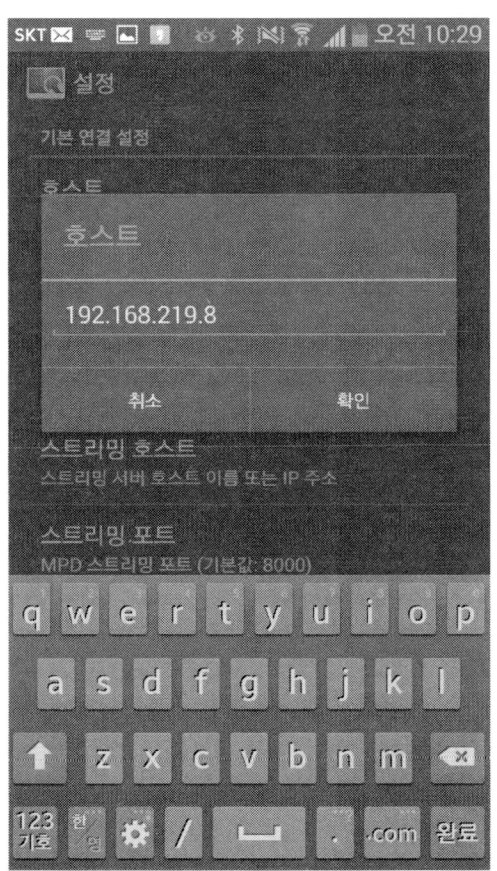

스마트폰에서 재생 281

포트 번호도 6600번으로 입력합니다(왼쪽 그림). 그런 다음에 초기화면에서 라이브러리를 선택합니다(오른쪽 그림).

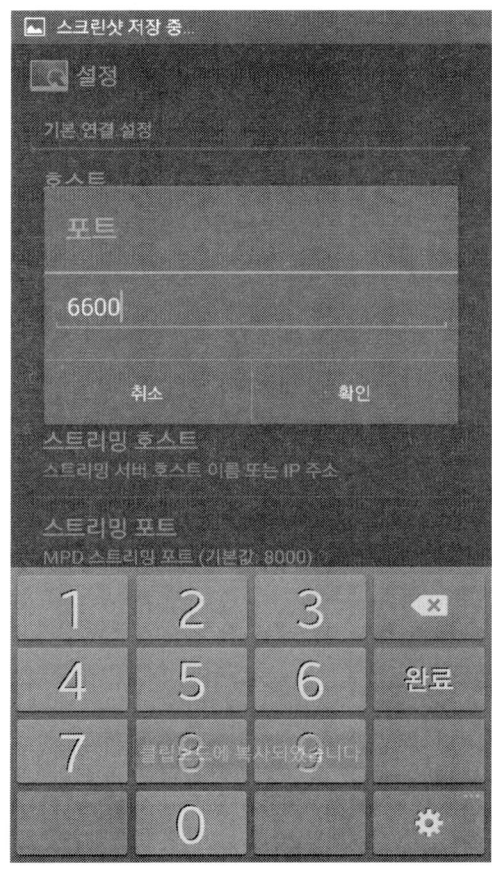 

연주자나 파일별로 선택하여 보유한 음원 정보를 볼 수 있고, 음악을 재생할 수 있습니다.

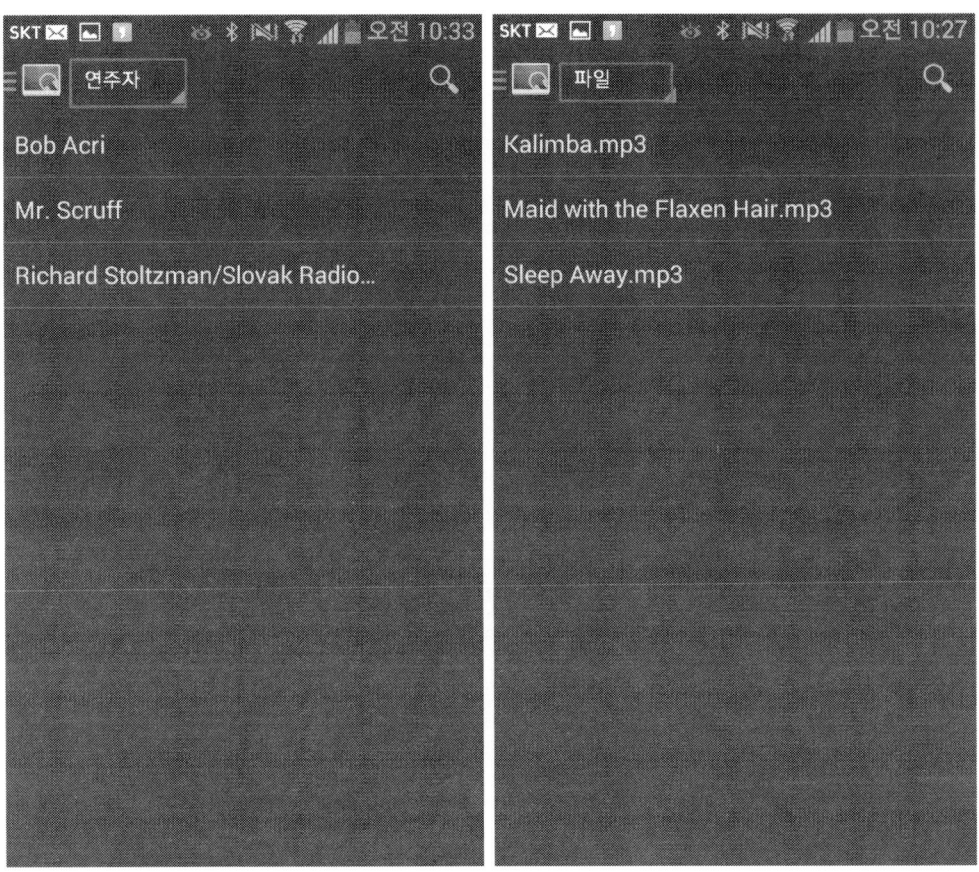

음원이 재생되고 있는 모습입니다.

EBS 녹음 파일 재생

녹음된 EBS 방송을 MPD를 통해 들을 수는 없을까요? 당연히 가능합니다. 우리가 EBS 방송을 m4a라는 형식으로 녹음하였는데요. MPD에서도 당연히 m4a 확장자의 재생을 지원합니다. 어떤 파일 형식의 재생을 지원하는지 한번 살펴볼까요?

```
# mpd -V
```

mp3 뿐 아니라, Flac, wav, m4a 등 매우 다양한 포맷의 음악 파일을 지원하는 것을 알 수 있습니다.

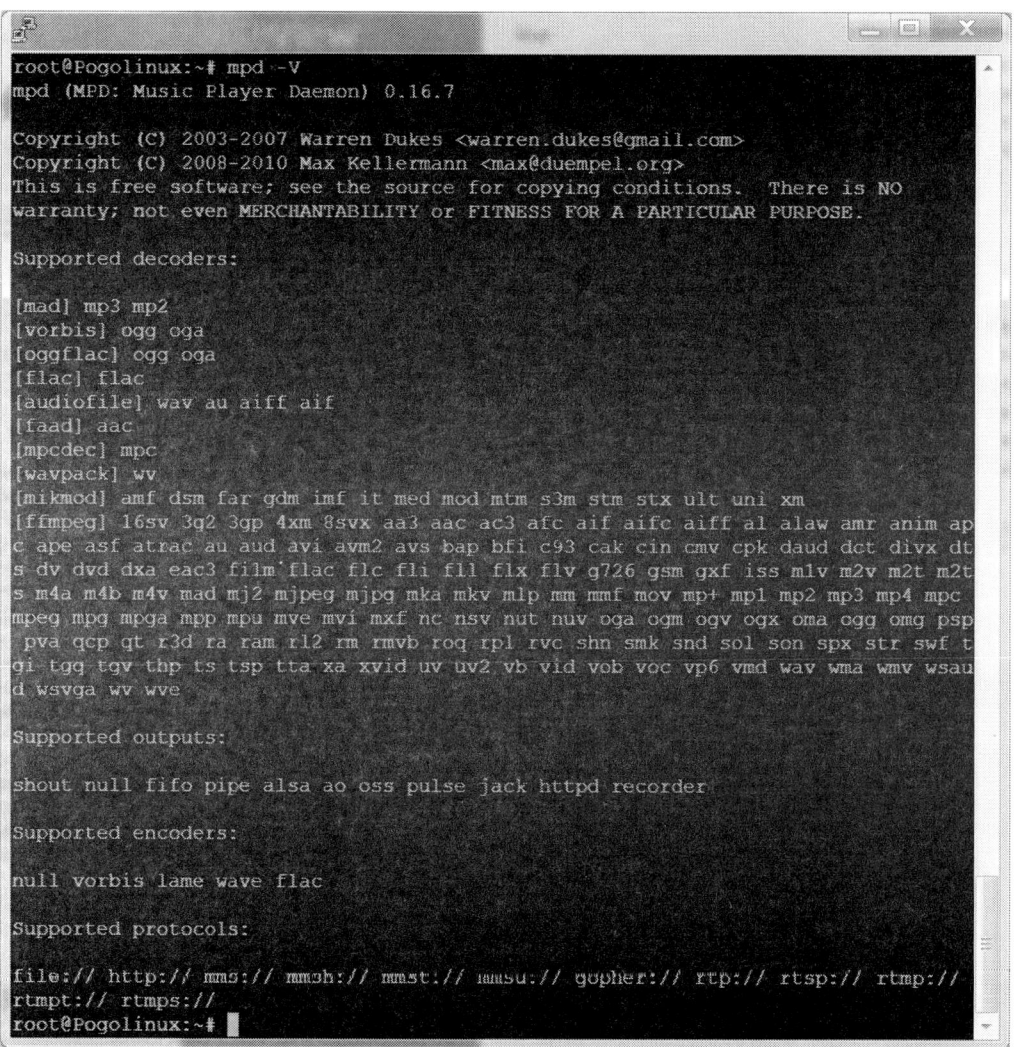

EBS 녹음 파일을 MPD에서 들으려면 몇 가지 문제를 해결해야 합니다.

먼저, 설정 디렉토리의 차이입니다. 10장에서 녹음된 파일이 저장되도록 앞에서 지정했던 디렉토리는 /pogodata/study/EBS였습니다. 그런데 여기서 지정한 MPD의 홈 디렉토리는 /pogodata/music이지요. 디렉토리가 다릅니다. 해결 방안으로는 두 가지가 있습니다.

첫째, 녹음 디렉토리를 /pogodata/music 안으로 넣습니다.

EBS 방송이 녹음되고 저장되는 디렉토리를 MPD 홈 디렉토리 안으로 넣는 것입니다. /pogodata/music/EBS 정도면 되겠지요. 그러면 EBS 녹음 디렉토리가 MPD의 홈 디렉토리 하부 구조로 형성되기 때문에 자연히 MPD 프로그램에서 접근이 가능하게 됩니다.

둘째, 소프트 링크(심볼릭 링크) 기능을 이용합니다.

소프트 링크란 윈도우에서 흔히 사용하는 "바로가기 아이콘"과 같은 기능이라고 보면 됩니다. 윈도우를 사용할 때 바탕화면에 띄워둔 바로가기 아이콘은 실제 프로그램 위치와는 다르다는 것을 잘 알고 있지요. 리눅스에서 소프트 링크란 그것과 같은 역할을 합니다. 예를 들어 한 번 알아보겠습니다.

/pogodata/music/EBS라는 디렉토리로 접근하겠습니다.

```
# cd /pogodata/music/EBS
```

MPD 홈 디렉토리 아래로 EBS 디렉토리를 만들어 준 적이 없으므로, 해당 디렉토리로 접근이 안됩니다.

심볼릭 링크를 형성하겠습니다. /pogodata/study/EBS 디렉토리를 /pogodata/music 하위의 디렉토리로 바로가기를 만드는 것입니다. 명령어는 "ln -s (원본 파일 혹은 디렉토리) (대상 파일 혹은 디렉토리)" 구조로 됩니다.

```
# ln -s /pogodata/study/EBS /pogodata/music
```

이제 접근을 다시 시도합니다.

```
# cd /pogodata/music/EBS
```

/pogodata/music/EBS라는 디렉토리에 접근할 수 있게 되었습니다. 그리고 디렉토리 구조를 비교하겠습니다.

/pogodata/music/EBS의 파일리스트를 확인합니다.

```
# ls
```

아래 그림을 보면, **Easy-Writing, HearEnglish, Saturday_Sync**, 3개의 디렉토리가 보입니다.

원본 파일이 위치한 **/pogodata/study/EBS**의 파일 리스트도 보겠습니다.

```
# ls /pogodata/study/EBS
```

똑같이 3개의 디렉토리가 보이네요. 동일한 구조가 나타남을 알 수 있습니다. 원본 파일들은 /pogodata/study/EBS 안에 있지만, 바로가기가 생성되었기 때문에 /pogodata/music/EBS를 통해서도 접근이 가능하게 되었네요.

위의 명령어들의 실행 화면은 다음과 같습니다.

심볼릭 링크를 해제하기 위해 윈도우에서는 바로가기 파일만 제거하면 되겠지요? 리눅스도 동일합니다. 심볼릭 링크의 원본이 아닌 대상 파일이나 디렉토리를 삭제하면 자동 해제됩니다.

심볼릭 링크 대상 디렉토리를 삭제합니다.

```
# rm /pogodata/music/EBS
```

대상 디렉토리의 파일 리스트를 확인합니다. 심볼릭 링크가 잘 해제되었네요.

```
# ls /pogodata/music/EBS
```

원본 디렉토리의 파일 리스트도 확인해 볼까요? 원본 디렉토리의 내용물은 그대로 잘 보존되어 있습니다.

```
# ls /pogodata/study/EBS
```

이들 명령어의 실행 화면은 다음과 같습니다.

> **Note**
> 심볼릭 링크를 해제할 때 원본 파일이나 디렉토리를 실수로 삭제하면 대상 디렉토리도 같이 사라집니다. 심볼릭 링크를 해제할 때는 원본을 실수로 삭제하는 일이 없도록 주의를 요합니다!

두 번째로 해결해야 할 중요한 점이 있습니다. MPD의 데몬은 MPD가 그 소유자이거나, audio라는 그룹이 소유 그룹인 파일에 접근하여 파일을 재생할 수 있습니다. 그런데 EBS 녹음 파일의 경우에는, 아래와 같이 소유자와 소유 그룹이 root임을 알 수 있습니다. 이 상태로 MPD를 실행한다면 파일 스캔을 해도 MPD가 그 파일을 읽어 들일 권한이 없기 때문에 재생 목록에 전혀 뜨지 않을 것입니다. 녹음 파일의 소유자와 소유 그룹을 조정할 필요가 있는 것이지요.

파일명	크기	파일 유형	최종 수정	권한	소유자/그룹
..					
Easy-Writing		파일 폴더	2014-07-22 ...	drwxr-xr-x	root root
HearEnglish		파일 폴더	2014-07-22 ...	drwxr-xr-x	root root
Saturday_Sync		파일 폴더	2014-07-22 ...	drwxr-xr-x	root root

일단 녹음 파일의 위치를 변경하는 방식이나, 소프트 링크를 이용하여 /pogodata/music/EBS로 설정한 후 다음 내용을 진행합니다. 즉, 해당 디렉토리의 소유자를 mpd로, 소유 그룹을 audio로 변경합니다.

```
# chown -R mpd:audio /pogodata/study/EBS
```

파일명	크기	파일 유형	최종 수정	권한	소유자/그룹
..					
Easy-Writing		파일 폴더	2014-07-22 ...	drwxr-xr-x	mpd audio
HearEnglish		파일 폴더	2014-07-22 ...	drwxr-xr-x	mpd audio
Saturday_Sync		파일 폴더	2014-07-22 ...	drwxr-xr-x	mpd audio

그리고 심볼릭 링크를 생성해 주세요.

```
# ln -s /pogodata/study/EBS /pogodata/music
```

이렇게 두 가지를 해결하면 MPD를 통하여 EBS 녹음 파일을 재생할 수 있습니다.

box.com 음원 재생

음원이 들어있는 외장 하드가 없더라도 MPD 구성이 가능할까요? davfs 마운트를 이용하면 가능합니다. davfs 마운트 방식은 12장의 "파일 공유-box.com" 절에서 그 설치와 설정법을 확인할 수 있습니다. 먼저 해당 절에서 설치를 마친 후 실습을 진행하기 바랍니다. box.com에 재생하려는 음원을 넣고 포고플러그에 마운트하면 로컬 디렉토리에 음원이 없더라도 MPD를 이용해 음악을 들을 수 있습니다.

특히 포고플러그 모바일 모델처럼 SD 단자와 USB 단자가 각각 하나 밖에 없는 경우에는 SD 단자에 루트파일시스템을 설치하고 나면 후방 USB 단자 한 개만 남습니다. MPD 사용을 위해 USB DAC를 연결하면 외장 하드를 연결할 여유 단자가 없는 상태가 됩니다. USB 허브를 사용하지 않고는 외장 하드 사용이 불가능하죠.

이 때 davfs 마운트를 사용하면 box.com 같은 클라우드나 WebDAV가 설정된 다른 리눅스 디바이스의 디렉토리를 내 포고플러그에 마운트할 수 있으므로 유용하게 사용할 수 있습니다.

기존의 MPD 설정과 동일합니다. 원한다면 audio_output 옵션에서 name 란에 'Box.com MPD' 같은 이름을 넣어줄 수 있겠지요. 설정상 특별히 다른 것은 없습니다.

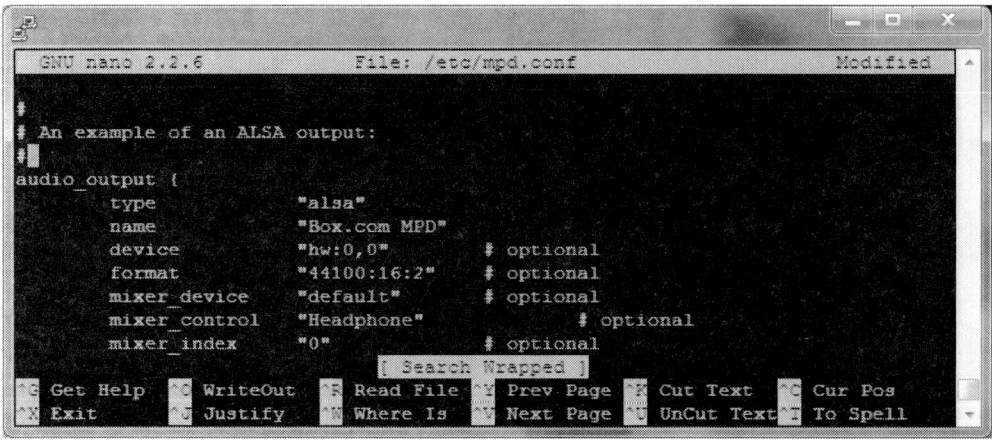

그리고 box.com 클라우드를 MPD 음악 파일 경로인 /pogodata/music 디렉토리에 마운트합니다.

```
mount -t davfs https://dav.box.com/dav /pogodata/music
```

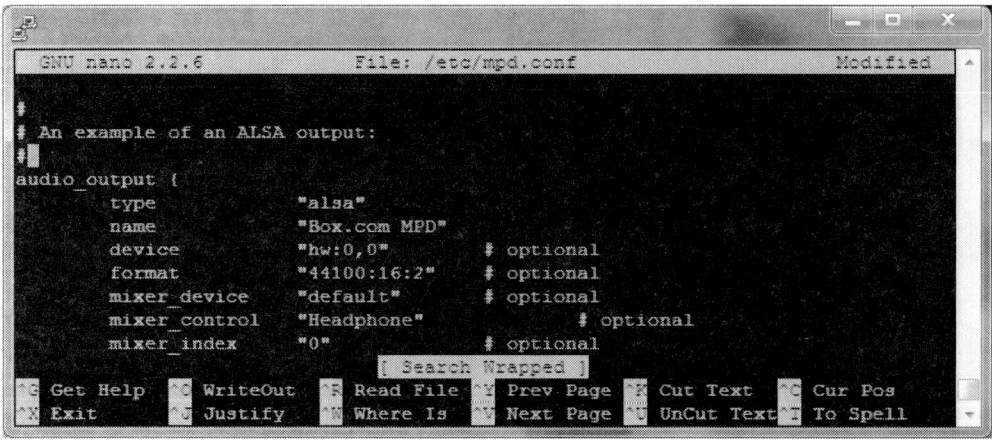

앞에서 소개한 다양한 MPD 클라이언트를 이용해서 음원을 재생하면 됩니다.

12

파일 공유를 위한 클라우드 서비스 구축

저전력의 포고플러그를 늘 켜둘 수 있다는 것은 요즘 처럼 다양한 기기들을 활용하는 환경에서 클라우드 환경을 구성할 때 큰 이점으로 작용합니다. 포고플러그는 클라우드 서버의 기능도 훌륭히 해낼 수 있습니다.

본 장에서는 비트토렌트 싱크를 이용한 파일 공유 방법을 설명하고, 포고플러그를 이용한 상용 클라우드 서비스와의 연계 방법을 다룰 것입니다. 서버 사이의 원격 백업을 통한 파일의 안전한 보관에 대해서도 다루겠습니다.

파일 공유-비트토렌트 싱크

비트토렌트 싱크는 토렌트 방식으로 파일을 동기화하는 프로그램입니다. 비트토렌트 싱크는 동기화하는 파일을 서버에 저장하지 않고, 동기화할 기기들 끼리 파일을 공유할 수 있게 합니다. 클라우드처럼 서버를 거치는 것이 아니므로 속도와 안정성이 더 보장된다고 할 수 있습니다.

클라우드의 경우 파일을 동기화할 기기가 많아지면 유료로 전환해야 한다던가 하는 문제가 생길 수 있지만, 비트토렌트 싱크의 경우 기기의 대수는 상관없습니다. 그리고 동기화 방식도 매우 간단합니다. 생성한 비밀 코드만 공유하면 그 어떤 기기에서도 동일한 파일 구성을 가지도록 동기화가 가능합니다.

윈도우 버전, 맥 버전, 리눅스 버전 등으로 프로그램이 갖추어져 있어 시스템에 크게 영향받지 않는 것도 장점이며, 모바일 앱도 있어서 스마트폰에 있는 파일도 쉽게 이동시킬 수 있습니다. 그래서 리눅스 기반인 포고플러그와 윈도우가 설치된 데스크탑과 노트북 그리고 스마트폰까지 데이터의 공유를 쉽게 이룰 수 있습니다.

포고플러그에 비트토렌트 싱크를 설치하겠습니다.

1. 비트토렌트 싱크 설치와 설정

비트토렌트 싱크를 설치할 수 있도록 소스 리스트를 만들고 목록을 업데이트하는 스크립트를 먼저 다운로드합니다.

```
# cd /tmp
# wget http://debian.yeasoft.net/add-btsync-repository.sh
```

다운로드한 스크립트에 실행 권한을 부여합니다.

```
# chmod +x add-btsync-repository.sh
```

스크립트를 실행하겠습니다.

```
# ./add-btsync-repository.sh
```

스크립트가 실행되면 비트토렌트 싱크 프로그램에 대한 간략한 설명과 함께 소스 리스트의 인스톨을 진행할 것인지를 묻습니다. [yes]라고 입력한 후 진행합니다.

위의 명령어들에 대한 실행 화면은 다음과 같습니다.

소스 리스트의 설치가 완료되면 이제 리스트를 업데이트 하겠냐고 물어봅니다. 역시 [yes]라고 입력하여 진행하겠습니다.

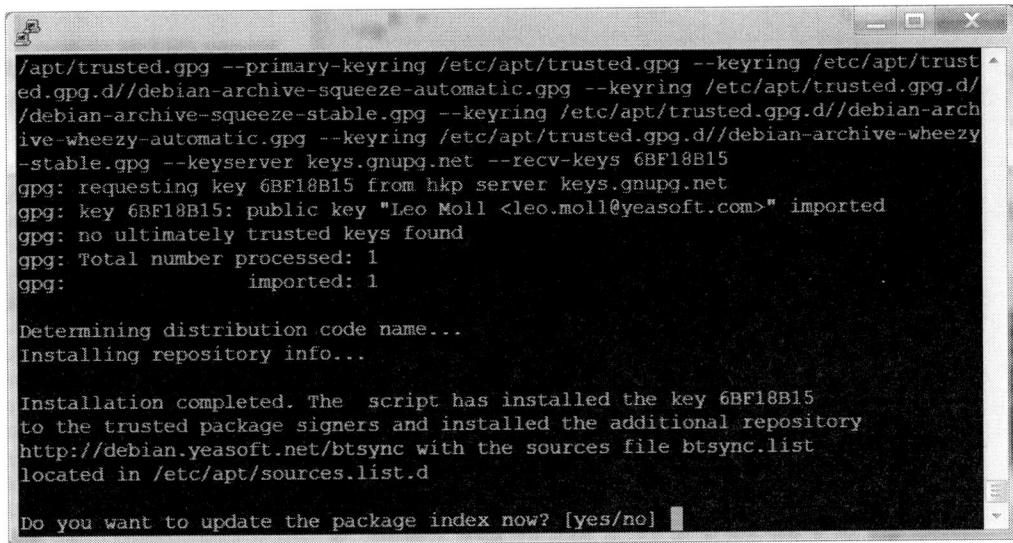

설치를 위한 기본 작업이 완료되었습니다.

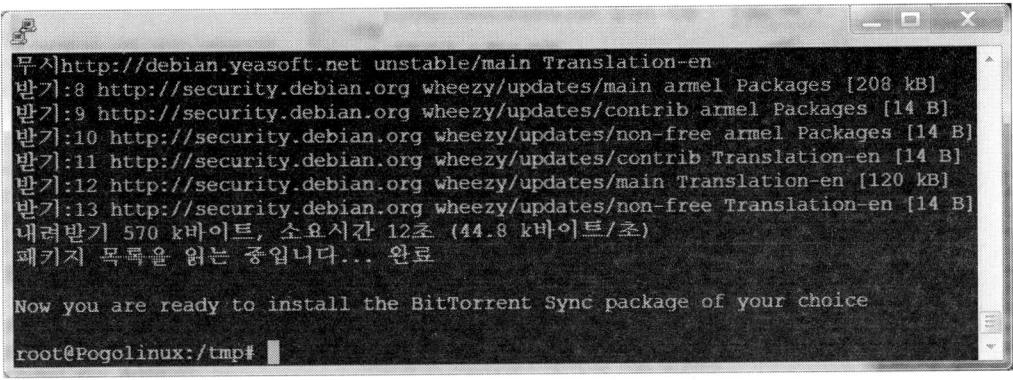

apt-get 관리자로 비트토렌트 싱크를 설치하겠습니다.

```
# apt-get install btsync
```

btsync와 btsync-common 패키지가 설치됩니다. 'y'를 선택하여 설치를 진행합니다.

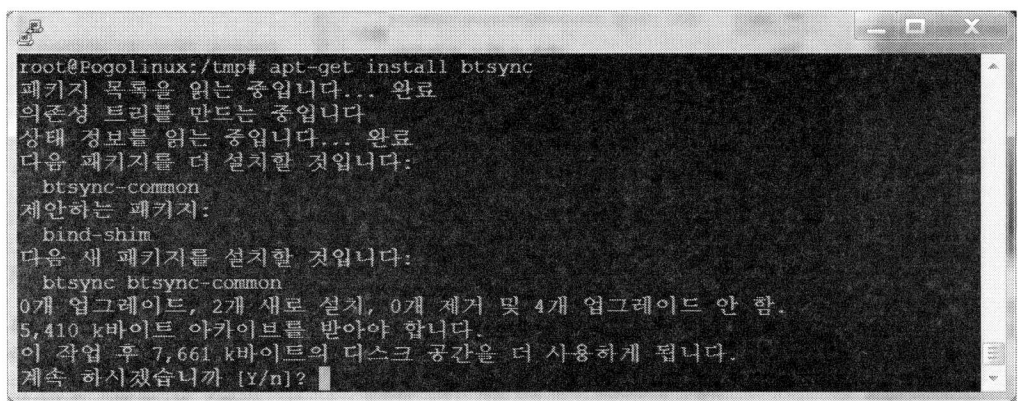

설치가 진행되면서, 비트토렌트 싱크를 설정하기 위한 옵션 선택 화면이 나옵니다. 처음 나오는 화면은 비트토렌트 싱크의 기본적 설정을 정의하겠냐는 질문입니다. 설정에 필요한 옵션들이 다양하지만 처음에 제공하는 몇 가지만 설정해도 사용에 아무런 문제가 없습니다. [Yes]를 선택합니다.

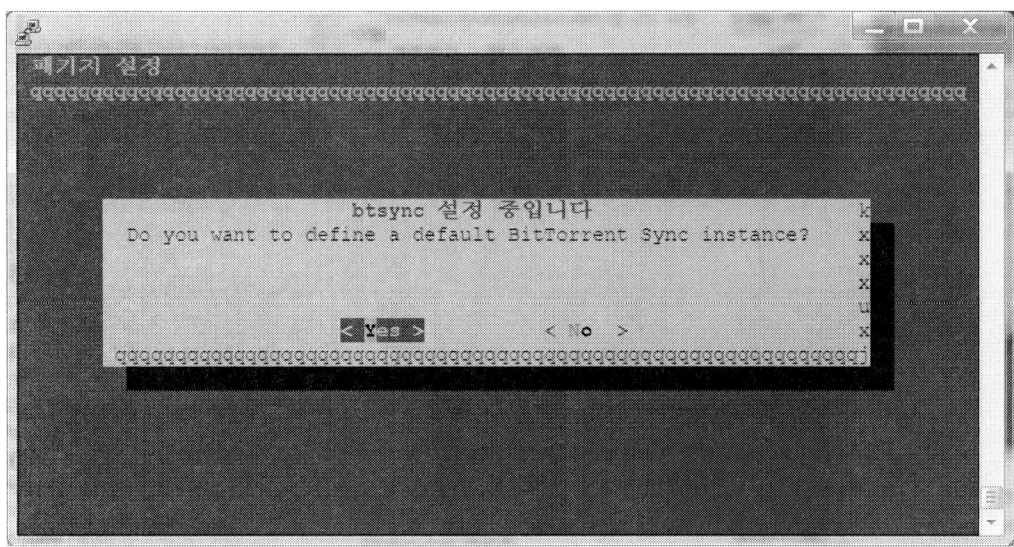

비트토렌트 싱크로 포고플러그에 동기화가 이루어질 때 동기화되는 파일과 디렉토리의 소유자를 설정하는 항목입니다. FTP를 설치할 때 생성했던 pogolinux 유저를 선택합니다.

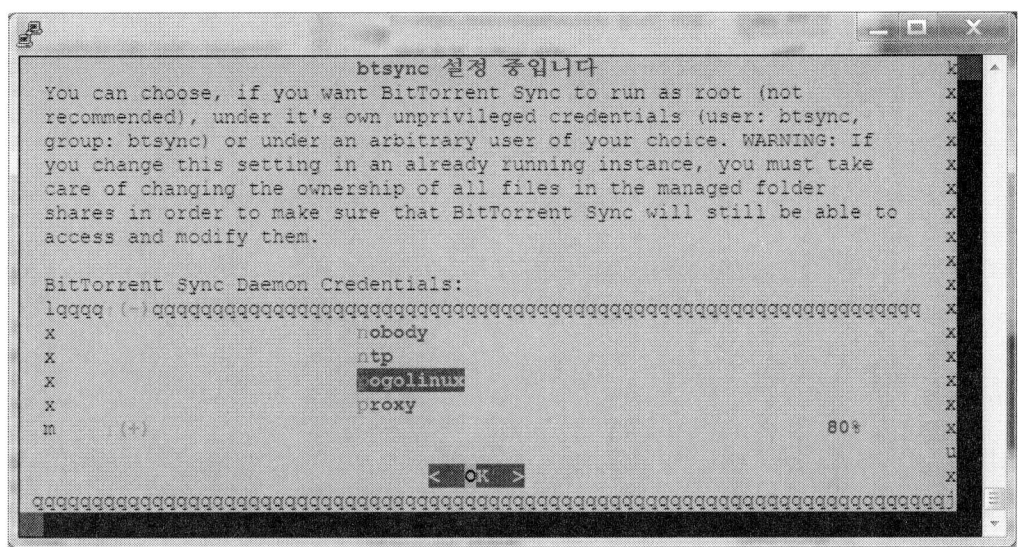

동기화 파일의 소유 그룹도 pogogroup으로 선택합니다. 이로써 동기화되는 파일의 소유자와 소유 그룹은 pogolinux와 pogogroup으로 설정됩니다. 그래야 파일이나 디렉토리의 접근에 문제가 생기지 않습니다.

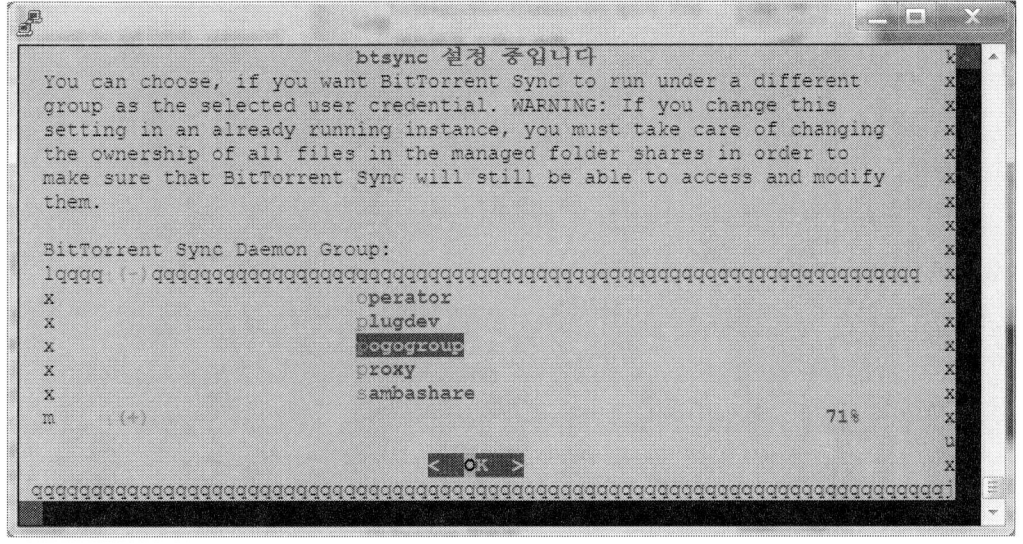

원하는 기기에서 접속이 다 가능해야 하기 때문에, 웹 인터페이스의 접속 아이피는 하나로 고정하지 않겠습니다. 0.0.0.0으로 설정합니다.

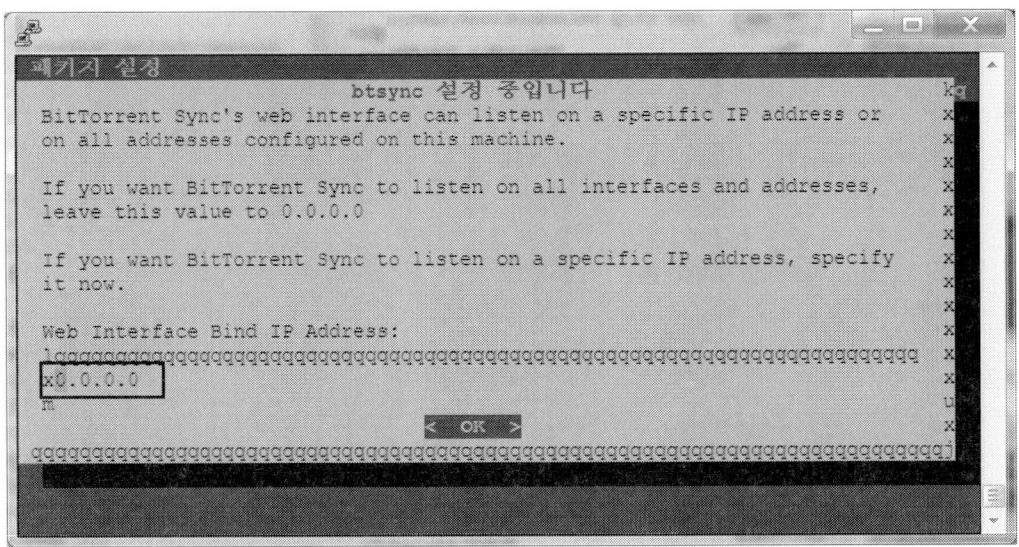

웹 인터페이스에 사용될 포트 번호를 정합니다. 기본으로 세팅되어 있는 8888 포트로 하겠습니다.

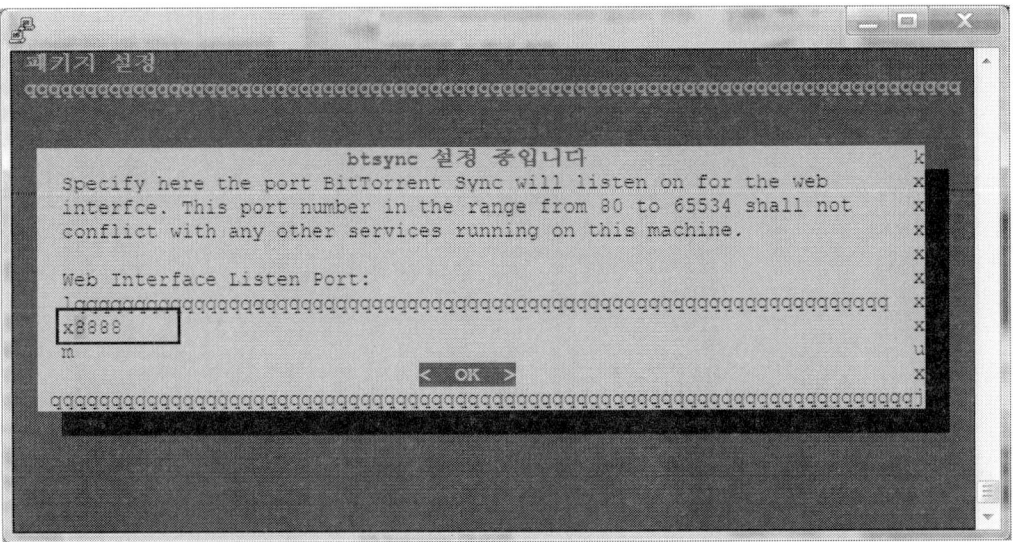

비트토렌트 싱크 Web UI로 접속할 때 https로 시작하는 SSL 연결만 허용하겠냐는 질문입니다. [No]라고 선택해 주세요.

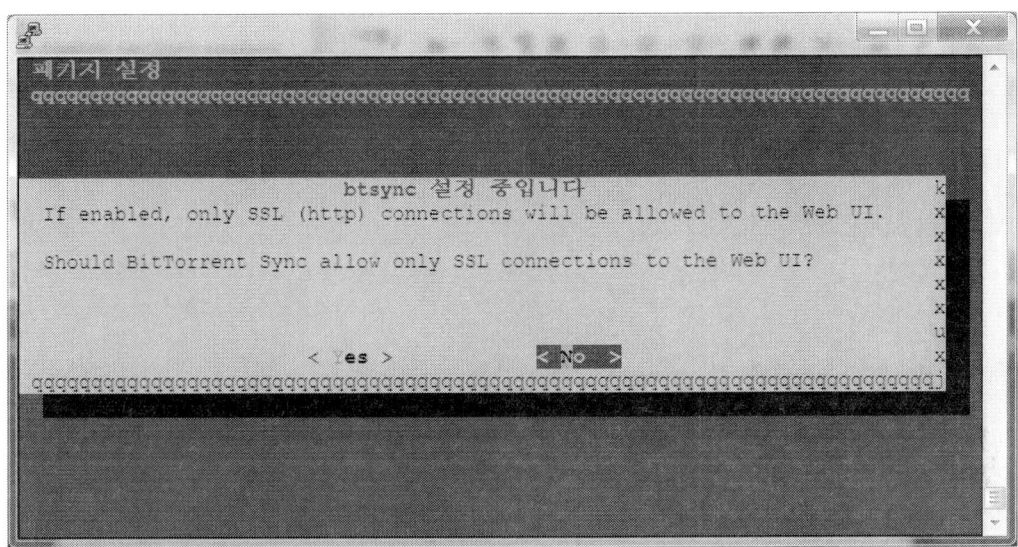

세팅이 완료되면 다음과 같은 화면으로 종료됩니다. 상기에 언급하지 않은 설정들은 엔터키를 눌러서 기본 설정을 그대로 유지하면 됩니다.

btsync의 옵션을 설정하는 명령어입니다. 기본 세팅에서 설정하지 못한 몇 가지를 더 추가 설정하기 위해 다음 명령어를 입력합니다.

```
# dpkg-reconfigure btsync
```

아래 그림의 옵션은 비트토렌트 싱크 동기화 설정시에 어떤 디렉토리부터 브라우징을 시작할지 결정하는 것입니다. 우리는 /pogodata/work 경로로 지정하겠습니다. 설정을 완료한 후 이 디렉토리를 생성하고 권한설정을 할 것입니다.

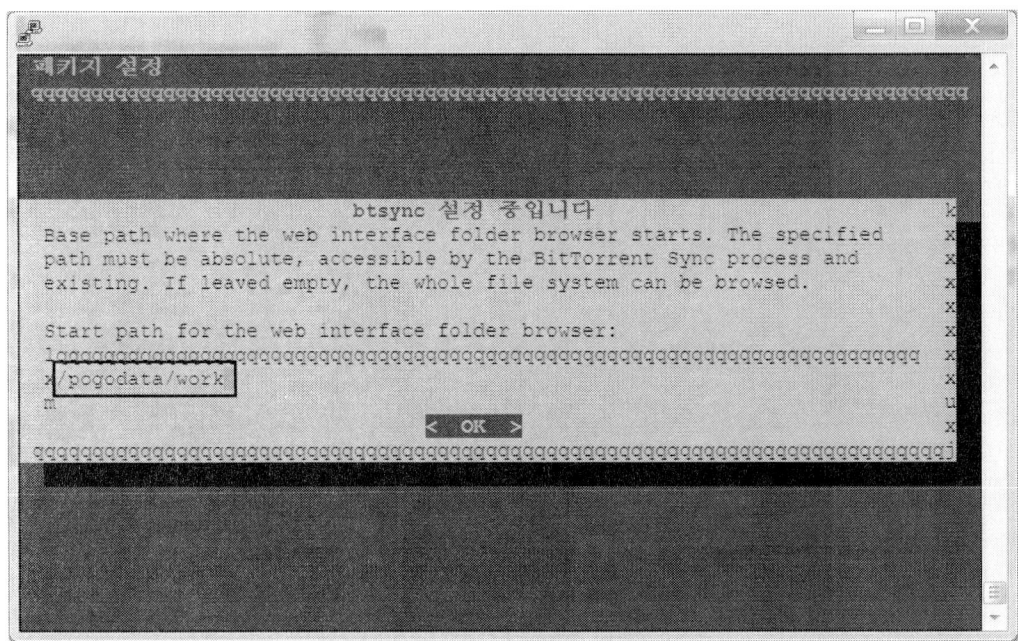

고급 설정 단계로 들어갈 것인지 물어보는 질문입니다. 대다수의 고급 설정 항목은 비트토렌트 싱크를 사용함에 있어 필수적 옵션이 아니기에 [No] 라고 선택하고 진행하지 않아도 무방합니다. 그러나 여기서는 Umask 값을 수정하기 위해 [Yes]로 선택하겠습니다.

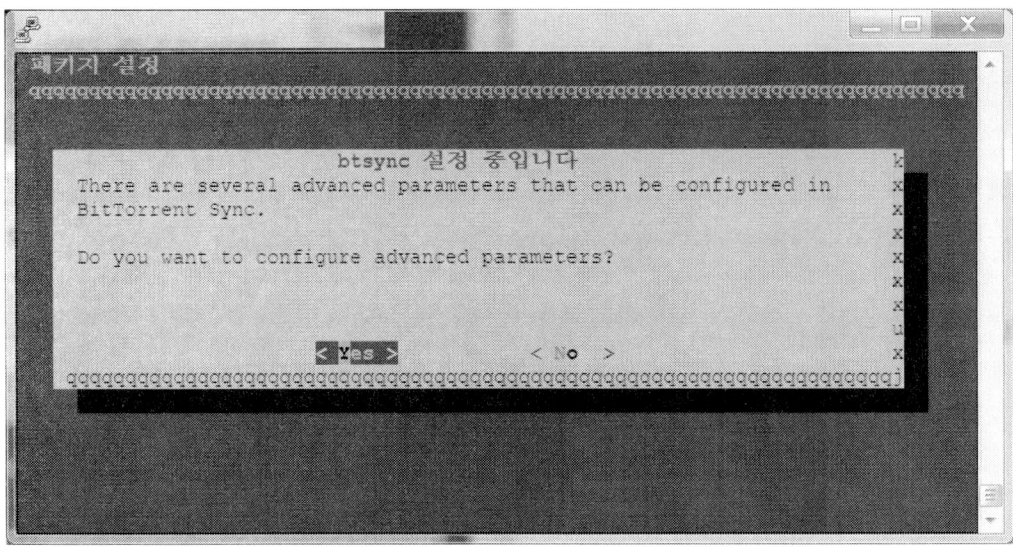

Umask 옵션을 수정합니다. 앞의 다른 설명에서도 언급했지만, 이 옵션은 비트토렌트 싱크의 동기화를 통해 포고플러그에 업로드되는 파일의 권한을 설정하는 부분입니다. Umask를 022라고 입력하면 권한 값이 755로 설정됩니다(777-022=755). 쓰기나 삭제의 경우 소유자만 가능하게 됩니다. 우리가 소유자와 소유 그룹을 pogolinux와 pogogroup으로 설정했으므로, pogolinux 사용자만이 해당 파일을 삭제할 수 있게 됩니다.

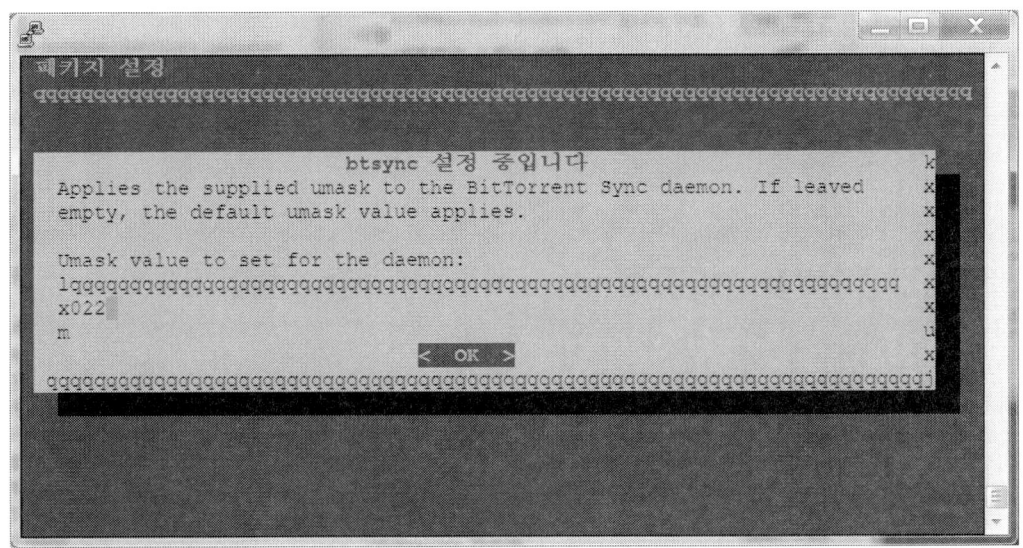

나머지 옵션은 기본 옵션을 그대로 유지하면 됩니다.

설정을 완료한 후 업무용 자료를 정리하기 위한 디렉토리인 /pogodata/work를 생성하고 755 퍼미션을 설정하겠습니다.

```
# mkdir -m 755 /pogodata/work
```

생성한 디렉토리의 소유자 및 소유 그룹을 각각 pogolinux와 pogogroup으로 설정합니다. 우리가 설치 시에 비트토렌트 싱크를 관리할 소유자와 소유 그룹을 각각 pogolinux와 pogogroup으로 지정했기 때문에 관련 디렉토리의 소유 관계도 동일하게 설정하는 것입니다.

```
# chown pogolinux:pogogroup /pogodata/work
```

마지막으로 btsync 서비스를 재시작합니다.

```
# service btsync restart
```

2. 비트토렌트 싱크 접속 및 환경 설정

이제 "포고플러그 아이피:8888" 주소로 접속하겠습니다. 비트토렌트 싱크 Web UI 서비스 접속을 위한 아이디와 비밀번호를 설정하는 화면이 나옵니다. 각자 원하는 아이디와 비밀번호를 설정하고, 정책에 동의한다는 항목에 체크를 한 뒤 [Get Start] 버튼으로 서비스를 시작합니다.

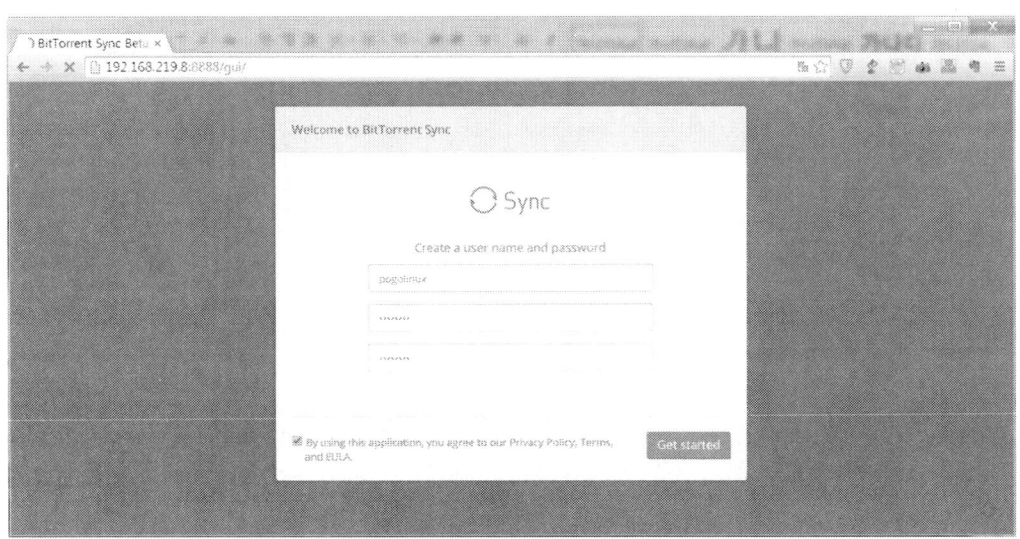

접속 초기화면입니다. 오른쪽 톱니바퀴 버튼을 클릭한 후 [Preferences] 메뉴로 접속합니다.

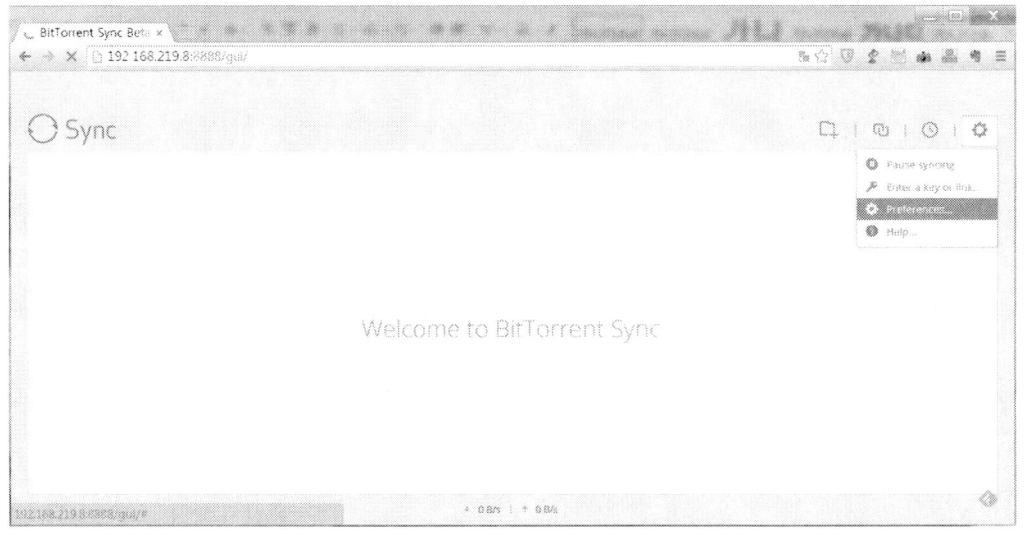

첫 번째 [GENERAL] 탭에서는 장치명을 정할 수 있습니다. 기본적으로 Pogolinux라는 리눅스 호스트명이 뜹니다. 이것을 우리가 원하는 이름으로 변경하겠습니다. [Edit] 버튼을 클릭합니다.

파일 공유-비트토렌트 싱크 299

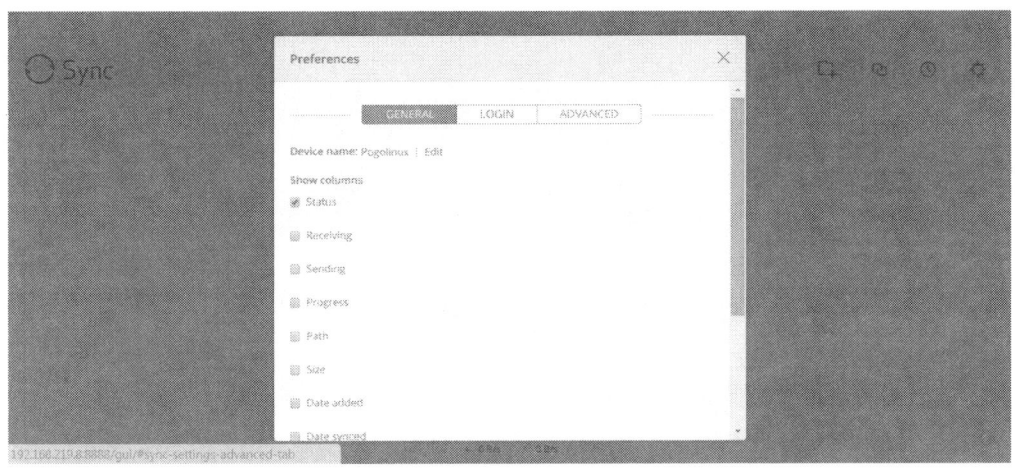

여기서는 장치명을 Pogolinux_Bittorrent라고 입력하겠습니다.

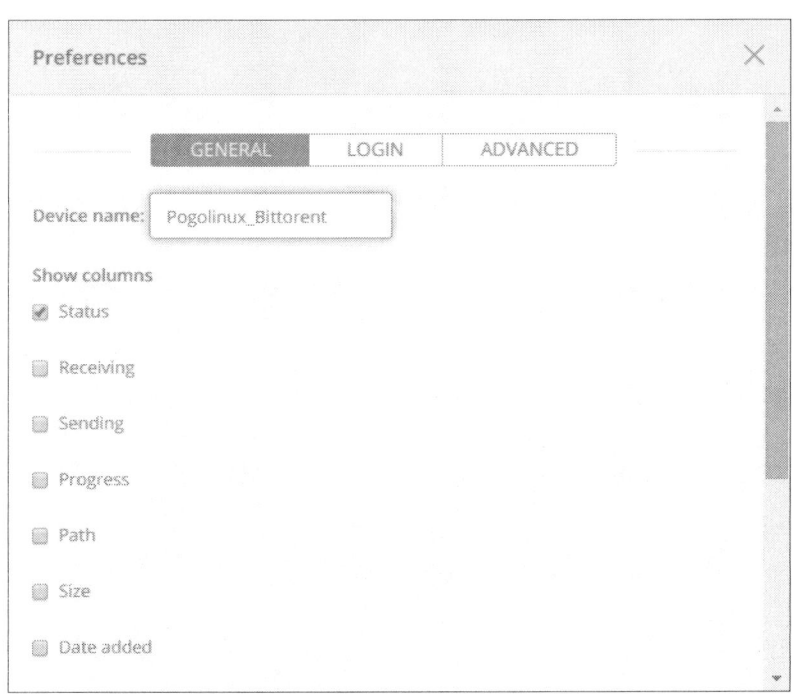

그리고 [GENERAL] 탭의 가장 하단으로 내려가 보면, 언어 설정을 할 수 있습니다. 한국어로 변경하겠습니다.

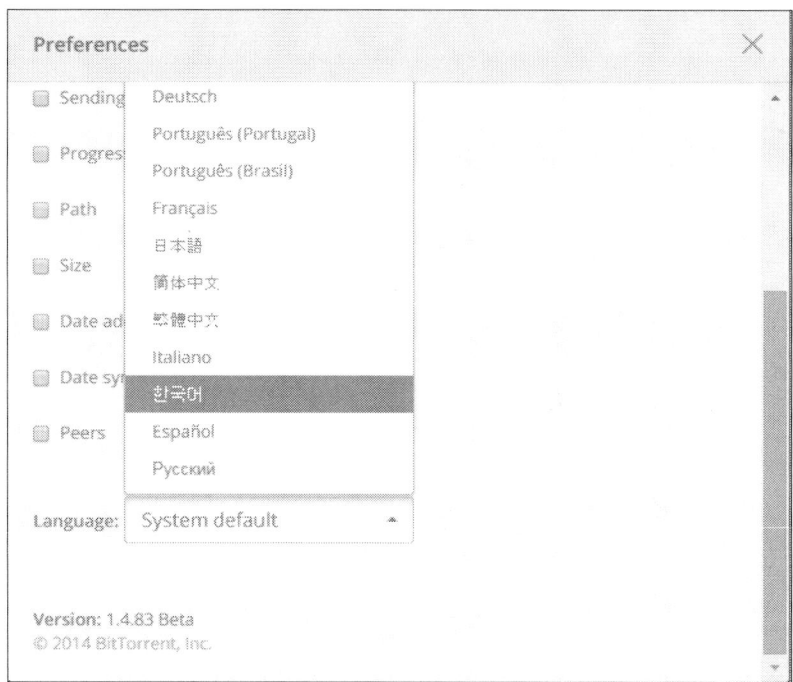

[ADVANCED] 탭을 클릭하면 Listening port를 확인할 수 있습니다. 기본적으로 21242번으로 설정되어 있네요. **Listening port**는 각자 다를 수 있으니 꼭 확인하기 바랍니다. 정상적인 동기화를 위해서는 이 **Listening port**를 외부로 열어주어야 합니다. 참고로, 여기에서 말하는 **Listening port**는 처음에 설치시 설정하였던 **Web UI**의 8888번 포트와 다른 것이며, 비트토렌트 싱크의 **Web UI**를 네트워크 외부에서 사용하기 위해서는 8888 포트의 포트포워딩이 필요합니다.

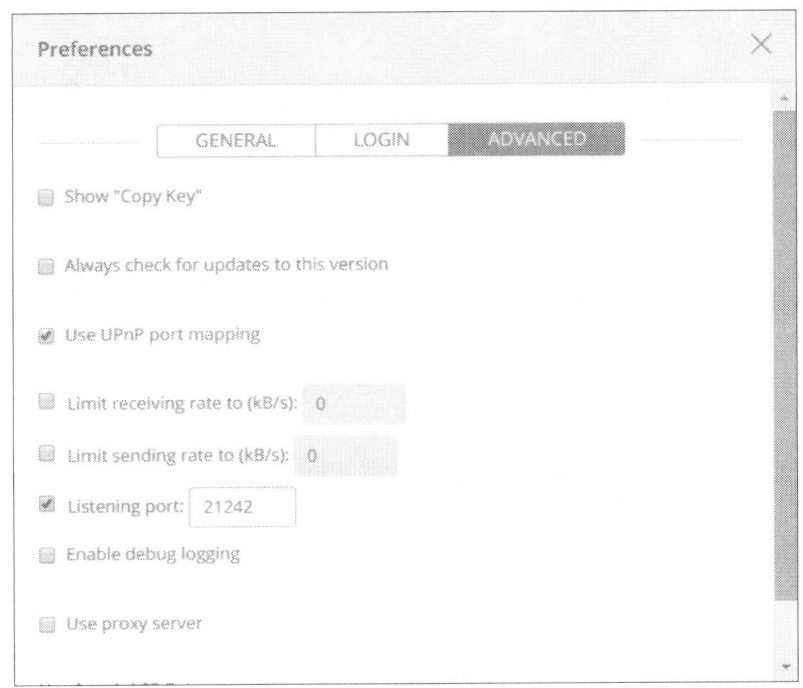

8888번 포트와 21242번 포트를 포트포워딩하겠습니다. 여기서는 8888번 포트를 3787번으로 포트포워딩하고, 21242번 포트를 3445번으로 포트포워딩했습니다. 이제 네트워크 외부에서 비트토렌트 싱크의 Web UI로 접속할 때는 http://pogoguide.tk:3787번으로 접속이 가능합니다. 21242 Listening 포트는 동기화를 위해 열어주는 포트로, 번호를 특별히 기억할 필요는 없습니다.

각자 원하는 WAN 포트 번호로 포트포워딩하면 되겠습니다.

3. 비트토렌트 싱크 동기화 테스트

동기화 테스트를 하겠습니다. 책을 집필하기 위해 수집한 사진 자료와 캡처 자료, 그리고 문서 파일 등이 포함되어 있는 폴더를 포고플러그에 동기화시켜 보겠습니다. 우선 데스크탑에 비트토렌트 싱크 프로그램을 설치해야 겠네요.

공식 홈페이지에 접속하겠습니다. URL은 http://www.bittorrent.com/intl/ko/sync입니다.

공식 홈페이지 메인 화면입니다. [무료 다운로드] 버튼을 눌러 데스크탑이나 노트북용 클라이언트를 다운로드하겠습니다. 다운로드가 완료되면 해당 프로그램을 설치합니다.

설치가 완료된 후 초기화면입니다.

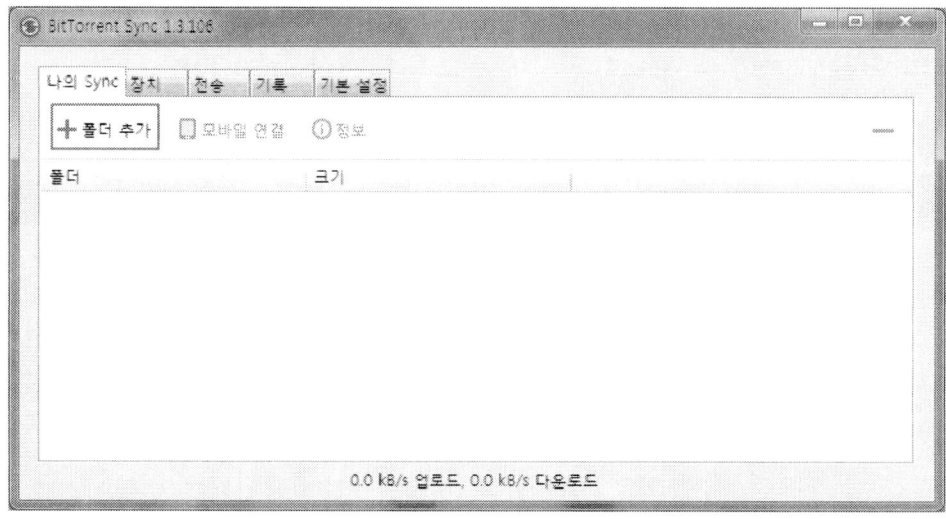

이 책의 집필 작업에 관련된 폴더를 추가하겠습니다. [찾아보기] 버튼을 눌러 폴더를 선택할 것입니다.

원하는 폴더를 선택합니다.

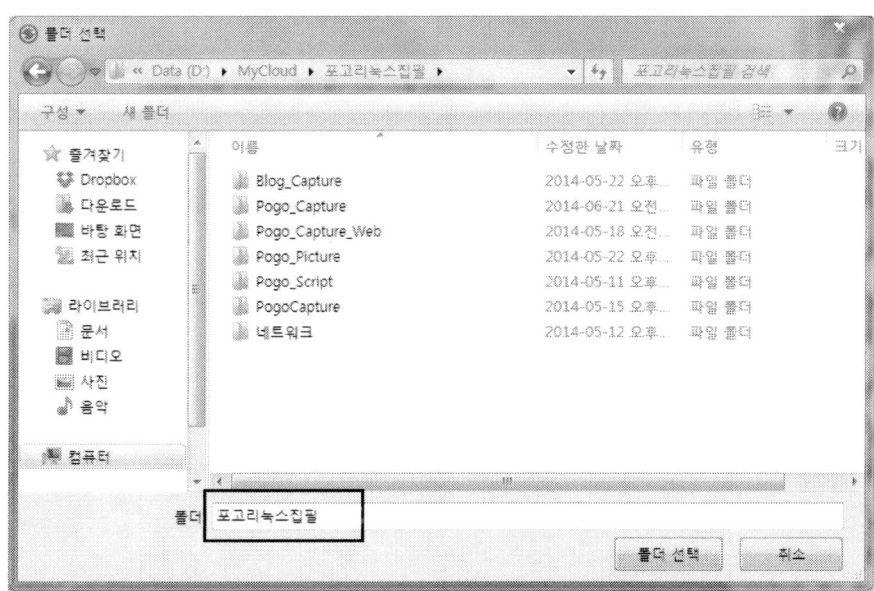

동기화할 폴더를 선택한 후에 폴더 비밀 코드를 생성합니다. [생성] 버튼을 누르면 왼쪽에 30자리 이상의 길이를 가진 비밀 코드가 자동으로 생성됩니다. 이 코드는 다른 기기에서 이 집필 자료를 공유할 때 사용될 것입니다.

데스크탑에 설치된 비트토렌트 싱크에 폴더 동기화가 설정된 화면입니다.

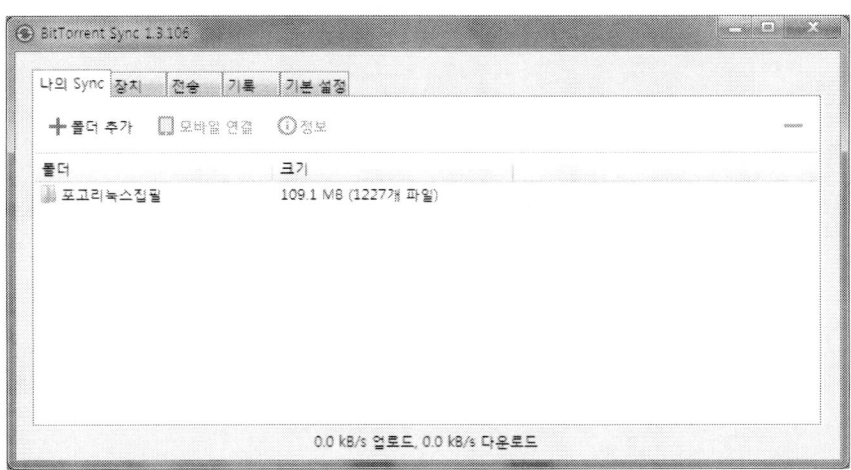

이제 포고플러그에 설치된 비트토렌트 싱크에 비밀 코드를 옮겨 동기화를 진행하겠습니다. 포트포워딩을 완료한 상태이므로, 공인 아이피 뒤에 해당 포트 번호를 함께 입력해서 접속하면 됩니다. 여기서는 http://pogoguide.tk:3787로 접속하겠습니다. 처음 접속할 때 설정했던 사용자 이름과 비밀번호를 입력합니다.

아직 설정해 둔 것이 없기 때문에 "폴더없음"이라는 메시지만 확인이 가능합니다. 우측 상단의 [폴더 추가] 버튼을 클릭합니다.

포고플러그 내의 동기화 경로는 "/pogodata/work/pogolinux_guide"로 진행하겠습니다. 원하는 경로의 디렉토리가 생성되어 있지 않다면 [새폴더] 버튼을 눌러 생성할 수 있습니다. 경로 설정을 마친 후에는 비밀 코드 란에 아까 데스크탑 비트토렌트에서 생성했던 비밀 코드를 복사하여 붙여넣기합니다. 이미 다른 기기에서 생성된 비밀 코드를 공유하기만 하면 되므로 [비밀 코드 생성] 버튼을 누를 필요가 없습니다.

"pogolinux_guide" 폴더가 새롭게 동기화되었음을 확인할 수 있습니다. 상단의 두 폴더는 제가 테스트로 임의 설정해 둔 것이라, 여러분의 화면에는 뜨지 않을 것입니다. 독자 여러분의 화면에는 "pogolinux_guide" 폴더만 뜰 것입니다.

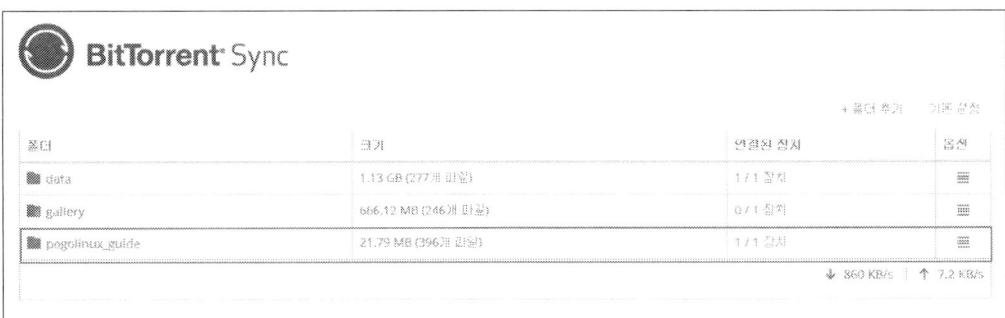

데스크탑의 비트토렌트싱크 프로그램에서 [전송] 탭을 클릭하니 동기화가 시작되어 파일들의 업로드가 한창임을 확인할 수 있습니다.

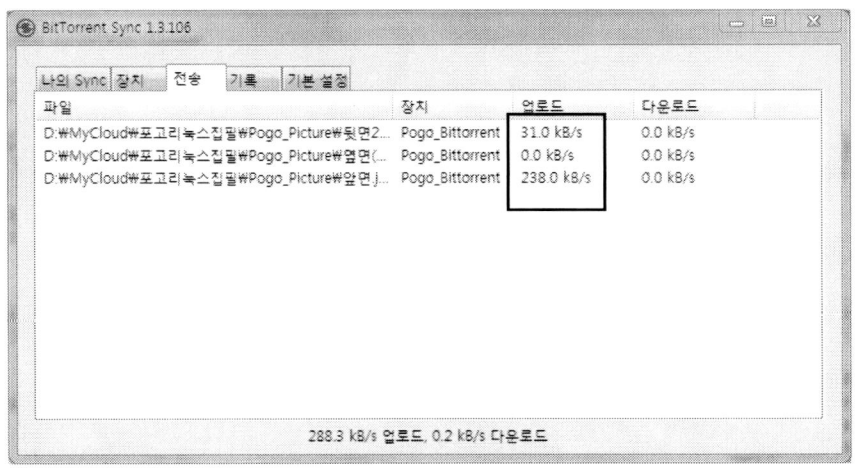

동기화가 완료되고 나서 포고플러그의 동기화 디렉토리를 FTP 클라이언트로 확인하니, 파일들이 다 동기화되었음을 알 수 있습니다.

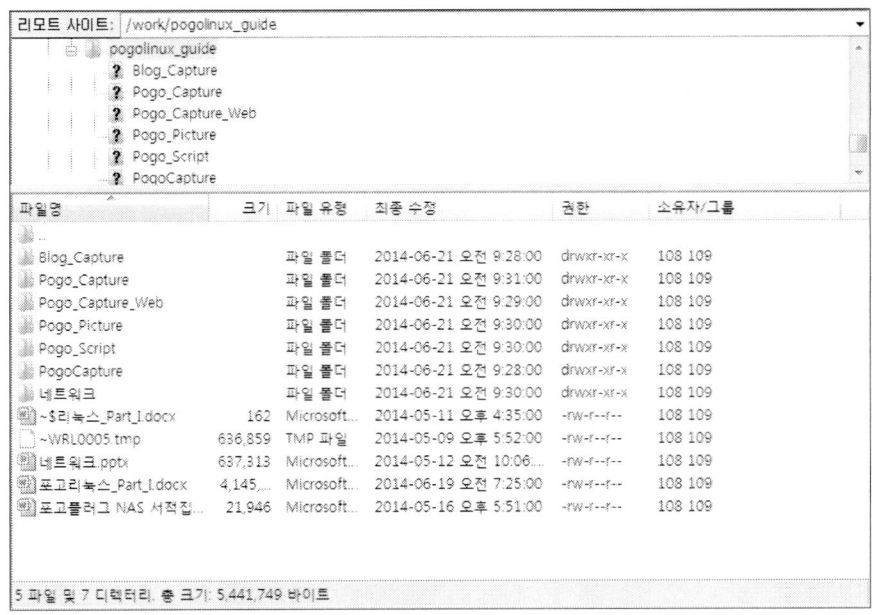

> **기기들끼리 파일을 전송할 수 있는데, 포고플러그에도 비트토렌트 싱크를 설치하면 어떤 장점이 있는가?**
> 동기화는 기기가 동시에 켜져 있어야 이루어집니다. 데스크탑과 노트북 간에 동기화가 이루어지려면 두 기기가 모두 켜져 있어야 하는거죠. 노트북과 데스크탑을 동시에 사용하지 않는 환경이라면 원활한 동기화를 기대하기 힘듭니다. 포고플러그는 항상 켜져 있기 때문에 동기화의 대상이 됨과 동시에 서버의 역할을 할 수 있어 이같은 점을 보완해 줄 수 있습니다.

파일 공유-box.com

box.com은 클라우드 서비스 중 하나입니다. 국내의 클라우드 서비스에는 N드라이브, 다음클라우드, Ucloud 등이 있습니다. 해외의 클라우드 서비스에는 Dropbox라는 걸출한 서비스가 있습니다. box.com은 기본 10GB의 용량을 제공하지만, 아이폰이나 안드로이드 스마트폰의 앱을 다운로드하거나, 다양한 프로모션을 통하여 50GB의 용량을 쉽게 얻을 수 있습니다. 그러나 무료 서비스로 이용하면 업로드 가능한 하나의 파일 크기가 250MB를 넘을 수 없다는 단점도 있습니다.

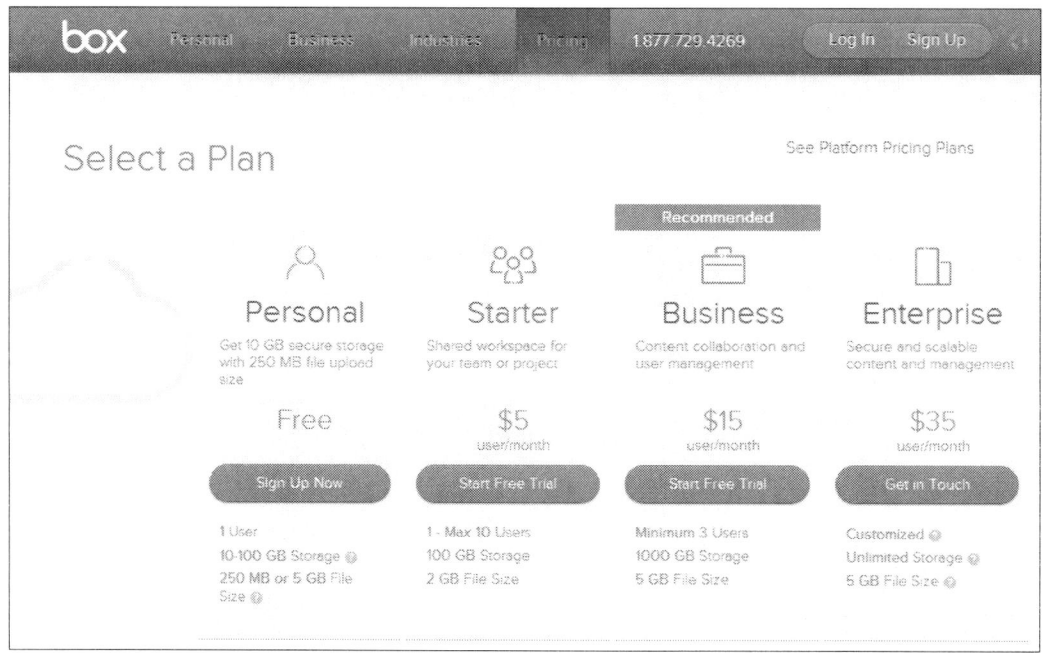

box.com의 가장 큰 장점 중 하나는 WebDAV 프로토콜을 통하여 리눅스에 저장 공간을 마운트할 수 있다는 것입니다. 3장에서 리눅스 운영체제의 마운트 개념에 대해 이해한 바 있는데요. 리눅스에 클라우드의 공간을 마운트하면 다양한 활용이 가능합니다. 포고플러그를 이용하여 box.com 클라우드 공간에 원하는 파일을 쉽게 백업할 수도 있고, 실제 외장 하드가 없더라도 50GB 용량의 외장 하드의 역할을 box.com에서 제공하는 공간을 통해 수행할 수 있다는 점입니다.

> **WebDAV**
> 파일의 전송과 관련된 프로토콜에는 FTP가 있는데요. HTTP는 파일을 관리하는데 특화된 프로토콜은 아닙니다. HTTP의 약자는 Hypertext Transfer Protocol로 하이퍼텍스트를 전송하는 규약이라는 의미를 가지고 있습니다. WebDAV는 World Wide Web Distributed Authoring and Versioning의 약자로 HTTP가 원격 서버에 있는 파일을 관리하고 전송할 수 있도록 한 확장된 기능입니다.

box.com 홈 페이지에서 회원가입합니다. 기본적으로 10GB의 용량이 제공되며, 무료 회원으로 가입됩니다. 이 용량을 늘리는 방법은 다양하게 제공되어 있으니, 각자 가능한 방식으로 용량을 늘리면 됩니다.

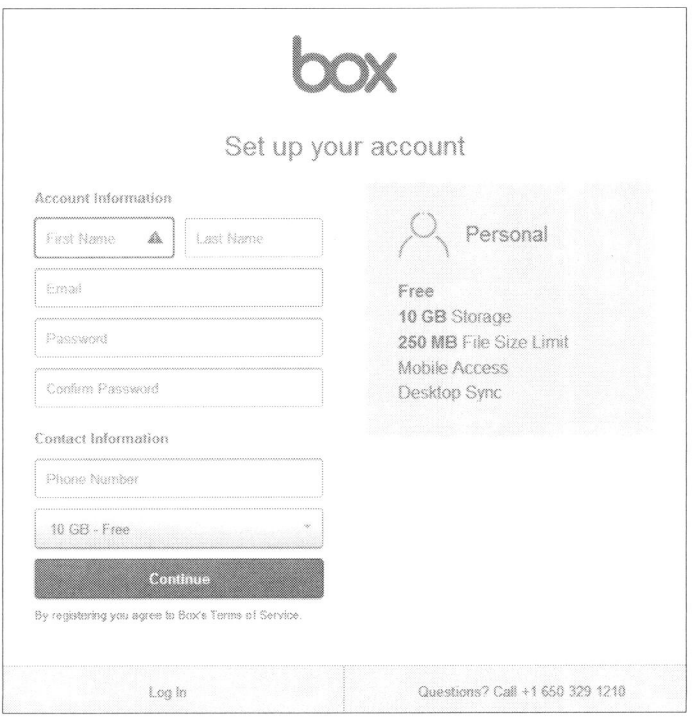

회원가입이 완료되었다면 테스트를 위해 파일을 클라우드에 업로드합니다. 50GB의 용량을 확인할 수 있습니다.

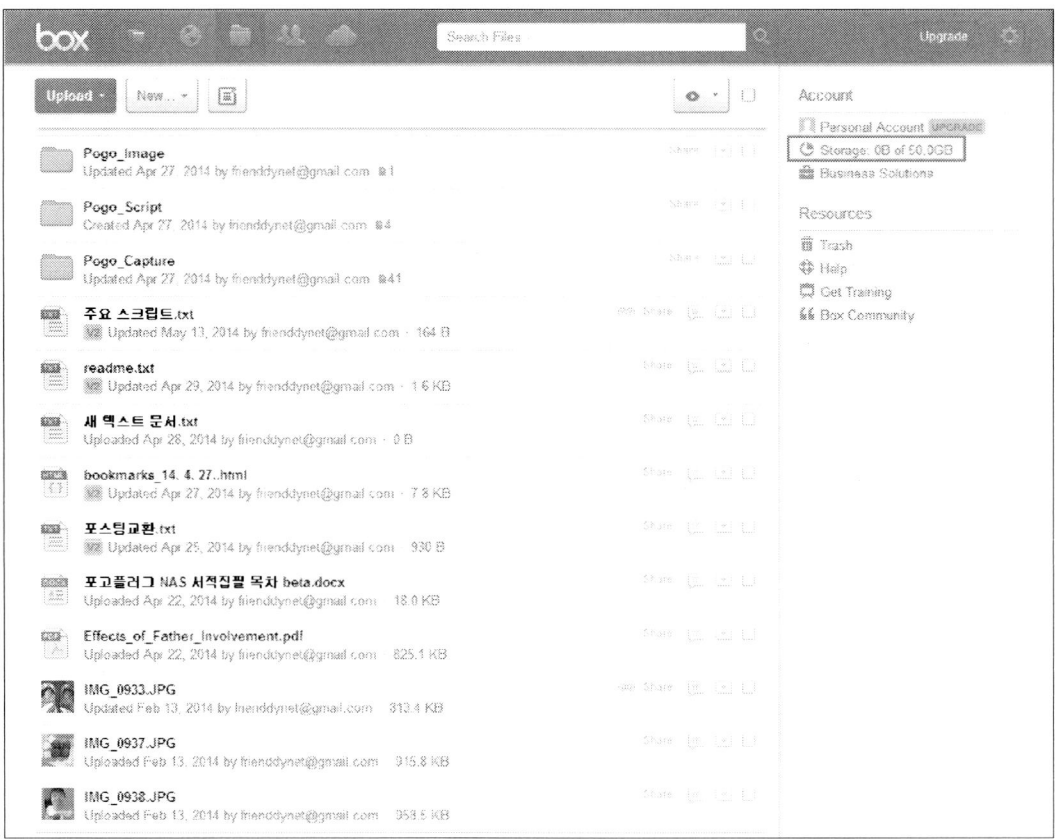

마운트를 위한 디렉토리를 생성한 후, 필요한 프로그램의 설치 및 마운트를 시행하겠습니다. /pogodata/work/box_cloud 디렉토리를 생성합니다.

```
# mkdir -m 755 -p /pogodata/work/box_cloud
```

davfs2 패키지 및 추가로 필요한 패키지를 설치합니다. davfs는 WebDAV 서버를 리눅스 파일 시스템으로 마운트할 수 있도록 도와주는 프로그램입니다.

```
# apt-get install davfs2 ca-certificates
```

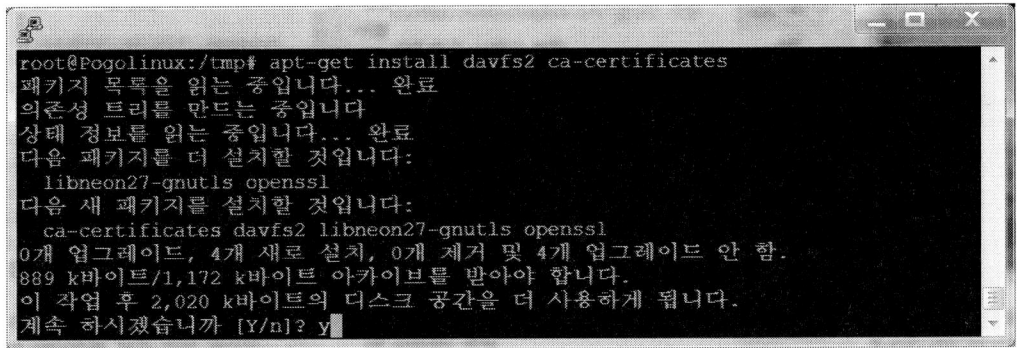

패키지만 설치되면 WebDAV 마운트를 위한 준비는 끝납니다. box.com의 WebDAV 주소는 https://dav.box.com/dav입니다. 해당 주소와 마운트 포인트를 입력하고 마운트 형식에는 -t 옵션 뒤에 davfs를 붙입니다.

```
# mount -t davfs https://dav.box.com/dav /pogodata/work/box_cloud
```

box.com의 사용자 이름과 비밀번호를 입력하면 마운트 과정이 끝납니다.

마운트 포인트였던 디렉토리를 조회하겠습니다.

```
# ls /pogodata/work/box_cloud
```

업로드한 파일들의 목록이 조회됨을 알 수 있습니다.

파일 공유-구글 드라이브

구글 드라이브에서도 WebDAV 마운트가 가능합니다. 구글에서 자체적으로 지원하는 기능은 아니고, DAV-pocket Lab이라는 프로젝트 팀에서 개발한 것입니다. DAV-pocket Lab 웹 사이트의 주소는 http://dav-pocket.appspot.com/입니다.

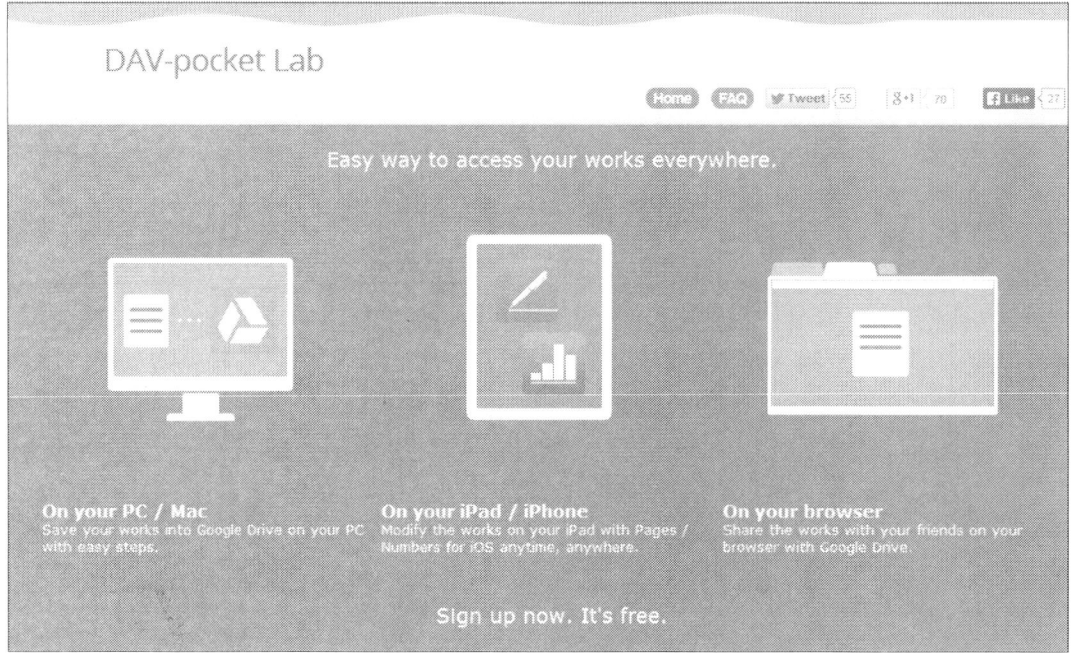

우선 회원가입을 합니다. username과 비밀번호만 설정하면 회원가입이 간단히 처리됩니다. 회원가입 후에 구글 계정과 연동하는 작업을 거칩니다. 여기서 설정한 이름과 비밀번호를 나중에 WebDAV 마운트를 시행할 때 사용합니다. 포고플러그에서 WebDAV를 마운트할 때 기존의 구글 계정의 아이디와 비밀번호는 사용되지 않습니다.

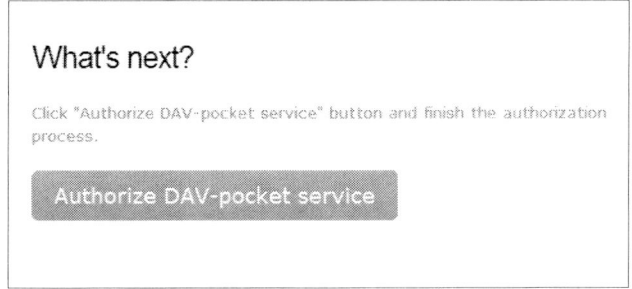

[Authorize DAV-pocket service] 버튼을 누릅니다. 이때 구글 드라이브를 연동할 구글 계정에 이미 로그인되어 있어야 합니다.

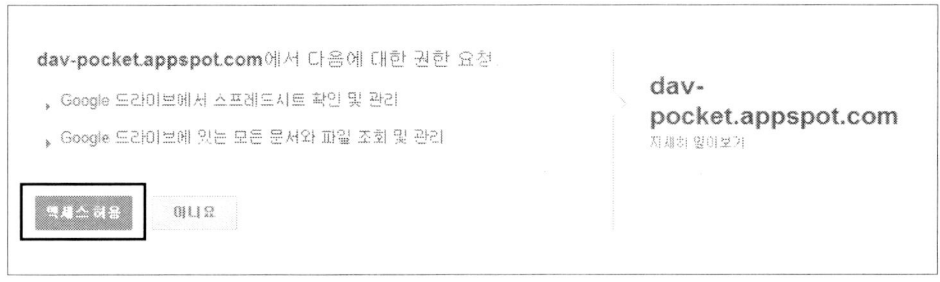

[액세스 허용] 버튼을 눌러서 액세스를 허용합니다.

구글드라이브에 접속해서 필요한 파일을 업로드하겠습니다. 테스트를 위해 저는 이미지 파일 몇 개를 업로드했습니다.

이제 마운트를 시행하겠습니다. DAV 마운트를 위한 패키지 설치는 box.com 클라우드를 설명할 때 이미 완료했기 때문에, 마운트하는 과정만 남았습니다. 마운트할 주소는 https://dav-pocket.appspot.com/docso입니다.

마운트를 하기 위한 디렉토리를 먼저 생성합니다.

```
# mkdir -m 755 /pogodata/work/google_drive
```

마운트를 시행합니다. 이 때 username과 비밀번호를 물어오는데, 앞에서 DAV-pocket Lab 웹 사이트에 가입하면서 사용한 username과 비밀번호를 입력합니다.

```
# mount -t davfs https://dav-pocket.appspot.com/docso /pogodata/work/google_drive
```

마운트가 완료되고 나면 마운트 포인트의 목록을 조회하여 제대로 마운트가 완료되었는지 확인합니다.

```
# ls /pogodata/work/google_drive
```

아까 업로드했던 8개의 이미지 파일을 확인할 수 있습니다.

마운트 결과를 한번에 확인해 보겠습니다.

```
# df -h
```

/dev/sda1 장치가 외장 하드이고 /pogodata에 마운트되어 있습니다. box.com 클라우드와 구글드라이브의 마운트 현황도 하단에서 확인할 수 있습니다.

파일 공유-드롭박스

클라우드 서비스의 원조 대표격이라 할 수 있는 것이 드롭박스(https://www.dropbox.com)입니다. 다양한 기기에서 활용할 수 있도록 앱이 개발되어 있어 역시나 편리하게 파일을 공유하고 보관할 수 있습니다. 스마트폰 앱과 연계하는 경우, 촬영하는 사진을 곧바로 드롭박스에 업로드할 수 있고, 데스크탑용 프로그램을 설치하는 경우에 바로 동기화가 가능합니다.

앞서 box.com 클라우드의 경우는 자체적으로 WebDAV 프로토콜을 지원하였고, 구글드라이브도 Davpocket Lab에서 개발한 기능을 통해 WebDAV 마운트가 가능한 반면에 드롭박스의 경우 자체적으로 WebDAV를 지원하지 않을 뿐 아니라, 타업체에서 제공하는 WebDAV 기능도 유료로 제공되기에 사용에 한계가 있습니다.

드롭박스를 WebDAV 프로토콜로 제공하는 업체로 dropdav(https://www.dropdav.com)가 있습니다. 예전에는 무료로 이 기능을 제공했다고 하는데요. 지금은 서비스를 유료로 제공하고 있고, 현재 접속해보니 14일 동안 기능을 무료로 체험할 수 있네요.

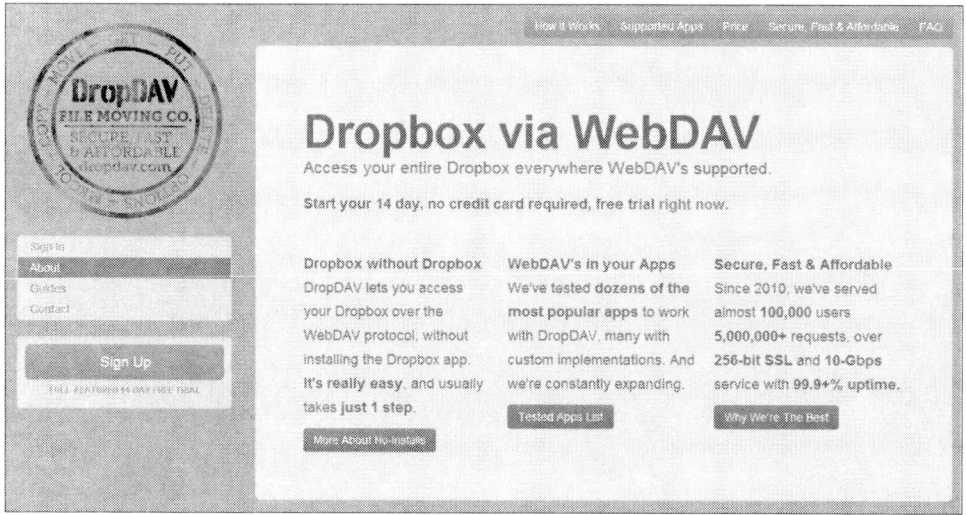

비용은 한달에 5달러입니다. 현재 환율로 우리돈 5500원 정도 되네요. 1년 결제시 한달에 4불 정도에 이용할 수 있다고 안내하고 있습니다. 유료로 사용할 의향이 있다면 결제해서 사용하는 것도 나쁘지 않겠지요. 그러나 본 절에서는, WebDAV 마운트를 통해 이용하는 것보다는 불편하지만, 업로더를 활용하여 무료로 사용해 볼 예정입니다.

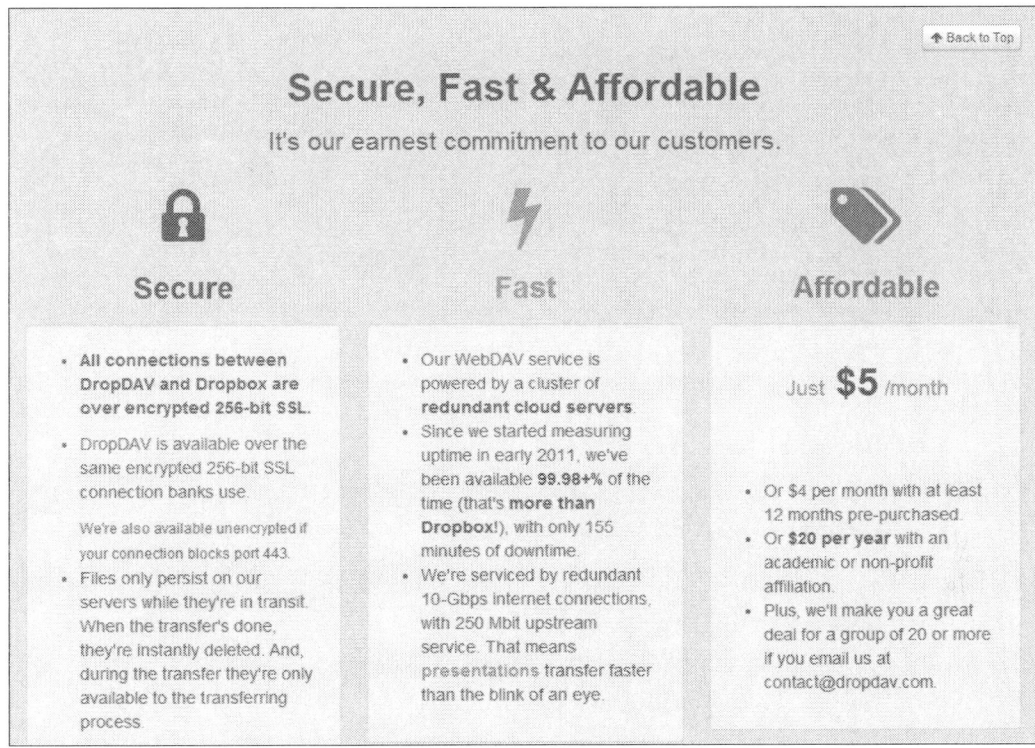

우선 드롭박스에 가입하고 계정부터 만듭니다. 공식 홈 페이지에 접속하면 가입 창이 바로 뜹니다.

간단하게 이름과 이메일만 기입하면 가입이 가능합니다.

기본 서비스를 이용합니다. 기본 제공 용량은 2GB입니다.

가입을 완료하면 Dropbox 데스크탑 버전을 자동으로 다운로드합니다. 다운로드 후 설치해 주세요.

설치가 완료되면 이렇게 탐색기 즐겨찾기 목록에도 자동 추가됩니다. 저는 기존에 스마트폰 사진 백업과 대용량 파일의 보관 등으로 이용 중이라 폴더가 몇 개 있네요. 그러나 처음 사용하면 아무런 목록이 없을 겁니다.

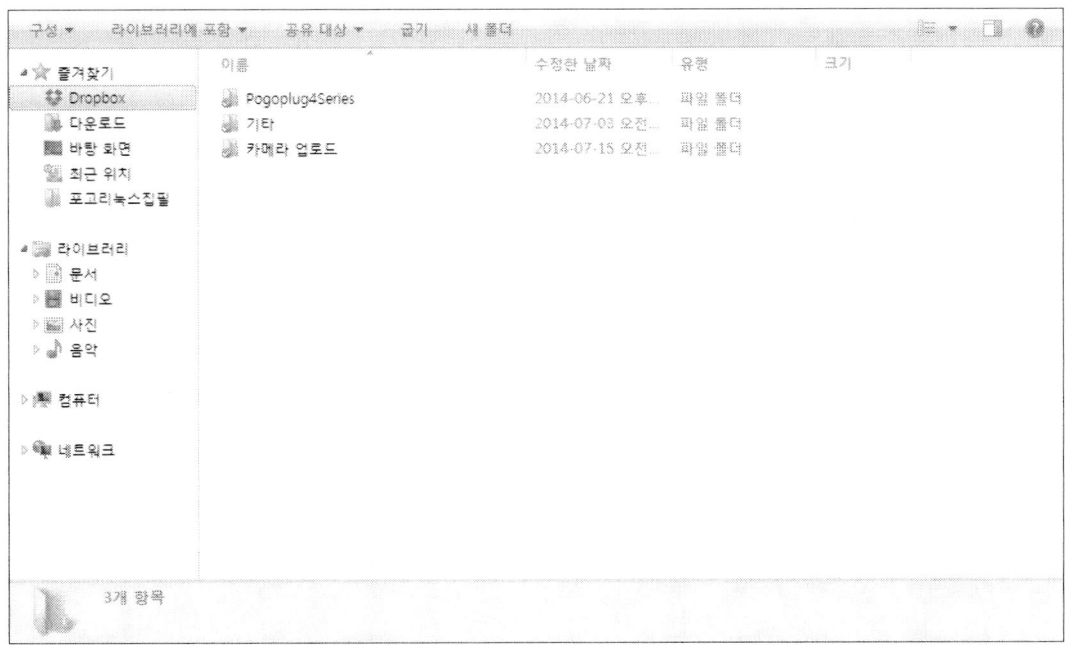

탐색기의 Dropbox 공유 폴더에 있는 파일에서 우클릭을 하면 아래의 그림과 같이 Dropbox 링크를 공유할 수 있는 메뉴도 뜨는 것을 볼 수 있습니다.

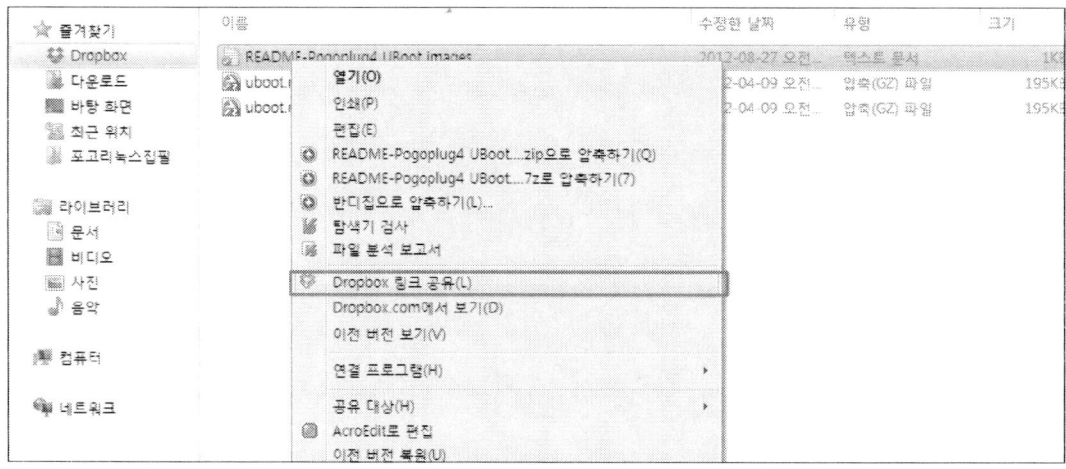

[Dropbox 링크 공유] 메뉴를 클릭하니 링크 주소를 클립보드에 바로 복사까지 하는군요. 이렇게도 활용이 가능하겠습니다.

기본 제공 용량은 2GB이지만, 다양한 프로모션을 통해 제공 용량을 업그레이드할 수 있습니다. 저 같은 경우 삼성 스마트폰을 구매한 후 제공받은 프로모션 용량이 48GB로 가장 크네요. 친구 초대나 특정 앱의 설치 등으로도 추가 용량을 제공받을 수 있으니 다양하게 활용하면 좋겠습니다.

이제 포고플러그에 있는 파일들을 드롭박스에 업로드할 수 있도록 드롭박스 업로더를 설치하겠습니다.

dropbox-uploader를 사용하려면 curl과 ca-certificates 패키지가 필요하므로 먼저 설치하겠습니다.

```
# apt-get install curl ca-certificates
```

그리고 /usr/bin 디렉토리에 dropbox 디렉토리를 생성합니다.

```
# mkdir /usr/bin/dropbox
```

해당 디렉토리로 이동한 뒤에 dropbox-uploader 설치 스크립트를 다운로드합니다.

```
# cd /usr/bin/dropbox
# wget --no-check-certificate https://raw.githubusercontent.com/andreafabrizi/
  Dropbox-Uploader/master/dropbox_uploader.sh
```

다운로드받은 파일에 실행 권한을 추가하고, 실행합니다.

```
# chmod +x dropbox_uploader.sh
# ./dropbox_uploader.sh
```

App key를 입력하라고 하네요.

이 상태로 터미널은 잠시 놔두고, 컴퓨터로 다음 인터넷 주소로 접속합니다. dropbox 로그인이 되어 있지 않다면 로그인해야 합니다.

```
https://www.dropbox.com/developers/apps
```

우리가 이전에 드롭박스 어플리케이션을 생성한 적이 없다는 코멘트가 나옵니다. [Create App] 버튼을 누릅니다.

생성할 어플리케이션의 특성을 선택해야 합니다. 우리는 그림과 같이 선택합니다.

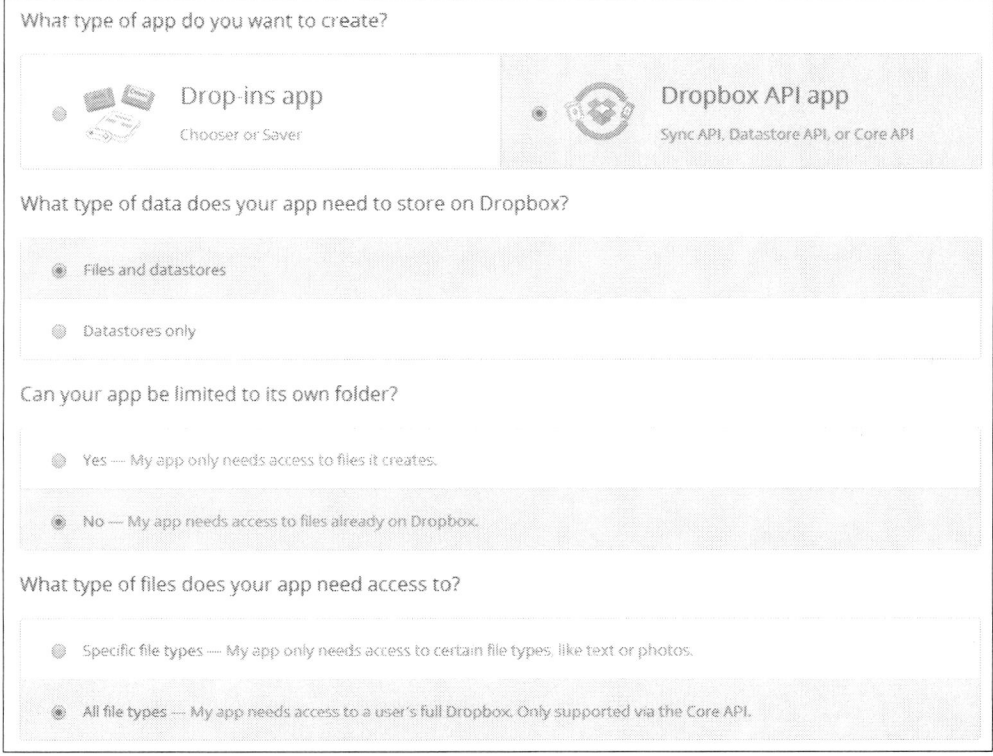

그리고 app name을 적어줍니다. 저는 'Pogolinux'라고 기록하겠습니다. 그리고 [Create app] 버튼을 눌러 마무리합니다.

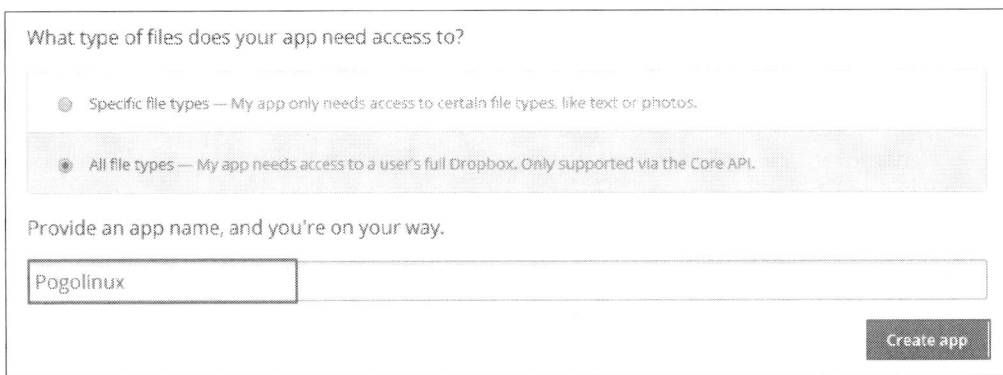

app 생성 과정이 끝나면 다음과 같은 결과를 볼 수 있습니다. 중요한 것은 가운데 쯤에 있는 **App key**와 **App secret**입니다. 본 화면에서는 임의로 보이지 않게 하였으나 각자의 고유 문자가 뜹니다. 이제 그것을 하나씩 복사하여, 포고플러그 터미널 창에 붙여넣기합니다.

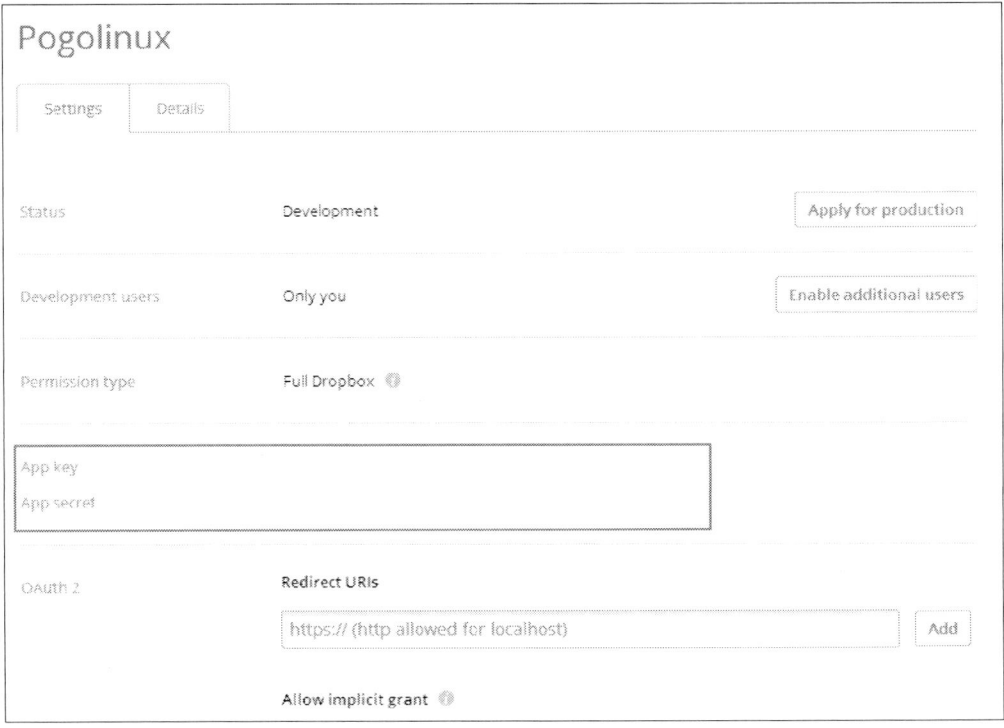

이렇게 하나씩 복사해서 입력합니다.

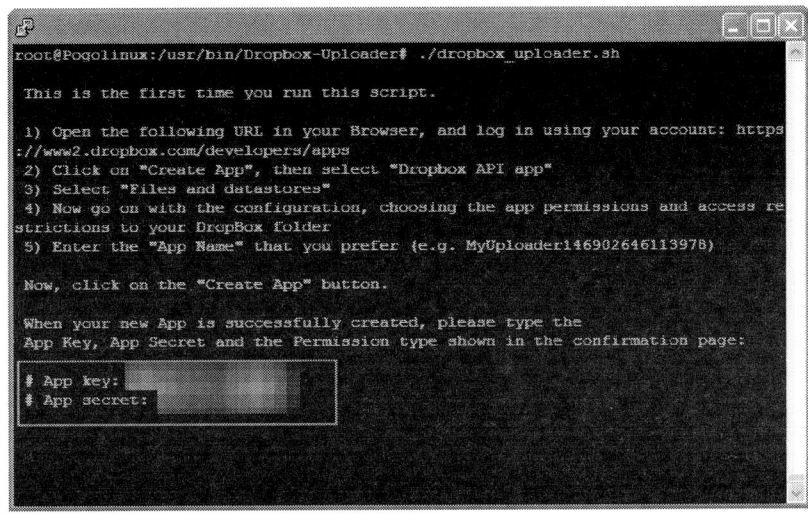

퍼미션 타입을 물어봅니다. 드롭박스 어플리케이션 설정에서 전체 파일의 접근을 허용하는 Full Dropbox를 선택했으므로, 'f'를 선택하고 엔터키를 누릅니다. 한 번 더 확인할 때 'y'를 입력합니다. 모든 과정이 끝나면 아래에 URL이 하나 나오는데요. 이것을 복사해서 인터넷 브라우저에서 접속합니다.

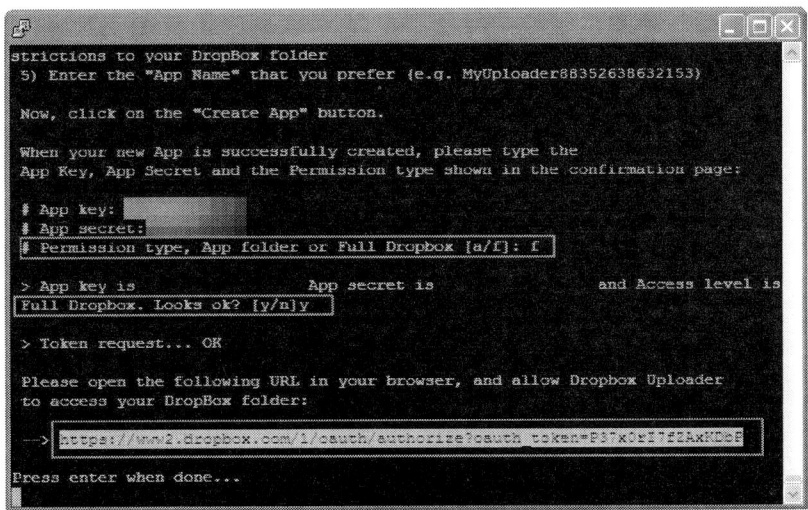

접근 허가를 마지막으로 구하는 메뉴가 나옵니다. [허용]을 누릅니다.

드롭박스에 연결이 완료되었다는 메시지가 나옵니다.

터미널로 돌아와 마지막으로 엔터키를 눌러주면 셋업이 완료되었음을 확인할 수 있습니다.

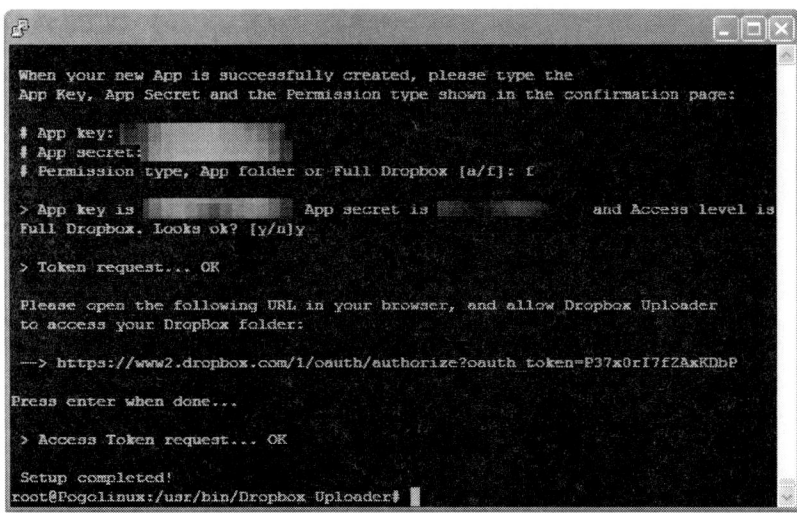

테스트로 파일을 하나 업로드할까요? 자동 마운트를 설정하는 파일인 /etc/fstab 파일을 업로드하겠습니다.

```
# ./dropbox_uploader.sh upload /etc/fstab fstab_backup
```

이 명령어는 /etc/fstab 파일을 fstab_backup이라는 파일명으로 드롭박스에 백업하겠다는 의미입니다.

완료 후 인터넷 브라우저에서 Dropbox 저장소를 확인하니, fstab_backup 파일이 올라와 있네요. 잘 되는 것 같습니다.

파일 공유-포고플러그

box.com과 구글드라이브를 WebDAV 방식으로 마운트하는 방법을 앞서 진행했는데요. 지금부터는 우리가 보유한 포고플러그의 저장 공간에 WebDAV 프로토콜을 적용하여, 다른 기기에서 접근할 수 있도록 설정하는 방법을 다루어 보겠습니다. 그러기 위해서는 포고플러그의 특정 저장 공간을 WebDAV 프로토콜의 홈 디렉토리로 만들어 주어야 합니다.

1. WebDAV 사용을 위한 기본 설정

우선 웹 서버가 설치되어 있어야 합니다. 필수 패키지의 설치를 진행했던 5장에서 아파치2를 설치했기 때문에 추가적인 진행 상황만 다루겠습니다. 아파치 웹 서버에서 WebDAV 기능을 활성화합니다.

```
# a2enmod dav
# a2enmod dav_fs
```

아파치 데몬을 재시작하겠습니다.

```
# service apache2 restart
```

```
root@Pogolinux:~# a2enmod dav
Enabling module dav.
To activate the new configuration, you need to run:
  service apache2 restart
root@Pogolinux:~# a2enmod dav_fs
Considering dependency dav for dav_fs:
Module dav already enabled
Enabling module dav_fs.
To activate the new configuration, you need to run:
  service apache2 restart
root@Pogolinux:~# service apache2 restart
[ ok ] Restarting web server: apache2 ... waiting .
root@Pogolinux:~#
```

WebDAV를 적용할 디렉토리를 생성합니다. WebDAV의 경우 웹 서버 유저인 www-data에도 쓰기 권한을 주어야 하기 때문에 퍼미션을 775로 설정하고, 소유자와 소유 그룹을 pogolinux와 www-data로 설정하겠습니다.

```
# mkdir -m 775 /pogodata/work/documents
# chown pogolinux:www-data /pogodata/work/documents
```

가상 호스트 설정 파일을 생성합니다.

```
# nano /etc/apache2/sites-available/webdav
```

원래 존재하지 않는 파일이므로, 빈 파일이 뜰 것입니다. 나노 편집기에서 다음 화면의 내용을 작성한 후 저장하고 닫고 나옵니다.

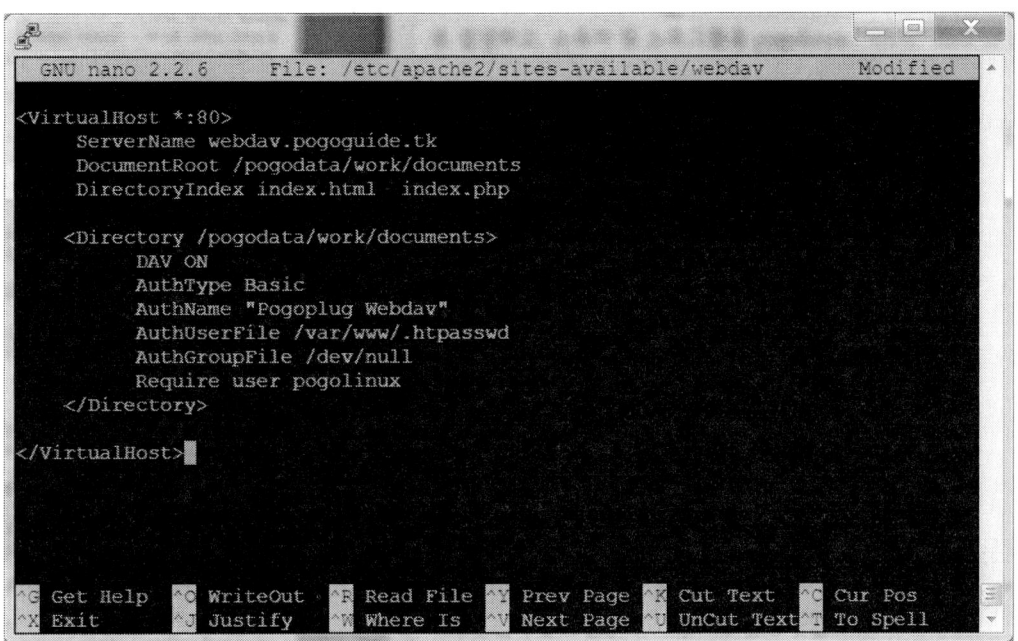

WebDAV 가상 호스트 파일을 활성화시킵니다.

```
# a2ensite webdav
```

아파치 서비스를 재시작합니다.

```
# service apache2 restart
```

이제 webdav.pogoguide.tk로 접속하겠습니다. 사용자 이름과 비밀번호 란에 .htpasswd 파일에 저장했던 내용을 입력합니다.

index 파일이 없기 때문에 /pogodata/work/webdav 디렉토리에 속한 파일과 서브 디렉토리의 목록이 뜹니다. 여기서는 테스트용으로 복사해 둔 3개의 파일이 보이네요.

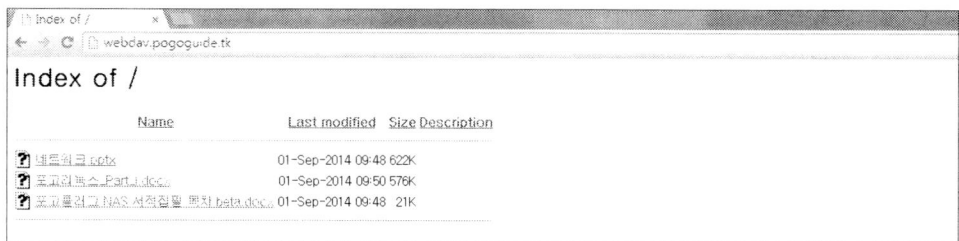

2. WebDAV 서버를 가상 드라이브로 설정

이렇게 설정한 WebDAV 디렉토리를 어떻게 활용하면 될까요? 앞에서 활용한 것처럼 다른 네트워크 기기에서 우리가 설정한 WebDAV 서버를 마운트할 수 있습니다. 친구 집에 포고플러그가 있다면 앞서 box.com을 WebDAV 형식으로 마운트했던 것처럼 davfs를 통해 마운트가 가능합니다. 부모님 댁에 마운트해서 사진 파일 같은 것도 공유할 수 있고요. 또한 WebDAV는 윈도우에서도 가상 드라이브 설정이 가능합니다. 윈도우7에서 WebDAV 서버를 가상 드라이브로 설정하는 방법을 알아보겠습니다.

내컴퓨터로 들어가서 상단의 [네트워크 드라이브 연결] 탭을 클릭합니다.

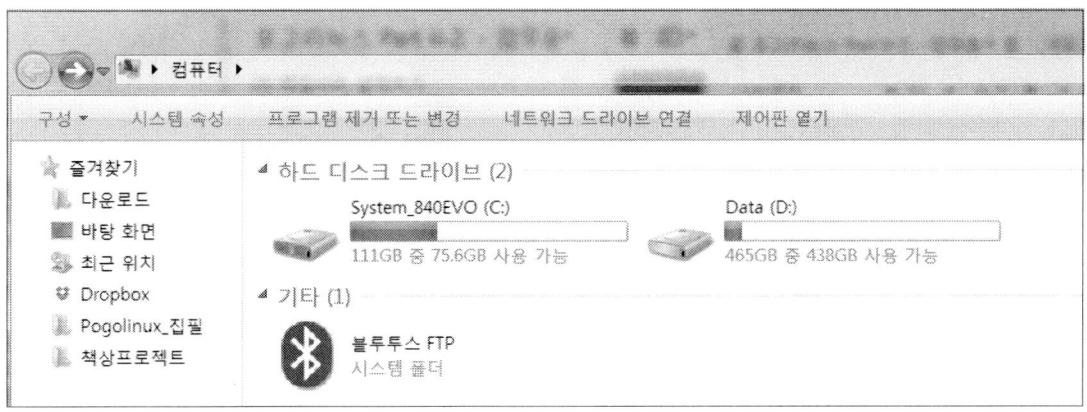

가장 하단에 있는 [문서와 그림을 저장하는 데 사용할 웹 사이트에 연결하십시오] 라는 문구를 클릭하세요.

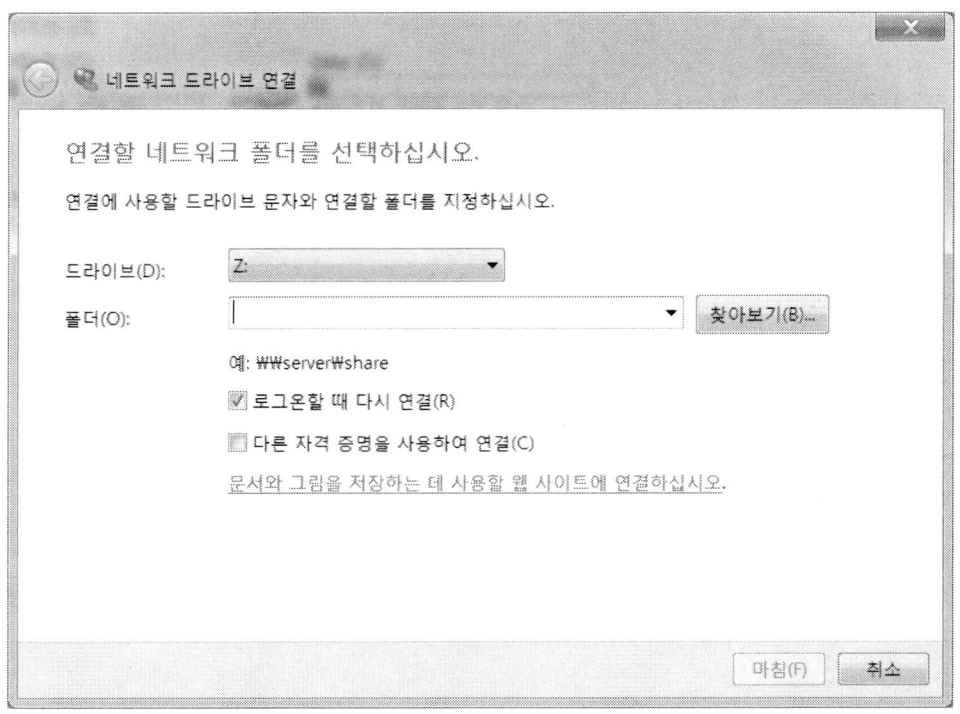

[네트워크 위치 추가] 마법사가 뜹니다. [다음] 버튼을 눌러서 다음으로 넘어갑니다.

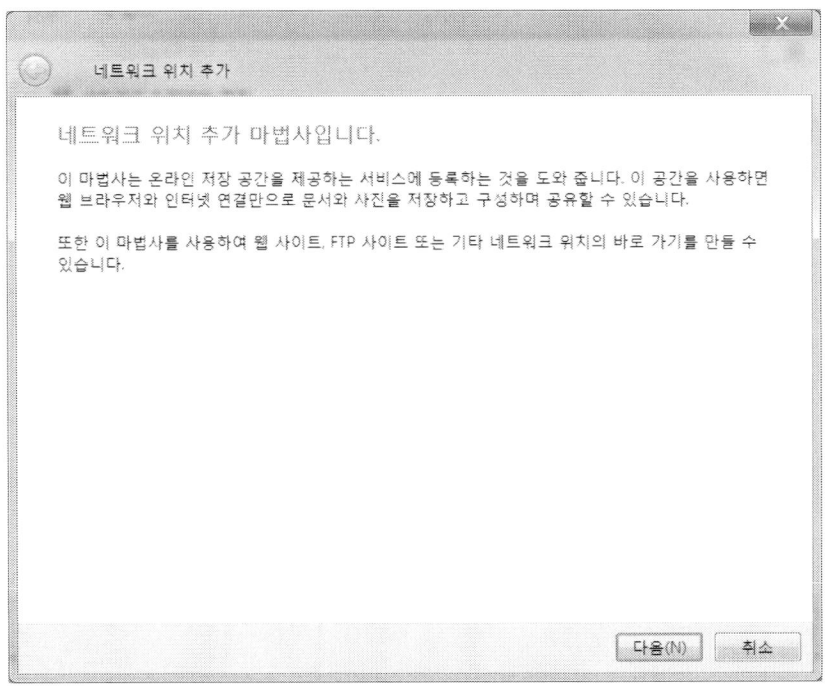

[사용자 지정 네트워크 위치 선택] 탭을 클릭한 후 다음으로 넘어갑니다.

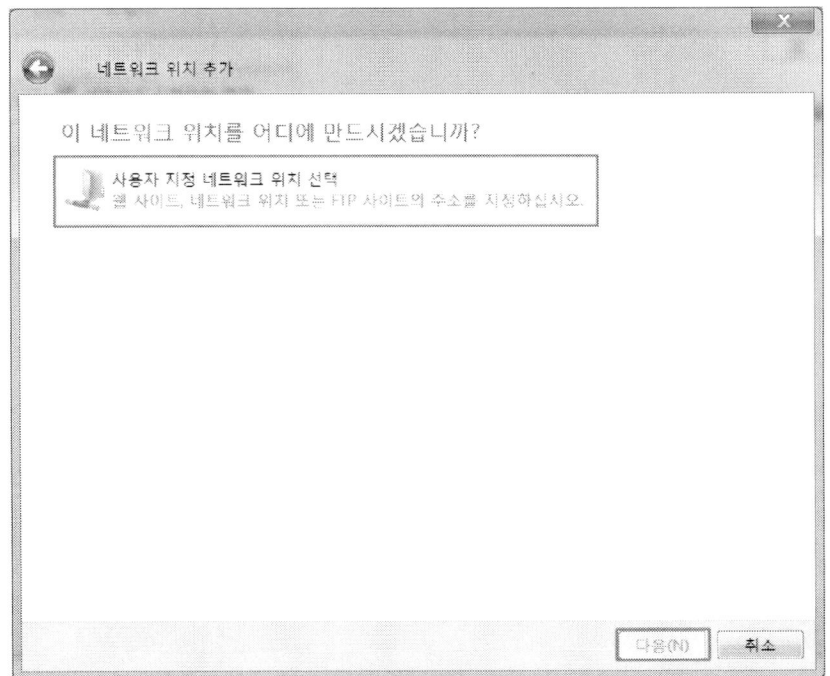

앞에서 설정했던 주소를 입력하고 다음으로 넘어갑니다.

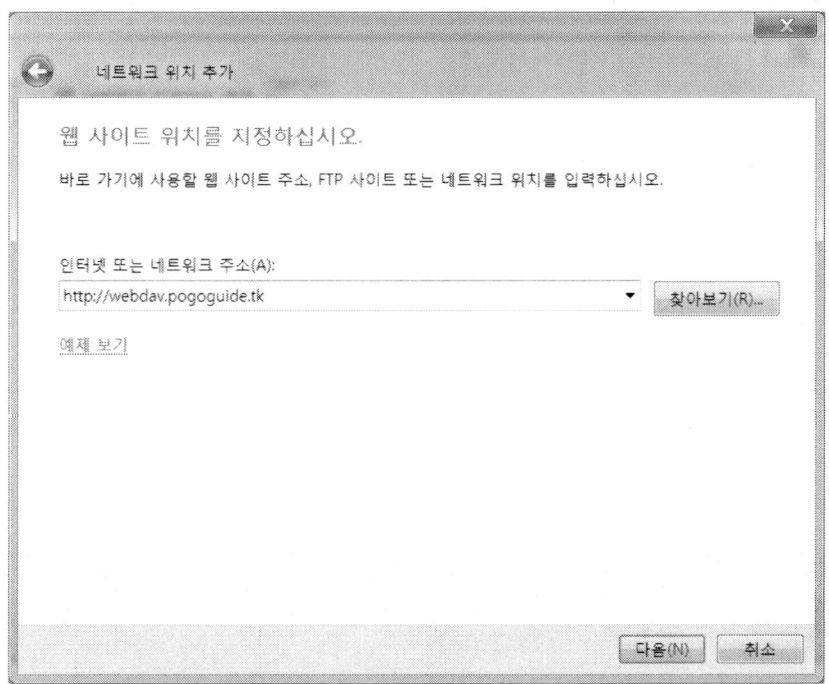

오류가 발생하는 경우가 있는데, 이때는 윈도우 레지스트리 값을 수정해야 합니다.

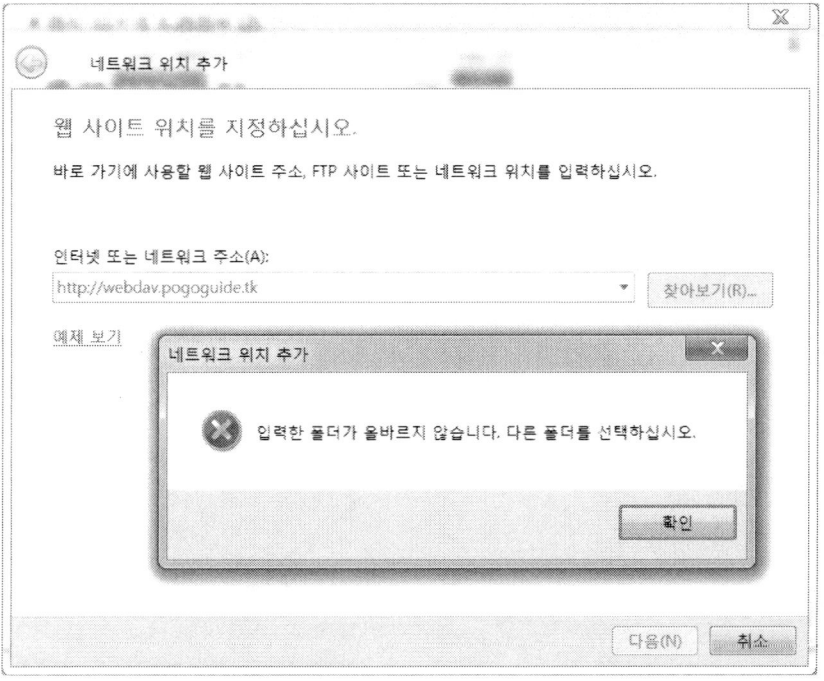

[윈도우키 + R]을 눌러 실행 창을 띄우고, regedit를 입력하여 "레지스트리 편집기"로 들어갑니다. HKEY_LOCAL_MACHINE\SYSTEM\CurrentControlSet\Services\WebClient\Parameters로 찾아가서 BasicAuthLevel과 FileSizeLimitInBytes를 수정합니다.

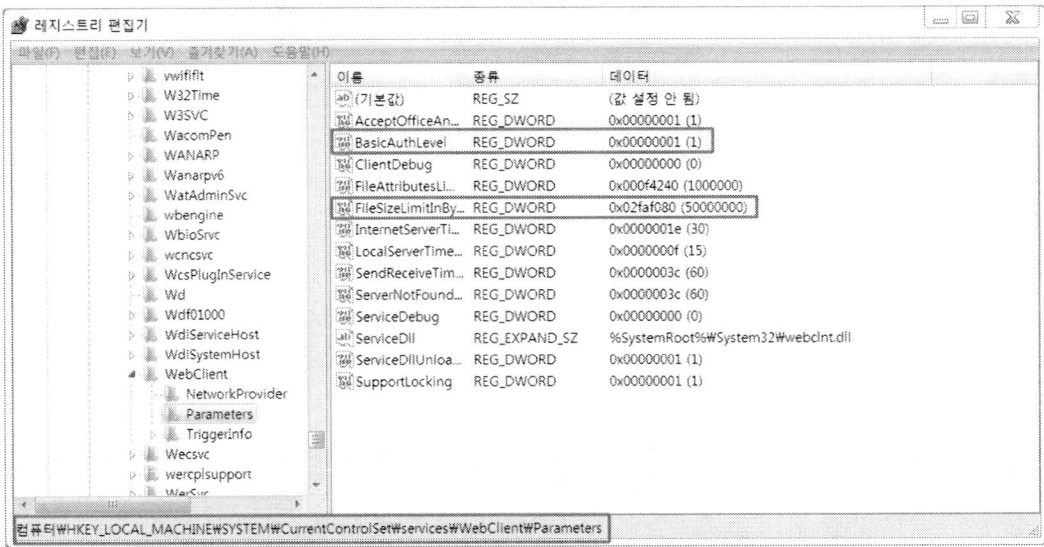

먼저, BasicAuthLevel의 [값 데이터]에서 1이라고 되어 있는 값을 2로 수정합니다. 이것은 SSL(Secure Socket Layer) 방식이 아니라도 WebDAV 접속이 가능하도록 해주는 역할을 합니다.

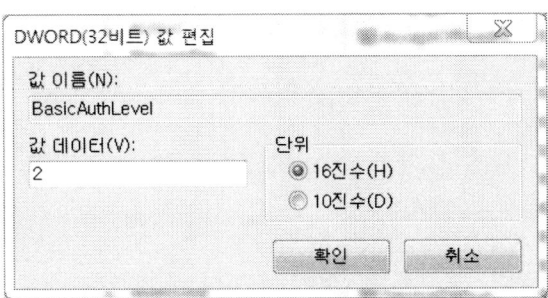

그리고 FileSizeLimitInBytes를 수정합니다. [단위]를 16진수로 한 후 [값 데이터]에 ffffffff를 입력해서 최대치로 합니다. 이 항목은 업로드가 가능한 파일의 용량을 설정하는 것입니다.

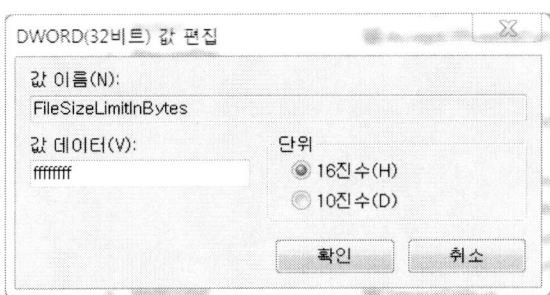

이렇게 설정을 마친 후 윈도우를 재부팅합니다. 재부팅이 완료되면 다시 네트워크 드라이브를 연결합니다. **WebDAV** 서버의 주소를 입력하면 다음과 같이 사용자 이름 및 패스워드를 입력하는 창이 뜹니다.

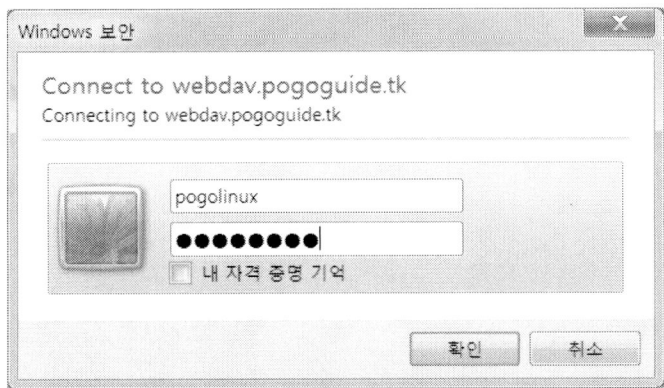

그리고 해당 네트워크 드라이브를 식별할 수 있는 이름을 지정합니다.

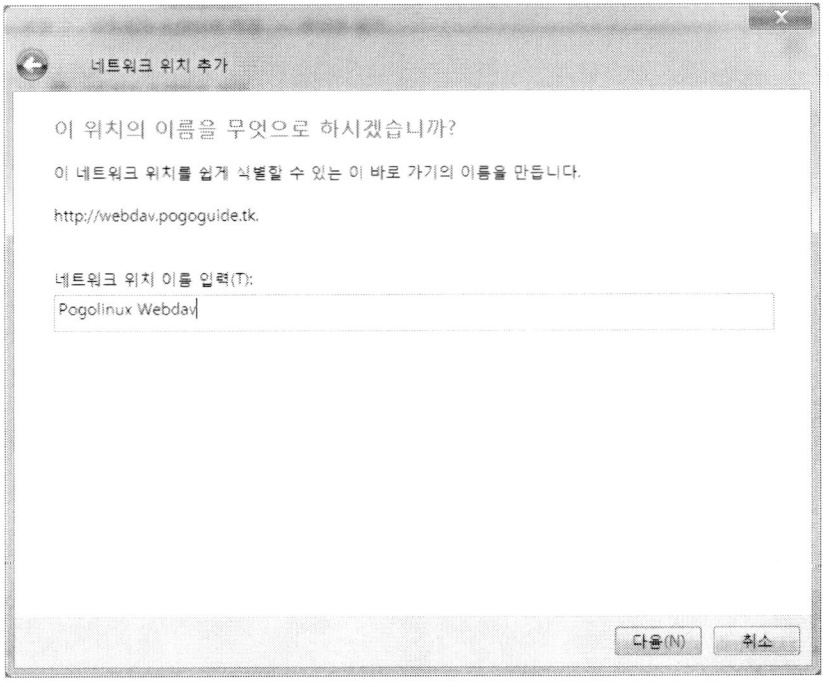

로그인이 완료되면 다음과 같이 목록을 확인할 수 있습니다.

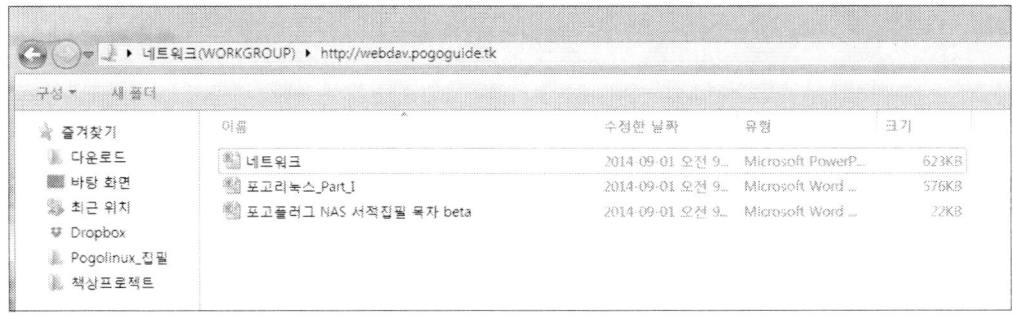

내컴퓨터에서도 [네트워크 위치] 탭에 포고플러그가 뜨는 것을 확인할 수 있습니다.

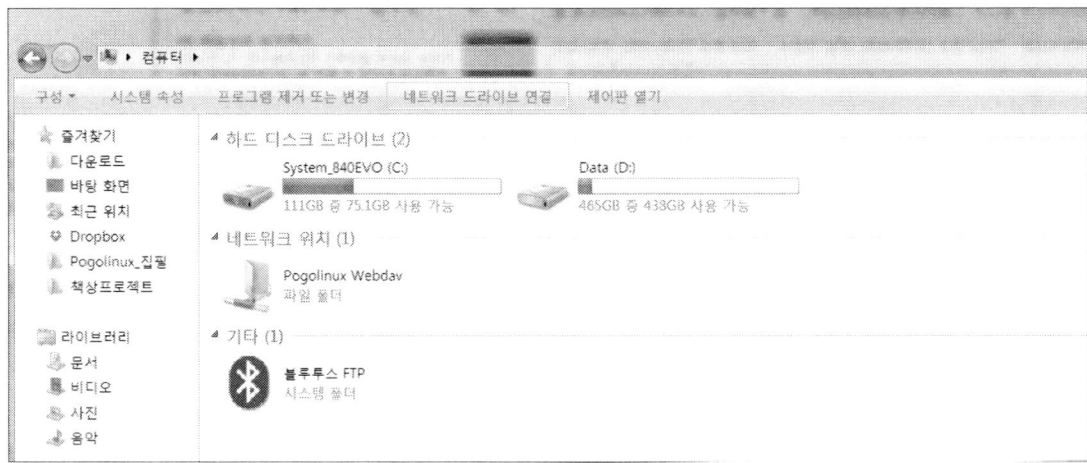

3. WebDAV 네트워크 드라이브의 접속 속도와 디렉토리 전환 속도 높이기

윈도우에서 WebDAV 네트워크 드라이브의 접속 속도와 디렉토리 전환 속도 등을 높이기 위해서는 다음과 같은 설정을 하면 됩니다. 제어판의 [인터넷 옵션] -> [연결] 탭을 클릭하고, "LAN 설정"에 들어가서 [자동으로 설정 검색]을 해제하면 됩니다.

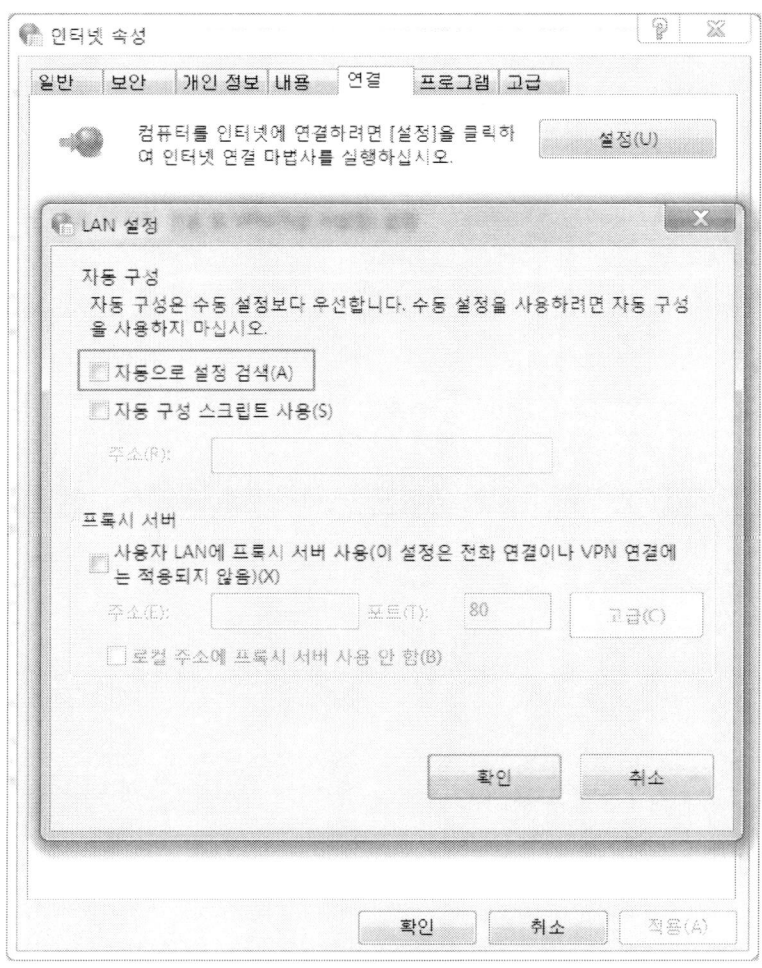

4. WebDAV로 업로드한 파일의 권한 설정

WebDAV로 업로드한 파일의 권한 설정을 /etc/apache2/envvars 파일에서 할 수 있습니다.

```
# nano /etc/apache2/envvars
```

나노 편집기로 파일을 열고 마지막 줄에 umask 0이라고 넣어주면, WebDAV를 통하여 업로드된 파일과 디렉토리의 권한을 777로 할 수 있습니다. 각자 필요한 대로 umask 옵션을 설정하면 됩니다.

파일 백업과 동기화

Rsync(Remote Sync)는 원격에 있는 파일을 백업 및 동기화하기 위해 사용하는 프로토콜입니다. 커맨드라인 상에서도 간단히 실행되는 프로토콜이지만 강력한 기능을 가지고 있어서 다양하게 활용될 수 있습니다.

파일을 압축 전송하기 때문에 대역폭을 많이 사용하지 않는다는 장점이 있습니다. 파일의 기존 소유 정보와 퍼미션까지도 정확히 복사하기 때문에 리눅스 환경을 그대로 옮기기도 용이합니다. 특히나 cron 등으로 스케줄 등록을 하면 주기적인 복사를 통한 주기적인 백업이 가능합니다. 미러 서버를 구성할 때 이용되기도 합니다.

파일 크기와 수정 시간을 기준으로 동기화 여부를 결정합니다. 그러나 더욱 정교한 동기화를 원할 때는 체크섬을 확인하는 옵션을 이용할 수 있기에 동기화 상의 약간의 오차도 보정이 가능합니다.

Rsync는 앞에서 설치한 루트파일시스템에 이미 설치되어 있기 때문에 추가적인 프로그램 설치 과정은 필요하지 않습니다.

Rsync에서 가장 많이 쓰는 옵션은 다음과 같습니다.

- -a (archive) : 심볼릭 링크, 소유 정보, 퍼미션 등의 정보를 같이 동기화합니다.
- -v (verbose) : 동기화 중에 자세한 정보를 출력합니다.
- -r (recursive) : 하위 디렉토리까지 동기화합니다.
- -z (compress) : 파일을 압축 전송합니다.
- -e : SSH나 RSH 등의 프로토콜을 이용한 원격 전송이 가능합니다.
- -delete : 원본 서버에서 삭제된 경우에 백업 디렉토리에서도 삭제되게 하려면 -delete 옵션을 줍니다.

우선, 같은 포고플러그 내에서 백업 디렉토리를 어떻게 생성할 수 있는지 알아보겠습니다. 앞에서 WebDAV 홈 디렉토리로 설정했던 디렉토리의 내용을 같은 포고플러그 내에서 동기화시켜 보겠습니다.

우선, 원본 디렉토리의 파일 리스트, 퍼미션, 소유 관계 등을 조회하겠습니다.

```
# ls -alh /pogodata/work/documents
```

그리고 동기화를 진행하겠습니다. 아래와 같이 입력하면 /pogodata/work/documents 디렉토리의 내용을 /pogodata/backup 디렉토리 하방에 documents로 동기화합니다. 이때 documents 디렉토리를 생성합니다.

```
# rsync -arvz /pogodata/work/documents /pogodata/backup
```

마지막으로, 동기화된 디렉토리의 내용을 조회하겠습니다.

```
# ls -alh /pogodata/backup/documents
```

이들 명령어의 실행 화면은 다음과 같습니다.

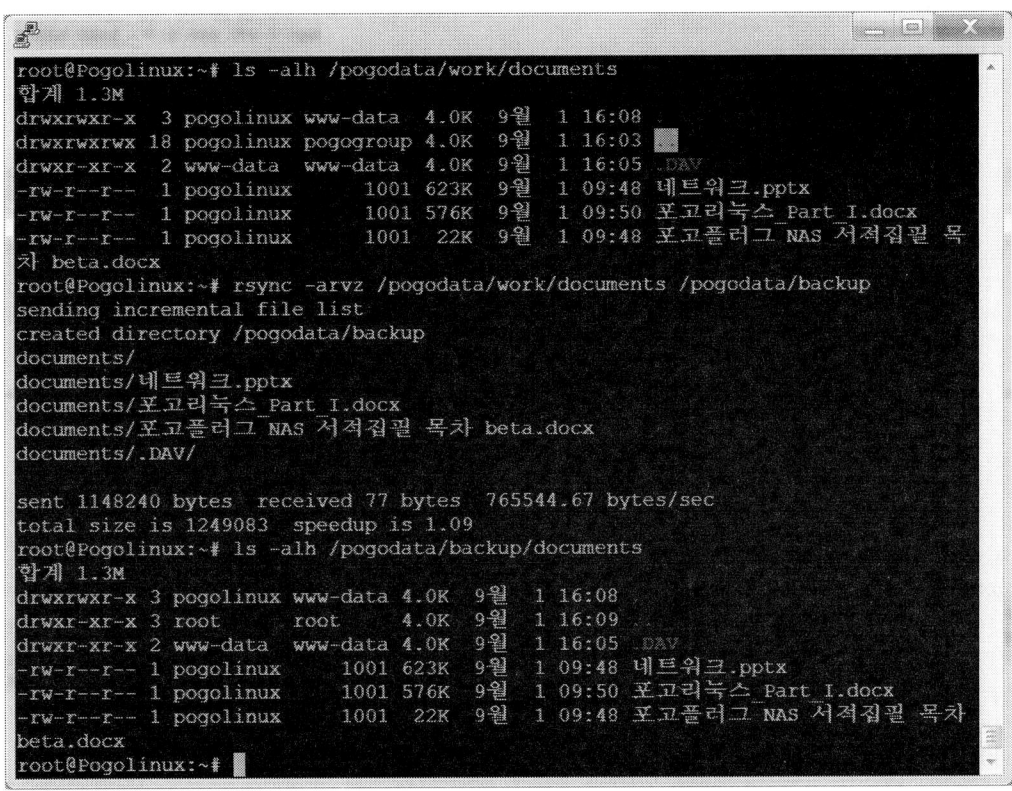

파일 리스트, 퍼미션, 소유 관계, 파일 작성 시간 등이 완벽히 동기화되었음을 확인할 수 있습니다.

저는 개인적으로 Rsync의 원격 동기화 기능을 이용하여 우리집 아기 사진을 할아버지와 할머니가 보실 수 있도록 활용하고 있습니다. 아기들이 커가는 모습을 많이 궁금해 하시지만, 사진을 매번 전송해 드리는 것은 쉬운 일이 아닙니다. Rsync를 활용한다면 포고플러그에 사진 정리만 잘 해두어도 Rsync를 통해 자동으로 원격 동기화를 시킬 수 있으므로 매우 편리합니다. 그 외에도 다양한 활용처가 있겠지요.

Rsync로 원격 동기화를 설정해 보겠습니다. 포고플러그가 두 대 있다고 가정하겠습니다. 그리고 원격에 있는 포고플러그에 담긴 자료를 내 포고플러그로 동기화하는 방식을 설명합니다. 원격 포고플러그의 도메인을 remotepogo.tk라고 가정하겠습니다. 전송은 SSH 프로토콜을 이용하겠습니다. 원격 포고플러그의 SSH 22번 포트는 2580번으로 포트포워딩한 것으로 가정하고 진행합니다.

> **원격 포고플러그**
> 도메인: remotepogo.tk
> SSH Port: 2580번
> 백업할 디렉토리: /pogodata/blog
> SSH 아이디: remotepogo

1. 단순 인증 방식으로 백업하기

단순 인증 방식으로 백업하겠습니다. SSH에 접속하면 비밀번호를 입력합니다. 원격 포고플러그의 자료를 내 포고플러그로 가지고 오려면 원격 포고플러그에 SSH로 접속할 수 있어야 합니다. 아이디와 비밀번호를 알아야 하죠.

다음 명령어가 원격 포고플러그를 로컬 포고플러그로 백업하는 명령입니다.

```
# rsync -arvz -e "ssh -p 2580" remotepogo@remotepogo.tk:/pogodata/blog /pogodata
```

이렇게 입력하면 remotepogo 사용자의 비밀번호를 입력하라고 합니다. 비밀번호를 입력하면 백업이 진행됩니다. 원격 포고플러그의 /pogodata/blog 디렉토리에 있는 자료가 로컬 포고플러그의 /pogodata 하방에 blog라는 디렉토리로 백업됩니다. 이때 blog 디렉토리가 자동으로 만들어집니다.

그런데 비번을 매번 입력하기 번거롭다면, 그리고 cron을 통해 백업을 자동으로 스케줄링하고 싶다면 비밀번호가 자동으로 입력되도록 설정해야 합니다. 이를 위해 sshpass 패키지를 설치합니다.

```
# apt-get install sshpass
```

패스워드 파일을 생성합니다. 빈 파일이 열리면 비밀번호를 입력합니다. 퍼미션을 640으로 조정합니다.

```
# nano /pogodata/.rsyncpass
# chmod 640 /pogodata/.rsyncpass
```

이제 sshpass 프로그램을 통해 비밀번호가 자동으로 입력되면서 백업이 진행됩니다.

```
# sshpass -f /pogodata/.rsyncpass rsync -arvz -e "ssh -p 2580" remotepogo@
  remotepogo.tk:/pogodata/blog /pogodata
```

2. SSH 키를 생성하여 백업하기

두 번째 백업은 ssh 키를 생성하여 비밀번호의 입력 없이 백업을 진행하는 방식으로 진행합니다. 로컬 포고플러그에서 ssh 키를 생성하여 원격 포고플러그에 넣어주어야 합니다.

우선 ssh 키를 생성하겠습니다.

```
# ssh-keygen -t rsa
```

처음에, 키를 생성하고 저장할 위치를 지정하는데, /root/.ssh/babyphoto 이런 식으로 설정하면 됩니다. 지금 ssh에서 루트 계정으로 진행하고 있으므로 /root/.ssh 디렉토리는 반드시 들어가게 하고, 뒤의 키 이름만 바꾸어 주세요.

해당 디렉토리에 **babyphoto.pub**라는 이름의 키가 생성됨을 확인할 수 있습니다.

```
root@Pogolinux:~# ssh-keygen -t rsa
Generating public/private rsa key pair.
Enter file in which to save the key (/root/.ssh/id_rsa): /root/.ssh/babyphoto
Enter passphrase (empty for no passphrase):
Enter same passphrase again:
Your identification has been saved in /root/.ssh/babyphoto.
Your public key has been saved in /root/.ssh/babyphoto.pub.
The key fingerprint is:
e4:c7:fa:3f:29:2b:cd:18:f5:1f:05:82:c3:9d:50:34 root@Pogolinux
The key's randomart image is:
+--[ RSA 2048]----+
|      ..*E.      |
|       + +..     |
|        . ..     |
|     o ...       |
|      S.o.       |
|      .o         |
|     .= o.       |
|     o.+ o .     |
|      .o+..      |
+-----------------+
```

scp 명령어로 생성한 키를 원격 포고플러그의 홈 디렉토리로 보냅니다. '~' 표시는 홈 디렉토리를 의미하며, 원격 포고플러그 홈 디렉토리 하방에 .ssh라는 디렉토리를 생성하고, 그 안에 authorized_keys라는 이름으로 키를 복사합니다. "~/.ssh/authorized_keys" 부분을 변경하면 안 됩니다.

```
# scp -P 2580 /root/.ssh/babyphoto.pub remotepogo@remotepogo.tk:~/.ssh/authorized_keys
```

키가 제대로 작동하는지 확인하기 위해서 생성된 키를 이용하여 원격 포고플러그에 ssh 접속합니다.

```
# ssh -i /root/.ssh/babyphoto remotepogo@remotepogo.tk -p 2580
```

로그인이 정상적으로 된다면 모든 작업이 완료된 것입니다. 이제, **Rsync**로 원격 포고플러그에 백업 파일을 전송할 수 있습니다.

```
# rsync -arvz -e "ssh -p 2580 -i /root/.ssh/babyphoto" remotepogo@remotepogo.tk:/pogodata/blog /pogodata
```

13

네트워크 프린터, 네트워크 스캐너, 메일 서버

포고플러그의 사무적인 이용을 위한 몇 가지 활용법을 소개하는 장입니다. 요즘 네트워크 프린터는 굉장히 흔해졌지요. 그러나 몇 년전만 해도 자체 네트워크 기능을 보유하지 못한 프린터들이 많았습니다. 특히 스캐너는 지금도 네트워크 기능을 갖지 못한 것들이 많지요. 본 장에서는 포고플러그를 이용해서 네트워크 기능이 없는 프린터와 스캐너에 네트워크 기능을 불어넣는 작업을 하겠습니다.

그리고 간단한 메일 서버를 설치해서 포고플러그를 이용한 메일 전송에 대해서도 다루겠습니다.

네트워크 프린터

이번 절에서는 네트워크 프린터를 설정하겠습니다. 네트워크 기능을 기본적으로 갖추고 있는 프린터라면 이번 절의 내용이 필요하지 않습니다. 자체 네트워크 기능을 이용하여 프린터 설정을 하면 됩니다.

여기서 설명하려는 내용은 네트워크 기능이 없는 프린터를 네트워크 프린터로 사용하는 방법입니다. 네트워크 기능이 없는 프린터의 기존 사용 방식은 1) 프린터가 연결된 컴퓨터에서만 프린터를 사용하거나, 2) 프린터가 연결된 컴퓨터에 공유 기능을 활성화하여 사용하는 방식이 있을 겁니다.

첫 번째 방식의 경우에는 프린트가 필요한 파일을 해당 컴퓨터로 옮겨서 프린트를 해야 하는 문제가 있고, 두 번째 방식은 프린터와 연결된 컴퓨터가 꺼져 있다면 작동하지 않는다는 단점을 가지지요. 포고플러그를 이용하면 이런 단점을 극복할 수 있습니다.

1. 포고플러그측 설정

프린터를 포고플러그 USB 단자에 연결합니다. 그리고 cups 관련 패키지들을 설치합니다. cups는 리눅스에서 프린터를 사용할 수 있도록 하는 프로그램입니다.

```
# apt-get install cups
```

동시에 같이 설치되는 패키지들이 많아 설치에 시간이 좀 걸립니다.

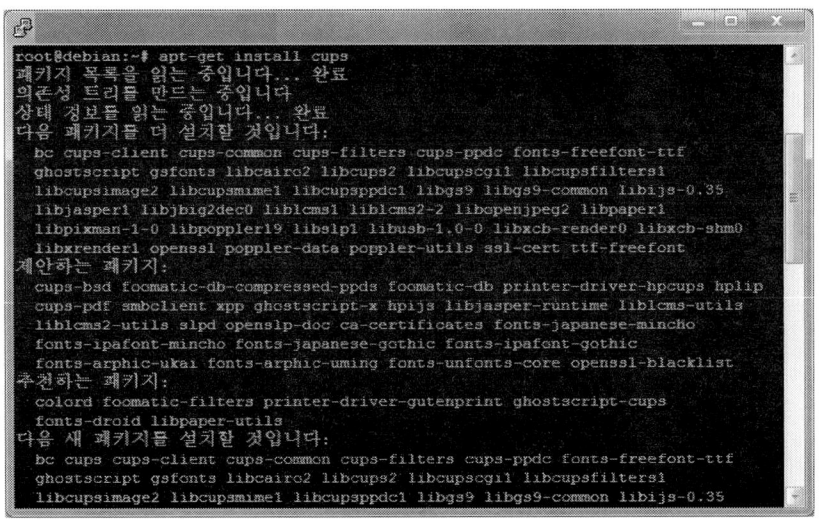

cups가 설치 완료되었다면 설정 파일에서 몇 가지를 수정합니다. 우선 포트 번호를 631로 지정합니다. "Listen localhost:631"이라고 되어 있는 부분을 찾아 "Port 631"로 수정합니다.

```
# nano /etc/cups/cupsd.conf
```

~~Listen localhost:631~~
Port 631

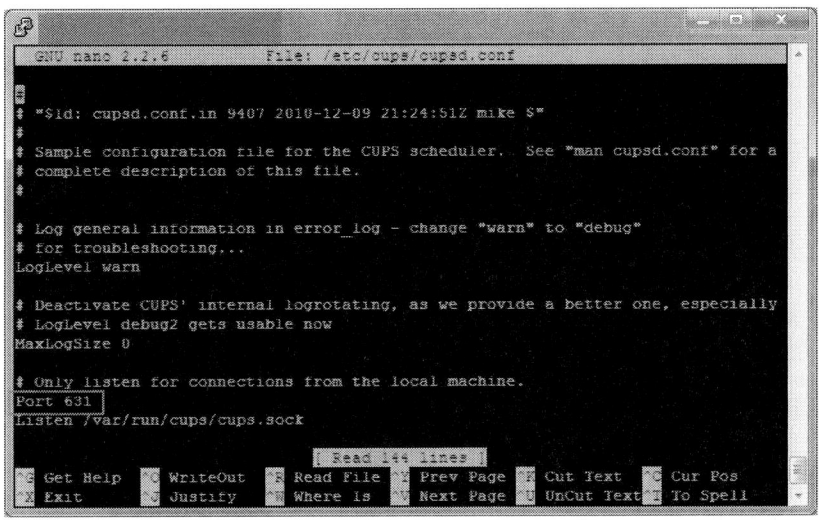

아래로 더 내려가 몇 가지를 더 수정합니다.

〈location /〉, 〈location /admin〉, 〈location /admin/conf〉, 세 항목에 모두 다음 아이피를 삽입합니다.

```
Allow 192.168.219.0/24
```

여기에 입력한 아이피는 네트워크 프린터에 접속할 클라이언트의 아이피입니다. 포고플러그에 cups를 설치하면 포고플러그는 프린터 서버의 역할을 하므로 윈도우나 맥에서 클라이언트로 접속하게 되겠지요. 현재 글을 작성하기 위해 사용하는 포고플러그의 아이피는 192.168.219.8입니다만 클라이언트의 아이피는 192.168.219.20이나 192.168.219.13과 같이 다양할 것입니다. 어떤 아이피에서 접속할지 모르므로 같은 네트워크에 있다면 모두 허용하겠다는 의미입니다. 마지막에 "/24"는 왼쪽부터 24비트까지만 인식하겠다는 뜻이고, "219"까지만 확인하고 마지막 자리에는 아무 숫자가 와도 통과시킨다는 의미입니다. 이에 대해서 더 자세히 알고 싶으면 사이더(Classless Inter-Domain Routing, CIDR)라는 개념을 찾아보기 바랍니다. 이 개념이 이 책의 저술 내용과는 무관하므로 자세한 설명은 생략하겠습니다.

그런 다음에 아래와 같이 두 항목을 주석 처리합니다.

~~AuthType Default~~
~~Require user @SYSTEM~~
#AuthType Default
#Require user @SYSTEM

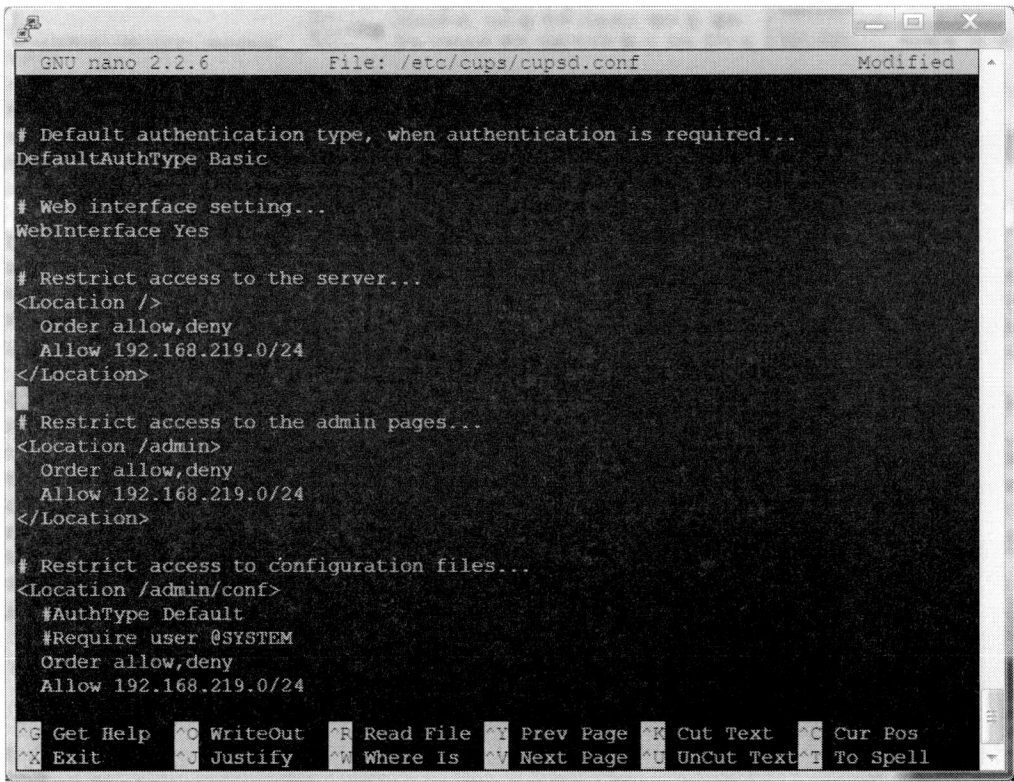

여기까지 완료한 후 cups를 재시작합니다.

```
# service cups restart
```

이제 컴퓨터의 웹 브라우저로 cups에 접속합니다. 접속 주소는 "http://포고플러그 내부IP:631"입니다.

다음과 같은 초기화면을 볼 수 있습니다. 관리자 화면으로 접속하겠습니다. 비밀번호를 물어볼 수도 있습니다. 그 때는 root 아이디와 비밀번호를 입력하면 됩니다.

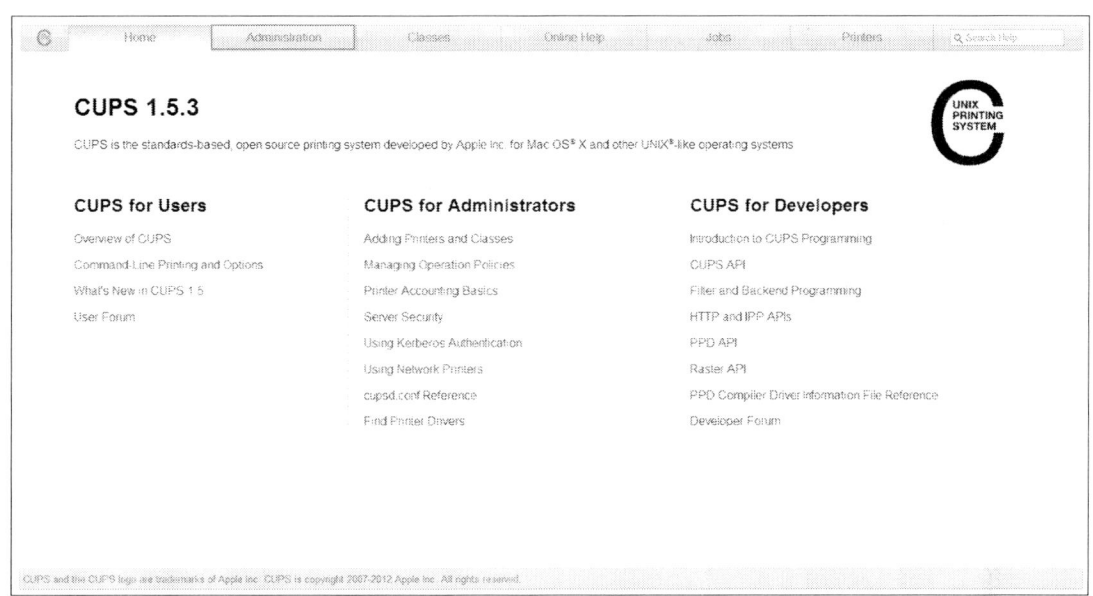

"Server setting"의 세 항목이 체크되어 있는지 확인하고, [Change Settings] 버튼을 눌러서 저장합니다. 그런 다음에 [Add Printer] 버튼을 눌러 프린터를 추가합니다.

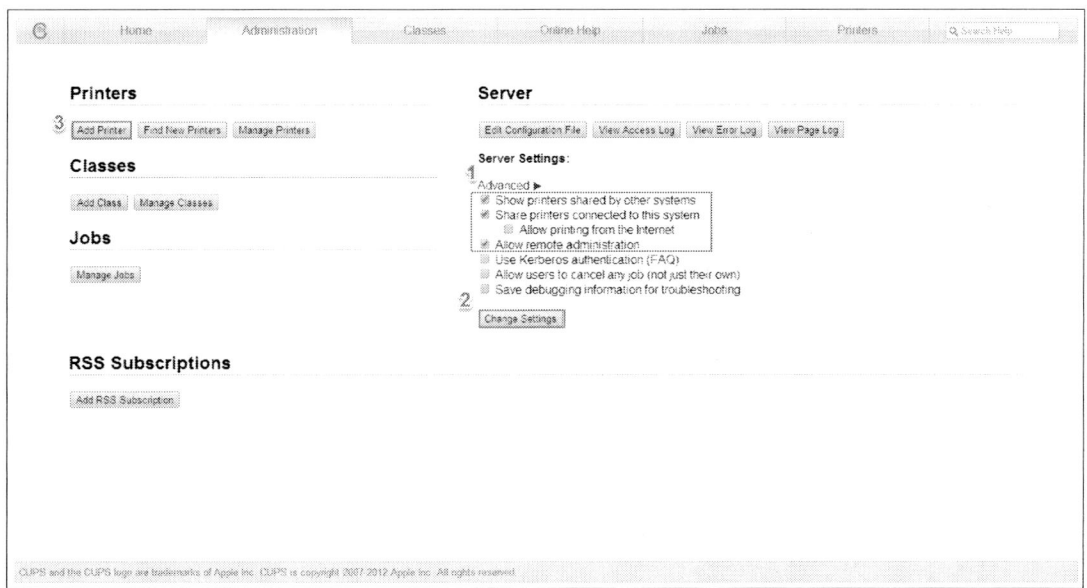

보안 서버 설정을 하지 않았기 때문에 다음과 같은 화면이 나올 수 있는데요. 무시하고 계속 진행하면 됩니다.

포고플러그에 연결된 프린터가 Local Printers에 뜹니다.

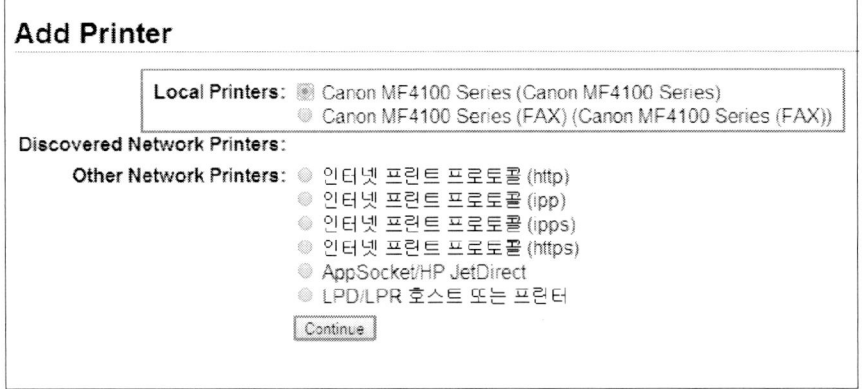

[Name] 란에 "Canon_MF4100_Series"라고 뜨는군요. 이 이름을 잘 복사해 둡니다. 나중에 윈도우에서 프린터를 설정할 때 필요합니다. 혹은 "MF4100", 이런 식으로 조금 더 쉬운 이름으로 바꾸어도 됩니다. [Sharing] 옵션에서 "Share This Printer"를 체크합니다. 그런 다음에 [Continue]를 눌러서 다음 단계로 진행합니다.

네트워크 프린터

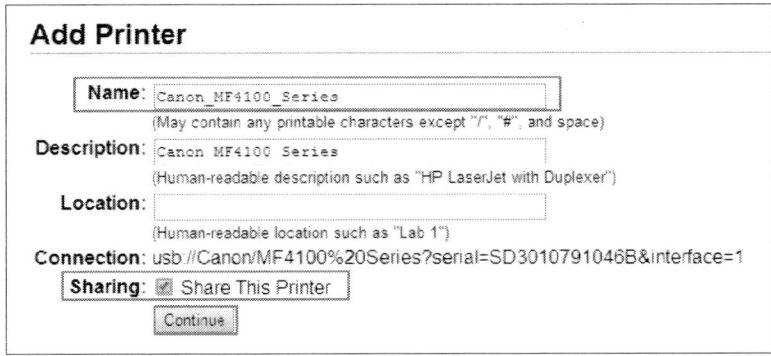

프린터 모델 선택 및 드라이버 설치 항목입니다. 여기서는 [Make]에서 "Raw"를 선택합니다. 나중에 윈도우 클라이언트에서 네트워크 프린터를 잡을 때 드라이버를 설치하기 때문에 포고플러그에는 드라이버를 설치하지 않아도 괜찮습니다.

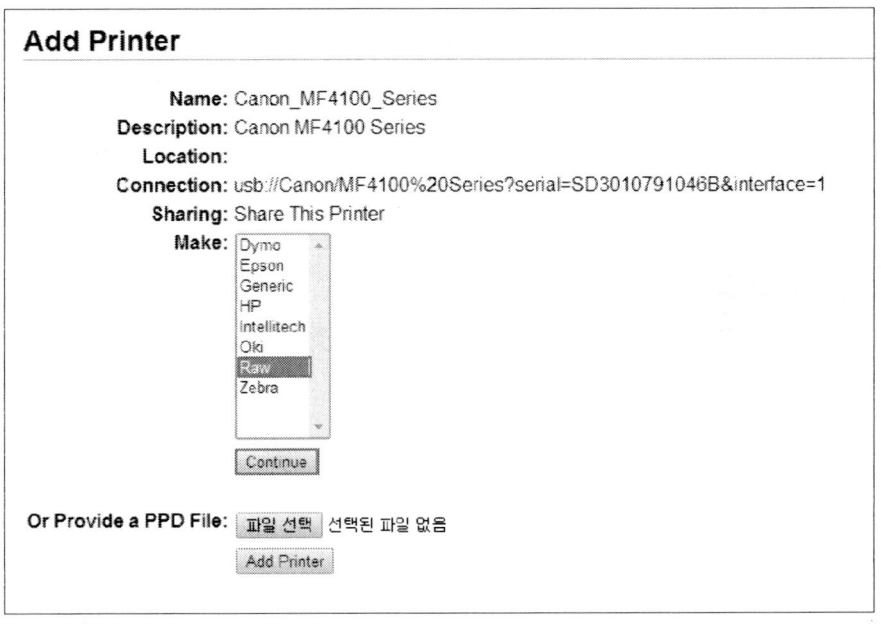

[Model]에서 "Raw Quene (en)"을 선택하고 [Add Printer] 버튼을 클릭합니다.

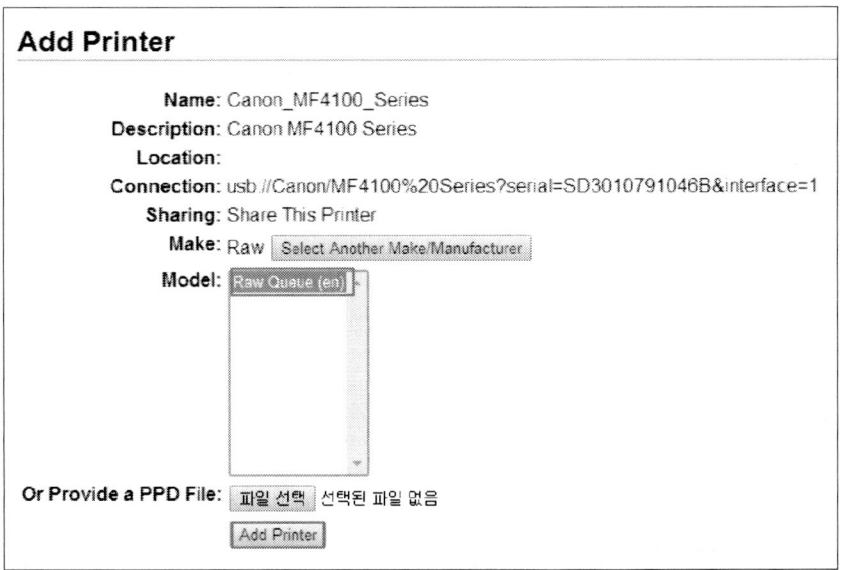

다음 항목에서는 [Set Default Options]만 선택하면 됩니다.

이제 모든 네트워크 프린터의 서버 설정이 마무리 되었네요. 포고플러그에서 할 일은 끝났습니다.

2. 클라이언트측 설정

이제 클라이언트 설정을 알아보겠습니다. 윈도우7을 기준으로 설명하겠습니다. 제어판에서 [프린터 추가]를 선택합니다. 네트워크 프린터로 추가하면 됩니다.

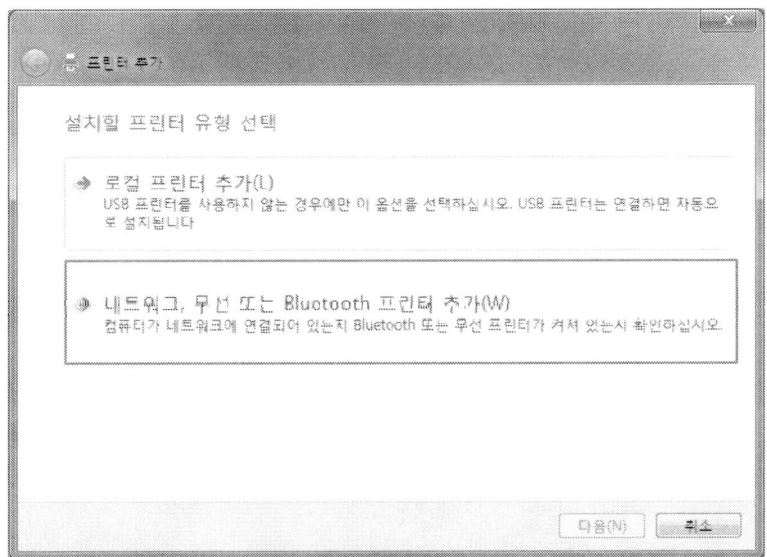

사용 가능한 프린터를 찾고 있네요. 바로 목록에 나오지 않을 수도 있습니다. "원하는 프린터가 목록에 없습니다" 를 클릭해 주세요.

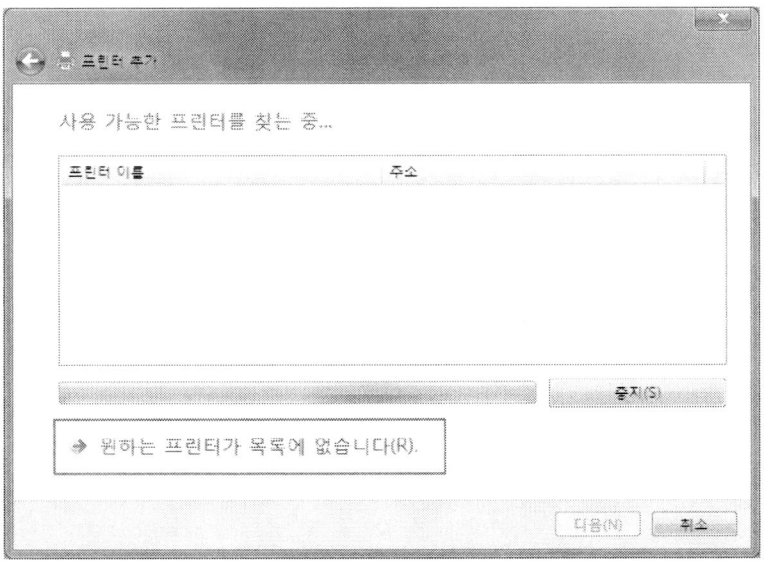

[이름으로 공유 프린터 선택] 체크박스를 클릭합니다. 그리고 주소를 바로 입력합니다. "http://포고플러그아이피:631/printers/프린터명" 형식으로 주소를 넣습니다. 여기서 '프린터명'은 앞에서 복사해 두자고 했던 대목에서 나오는 이름입니다. 주소 입력 후 다음으로 넘어갑니다.

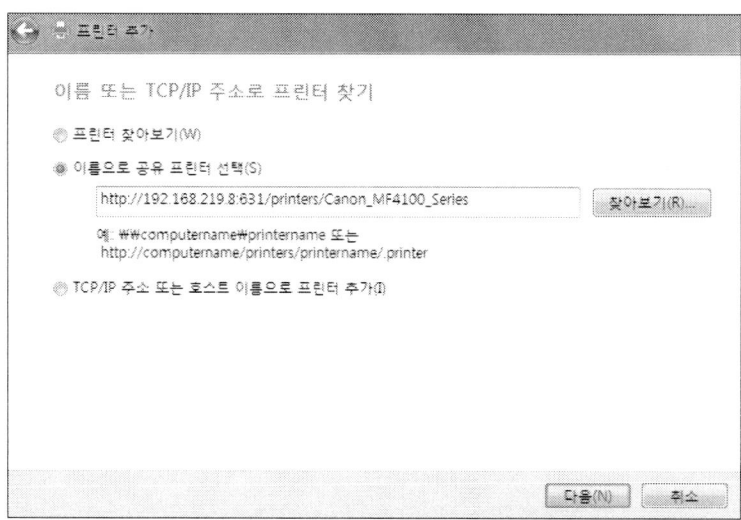

프린터를 연결하는 중이라는 메시지가 뜨면서 진행됩니다.

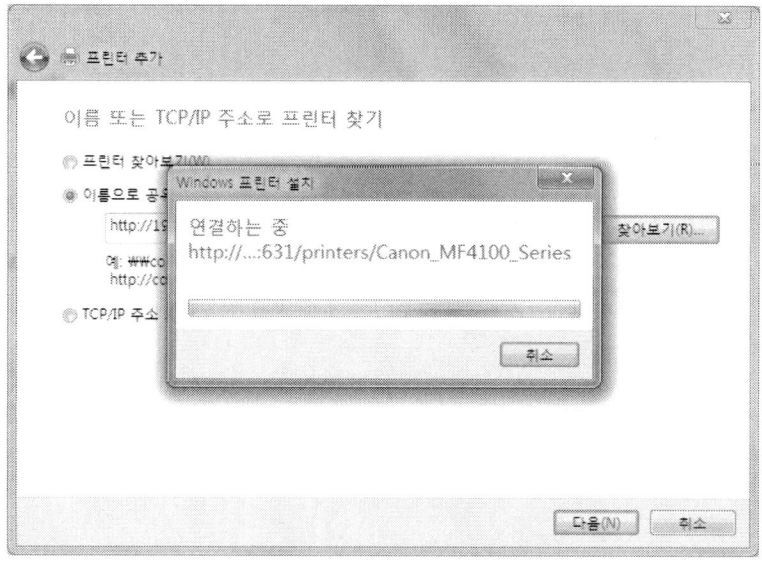

"프린터 추가 마법사" 대화상자가 뜹니다. 여기서 네트워크 프린터의 드라이버를 설치합니다. 제조업체와 프린터 종류를 찾아 [확인] 버튼을 눌러주면 됩니다.

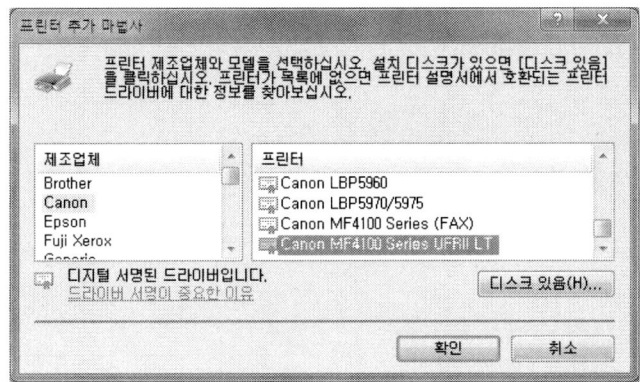

프린터 추가 마법사에서 간혹 독자 여러분이 가진 프린터의 모델이 나오지 않을 때가 있습니다. 그럴 때는 제조사 홈 페이지에 가서 해당 모델에 대한 드라이버를 다운로드하고 설치해야 합니다.

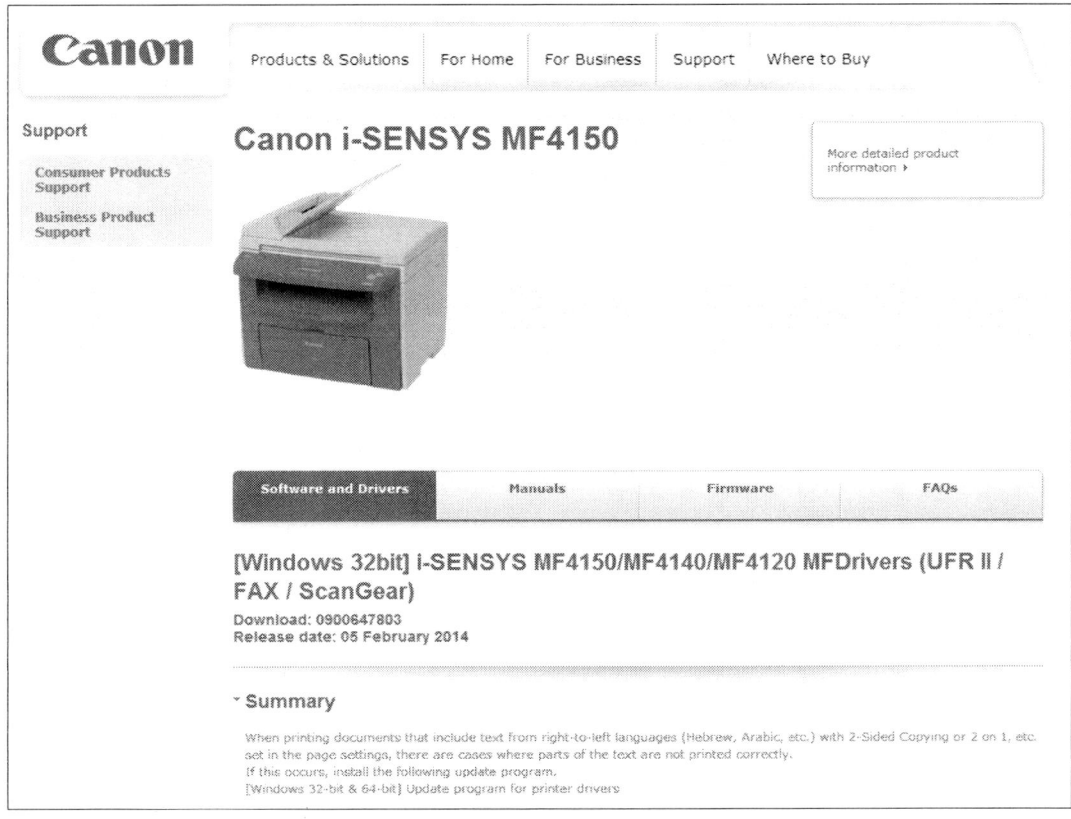

네트워크 프린터의 설치가 마무리되었습니다.

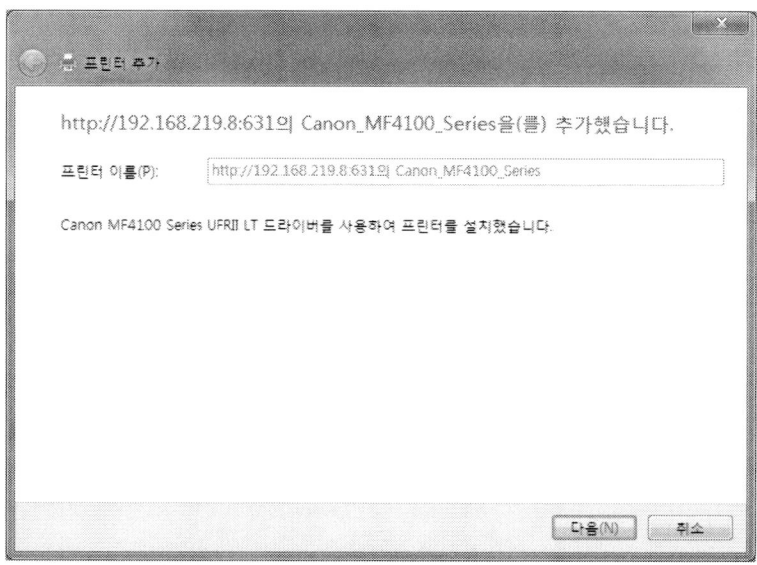

테스트 페이지를 인쇄하겠습니다.

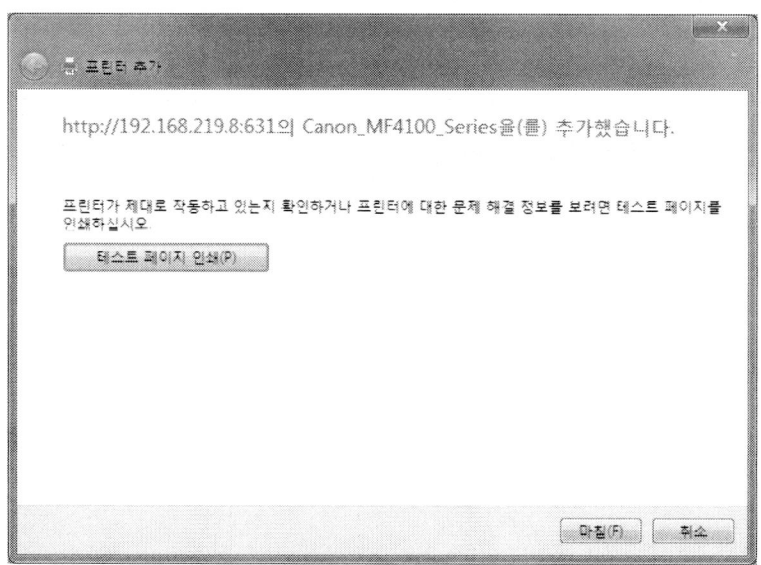

테스트 페이지가 정상적으로 출력됨을 확인할 수 있습니다. 포고플러그의 네트워크 아이피도 정확히 나오네요.

네트워크 프린터

Windows
프린터 테스트 페이지

이 정보를 읽을 수 있으면, Canon MF4100 Series UFRII LT을(를) GOMYOUGGOMIE에 제대로 설치한 것입니다.

아래 정보는 프린터 드라이버와 포트 설정에 대해 설명합니다.

```
제출한 시간: 오후 9:57:11 2014-07-28
컴퓨터 이름:  GOMYOUGGOMIE
프린터 이름:  \\http://192.168.219.8:631\Canon_MF4100_Series
프린터 모델:  Canon MF4100 Series UFRII LT
컬러 인쇄:   불가능
포트 이름:   http://192.168.219.8:631/printers/Canon_MF4100_Series
데이터 형식:  RAW
드라이버 이름: CNLB0M_DC60E.DLL
데이터 파일:  MF4100ZK.XPD
구성 파일:   CNLB0MUI_DC60E.DLL
도움말 파일:  CNLB0K_DC60E.CHM
드라이버 버전: 2.00
환경:      Windows NT x86
모니터:     CPCA Language Monitor3
```

드라이버에 사용되는 추가 파일:
C:\Windows\system32\spool\DRIVERS\W32X86\3\CNLB0809_DC60E.DLL   (2.00)
C:\Windows\system32\spool\DRIVERS\W32X86\3\MF4100ZK.UPD
C:\Windows\system32\spool\DRIVERS\W32X86\3\CNLBC60E.DAT
C:\Windows\system32\spool\DRIVERS\W32X86\3\CNXP0RSW.DLL   (3.05.68)
C:\Windows\system32\spool\DRIVERS\W32X86\3\CNXP0LOG.DLL   (1.0 built by: WinDDK)
C:\Windows\system32\spool\DRIVERS\W32X86\3\AUSSDRV.DLL   (3, 8, 0, 0)
C:\Windows\system32\spool\DRIVERS\W32X86\3\CNXD0200.DAT
C:\Windows\system32\spool\DRIVERS\W32X86\3\CPC10S.DLL   (5.0.1.1)
C:\Windows\system32\spool\DRIVERS\W32X86\3\CPC10D.EXE   (5.0.1.1)
C:\Windows\system32\spool\DRIVERS\W32X86\3\CPC10Q.EXE   (5.0.1.1)
C:\Windows\system32\spool\DRIVERS\W32X86\3\CPC1UK.DLL   (5.0.1.1)
C:\Windows\system32\spool\DRIVERS\W32X86\3\CNXPCF32.DLL   (2.0.0.0)
C:\Windows\system32\spool\DRIVERS\W32X86\3\UCS32P.DLL   (2.2.2)
C:\Windows\system32\spool\DRIVERS\W32X86\3\CNXPTN32.DLL   (2.0.0.0)
C:\Windows\system32\spool\DRIVERS\W32X86\3\CNXPCP32.DLL   (2.0.0.0)
C:\Windows\system32\spool\DRIVERS\W32X86\3\CPC10E.DLL   (5.0.1.1)
C:\Windows\system32\spool\DRIVERS\W32X86\3\CPC1UK.CHM
C:\Windows\system32\spool\DRIVERS\W32X86\3\CPC10V.EXE   (5.0.1.1)
C:\Windows\system32\spool\DRIVERS\W32X86\3\CNLBCM32.DLL   (3.0.0.0)
C:\Windows\system32\spool\DRIVERS\W32X86\3\CNLK.PRF
C:\Windows\system32\spool\DRIVERS\W32X86\3\CNXDIAS2.DLL   (10,2,0,2009)
C:\Windows\system32\spool\DRIVERS\W32X86\3\CNXIPC2.DLL   (10,2,0,2009)

프린터 테스트 페이지의 끝입니다.

제어판의 "장치 및 프린터" 란에도 네트워크 프린터가 기본 프린터로 잘 잡혀 있음을 확인할 수 있습니다.

네트워크 스캐너

네트워크 프린터는 쉽게 구성이 가능하지만, 네트워크 스캐너를 설정하는 방법은 일반적으로 잘 알려져 있지 않습니다. 복합기의 경우에도, 네트워크 프린팅은 지원되지만 보통 스캐너 기능은 네트워크로 지원하지 않습니다. 그래서 일반 회사에서는 스캐너 기능은 복합기나 스캐너가 연결된 1대의 컴퓨터에서만 사용하고, 스캔된 결과 파일을 저장하는 폴더를 공유 폴더로 지정하거나 클라우드에 연결하는 방식을 주로 사용합니다.

그러나 스캐너 기능을 이용할 1대의 컴퓨터가 있어야 하기에, 스캐너를 위한 컴퓨터를 따로 두어야 하거나 스캔할 수 있도록 해당 컴퓨터를 사용하는 직원이 자리를 잠깐 비켜주어야 하는 경우가 생기기도 합니다.

이번 절에서는 일반 스캐너나 복합기에 탑재된 스캐너 기능을 네트워크로 사용할 수 있도록, 그래서 스캐너가 1대 밖에 없더라도 각자 사용하는 업무용 컴퓨터를 통해서 스캔 작업을 진행할 수 있도록 구성하는 방법을 알려드리고자 합니다.

포고플러그 리눅스에는 sane이라는 프로그램을 설치하여 서버 역할을 하게 하고, 윈도우 클라이언트에 xsane이라는 응용프로그램을 설치하는 방식으로 진행하겠습니다.

1. 포고플러그 리눅스 설정

sane 프로젝트 홈피에 방문합니다. URL은 http://www.sane-project.org입니다.

네트워크 스캐너

초기화면을 보면, sane에 대해 간략히 소개하고 있고, sane을 설치하고 활용할 수 있도록 도와주는 프로그램이나 지원 가능한 스캐너 종류 등을 소개하고 있습니다. SANE은 Scanner Access Now Easy의 약자인데요. 번역하자면 '스캐너에 접근하는 것이 이젠 쉽습니다' 정도가 되겠네요. 윈도우나 맥 클라이언트도 다 지원하기 때문에 다양하게 활용하기가 용이한 것 같습니다.

제가 가진 스캐너도 네트워크로 지원하는지 여부를 알아보기 위해 http://www.sane-project.org/sane-mfgs.html 페이지로 들어갑니다.

지원기기의 종류와 지원 범위에 대해 정리되어 있습니다. 스캐너 기기의 기능을 완벽하게 지원하는 경우도 있지만, 테스트되지 않은 기기도 있고, 불완전하게 지원하는 경우도 있습니다.

제가 가진 복합기의 스캐너는 어떤지 한 번 확인해 보겠습니다. 제가 가진 복합기 모델은 Canon사의 Imageclass MF4150이라는 모델입니다.

해당 모델을 찾아보겠습니다. 제조사를 Canon으로 한정하여 검색하니 해당 모델이 보입니다. 기능의 지원은 완벽하게 되고 있는 것 같고, 평판 스캔이나 ADF(자동 용지 급지 장치) 기능도 완벽하게 지원하네요. 저에게 필요한 기능을 충분히 구현할 수 있을 것 같습니다.

imageCLASS MF4120	USB	0x04a9/0x26a3	Complete	All resolutions supported (up to 600DPI)	pixma (0.17.4)	sane-pixma
imageCLASS MF4122	USB	0x04a9/0x26a3	Complete	All resolutions supported (up to 600DPI)	pixma (0.17.4)	sane-pixma
imageCLASS MF4140	USB	0x04a9/0x26a3	Complete	All resolutions supported (up to 600DPI)	pixma (0.17.4)	sane-pixma
imageCLASS MF4150	USB	0x04a9/0x26a3	Complete	Flatbed and ADF scan. All resolutions supported (up to 600DPI)	pixma (0.17.4)	sane-pixma
imageCLASS MF4270	USB	0x04a9/0x26b5	Complete	Flatbed and ADF scan. All resolutions supported (up to 600DPI)	pixma (0.17.4)	sane-pixma
imageCLASS MF4350d	USB	0x04a9/0x26ee	Complete	Flatbed and ADF scan. All resolutions supported (up to 600DPI)	pixma (0.17.4)	sane-pixma
imageCLASS MF4370dn	USB	0x04a9/0x26ec	Good	Flatbed and ADF scan. All resolutions supported (up to 600DPI). Network not supported	pixma (0.17.4)	sane-pixma

이제 설치를 시작하겠습니다. 스캐너 USB 단자를 포고플러그에 연결하고 전원을 켭니다. 그리고 포고플러그 터미널에 접속하여 sane 패키지를 설치합니다.

```
# apt-get install sane-utils libsane
```

네트워크 스캐너   359

설치가 완료되었다면 다음 명령어를 통해 스캐너 인식 여부를 확인합니다.

```
# sane-find-scanner
```

USB 스캐너가 인식되었다는 메시지가 뜹니다.

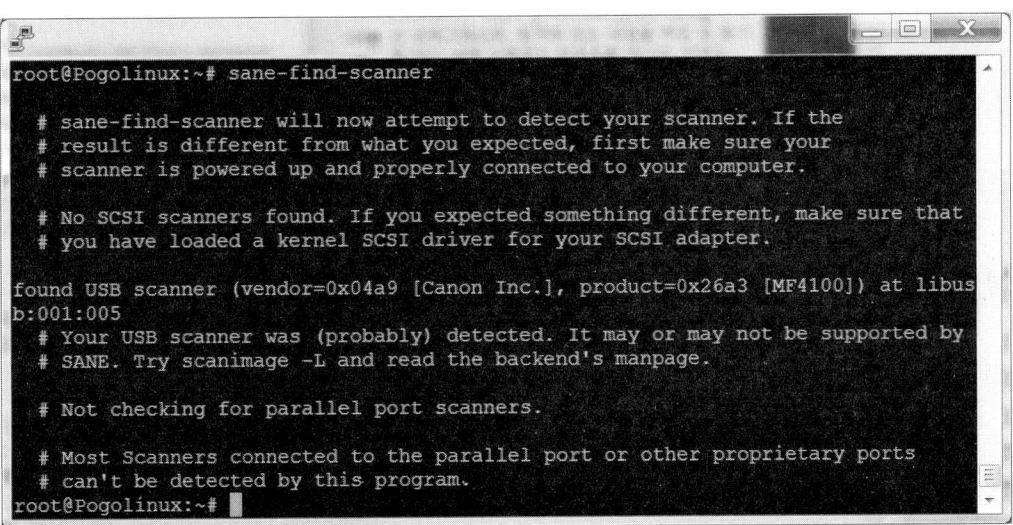

USB 단자에 스캐너를 연결하였음에도 불구하고 아래와 같이 인식 불가 메시지가 뜰 경우에는 스캐너 전원을 켰는지 확인해 보기 바랍니다.

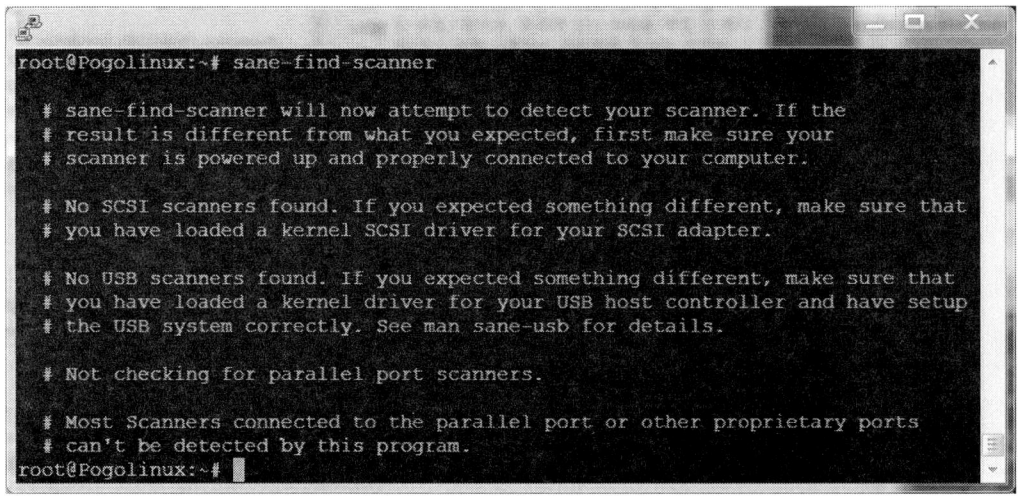

추가로 이 스캐너를 sane에서 지원하는지를 확인해야 합니다. 다음 명령어를 수행합니다.

```
# scanimage -L
```

해당 스캐너가 연결된 포고플러그의 내부 아이피가 나오고, 스캐너의 기능 지원이 가능하다는 메시지를 확인할 수 있습니다.

이제 설정 파일을 수정하여 본격적으로 sane 설정을 시작하겠습니다. 다음 파일을 먼저 수정합니다.

```
# nano /etc/default/saned
```

sane의 작동이 가능하도록 RUN 항목을 'yes'로 수정합니다. 기본 값은 'no'입니다.

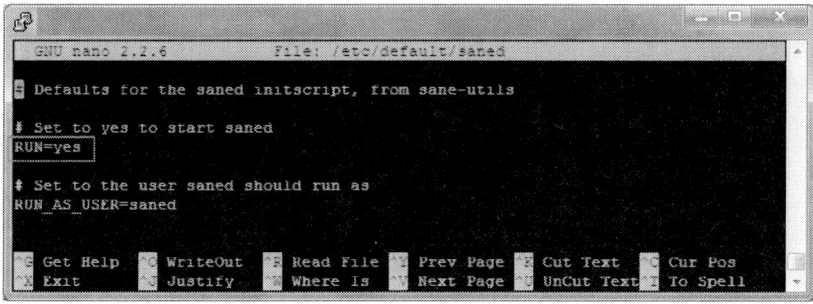

추가 수정 사항입니다. 다음 파일을 나노 편집기로 엽니다.

```
# nano /etc/sane.d/saned.conf
```

가장 하단으로 내려와서 다음 내용을 추가합니다.

```
192.168.219.0/24
```

여기에 입력한 아이피 주소는 sane에 접속할 클라이언트의 아이피 주소입니다. 포고플러그에 sane을 설치하면 포고플러그는 스캐너 서버의 역할을 하는 것이기 때문에, 윈도우나 맥 컴퓨터에서 클라이언트로 접속하게 되겠지요. 현재 이 책을 설명하면서 사용하는 포고플러그의 아이피는 192.168.219.8입니다만, 클라이언트의 주소가 192.168.219.20일 수도 있고, 192.168.219.13일 수도 있습니다. 어떤 아이피에서 접속할지 모르기 때문에 같은 네트워크 상에 있다면 모두 허용하겠다는 의미입니다. 마지막에 "/24"는 왼쪽부터 24비트까지만 인식하겠다는 뜻이고, "219" 까지만 확인하고 마지막 자리는 아무 숫자나 와도 통과시킨다는 의미입니다.

저는 LG U+ 기본 공유기를 사용하고 있기 때문에 3번째 자리가 "219"이지만, IPTIME 공유기를 쓰는 경우에는 "0"일 수도 있습니다. 상황에 맞게 내부 아이피를 입력해 주세요. IPTIME의 경우에는 "192.168.0.0/24" 이런 식으로 입력하면 됩니다.

마지막으로, 파일에서 하나 더 수정합니다.

```
# nano /etc/sane.d/net.conf
```

스캐너 서버의 아이피를 입력해야 합니다. 우리는 지금 포고플러그에 스캐너 서버를 설치하였으므로 포고플러그가 배당받은 아이피를 입력합니다.

```
192.168.219.8
```

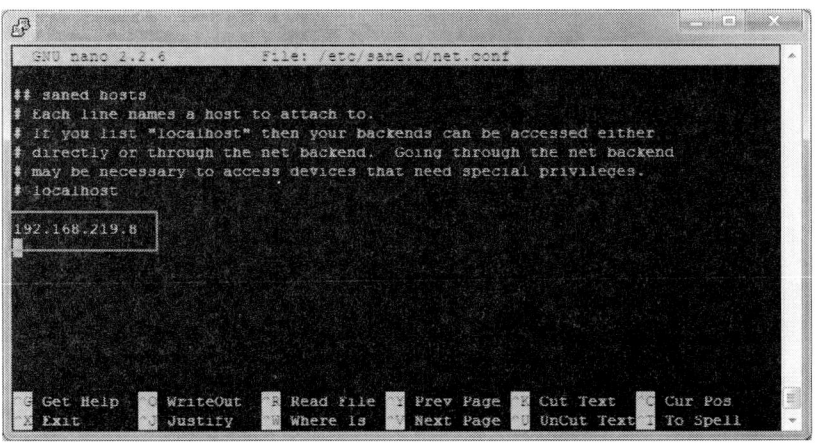

재부팅하면 설정이 완료됩니다.

```
# reboot
```

2. 윈도우 클라이언트 설정

윈도우에 xsane 스캐너 클라이언트를 설치하겠습니다. 설치 파일은 포고리눅스 카페(http://cafe.naver.com/pogolinux)나 필자의 블로그 (blog.frienddy.net)에서 다운로드받습니다.

압축 파일의 압축을 풀고, c:\sane으로 복사합니다. 본 프로그램의 설치 경로는 반드시 c:\sane이어야 합니다. 그렇지 않으면 정상적으로 동작하지 않을 수 있습니다.

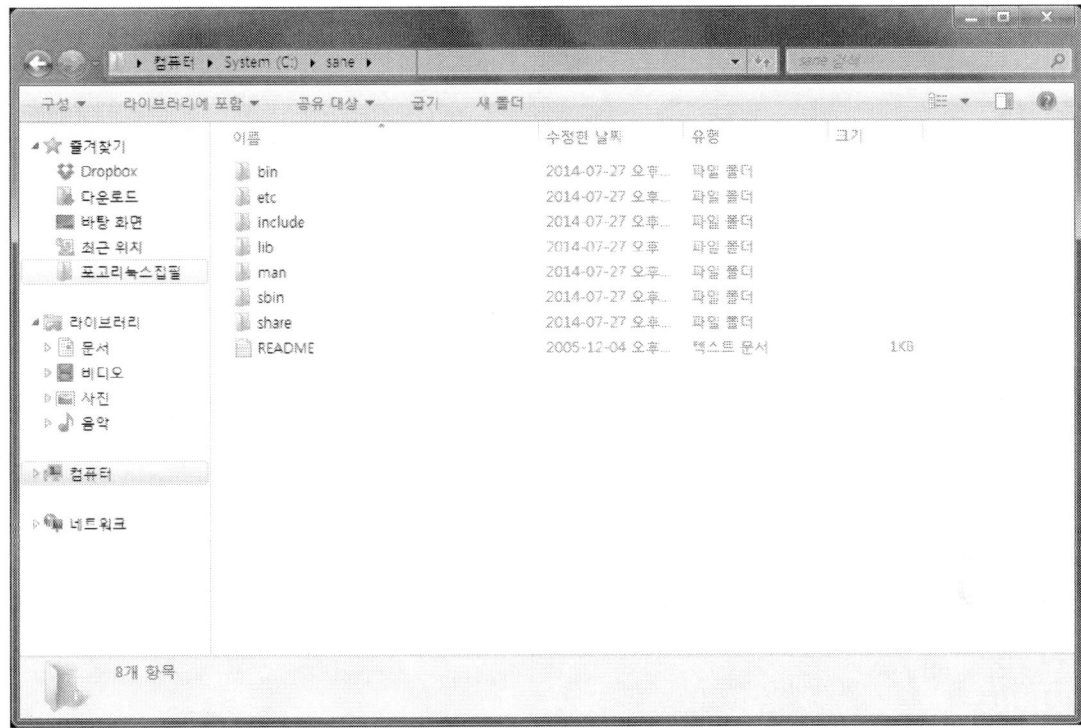

c:\sane\etc\sane.d\net.conf 파일을 수정합니다.

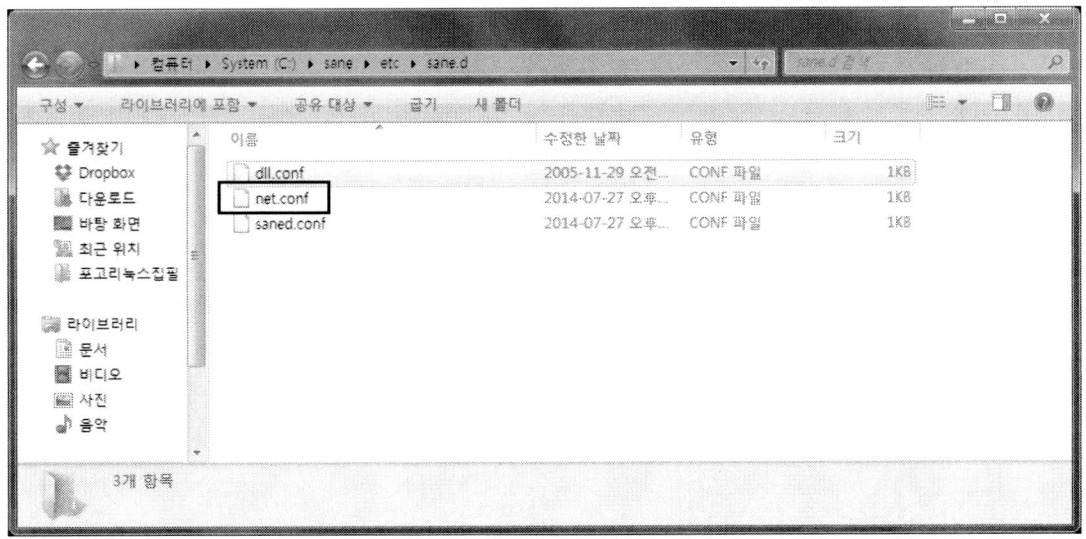

윈도우에서 작업하는 것이므로 별도의 에디터 프로그램을 사용해야 합니다. 여기서는 프리웨어인 **acroedit**를 사용하여 작업하였습니다. 해당 파일의 가장 하단으로 내려와 sane 스캐너 서버가 설치된 포고플러그의 아이피를 입력합니다. 여기서는 "192.168.219.8"을 입력합니다.

```
192.168.219.8
```

같은 경로의 saned.conf 파일을 수정합니다. 역시 가장 하단으로 내려가서, 다음의 내용을 입력합니다.

```
192.168.219.0/24
```

아까와 마찬가지로 개인 네트워크 환경에 맞추어서 아이피 값을 입력하면 됩니다.

이제 c:\sane\bin 경로에 있는 xsane 실행 파일을 실행하겠습니다. 스캔 컨트롤 창과 스캔 결과를 미리 보기할 수 있는 창이 뜹니다.

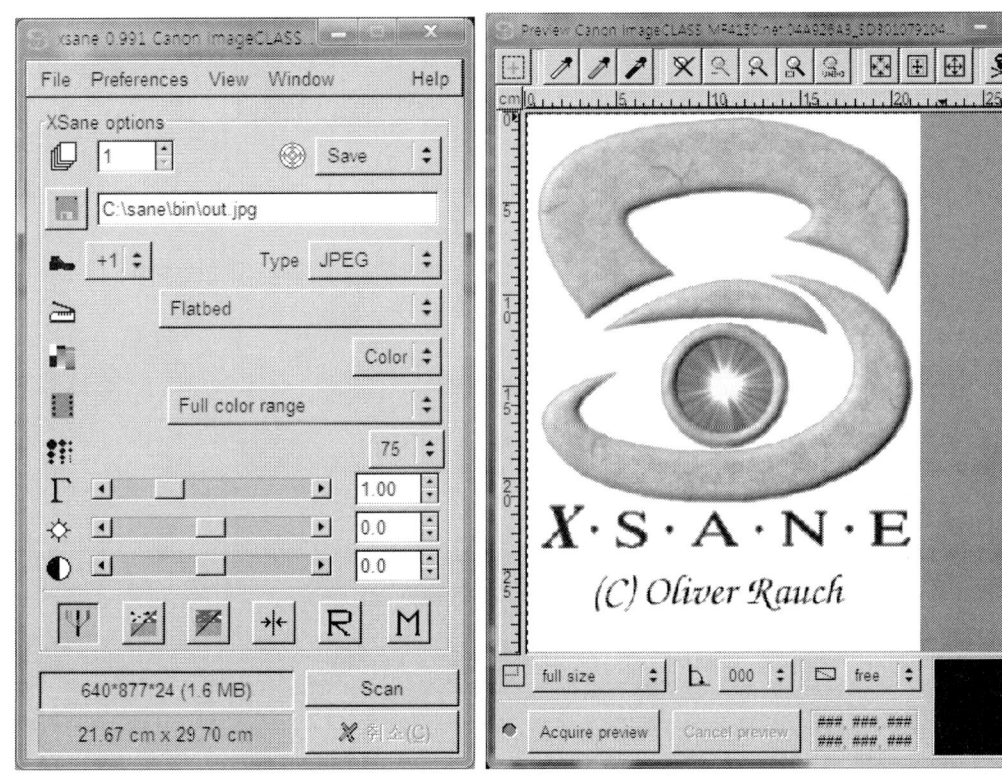

테스트 겸 해서 집에 있는 아기 예방접종 안내문을 스캔했습니다. [Acquire Preview] 버튼을 눌러 미리보고나서 [Scan] 버튼을 눌러 스캔을 진행할 수 있습니다.

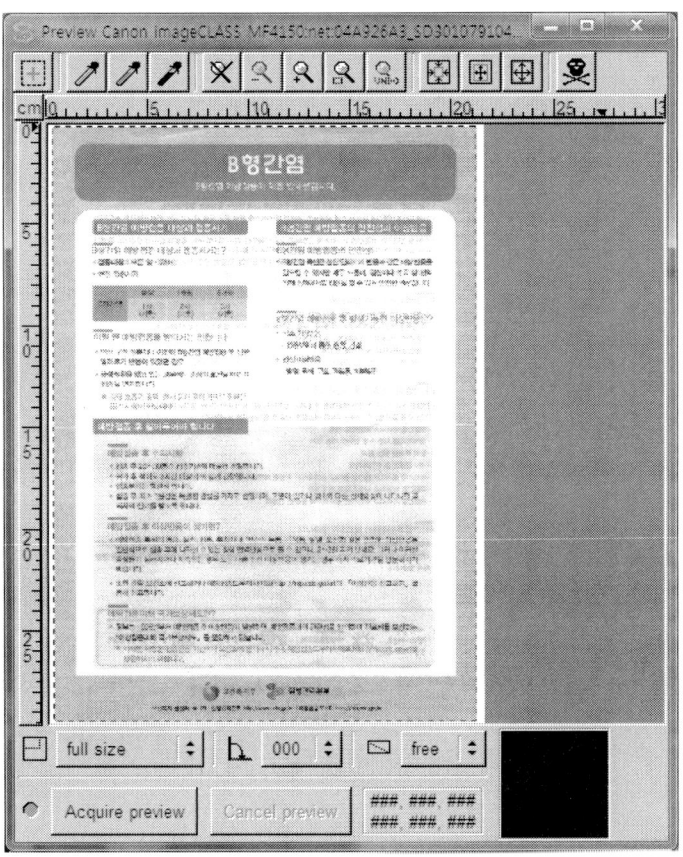

포고에 스캐너를 연결하고, 네트워크 스캐너로 만들었기 때문에 동일 네트워크에 있던 어떤 컴퓨터로도 스캔 실행이 가능합니다. 무선으로 연결된 노트북은 물론이구요.

메일 서버 운영

포고플러그로 이메일을 보내는 방법을 살펴보겠습니다. 늘 켜둘 수 있는 게 포고플러그의 장점이다 보니, 포고플러그에 메일 서버를 설치하면 원하는 때에 자동 이메일 전송도 가능하겠지요.

1. 메일 서버 설치

일단 필요한 패키지들을 설치합니다.

```
# apt-get install postfix mailutils libsasl2-2 ca-certificates libsasl2-modules
```

메일 서버 운영

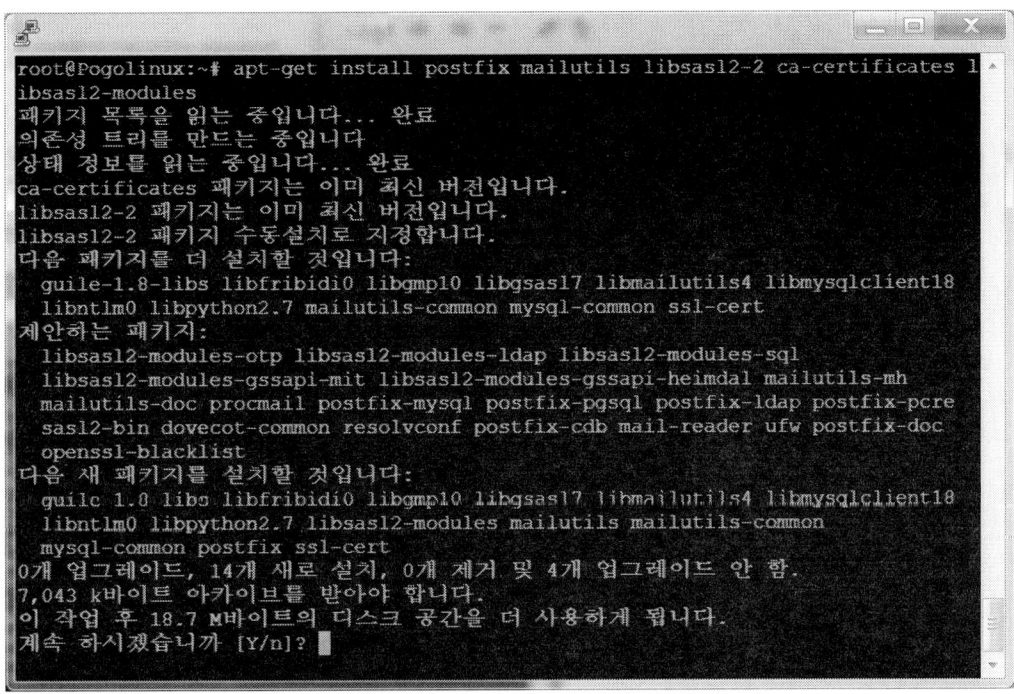

설치 중간에 몇 가지 설정이 필요합니다. 메일 서버 설정 형식을 "인터넷 사이트"로 설정할 것입니다.

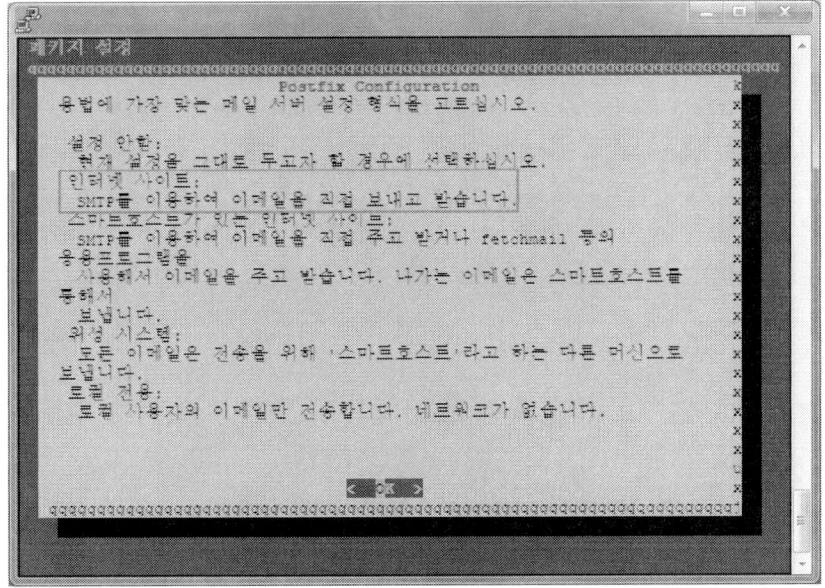

인터넷 사이트 항목을 선택합니다.

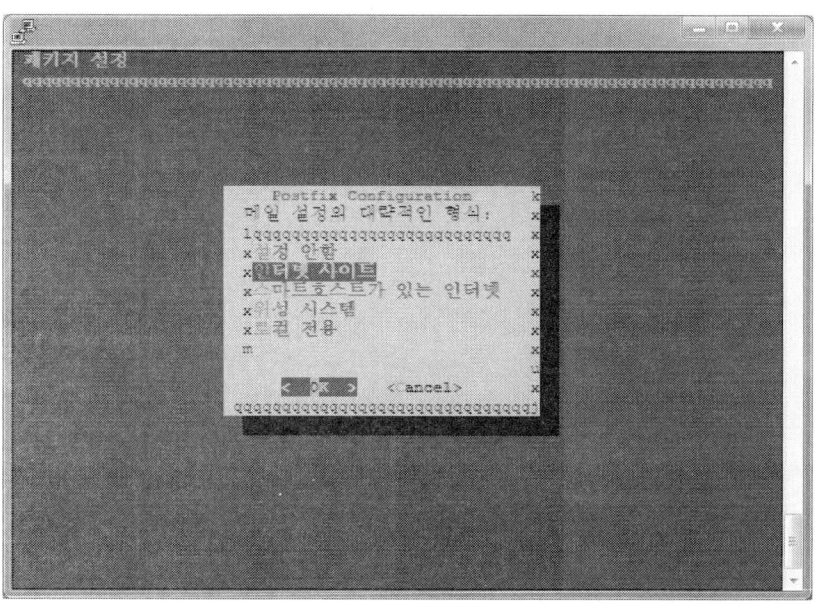

시스템 메일 이름을 써넣습니다. localdomain으로 기본 설정해 두겠습니다.

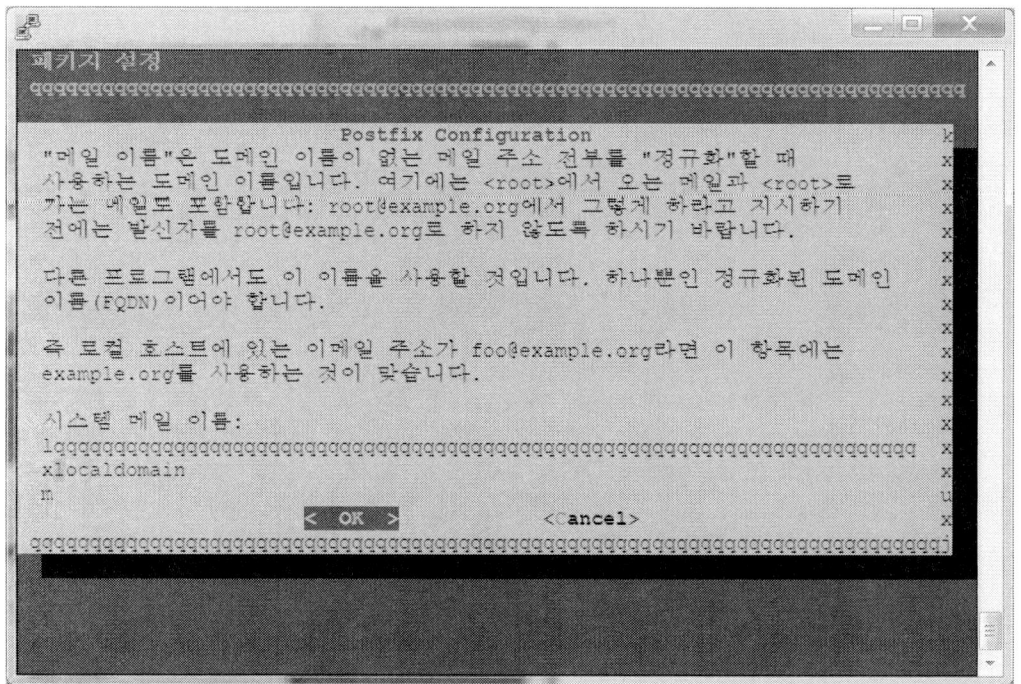

설치가 완료되면 설정 파일을 수정해야 합니다.

```
# nano /etc/postfix/main.cf
```

mydestination 항목을 찾아 가장 앞에 붙어 있는 이메일 주소 혹은 도메인 주소를 삭제합니다. 가끔 이 주소를 내부 네트워크 주소로 인식하여 외부로 메일 전송이 안되고 내부 **root**에 데이터를 전송하는 일이 발생할 수 있습니다.

그리고 최하단으로 내려가 다음 그림에서 사각형 안에 있는 내용을 넣습니다. 이것은 구글 메일의 smtp 주소를 넣고, 첨부 파일의 최대 용량을 설정한다는 내용입니다. 첨부 파일은 최대 30메가로 설정하였습니다. 필요에 따라 수정하면 되겠습니다.

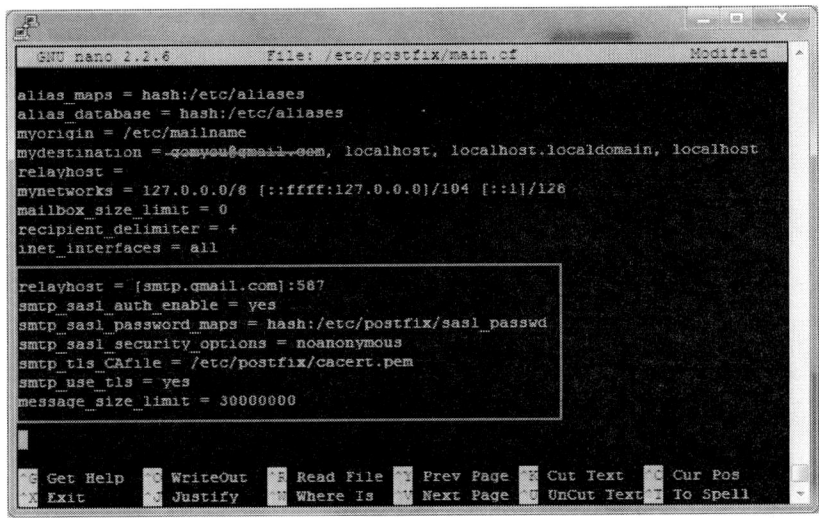

sasl_passwd 파일을 생성하여 이메일 아이디와 비밀번호를 저장할 것입니다.

```
# nano /etc/postfix/sasl_passwd
```

아래 이미지의 password 부분에 자신의 이메일 비밀번호를 입력하면 됩니다.

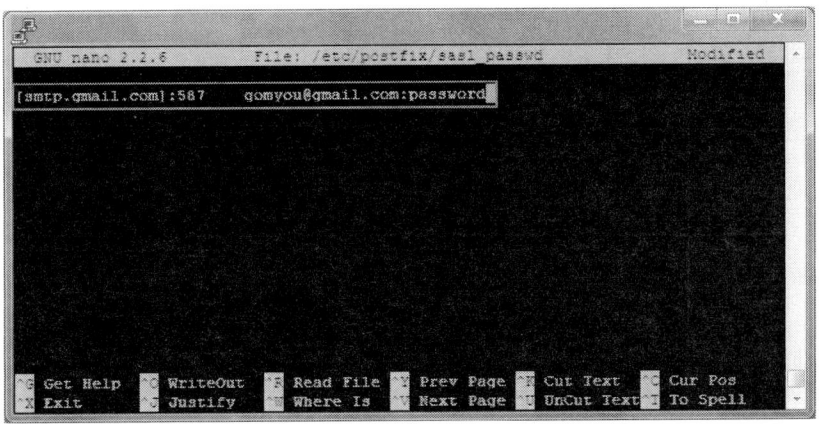

이제 비밀번호 입력 파일의 권한을 소유자에게만 부여하기 위해 400 퍼미션을 설정합니다.

```
# chmod 400 /etc/postfix/sasl_passwd
```

그리고 postfix 설정 파일을 업데이트합니다.

```
# postmap /etc/postfix/sasl_passwd
```

인증서 오류를 방지하기 위해 다음 명령어를 실행합니다.

```
# cat /etc/ssl/certs/Thawte_Premium_Server_CA.pem | tee -a /etc/postfix/cacert.pem
```

마지막으로, 서비스를 재시작하여 변경한 설정을 적용합니다.

```
# service postfix restart
```

2. 메일 서버 테스트

이메일 전송 테스트를 하겠습니다. 다음과 같이 입력한 후 실행합니다.

메일 서버 운영

특별한 결과를 보여주지 않습니다. 메일함에 접속하여 정상적인 수신이 되는지 확인합니다. 정상적으로 메일이 발신되었음을 확인할 수 있습니다.

다음은 메일로 전송할 내용을 미리 텍스트 파일에 작성한 뒤 발송하는 방식을 테스트합니다. 메모장에 다음과 같이 테스트 할 문장을 입력한 후 mail.txt로 저장한 후 /pogodata/study 디렉토리에 업로드합니다.

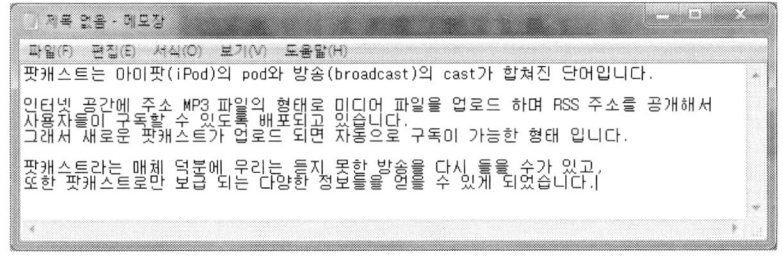

다음과 같이 입력하여 메일 전송을 테스트하겠습니다.

메일함을 보니 정상적으로 발송되었음을 확인할 수 있습니다.

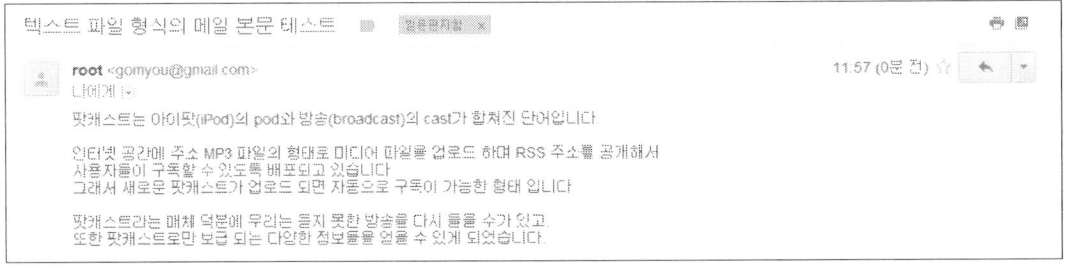

> **참고 사이트**
> https://rtcamp.com/tutorials/linux/ubuntu-postfix-gmail-smtp/

14

블로그 만들기

포고플러그를 이용해서 개인 블로그를 운영할 수 있습니다.

우리가 흔히 접하는 블로그로는 티스토리 블로그나 네이버 블로그 등이 있습니다. 이들 블로그는 서비스를 제공하는 업체에서 만들어 놓은 가이드라인에 따라 그 형식이 정해져 있습니다. 그러나 설치형 블로그는 운영하는 사람이 원하는 대로 대부분의 수정이 가능하다는 특징을 가지기 때문에, 개성을 확보할 수 있다는 장점을 가지고 있습니다.

설치형 블로그의 대표 주자는 단연 워드프레스입니다. 그러나 워드프레스는 MySQL 같은 데이터베이스를 사용하는 설치형 블로그이기 때문에 포고플러그에서는 쾌적한 사용이 어려울 수 있습니다. MySQL을 통해 데이터베이스를 쓰는 경우 그 속도와 쾌적함이 현저히 떨어지기 때문입니다. 설치 과정에서 약간의 수정을 통해 포고플러그에서 워드프레스를 쾌적하게 사용할 수 있는 방법이 있지만, 초심자에게는 적합하지 않은 복잡한 설치 과정을 거쳐야 합니다.

블로그 설치

이 책에서는 웹 서버와 PHP만을 활용해서 운영할 수 있는 가벼운 설치형 블로그인 nibbleblog를 선정해서 설치하겠습니다.

http://www.NIBBLEBLOG.com/에 접속합니다. 본 절을 집필하던 날짜 기준으로 4.0.3 버전이 최신 버전입니다. 다운로드받습니다.

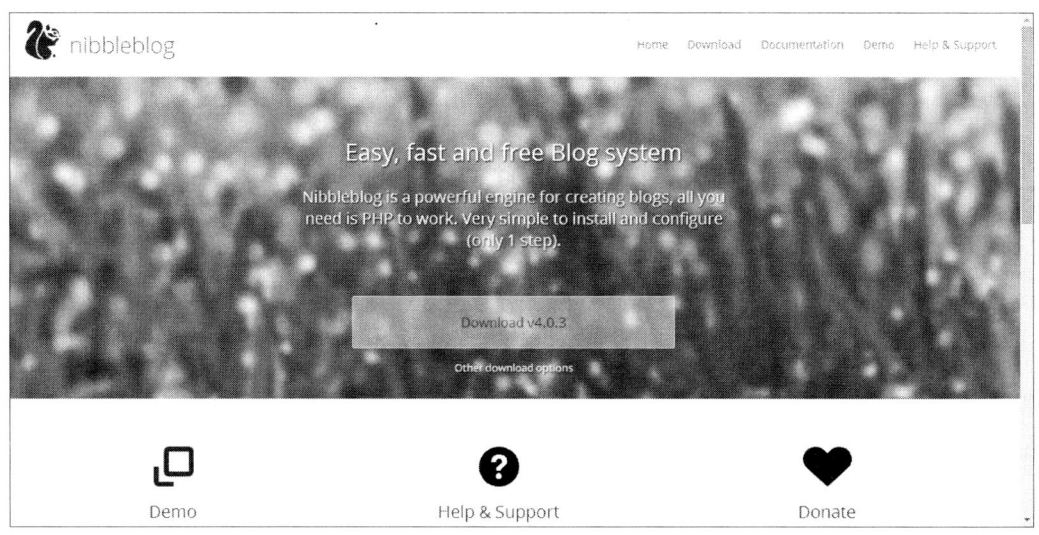

다운로드 후에 압축을 풀고, 파일들을 포고플러그 서버에 업로드합니다.

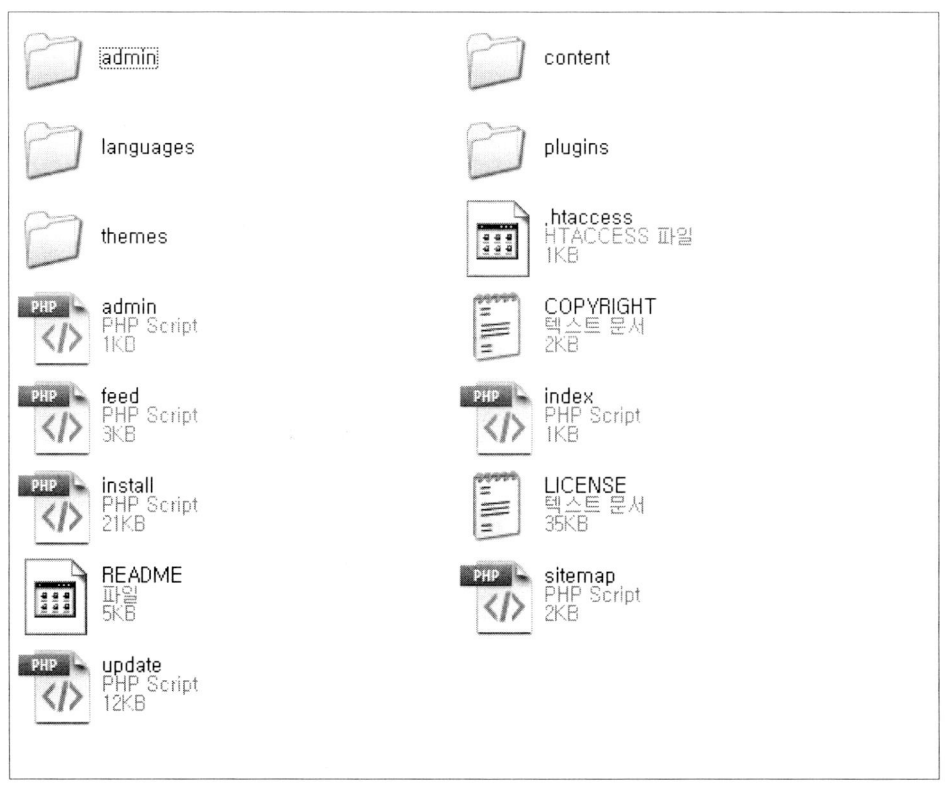

파일의 업로드는, nibbleblog 디렉토리를 만들고 해당 디렉토리에 압축을 푼 파일의 **index.php** 등이 올 수 있도록 업로드합니다.

```
# mkdir -m 775 /pogodata/blog/nibbleblog
```

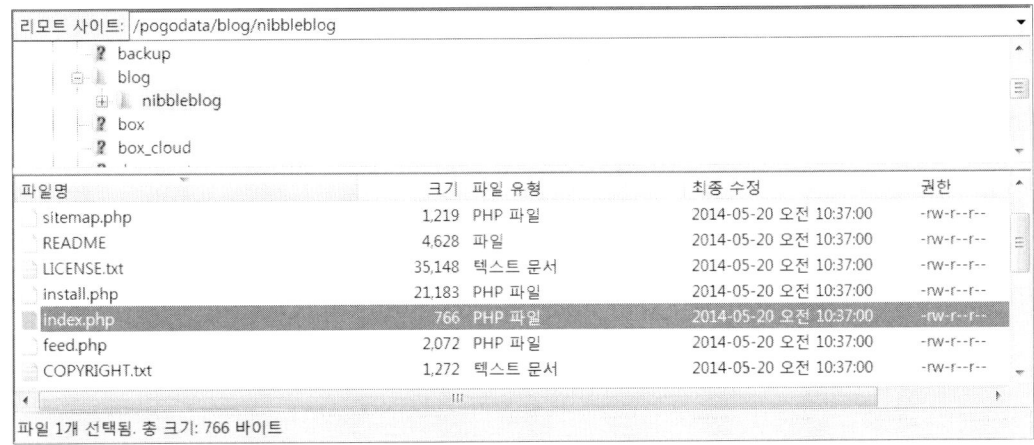

5장에서 웹 서버를 설치하면서 미리 포고플러그의 공인 아이피와 연결 설정해 두었던 도메인들이 있습니다. 이번 장에서는 그 중 **blog.pogoguide.tk** 도메인을 사용할 것입니다.

웹 브라우저에 blog.pogoguide.tk 주소를 입력하겠습니다. 5장의 아파치 기본 설치 부분에서 보았던 접속 화면입니다. /pogodata/work/webserver에 있는 index.htm 파일이 로딩된 것인데요. blog.pogoguide.tk 주소로 접속하면 어떤 디렉토리로 보낼지에 대한 정보가 아직 없는 상태이기 때문에 기본 설정 경로로 접속된 것입니다.

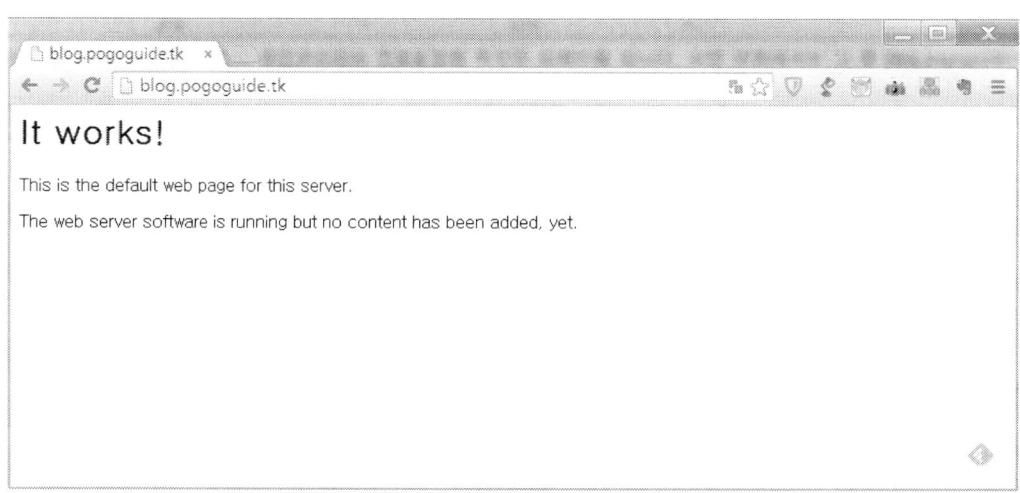

이제 blog.pogoguide.tk로 접속했을 때 어떤 디렉토리로 보낼지를 설정해야 합니다. 블로그 운영을 위한 가상 호스트 설정 파일을 만들겠습니다. 아파치에서 **site-available** 디렉토리에 가상 호스트 설정 파일을 만드는 의미에 대해서는 앞에서 설명했으므로 자세한 설명은 생략하겠습니다. **blog**라는 이름의 파일을 생성하겠습니다.

```
# nano /etc/apache2/sites-available/blog
```

처음 만드는 설정 파일이므로 아무런 내용이 없을 겁니다.

아래 그림의 내용을 입력합니다. blog.pogoguide.tk 주소로 포고플러그에 접속할 때 /pogodata/blog/nibbleblog 디렉토리로 접속하게 하여 nibbleblog에 연결할 것입니다.

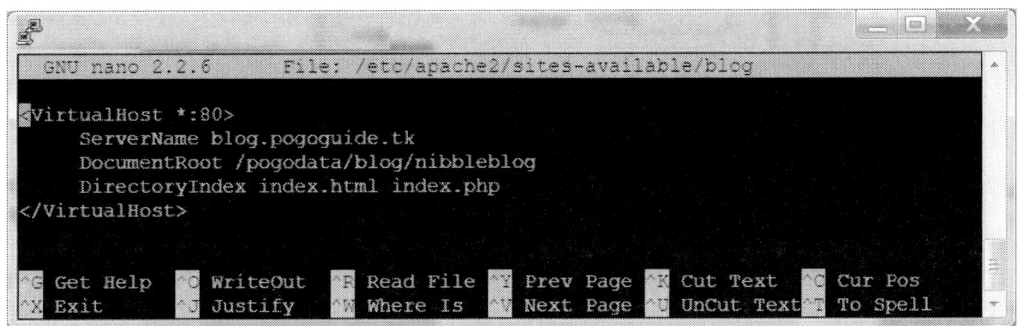

설정 파일을 저장한 후 해당 파일이 작동하도록 명령합니다.

```
# a2ensite blog
```

명령어를 입력하면, 설정 파일이 사용 가능하게 되었다고 뜨며, 아파치를 다시 시작해 달라고 합니다.

```
# service apache2 reload (혹은 restart)
```

이 명령어로 아파치를 재시작하여 설정이 적용되도록 합니다.

1. nibbleblog 설치와 접속

이제 인터넷 웹 브라우저에 연결한 도메인을 입력하여 nibbleblog에 접속하겠습니다. 블로그 주소인 blog.pogoguide.tk를 다시 입력합니다.

nibbleblog 설치 화면으로 접속되었습니다. http://blog.pogoguide.tk/install.php라는 주소가 주소 창에 떠 있을 것입니다. 설치를 위한 모든 조건이 만족되었는데, content 디렉토리에 쓰기가 실패했다는 문구가 제일 하단에 보이네요.

이 문제의 해결을 위하여 nibbleblog에 있는 content 디렉토리의 권한을 755로 조정하고, 웹 서버 유저인 www-data에 소유권을 주겠습니다.

```
# chmod 755 /pogodata/blog/nibbleblog/content
# chown -R www-data:www-data /pogodata/blog/nibbleblog
```

인터넷 브라우저를 새로고침하면 모든 조건이 만족되어 다음 화면으로 자동으로 넘어갑니다.

nibbleblog는 한글 메뉴를 지원하지 않습니다. 그래서 언어는 그냥 영어로 두면 되고, 블로그 제목, 관리자 아이디, 비밀번호, 이메일 등을 기재합니다.

특별한 추가 과정없이 설치가 완료되었습니다.

해당 주소로 다시 접속하면 기본 세팅이 완료된 nibbleblog를 볼 수 있습니다.

2. 댓글 기능 만들기

댓글 시스템을 적용하겠습니다. nibbleblog에는 자체 댓글 시스템이 있지만, DISQUS라는 댓글 시스템을 적용할 수 있도록 지원하고 있습니다. DISQUS 댓글 시스템은 페이스북이나 트위터 같은 SNS로 바로 로그인하여 댓글을 달 수 있도록 하는 시스템입니다.

www.disqus.com에 접속합니다. 우선 회원가입을 하겠습니다. 우측 상단의 login 버튼을 누르면 회원가입할 수 있는 메뉴도 함께 뜹니다.

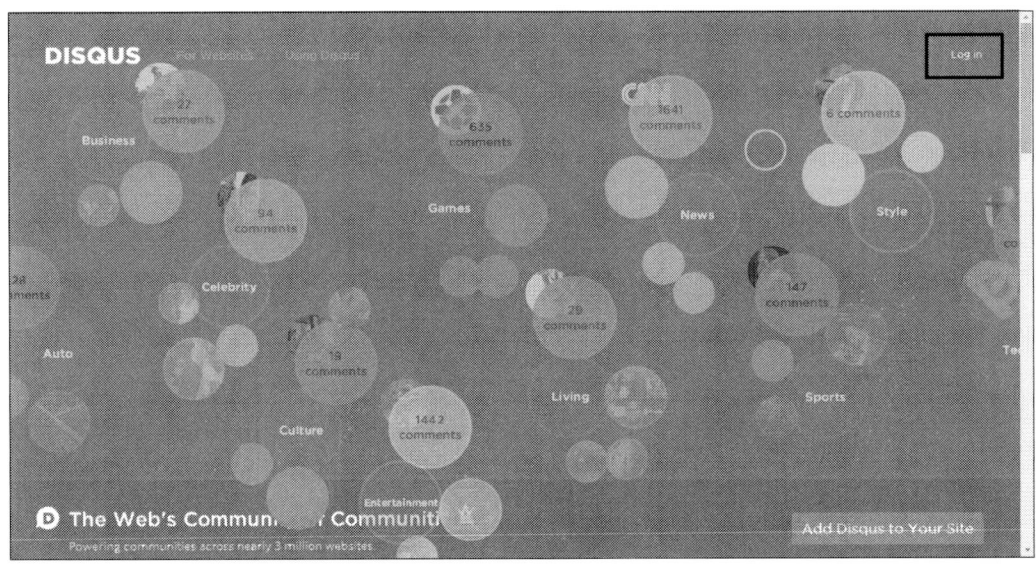

[Create an Account]를 클릭한 후 간단한 정보만 몇 가지 입력하면 됩니다.

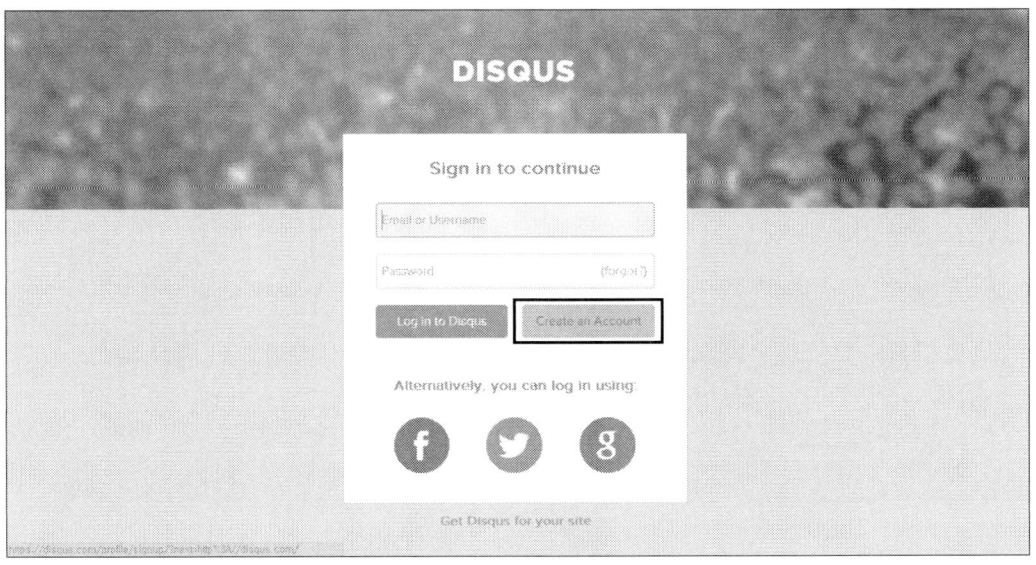

이메일 주소와 원하는 아이디, 그리고 비밀번호만 입력하면 됩니다. 그러면 계정이 금방 만들어집니다. DISQUS에 직접 가입하지 않고, 아래에 제시되어 있는 SNS 계정으로 로그인하여 계정을 등록할 수도 있습니다.

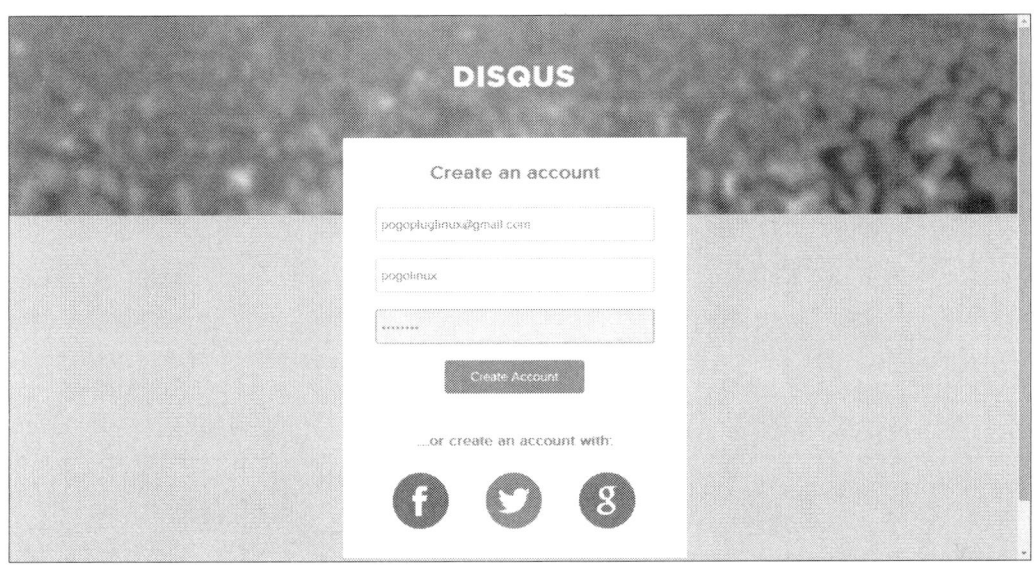

회원가입 후 로그인을 하면 우측 아래에 [Add Disqus to Your Site]라는 메뉴가 보입니다. 클릭해서 들어갑니다.

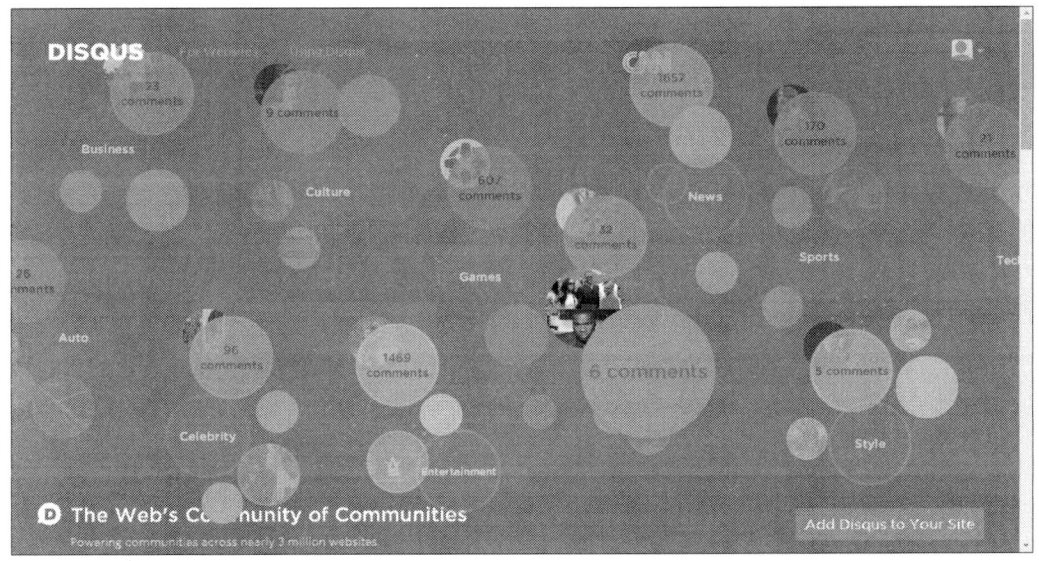

프로필을 설정하는 메뉴로 들어가서 댓글 창의 제목을 정하고 DISQUS에서 부여하는 고유 주소도 입력합니다. 저는 pogolinux.disqus.com이라고 정하였습니다. 제일 앞에 붙는 pogolinux라는 단어가 DISQUS에서 사용하는 shortname이 됩니다. 이 shortname을 잘 기억해 두기 바랍니다.

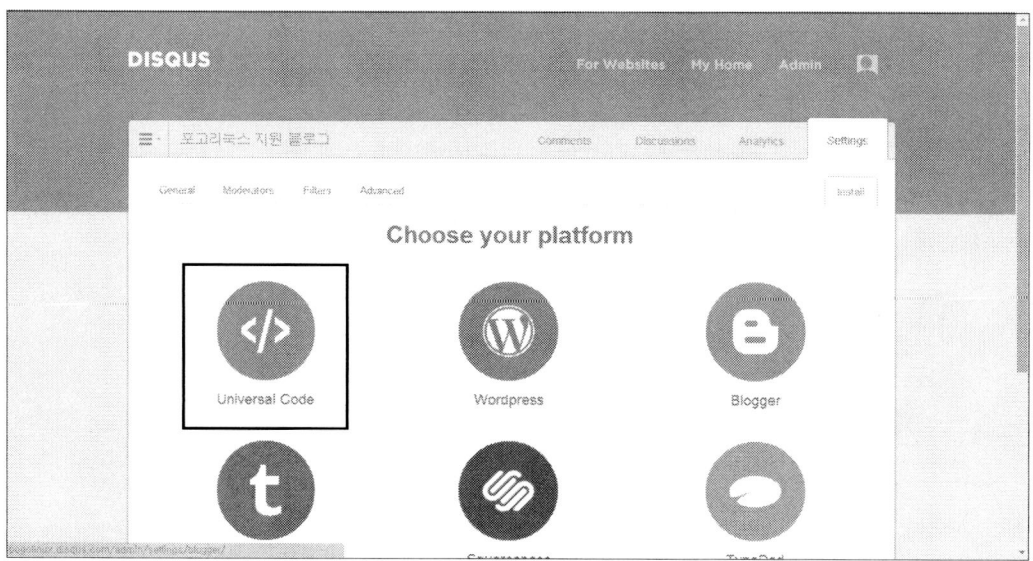

그리고 블로그 플랫폼이 무엇인지 물어올 때는 [Universal Code]를 클릭하면 됩니다.

옵션에 들어가서 [Website URL]을 입력하고 [Language]를 한국어로 설정하겠습니다.

개인 프로필 수정란으로 들어가서 내가 작성하는 댓글에 함께 달릴 프로필 이미지도 업로드합니다. 저는 펭귄 이미지를 업로드했습니다.

이제 다시 nibbleblog 설정으로 돌아옵니다. 웹 브라우저 블로그 주소 뒤에 admin.php를 붙여 접속하면 관리자 모드로 들어갑니다. [Settings]에서 시간대를 변경하겠습니다. [Timezone]을 "Asia/Seoul"로 바꿉니다. 이것은 블로그에서 글을 작성하거나 댓글을 달 때 작성 시간을 한국 시간에 맞게 정확히 표기하기 위해서 중요한 설정입니다.

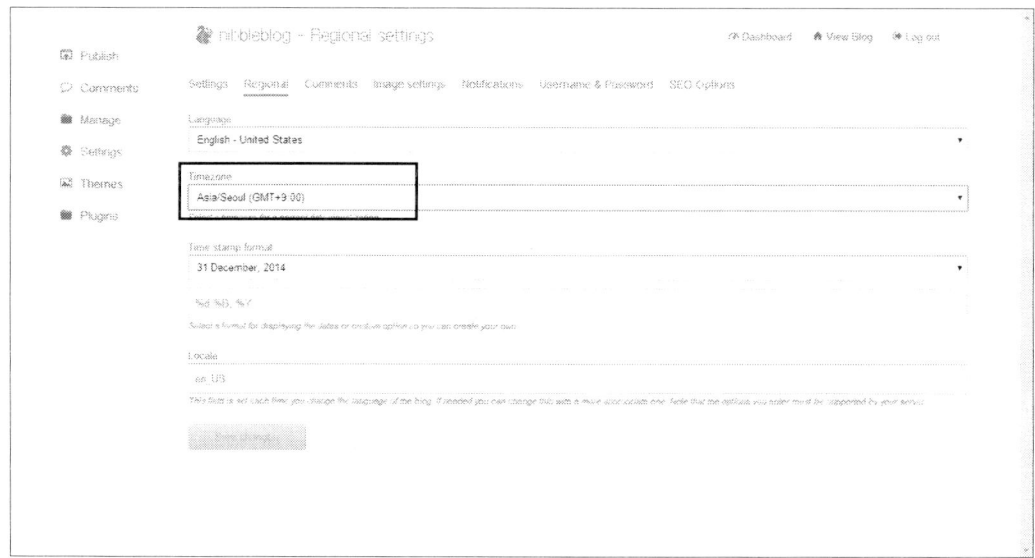

DISQUS 댓글 시스템을 적용하겠습니다. [Settings] 하부 메뉴인 [Comments]로 들어가면 다음과 같은 화면을 볼 수 있습니다. 여기에 보면 중간쯤에 [Disqus shortname]을 기입하는 칸이 있습니다. 여기에 아까 기억해 두었던 [Disqus shortname]인 pogolinux를 입력하면 끝입니다.

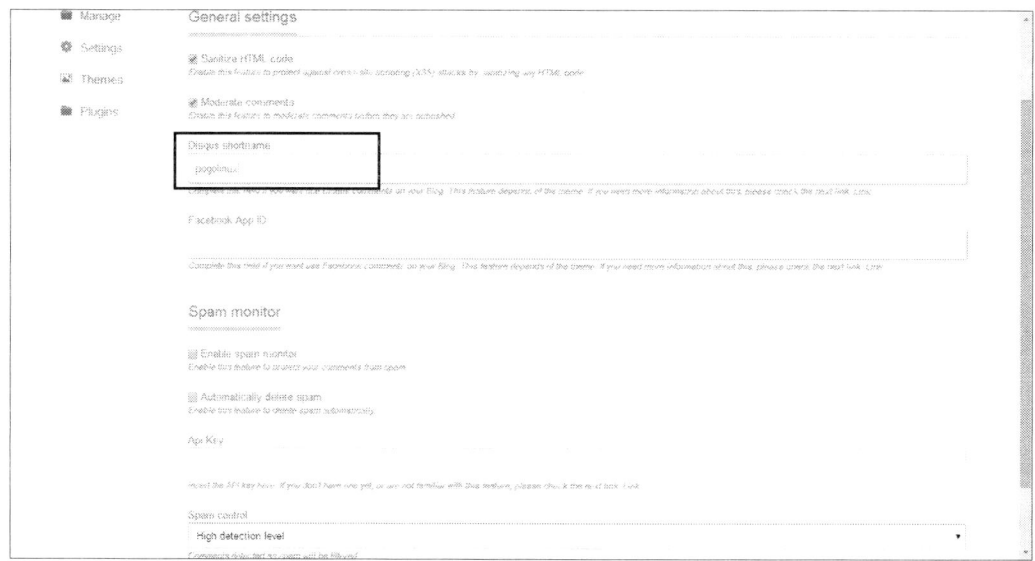

블로그 메인 화면에 접속하면 DISQUS 댓글 시스템이 하단에 적용되어 있음을 확인할 수 있습니다.

3. 블로그 테마 변경

nibbleblog에서는 테마 변경을 지원합니다. 좌측 메뉴에서 [Theme]를 선택하면, 다음과 같이 테마 리스트가 뜹니다. 그중에 기본 설정되어 있는 테마는 Simpler2 테마입니다. 테마를 그 아래에 있는 Techie로 변경해 볼까요?

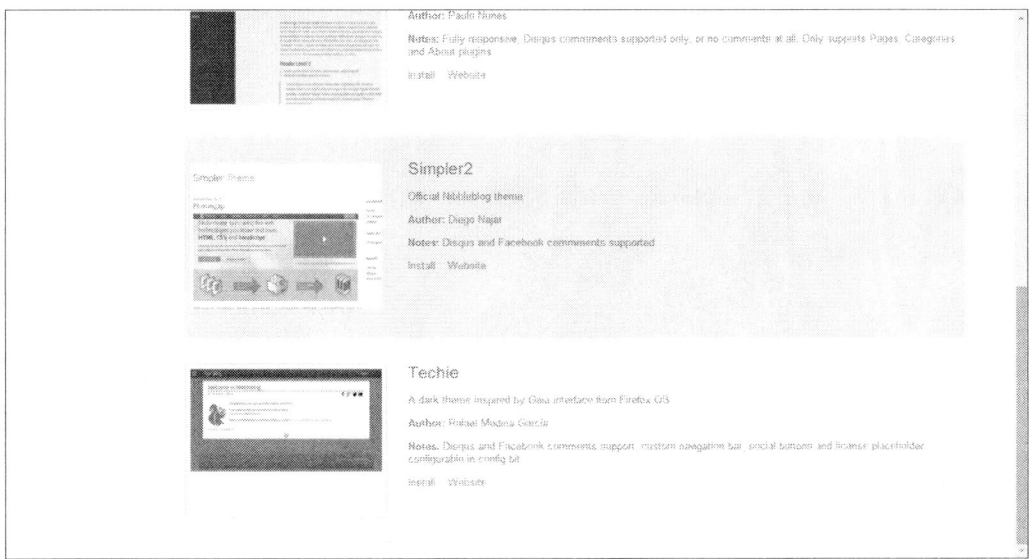

아래와 같이 테마가 변경되는 것을 확인할 수 있습니다.

여기서는 다양한 테마 중 기본으로 설정되어 있는 **Simpler2** 테마를 기준으로 진행할 것입니다. 카테고리 수정 및 **nibbleblog** 설치 블로그에서 제공하는 플러그인으로 간단히 블로그를 꾸며보겠습니다. [Plugins] 메뉴를 선택하면 다음과 같이 플러그인의 리스트가 뜨는 것을 확인할 수 있습니다.

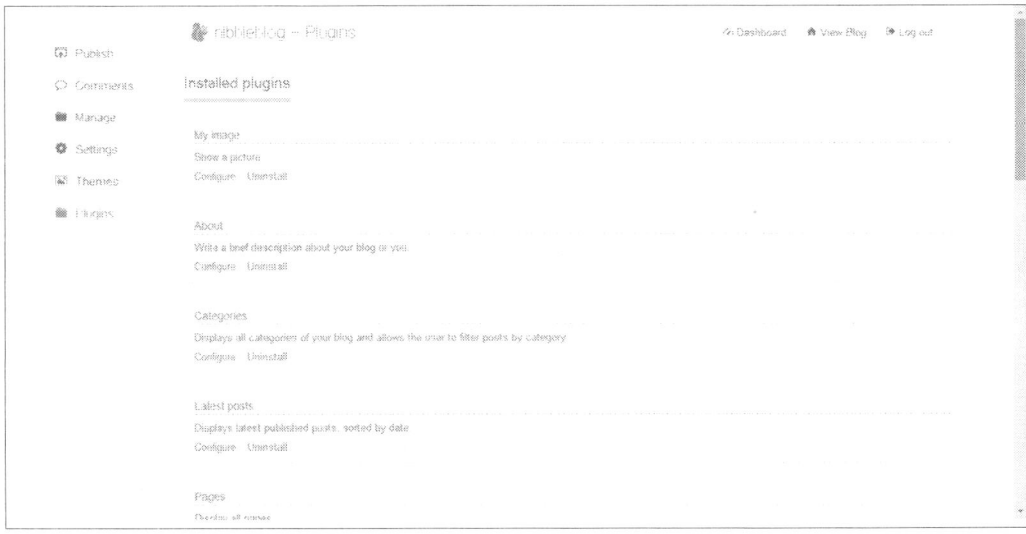

그 중 몇 가지 플러그인을 활용하겠습니다.

첫 번째로 **My image** 플러그인은 우측 상단에 이미지와 함께 간단한 설명을 곁들일 수 있게 해주는 플러그인입니다. 타이틀을 적고, 위치를 '1'이라고 정합니다. 그리고 사진을 첨부합니다.

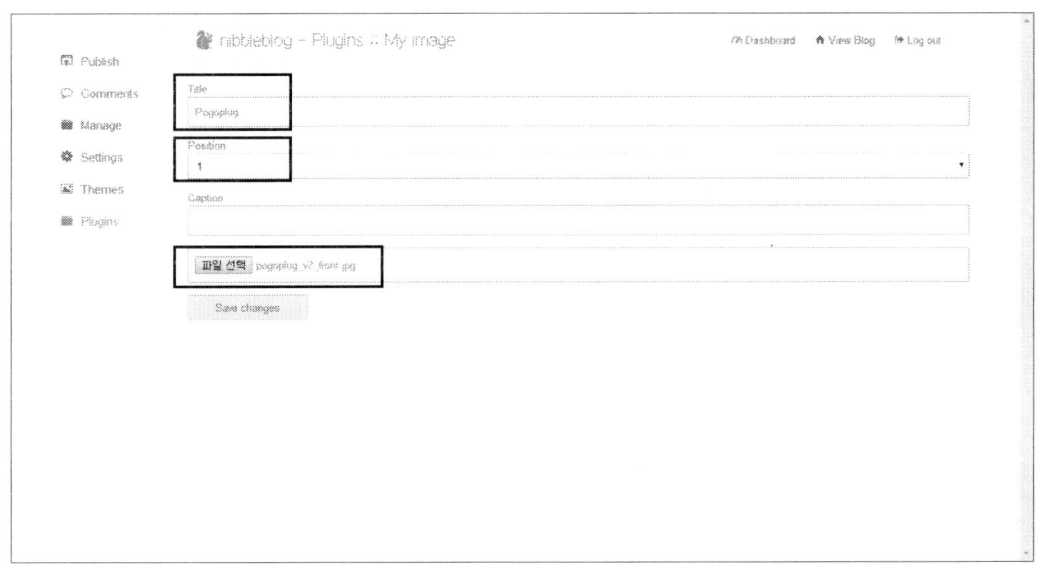

두 번째로 About 플러그인을 활용합니다. 블로그에 대한 정보를 담을 수 있습니다. 블로그의 제목과 간단한 설명을 기록합니다.

그 밖에 카테고리를 나열할 수 있도록 해주는 [Category] 플러그인을 3번째 위치에 나열합니다.

4번째에는 최근 글이 10개 정도 출력되도록 하였습니다.

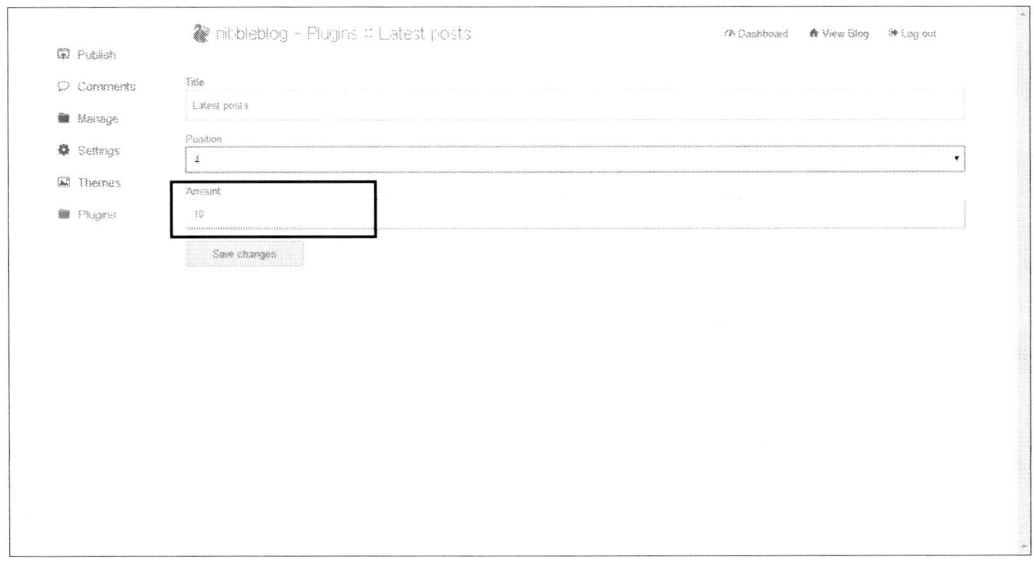

설정을 완료한 블로그의 모습입니다. 깔끔하고 보기 좋은 것 같습니다. 댓글 기능도 잘 작동하는 것 같구요.

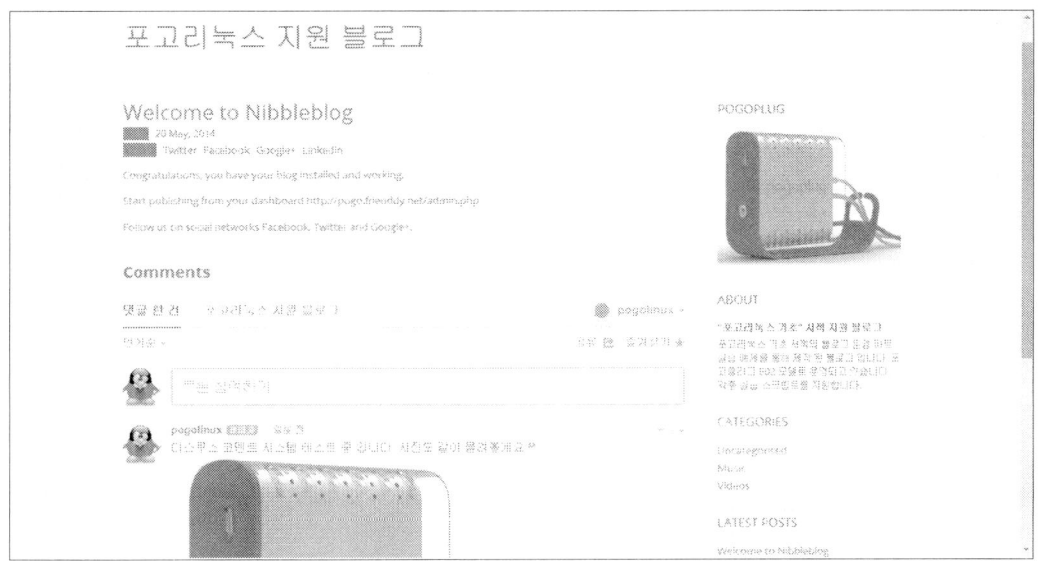

이런 방식으로 nibbleblog를 웹 서버에 설치하여 블로그를 운영할 수 있습니다. 포털 사이트에서 제공하는 블로그처럼 만들기 쉽지는 않지만, 나만의 개성이 있는 블로그를 만들 수 있습니다. 한 번 도전해 보세요.

4. 블로그 데이터 백업

nibbleblog 데이터를 백업하겠습니다. 우선 nibbleblog 공식 홈 페이지에 들어가서 백업 가이드 문서를 찾아봅니다(http://docs.nibbleblog.com/post/backup-guide/). 여기서는 두 가지 방식을 안내하고 있습니다.

"Full Backup"은 블로그 전체 디렉토리를 백업하는 것이네요. content 디렉토리는 모든 페이지 및 코멘트, 설정 값 등이 들어있는 메인 디렉토리이고, 다운로드한 테마나 플러그인은 각각 themes 디렉토리와 plugins 디렉토리에 들어갑니다. "Simple backup"은 content 디렉토리만 백업하는 것이네요.

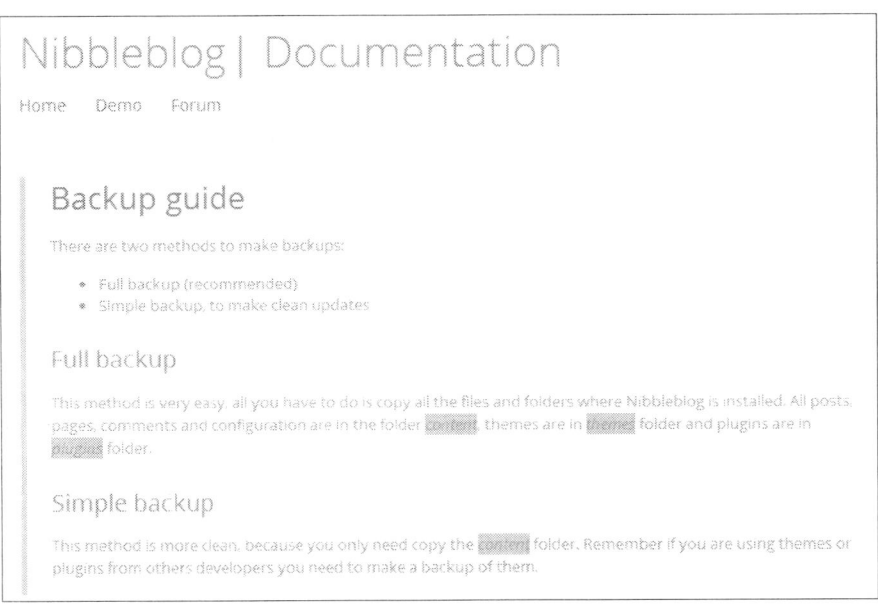

우리는 "Simple backup" 방식으로 백업하겠습니다. 백업 파일이 저장될 디렉토리를 생성하고, 데이터 백업을 위한 스크립트 파일을 만들기 위해 빈 파일을 열겠습니다.

```
# mkdir /pogodata/blog/nibbleblog/backup
# nano /pogodata/blog/nibbleblog/blog_backup.sh
```

스크립트 파일에는 다음 화면의 내용을 입력합니다. 이 스크립트는 "Nibbleblog_Backup_백업날짜.tar.gz"라는 파일명으로 백업 파일을 생성하여 드롭박스에 업로드하는 스크립트입니다. nibbleblog는 데이터베이스를 사용하지 않고 파일 형태로 저장하기 때문에 저장되는 파일을 백업하면 자료의 백업이 가능합니다. 우리가 백업할 디렉토리는 블로그 메인 디렉토리 하방의 content 디렉토리입니다.

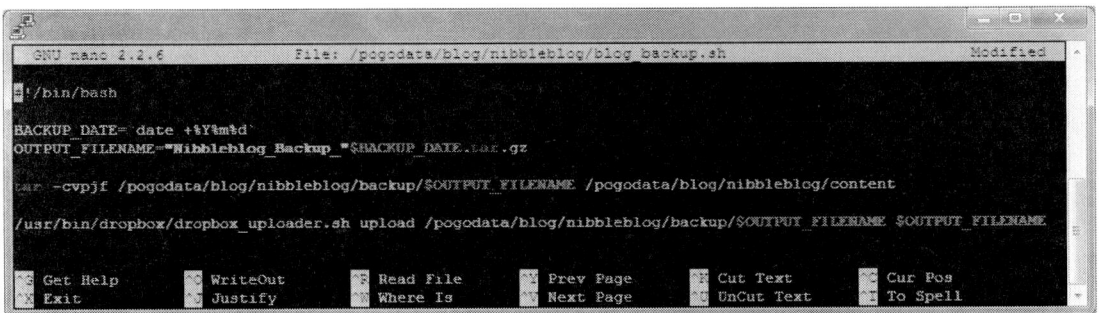

스크립트 파일을 저장한 후 닫고 나옵니다. 그리고 스크립트 파일에 실행 권한을 부여합니다.

```
# chmod +x /pogodata/blog/nibbleblog/blog_backup.sh
```

스크립트 파일을 실행합니다.

```
# /pogodata/blog/nibbleblog/blog_backup.sh
```

필요한 파일을 압축한 뒤 마지막에는 드롭박스 업로드까지 정상적으로 이루어지고 있음을 알 수 있습니다.

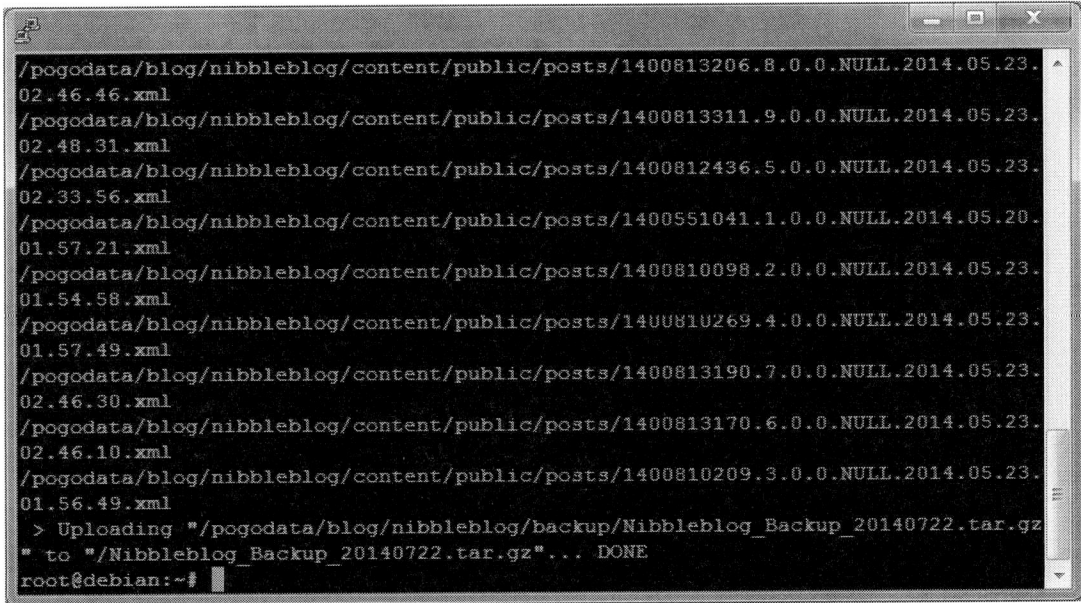

드롭박스에 접속하여 파일의 정상 업로드를 확인하였습니다.

15

협업 및 기록 시스템 만들기

위키피디아에서는 위키를 다음과 같이 정의하고 있습니다.

> 위키는 다른 사람들과 협업하여 컨텐츠를 추가하고, 수정하고, 삭제할 수 있는 웹 어플리케이션이다. 마크업 언어를 사용하여 문서를 작성한다. 블로그나 다른 컨텐츠 관리 시스템과의 차이는 1명의 주인에 의해 컨텐츠가 생산되는 구조가 아니라는 점이다. (출처: http://en.wikipedia.org/wiki/Wiki)

위키는 협업을 통한 지식의 경영이나 자료의 기록 등에 다양하게 이용되고 있습니다. 블로그처럼 대중화되어 있는 도구는 아니지만, 사용법만 익숙해지면 필요한 지식을 축적하기에 가장 간편한 도구 중 하나입니다. 공개 위키(Open Wiki)도 있지만, 개인적으로 공부하고 기록하는 용도로만 사용하는 개인 위키(Closed Wiki)도 있습니다.

다양한 위키 시스템이 나와 있지만, 본 책에서는 도쿠위키(Dokuwiki)를 사용하려 합니다. 도쿠위키는 소규모 그룹이나 개인형 위키로 사용하기에 적절하고, MySQL을 사용하지 않기에, 가볍고 설치도 간편합니다. 웹 서버와 PHP만 설치되어 있다면 압축을 해제한 후 업로드하는 것만으로 대부분의 설치가 끝납니다. 데이터도 한 디렉토리에 들어가 있어 해당 디렉토리의 복사만으로 백업이 가능한 것도 장점입니다. 플러그인, 테마의 구성도 다채롭고, 권한 설정도 쉬워 초심자가 배우기에 아주 간편한 위키라고 할 수 있습니다.

도쿠위키 설치

도쿠위키의 설치를 위해서 공식 홈 페이지인 https://www.dokuwiki.org에 접속하겠습니다.

첫 화면에 바로 다운로드 링크가 보입니다. 설치부터 진행하겠습니다. [Download] 버튼을 클릭합니다.

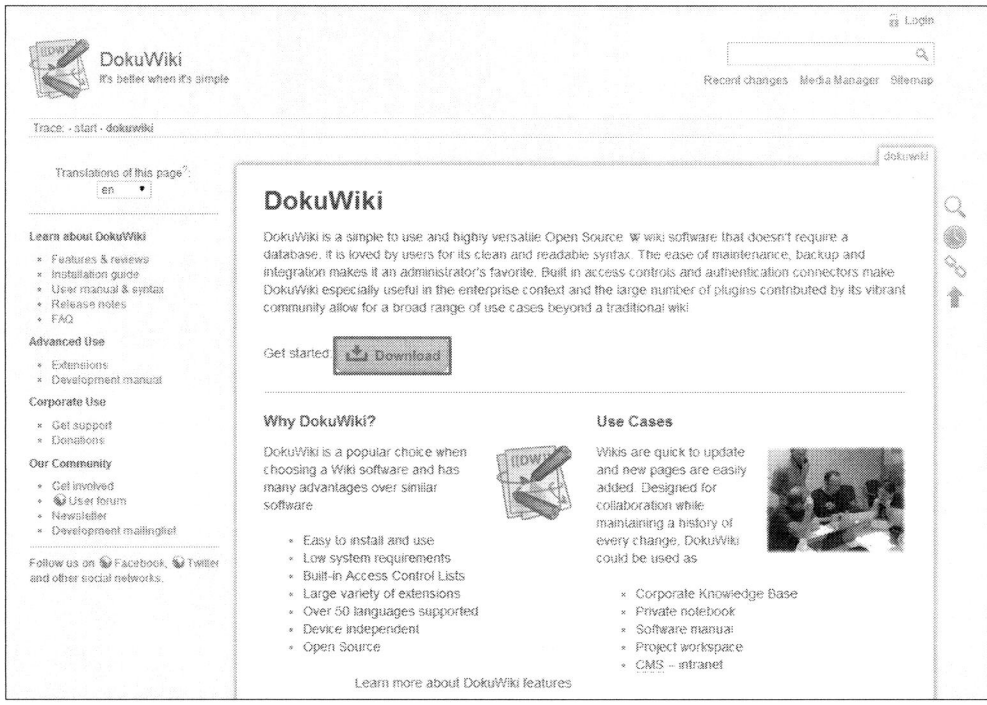

다운로드 방식은 두 가지입니다. 간편하게 전체본을 설치할 수가 있고, 우리가 원하는 대로 customize된 도쿠위키를 받을 수도 있습니다.

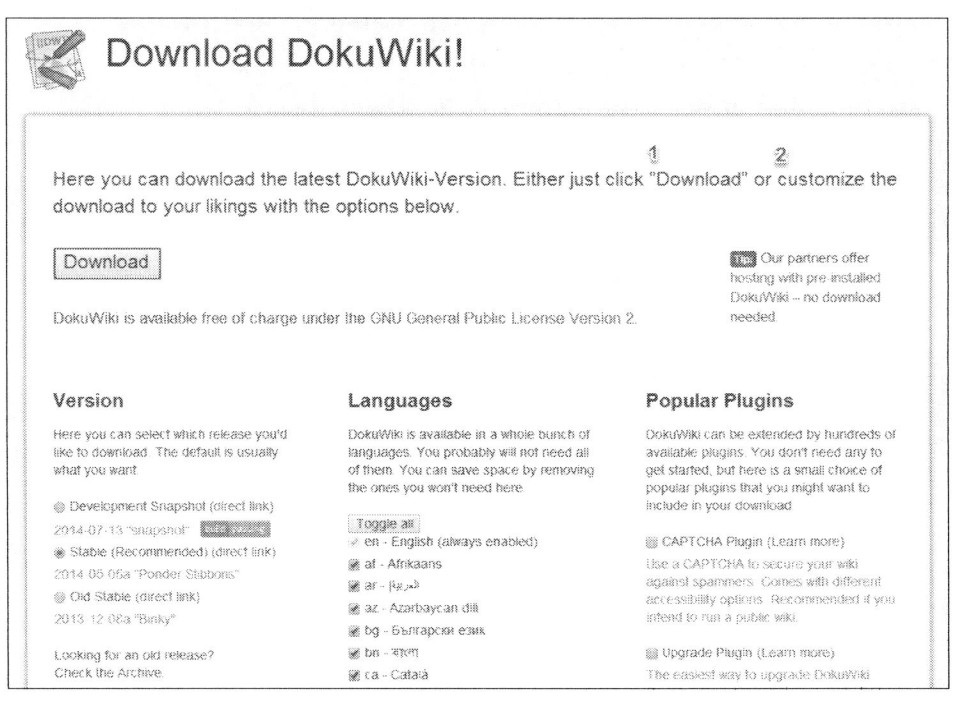

도쿠위키 설치 395

우리는 전체본을 다운로드하지 않고, 커스터마이징 도쿠위키를 받겠습니다.

우선 버전을 선택합니다. 가운데 있는 안정판(Stable)을 선택하겠습니다. 그리고 가운데에 위치한 언어 선택 메뉴에서는 영어와 한국어를 선택합니다. [Toggle all] 버튼을 먼저 누르면 전체 선택을 해제하기 때문에 원하는 언어만 쉽게 선택할 수 있습니다. 영어는 필수 선택으로 되어 있네요.

필요한 플러그인을 선택하고 포함해서 다운로드할 수 있지만, 여기서는 플러그인을 제외하겠습니다.

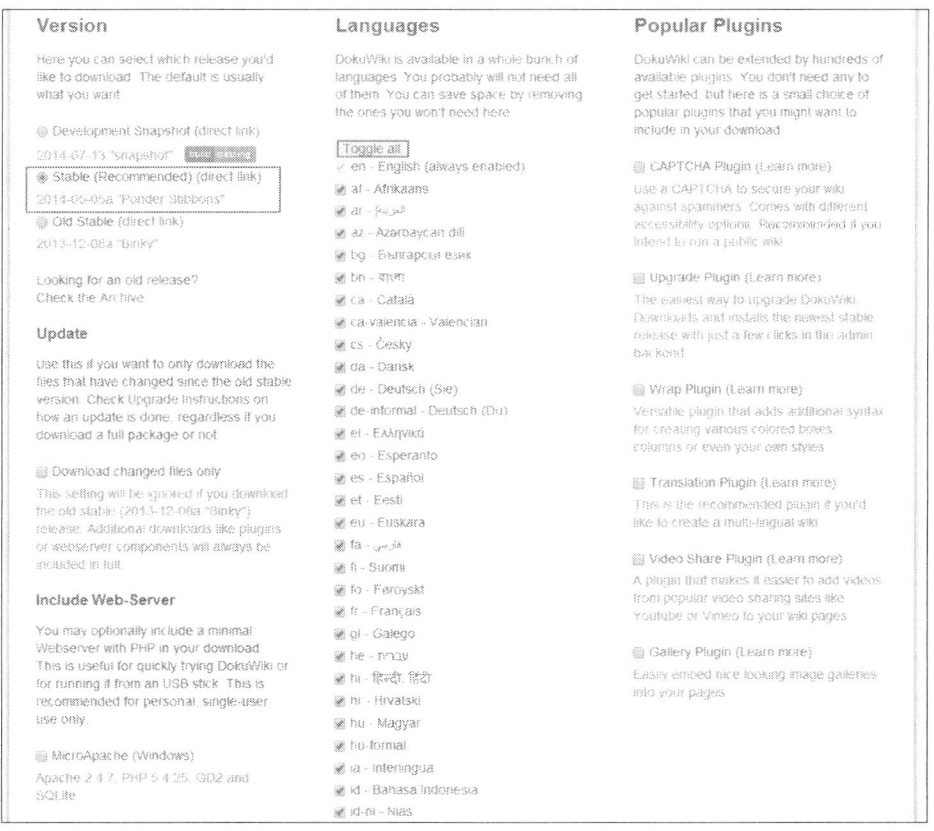

하단으로 내려가 한국어를 선택합니다.

[Start Download] 버튼을 눌러서 다운로드를 시작합니다.

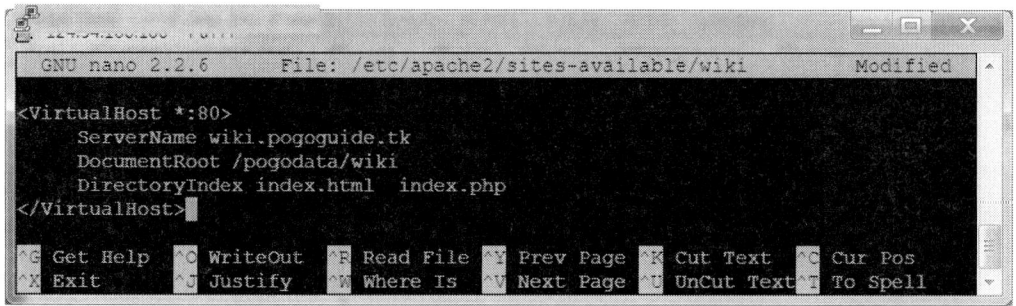

다운로드가 완료되면 압축을 해제한 후, FTP 클라이언트를 통하여 포고플러그에 업로드합니다. 여기서는 /pogodata/wiki 디렉토리에 업로드하겠습니다.

가상 호스트를 설정하겠습니다. wiki라는 이름의 파일을 생성합니다.

```
# nano /etc/apache2/sites-available/wiki
```

아래와 같이 입력하여 wiki.pogoguide.tk라는 주소로 접속하였을 때 /pogodata/wiki의 경로로 접속되도록 합니다.

```
<VirtualHost *:80>
    ServerName wiki.pogoguide.tk
    DocumentRoot /pogodata/wiki
    DirectoryIndex index.html   index.php
</VirtualHost>
```

아파치를 재시작합니다.

```
# service apache2 restart
```

이제 위키에 접속해 보겠습니다. 웹 브라우저에 wiki.pogoguide.tk 주소를 입력하겠습니다.

데이터 디렉토리의 접근과 쓰기에 문제가 있다는 코멘트가 먼저 우리를 반깁니다. 일단 "run the installer"를 눌러서 설치를 진행합니다.

DokuWiki Setup Error

The datadir ('pages') at /data/pages is not found, isn't accessible or writable. You should check your config and permission settings. Or maybe you want to run the installer?

퍼미션을 수정해야 하는 디렉토리의 리스트가 나옵니다. 그런데 조금 더 편한 설치를 위해서 사용 언어를 먼저 변경하겠습니다. 영어를 한국어로 바꾸어 줍니다.

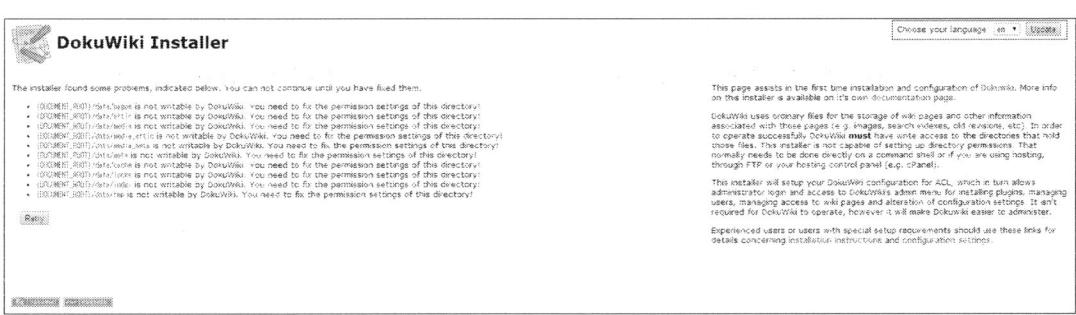

다시 페이지를 띄우면 한글로 에러 메시지가 뜹니다. 에러 메시지에서 언급된 디렉토리에 쓰기 권한을 부여하겠습니다.

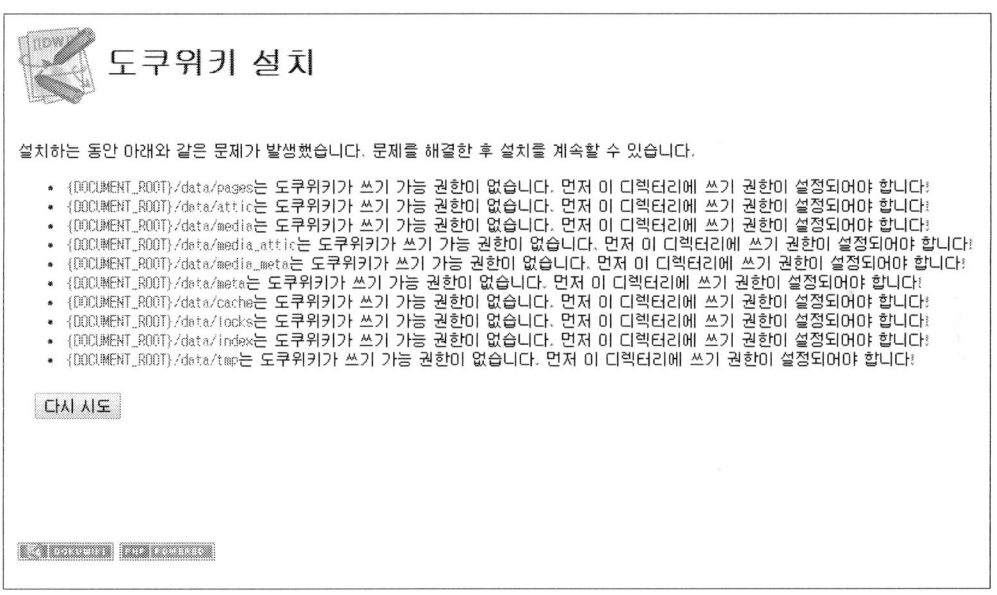

두 디렉토리와 그 하부 디렉토리, 그리고 파일에 쓰기 권한을 부여하고, 소유자 및 소유 그룹을 www-data로 변경합니다.

```
# chmod -R 755 /pogodata/wiki/data
# chmod -R 755 /pogodata/wiki/conf
# chown -R www-data:www-data /pogodata/wiki
```

다시 설치를 진행하면 다음 단계로 넘어갑니다. 위키 이름을 입력하고, ACL을 활성화합니다. 사용자 이름, 이메일, 비밀번호를 등록합니다.

> **ACL**
> Access Contorl Lists의 약자로, 위키의 보안을 위하여 모든 페이지나 일부 페이지에 대한 접근을 제한할 수 있는 방식을 말합니다.

초기 ACL 정책은 사용자가 필요한 대로 고르면 되는데, 열린 위키나 공개 위키, 개인 위키 등을 선택할 수 있습니다. 열린 위키는 글의 쓰기와 읽기 권한을 모두에게 허용하는 위키이고, 공개 위키는 쓰기는 등록된 사용자만 하되, 읽는 것은 모두에게 열어두는 것입니다. 마지막으로, 개인 위키는 철저히 개인적 목적으로 사용하는 것으로 개인만이 읽거나 볼 수 있습니다.

초기 ACL 정책을 "공개 위키"로 설정하겠습니다. 마지막 항목인 라이선스까지 선택한 후 저장합니다.

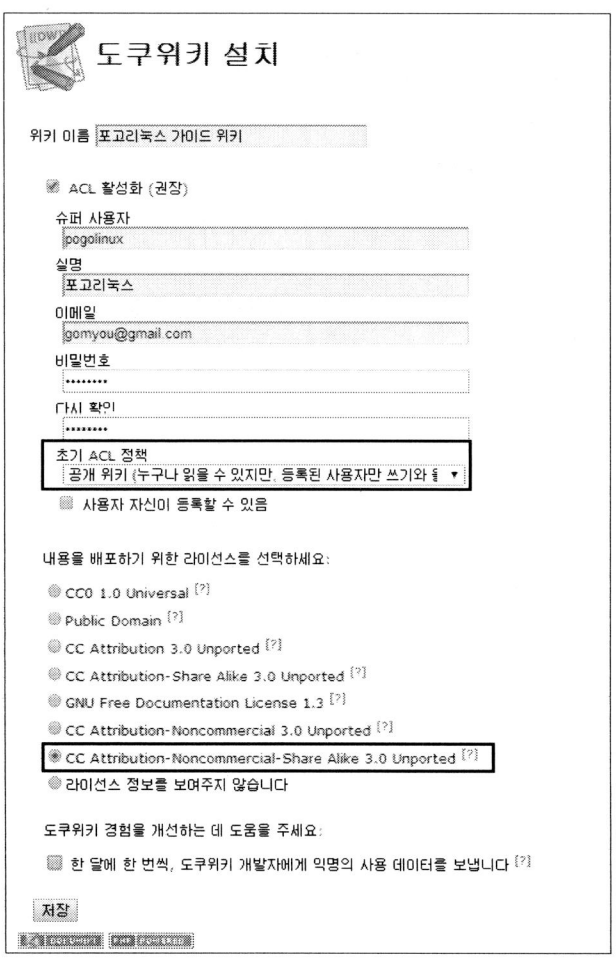

여기까지 하면 도쿠위키 설치가 끝납니다. install.php는 삭제해도 좋다는 안내 메시지가 뜨네요. 삭제하겠습니다,

```
# rm /pogodata/wiki/install.php
```

삭제 후 "새 도쿠위키"를 선택하면 도쿠위키를 시작할 수 있습니다.

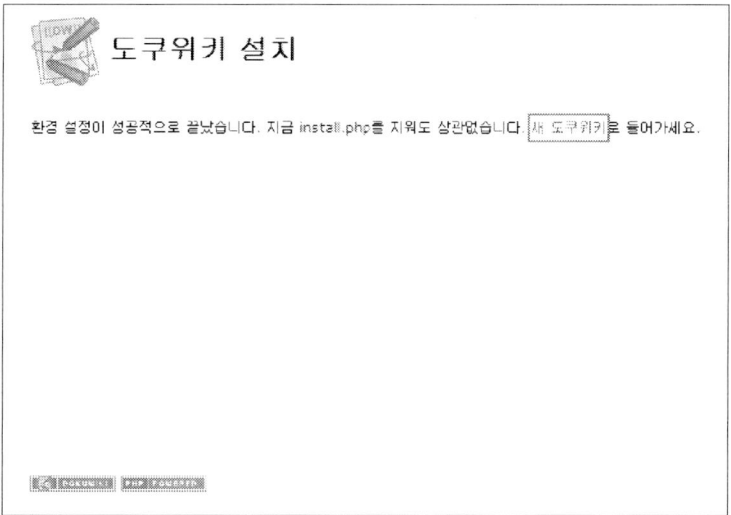

도쿠위키 설정

가장 먼저 welcome 페이지가 보입니다. 간단한 이용 안내가 나와 있습니다. 시작 페이지를 만드는 방법, 위키를 꾸미는 방법, 위키 커뮤니티에 참여하는 방법 등을 알려주고 있네요.

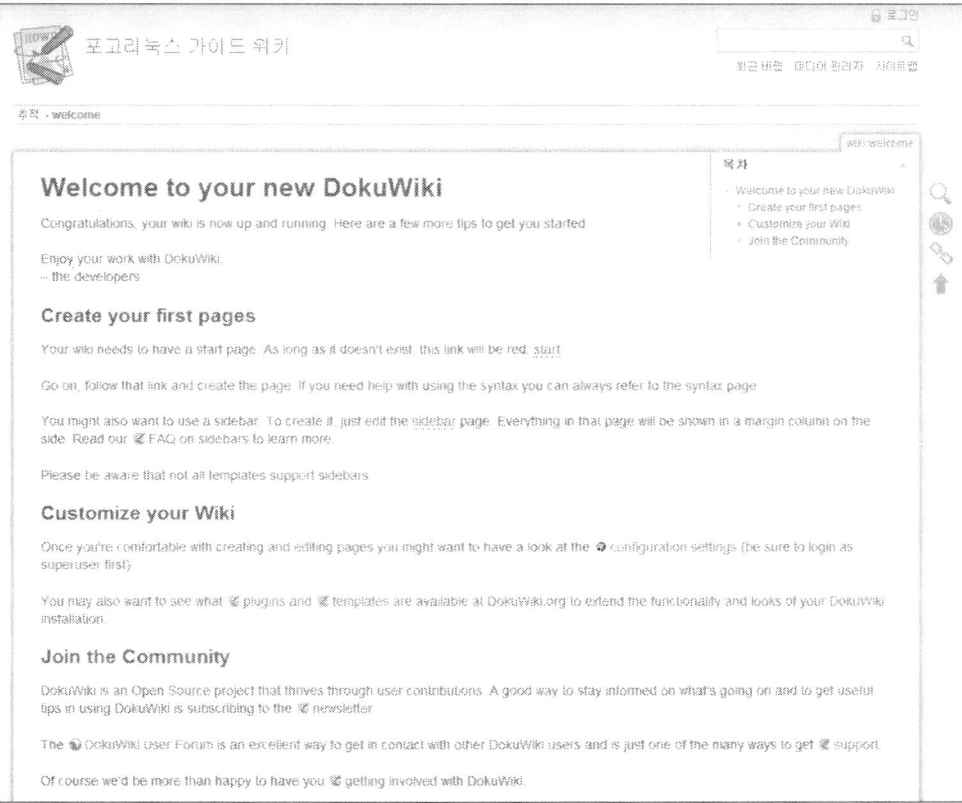

도쿠위키를 본격적으로 시작하기 전에 플러그인을 하나 설치하겠습니다. 설치할 플러그인은 "dw2pdf" 입니다. 이 플러그인은 도쿠위키에서 기록한 컨텐츠를 PDF 형태로 출력하는 프로그램입니다. 위키에 저장한 지식을 다른 사람들과 공유할 때 사용할 수 있고, 용지에 출력을 할 때도 꽤 괜찮은 형태를 보여주기 때문에 안내문이나 강의용 핸드아웃 등을 만들 때 유용하게 사용될 수 있습니다.

도쿠위키 공식 홈페이지에서 플러그인 검색을 통해 dw2pdf를 다운로드합니다. 압축을 푼 후, FTP를 통해 /pogodata/wiki/lib/plugins 경로에 업로드합니다.

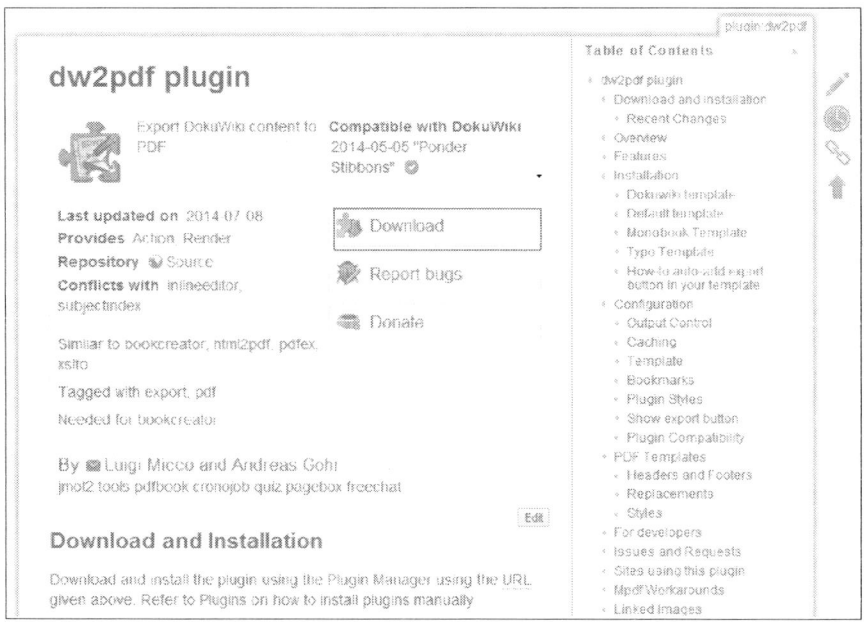

플러그인 디렉토리에 dw2pdf를 업로드하고 나면, 위키 자체에서 이 플러그인을 자동으로 사용할 수 있도록 활성화시켜 줍니다. 우리가 해야 할 다른 활성화 과정은 없습니다.

웹 브라우저에서 위키의 환경 설정에 들어가서 다른 것은 기본 설정을 그대로 이용하고, 한 가지만 수정합니다. PDF 캐시를 off하겠습니다. 추후 리눅스 터미널 상에서 몇 가지 파일을 수정해야 하는데, 캐시를 꺼야지만 우리가 수정한 부분들이 바로바로 반영이 되어 설치가 원활하게 진행됩니다.

이제 dw2pdf 플러그인에서 PDF 출력이 이루어질 수 있도록 몇 가지 수정을 진행하겠습니다.

dw2pdf 플러그인은 기본적으로는 한글을 지원하지 않습니다. 한글 출력을 위해서 몇 가지 수정이 필요합니다. 먼저 출력시에 사용할 한글 폰트를 다운로드하겠습니다. 여기서는 네이버의 나눔 바른 고딕을 사용하겠습니다. 일단 윈도우에 이 폰트를 설치하는 일은 어렵지 않습니다. 나눔 글꼴 패키지를 다운받아 설치하면 패키지 자동 설치에 의해 4종의 폰트가 설치됩니다.

설치가 완료되고 나면 윈도우의 c:\windows\fonts 디렉토리로 들어가서, 우리가 필요한 폰트를 찾습니다. 우리는 나눔 바른 고딕체로 힐 것입니다.

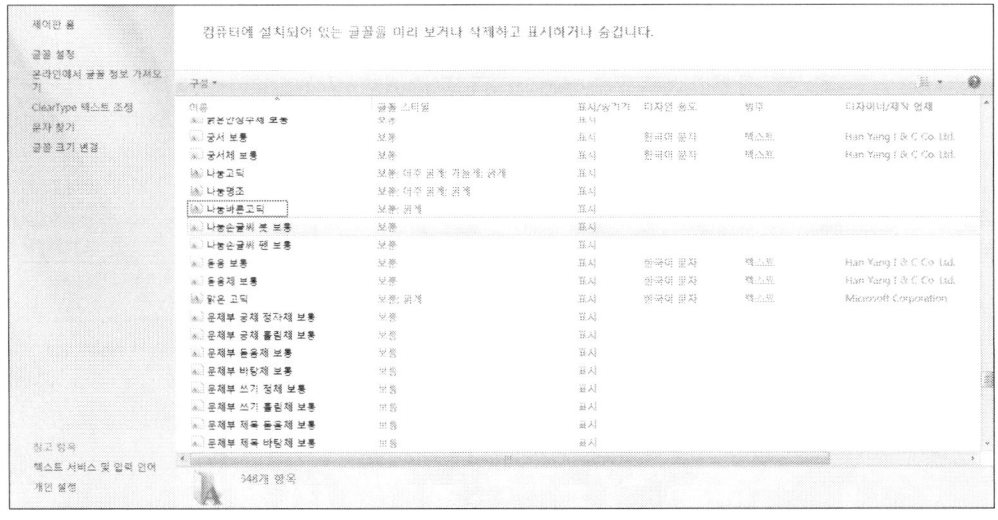

해당 파일을 복사하여 포고플러그의 /pogodata/wiki/lib/plugins/dw2pdf/mpdf/ttfonts 디렉토리로 복사합니다.

폰트의 복사가 완료되면 이제 포고플러그 리눅스 터미널 창으로 들어가서, 몇 가지 파일을 수정하겠습니다. 첫 번째로는 config.php 파일을 수정합니다.

```
# nano /pogodata/wiki/lib/plugins/dw2pdf/mpdf/config.php
```

여기서는 한 가지만 체크하면 됩니다.

```
$this->useAdobeCJK = false;
```

이 항목을 찾아 false로 잘 되어 있는지 확인합니다. 만약 true라고 되어 있다면 false로 수정합니다.

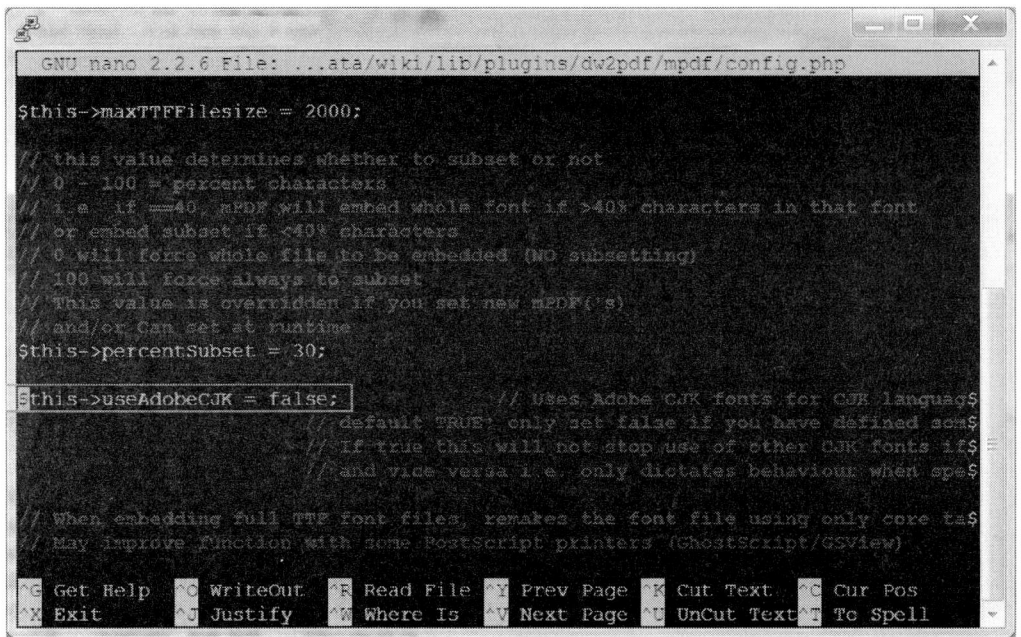

> **AdobeCJK**
>
> AdobeCJK는 어도브사에서 개발한 중국어, 일본어, 한국어 범용 폰트입니다. 영어 외에 중국어와 일본어 및 한국어가 섞여 나오는 환경에서 문자를 원활하게 표현하기 위한 것입니다.

> **AdobeCJK 사용을 false로 한 이유는?**
>
> AdobeCJK 옵션을 true로 하면 글자 폰트를 따로 구비할 필요가 없기에 오히려 설정은 간단해 집니다. 그러나 범용 폰트는 편리한 대신에 글자체가 세련되지 않기 때문에 사용하지 않는 것입니다. 본 책에서는 우리가 원하는 폰트를 다운받아 적용하는 방식을 제공합니다.

다음 파일도 수정합니다.

```
# nano /pogodata/wiki/lib/plugins/dw2pdf/mpdf/config_fonts.php
```

Ctrl + w를 눌러 아래의 항목을 검색합니다. 일반적으로 CJK를 검색하면 나옵니다.

```
/* Examples of some CJK fonts */
```

해당 항목을 찾았으면 아래로 내려갑니다. 해당 항목의 내용이 대부분 주석 처리되어 있어 진한 파란색으로 표기되어 있을텐데요. 하단으로 더 내려가면, 주석 처리되지 않은 ');' 기호가 나옵니다. 해당 줄 바로 위에 그림과 같이 내용을 넣습니다. 그리고 저장하고 닫고 나옵니다.

도쿠위키 설정 405

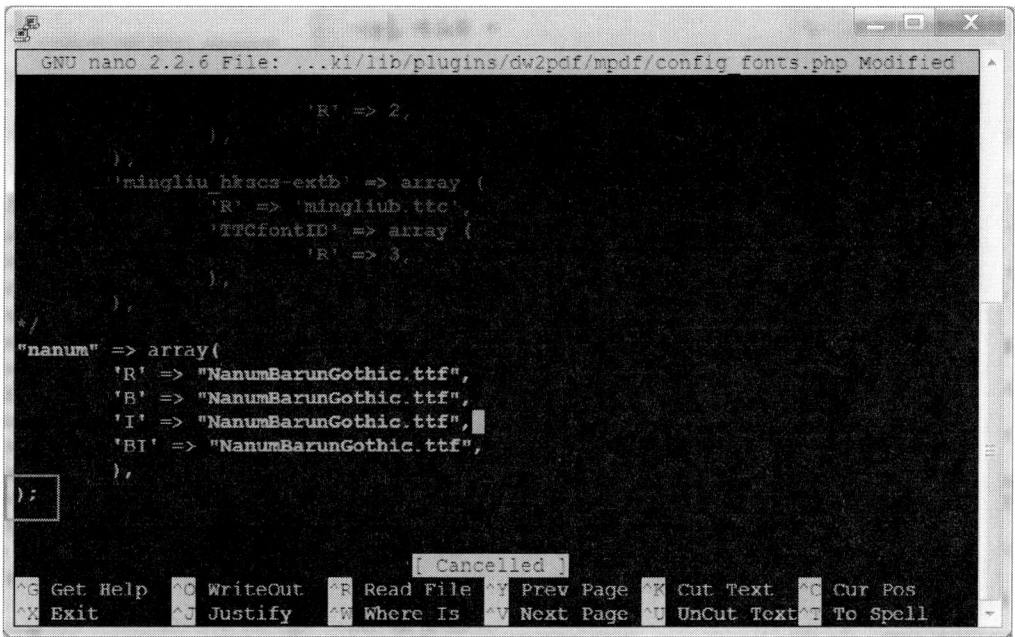

마지막 파일입니다.

```
# nano /pogodata/wiki/lib/plugins/dw2pdf/mpdf/config_cp.php
```

아래로 내려가서 CASE "ko" 항목을 찾습니다. 3줄 더 내려가면 /* Uncomment these lines if CJK fonts available */ 라고 써있는 항목이 있습니다. 그 아래에 있는 3줄을 모두 주석 해제합니다.

주석을 해제하면 다음과 같이 글자의 색상이 달라집니다. unbatang_0613을 nanum으로 바꿉니다. 우리는 AdobeCJK 폰트를 사용하지 않겠다고 아까 선언했기 때문에 박스 친 else 이후에 나오는 문구의 적용을 받게 됩니다.

여기까지 하면 dw2pdf의 설정이 모두 끝납니다.

도쿠위키 사용

이제 위키에 글을 작성해 볼까요? 처음 작성할 페이지는 시작 페이지입니다. 시작 페이지는 왼쪽 상단의 위키 메인 배너를 클릭했을 때 뜨는 페이지입니다. 현재 위치는 start라고 뜨네요. 우리가 아직 시작 페이지를 만들지 않았기 때문에 "이 주제는 아직 없습니다" 라는 안내 문구를 볼 수 있습니다.

[문서 만들기] 버튼을 클릭합니다.

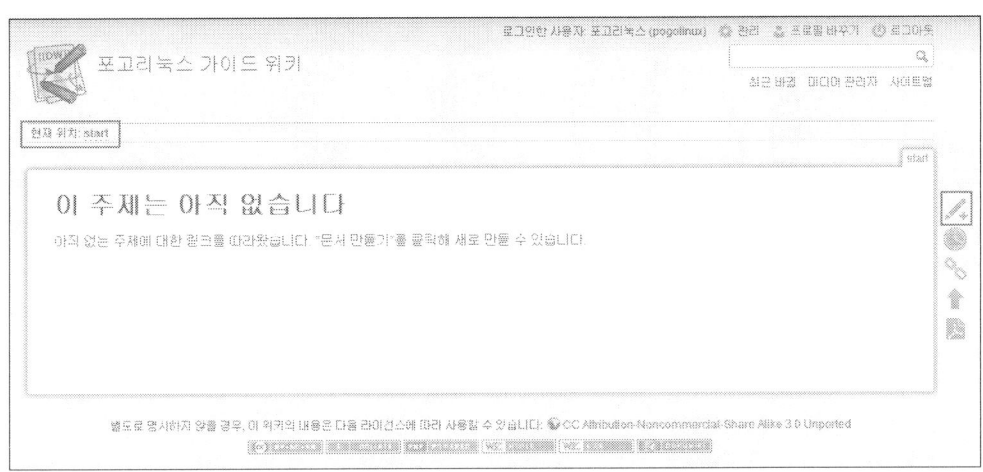

간단하게 글을 작성하겠습니다. 저는 위키의 소개 및 작성글의 라이센스에 대해 간단히 기록해 보았습니다. 작성이 완료되면 [저장] 버튼을 눌러 저장합니다.

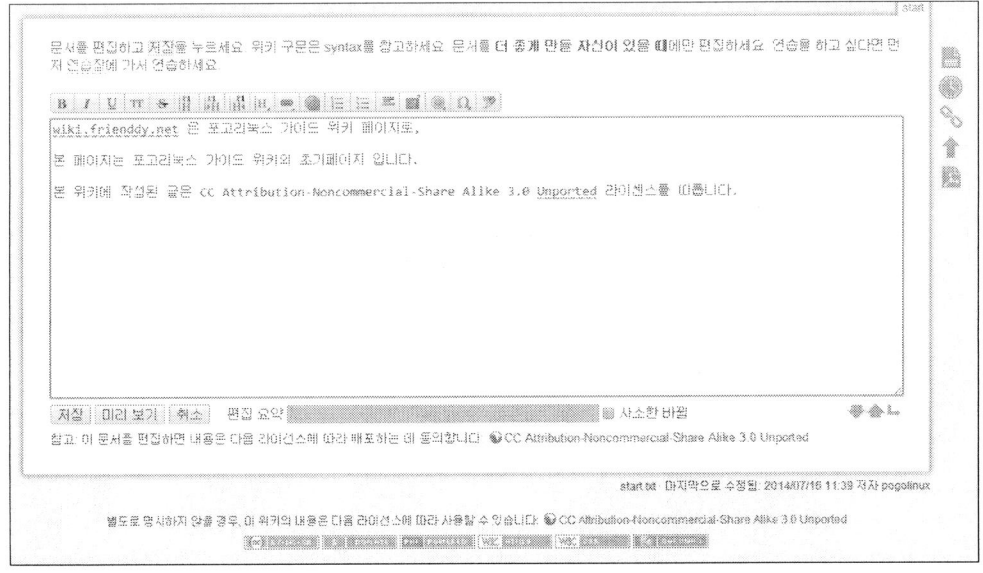

저장하고 나니 시작 페이지가 완성되었네요. 특별히 꾸며주지 않아, 작성된 글 형태 그대로 뜹니다.

이제 필요한 주제에 맞는 글을 작성하겠습니다. 위키에서 글을 작성하는 방식은 좀 독특합니다. 검색 창에 쓰고 싶은 글을 제목으로 입력하여 검색 버튼을 누릅니다.

저는 "아빠 일기" 라는 카테고리를 만들고, "아이의 꿈의 장소 가보기"라는 글을 작성해 보려 합니다. 검색창에 "아빠 일기:아이의 꿈의 장소 가보기" 라고 입력합니다. 콜론(:) 으로 카테고리 및 페이지의 계층 구조를 만들 수 있습니다. "아빠 일기:2014년:아이의 꿈의 장소 가보기" 이렇게 3단 구성도 가능합니다.

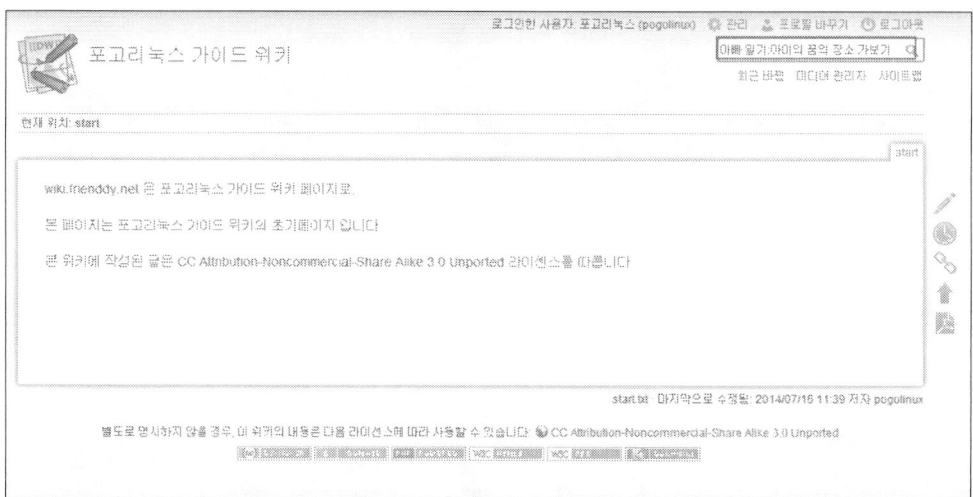

검색 결과를 찾을 수 없다고 나오죠. 글을 작성하기 위해 [문서만들기] 버튼을 클릭합니다.

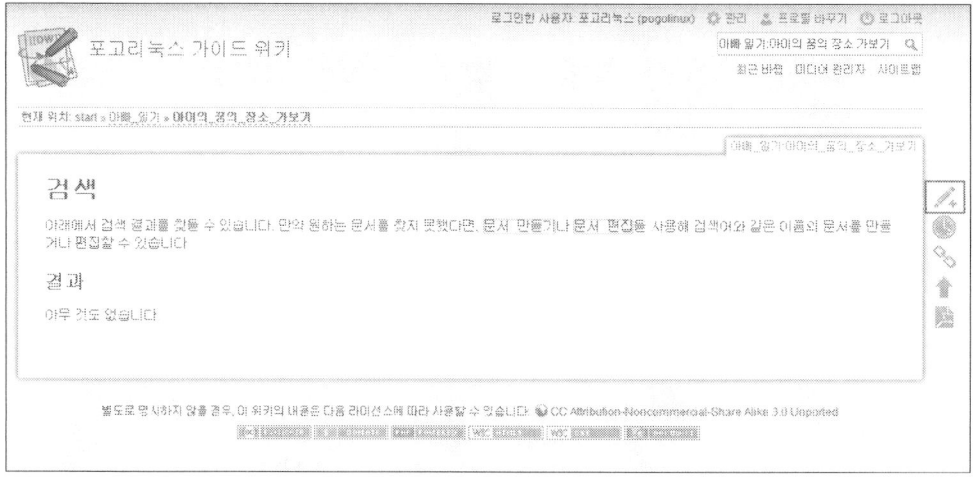

필요한 글을 작성합니다. 그리고 저장하겠습니다.

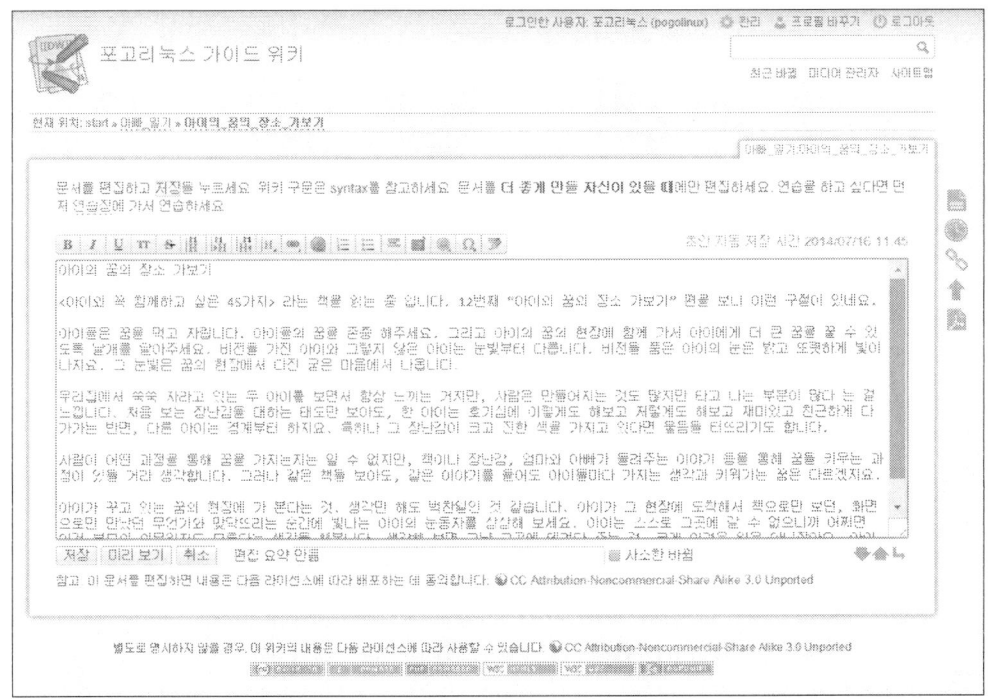

도쿠위키 문서 편집

아무런 포맷을 지정하지 않았으므로 밋밋한 글이 나옵니다.

도쿠위키 등 위키 문서의 특징은 포맷팅 문법을 사용하여 문서를 체계화 및 구조화할 수 있고, 일정 형식의 글 작성을 가능하게 합니다. 도쿠위키의 포맷팅 문법 페이지(https://www.dokuwiki.org/ko:syntax)에 가면 문서들을 편집할 때 사용할 수 있는 모든 문법들의 설명을 볼 수 있습니다.

문서 편집 버튼을 눌러 몇 가지만 간단히 수정하겠습니다. 제목을 크게 지정하고, 인용 문단을 박스 안에 넣고, 중요한 부분을 진한 글씨로 바꾸는 작업입니다.

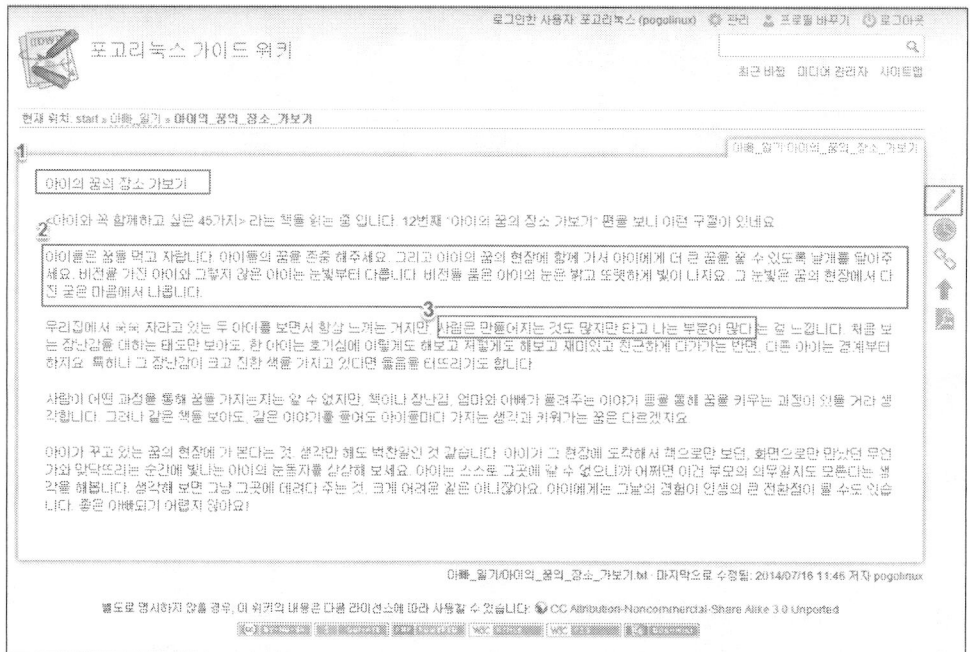

"아이의 꿈의 장소 가보기"라고 붙은 첫 줄의 제목 양쪽에 등호 표시(=) 6개가 감싸져 있습니다. 1단계 제목을 의미하는 것이고요. 등호 개수가 줄어들 수록 제목 단계는 낮아지고 글씨 크기가 작아집니다.

인용 문단인 두 번째 문단은 첫 문장 앞에 두 칸을 띄워줍니다. 앞에 두 칸을 띄워주면 해당 문단에는 자동으로 박스가 둘러집니다. "사람은 만들어지는 것도 많지만 타고 나는 부분이 많다"는 문장은 별표(*) 두 개씩으로 각각 감싸서 굵은 글씨로 바꾸어 줍니다.

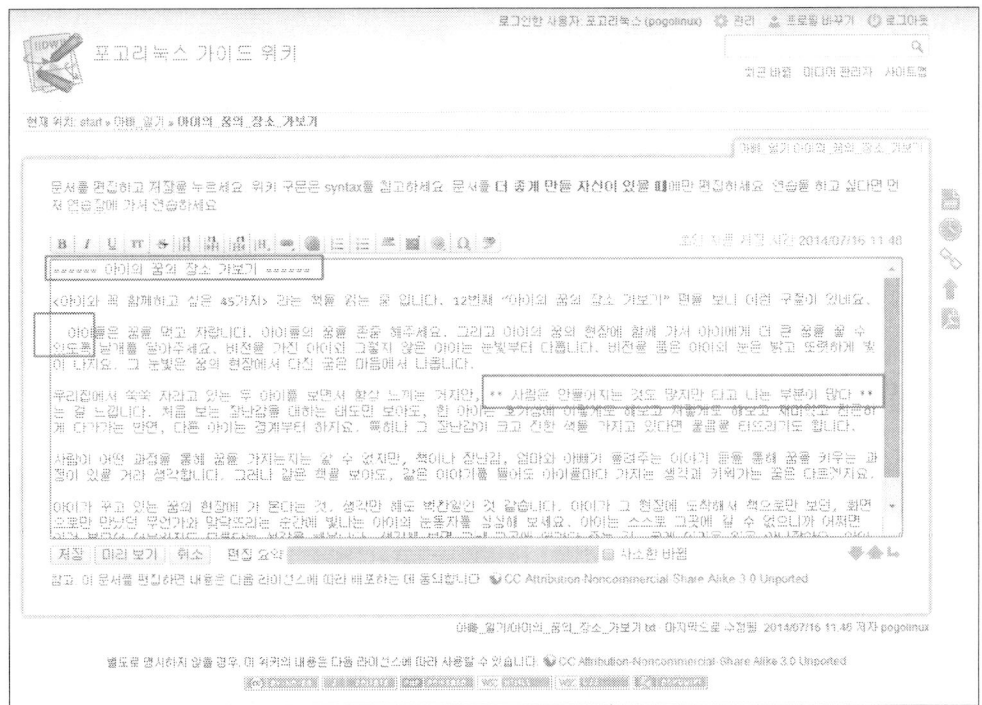

저장을 하고 나니, 우리가 변화를 주었던 부분이 달라져 있음을 확인할 수 있네요.

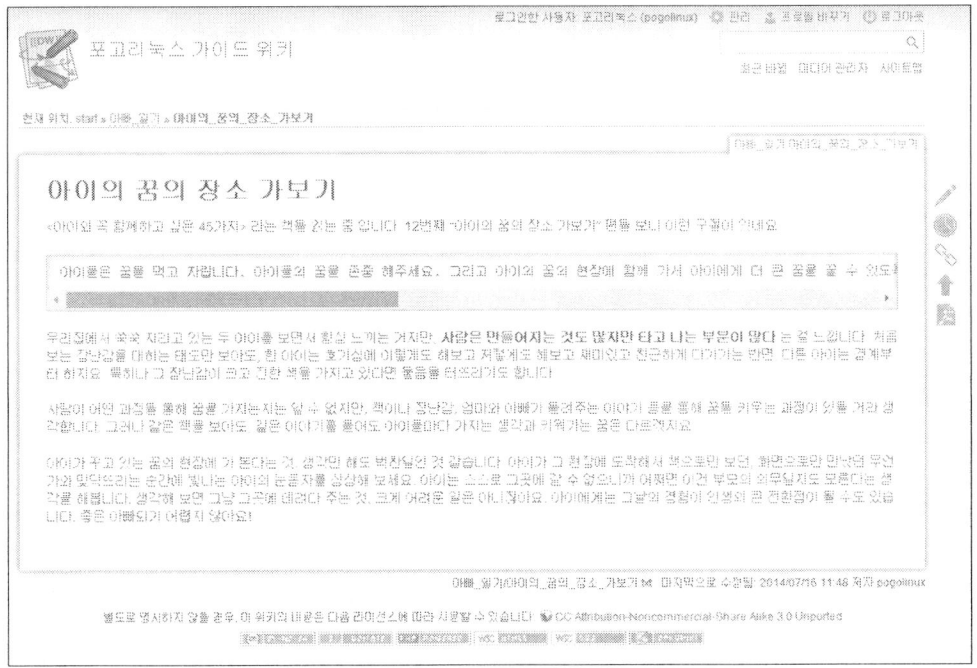

도쿠위키 PDF 만들기

마지막으로 PDF로 만들어 보겠습니다. dw2pdf 플러그인의 설치로 가장 우편에 PDF 관련 아이콘이 생성되어 있음을 알 수 있습니다. 클릭합니다.

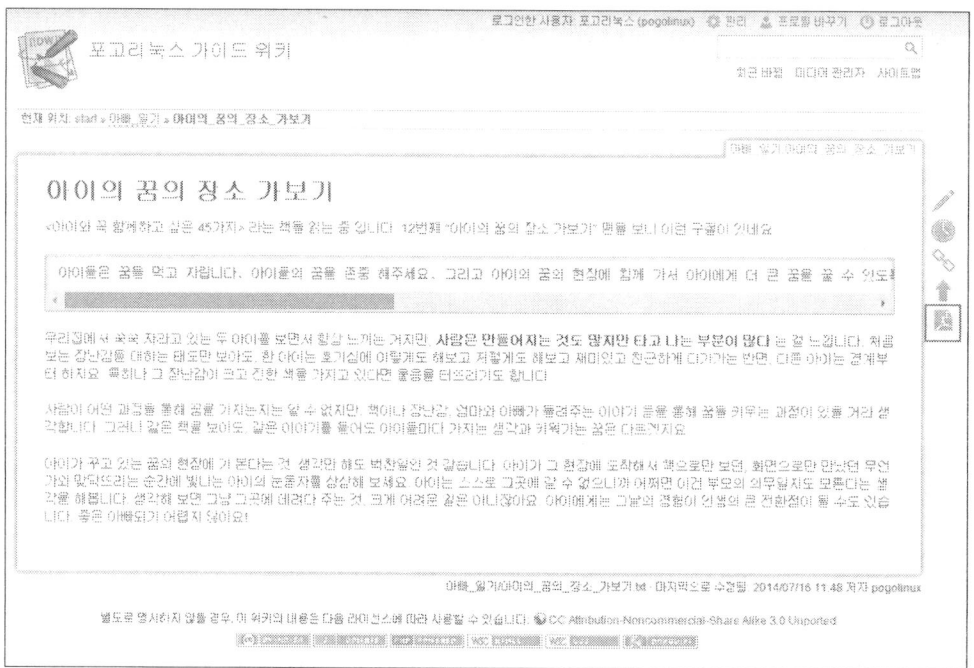

약간의 생성 시간이 지나면 PDF 파일이 만들어집니다. 깔끔하고 보기 좋지 않나요? 글의 제목과 페이지 글을 최종 수정한 시간, 글의 웹 사이트 주소, QR 코드 등의 정보도 다 함께 출력됩니다. 출력되는 내용을 환경 설정에서 수정할 수 있습니다.

도쿠위키 데이터 백업

도쿠위키 데이터를 백업해 보겠습니다. 도쿠위키는 MySQL을 사용하지 않기 때문에 위키에서 생성된 데이터는 특정 디렉토리에 파일의 형태로 저장됩니다. 해당 디렉토리를 압축하는 방식으로 백업을 진행하겠습니다.

우선 백업 파일이 저장될 디렉토리를 생성하고, 데이터 백업을 위한 스크립트 파일을 만들기 위해 wiki_backup.sh 이름의 빈 파일을 열겠습니다. 백업 파일을 /pogodata/wiki/backup 디렉토리에 저장할 것입니다.

```
# mkdir /pogodata/wiki/backup
# nano /pogodata/wiki/wiki_backup.sh
```

스크립트 파일에는 아래의 그림의 내용을 입력합니다. 이 스크립트는 "Dokuwiki_Backup_백업날짜.tar.gz"라는 파일명으로 백업 파일을 생성하여 드롭박스에 업로드하는 기능을 수행합니다. 앞에서 언급한대로 도쿠위키는 데이터베이스를 사용하지 않고 파일 형태로 저장하기 때문에 저장되는 파일을 백업하면 자료의 백업이 가능합니다. 우리가 백업할 디렉토리는 두 군데입니다. 하나는 위키 하방의 /data 디렉토리이고, 다른 하나는 /conf 디렉토리입니다.

스크립트 파일을 저장한 후 닫고 나옵니다. 그리고 스크립트 파일에 실행 권한을 부여합니다.

```
# chmod +x /pogodata/wiki/wiki_backup.sh
```

스크립트 파일을 실행합니다.

```
# /pogodata/wiki/wiki_backup.sh
```

/data와 /conf 디렉토리를 압축한 뒤 드롭박스에 자동으로 업로드하는 것을 볼 수 있습니다.

드롭박스 윈도우 클라이언트에서도 백업 파일이 정상 업로드되었음을 확인할 수 있습니다.

스케줄 지정을 하면서 마무리하겠습니다. 위키 작성의 빈도에 따라 백업 주기도 달라질 수 있을 것 같은데요. 위키 문서 작성량이 많고 빈도도 잦은 편이라면 매일 백업이 필요할 수도 있겠지요. 그러나 빈도가 많지 않다면 1주일에 한번 정도면 충분할 것입니다.

크론을 실행합니다.

```
# crontab -e
```

가장 하단으로 내려가 필요한 스케줄을 추가하겠습니다. 1주일에 한 번, 일요일 새벽 3시 경에 백업을 하려면 다음 그림과 같이 하면 됩니다.

```
GNU nano 2.2.6          File: /tmp/crontab.nsKYBR/crontab           Modified

# For example, you can run a backup of all your user accounts
# at 5 a.m every week with:
# 0 5 * * 1 tar -zcf /var/backups/home.tgz /home/
#
# For more information see the manual pages of crontab(5) and cron(8)
#
# m h  dom mon dow   command
0 3 * * 7 /pogodata/wiki/wiki_backup.sh
```

찾아보기

한글

가상드라이브 330
가상 호스트 134
고정 아이피 43
공유기 29
공인 아이피 43
공인 아이피 변경 127
구글 드라이브 312
권한 변경 93
나노 편집기 70
나스 15
날짜 관리 72
내부 네트워크 29
낸드 메모리 58
네임서버 123
네트워크 스캐너 356
네트워크 프린터 343
넷콘솔 64
녹음 스케줄 232
녹음 스크립트 228
댓글 기능 379

데비안 리눅스 31
데비안 위지 31
데이터 백업 389, 413
도메인 102
도쿠위키 393
동기화 301
드롭박스 315
루트파일시스템 31, 51
리눅스 31
리눅스 도움말 79
리사이즈 218
마운트 74
맥 주소 35, 61
멀티미디어 컨텐츠 189
메일 서버 366
모바일 모델 22
백업 159, 389, 413
범용 폰트 404
보안 관리 149
부트로더 55
부팅 시스템 31

블로그 373
비트토렌트 싱크 289
사설 아이피 43
사진 자동 전송 209
소프트 링크 285
스마트 TV 190
스마트폰 204
스왑 71
스캐너 356
시간대 66
시드 파일 171
시리즈 4 20
심볼릭 링크 285
썸네일 생성 패키지 141
아이피 42
아이피 고정 45
아이피 차단 157
아파치 102
압축 프로그램 141
오디오 261
운영체제 31
웹 갤러리 215
웹 서버 101
웹 서버 보안 110
웹 서버 인증 142
위키 393
유동 아이피 43
이미지 파일 51
인터넷 방송 227
임대 시간 45
체크섬 60

카프리치오 204
클라우드 서비스 16, 289
탈옥 아이폰 179
터미널 프로그램 46
토렌트 클라이언트 165
트래커 서버 171
트랜스미션 165
트랜스미션 제어 172
파일 공유 96, 289, 327
파일 권한 90
파일 동기화 337
파일 백업 337
파일 시스템 74
파일질라 87
파티션 76
포고플러그 18
포고플러그 구매 24
포고플러그 모델 18
포고플러그 연결 33
포고플러그 접속 42
포고플러그 활성화 33
포토웍스 217
포트 114
포트 번호 115
포트포워딩 41, 112
폴카 210
프롬프트 49
프린터 343
한글 환경 68
해시 파일 정보 171
협업 393

호스트네임 70

영문

ACL 398
AdobeCJK 404
alsamixer 명령어 264
apache2.conf 파일 104
aplay 명령어 265
apt-get 70
A record 124
ARM 프로세서 24
Avplayer 204
backend 152
bantime 152
boot loader 55
box.com 287, 307
btsync-common 패키지 292
btsync 패키지 292
CameraPath 211
cat 명령어 59
cd 명령어 55
chmod 명령어 55
Cname record 124
cp 명령어 85
crontab 131, 134
cups 프로그램 344
Custom Web UI 184
DAC 261
date 명령어 72
davfs 패키지 310
DAV-pocket Lab 312

DDC 262
DDNS 127
destemail 153
df 명령어 78
DHCP 29
DISQUS 379
DLNA 190
DMZ 149
DNS 설정 124
Doozan 포럼 18
dpkg-reconfigure 명령어 70
dropdav 316
dw2pdf 플러그인 401, 412
E02 19
echo 명령어 59
ES 파일 탐색기 205
export 명령어 55
Fail2Ban 150
fdisk 명령어 76
findip.kr 113
Freenas 16
FTP 83
FTP 접속 87
FTP 정령 free 174
FTP 클라이언트 87
GMPC 274
groupadd 명령어 86
groups 명령어 167
h5ai 136
halt 명령어 159
hpodder 패키지 248

htpasswd 142
HTTP 308
iControlBits 179
ignoreip 152
iptables 150
iptables-persistent 패키지 150
IPTV 셋탑박스 201
IPv4 43
killall 명령어 55
KMPlayer 207
LAN 포트 30
ln 명령어 285
locales 패키지 68
man 명령어 80
maxretry 152
md5sum 60
MiniDLNA 190
MiniGal Nano 216
mkdir 명령어 78
mkfs 명령어 78
Mobile 모델 22
mount 명령어 59
MPD 261
MPDroid 279
MTA 153
mutt 235
mv 명령어 85
MySQL 102
nano 명령어 70
NAS 15, 18
NCMPC 271

nibbleblog 373
Nplayer 204
ntp 패키지 73
Openmediavault 16
passwd 명령어 66
PDF 412
PHP 102
PHP 연동 111
podcast 247
port 114
postfix 메일 서버 156
postmap 명령어 370
printenv 파일 58
PuTTy 46
rdate 73
reboot 명령어 56
Remote Transmission 180
RISC 24
Root File System 31
Rsync 337
rsyslog 패키지 154
rtmpdump 프로그램 232
SAMBA 96
sane 프로그램 356
scp 명령어 341
SD 카드 27
Seed file 171
ServerTokens 111
service 명령어 297
setenv 58
SFTP 83

sites-available 105
sites-enabled 105
smbpasswd 명령어 97
SoftPerfect Softperfect Network Scanner 43
sources.list 파일 248
sshpass 패키지 340
SSH 비밀번호 65
SSH 키 340
SSH 활성화 41
Target 124
tar 명령어 60
Torrent-Fu 180
touch 명령어 93
TTL 124
U-boot 31
U-boot 교체 54
Umask 169, 297
USB 27
USB Image Tools 52
USB 백업 159
USB 부팅 56
useradd 명령어 87
V4-A1-01 57
V4-A3-01 57
VSFTPD 84
vsftpd.conf 파일 85
WAN 포트 30
watch-dir 169
WD TV Live 193
WebDAV 308, 327
wget 명령어 55

xpenology 16
xsane 프로그램 362

기호

.htaccess 파일 143